PHRASEOLOGIE UND LEXIKOGRAFIE

Phraseologismen in ein- und zweisprachigen Wörterbüchern mit Deutsch

Jarmo Korhonen

"Proverbium"
in cooperation with the
Department of German and Russian

The University of Vermont
Burlington, Vermont
2011

Supplement Series

of

Proverbium
Yearbook of International Proverb Scholarship

Edited by Wolfgang Mieder

Volume 32

ISBN 978-0-9817122-8-4

Manufactured in the United States of America
by Queen City Printers Inc.
Burlington, Vermont

Inhalt

Vorwort

Die Idee zum vorliegenden Sammelband stammt von Wolfgang Mieder, der mir bei einem gemeinsamen Abendessen zum Abschluss der Konferenz „EUROPHRAS 2010" in Granada vorgeschlagen hat, anlässlich meines bevorstehenden 65. Geburtstags eine Auswahl meiner phraseologischen Veröffentlichungen zusammenzustellen, die in der *Supplement Series* von *Proverbium* erscheinen würden. Ich habe den Vorschlag gerne angenommen und freue mich nun, zwölf Beiträge zum Thema „Phraseologie und Lexikografie" in diesem Band präsentieren zu können.

Elf der hier vorgelegten Beiträge sind früher in Sammel- und Konferenzbänden, Festschriften und einem internationalen Jahrbuch für Lexikografie erschienen; der älteste Beitrag stammt aus dem Jahr 1998, die neuesten aus dem Jahr 2009. Ein Beitrag dagegen geht auf einen Vortrag zurück, den ich auf dem XII. IVG-Kongress Anfang August 2010 in Warschau gehalten habe. Der Beitrag wurde für diese Sammlung aufgehoben, weil er hier nicht so stark wie für die IVG-Kongressakten gekürzt werden musste.

Die lexikografischen Nachschlagewerke, in denen ich die Darstellung der Phraseologie, besonders von Idiomen und Sprichwörtern, untersucht bzw. besprochen habe, vertreten historische Wörterbücher des Deutschen, allgemeine einsprachige Wörterbücher des heutigen Deutsch, allgemeine zweisprachige Wörterbücher mit Deutsch, Lernerwörterbücher für Deutsch sowie ein- und zweisprachige phraseologische Wörterbücher. In zehn Beiträgen wird die lexikografische Erfassung von Phraseologismen unter mehreren Aspekten (Kennzeichnung und Klassifizierung, Wahl des Zuordnungslemmas, Gestaltung der Nennform usw.) betrachtet, während sich zwei Beiträge auf spezielle Fragen (Lexik und Morphosyntax bzw. Valenz) konzentrieren. In der Einleitung wird genauer über die Wahl und Anordnung der Beiträge informiert, außerdem wird dort jeweils eine kurze Zusammenfassung der einzelnen Beiträge geboten.

Die bereits veröffentlichten elf Beiträge wurden für diesen Sammelband inhaltlich aktualisiert und äußerlich vereinheitlicht; sie stimmen also mit den Originalfassungen nicht mehr überein. Die Druckvorlage des Bandes habe ich zwar selber erstellt, aber bei der Redaktion aller Beiträge und beim Korrekturlesen hat mir wieder meine Frau Briitta Korhonen tüchtig geholfen, wofür ich ihr sehr dankbar bin. Herrn Peter Hilger danke ich bestens für die Hilfe, die ich von ihm für die Bewältigung von EDV-Problemen erhalten habe. Für die einzigartige Möglichkeit, eine Auswahl meiner phraseografischen Schriften in diesem Band veröffentlichen zu dürfen, bin ich meinem lieben Freund Wolfgang Mieder zu besonders großem Dank verpflichtet. Er hat durch seine unermüdlichen Bemühungen und vielseitigen Aktivitäten nicht nur einzelne Phraseologieforscher und die internationale Zusammenarbeit, sondern auch die Tätigkeit der Europäischen Gesellschaft für Phraseologie stets generös und großzügig gefördert und unterstützt. Im Namen von EUROPHRAS möchte ich ihm auch dafür an dieser Stelle ein herzliches Dankeschön aussprechen.

Helsinki, im Januar 2011
Jarmo Korhonen

Einleitung

Die zwölf Beiträge, die in diesem Band vorgelegt werden, stellen eine Auswahl meiner phraseologiespezifischen Schriften dar. Zu den Schwerpunkten des von mir im Jahr 1986 an der Universität Oulu (Finnland) gegründeten kontrastiven Phraseologieprojekts Deutsch-Finnisch gehörte von Anfang die Untersuchung der lexikografischen Erfassung von Phraseologismen in ein- und zweisprachigen Wörterbüchern mit Deutsch. Inzwischen sind im Projekt zahlreiche phraseografische Beiträge erschienen, ebenso konnte vor zehn Jahren ein deutsch-finnisches Idiomwörterbuch, das als praktisches Projektziel festgelegt worden war, herausgebracht werden (vgl. Korhonen 2001). Frühere theoretische Arbeiten zur Phraseografie, die an verschiedenen Orten veröffentlicht worden waren, wurden mit weiteren projektbezogenen Publikationen im Jahr 1995 in einem Sammelband vereint (vgl. Korhonen 1995).

Der vorliegende Band enthält neben Studien aus dem Zeitraum 1998 bis 2009 auch einen Originalbeitrag, der auf einen im Jahr 2010 gehaltenen Konferenzvortrag zurückgeht. Die Beiträge wurden so gewählt, dass in der Sammlung möglichst viele verschiedene Wörterbuchkategorien als Primärquelle dienen. Die Kategorien sind: historische Wörterbücher des Deutschen, allgemeine einsprachige Wörterbücher des heutigen Deutsch, allgemeine zweisprachige Wörterbücher mit Deutsch als Ausgangssprache, einsprachige Phraseologiewörterbücher des Deutschen, zweisprachige Phraseologiewörterbücher mit Deutsch als Ausgangssprache und DaF-Wörterbücher. Die Beiträge wurden wie folgt angeordnet: Phraseologie in historischen und gegenwartsbezogenen Wörterbüchern (Beiträge I. und II.); Phraseologie in allgemeinen einsprachigen Wörterbüchern sowie in DaF- und einsprachigen Phraseologiewörterbüchern (Beiträge III. und IV.); Phraseologie in allgemeinen einsprachigen Wörterbüchern (Beitrag V.); Phraseologie in einsprachigen Phraseologiewörterbüchern (Beiträge VI. und VII.); Phraseologie in DaF-Wörterbüchern (Beitrag VIII.); Phraseologie in allgemeinen deutsch-finnischen Wörterbüchern und in einem deutsch-finnischen Phraseologiewörterbuch (Beiträge IX. und X.); Phraseologie in allgemeinen deutsch-schwedischen und deutsch-finnischen Wörterbüchern (Beiträge XI. und XII.)

Im ersten Beitrag („Zur lexikografischen Erfassung von Phrasemen und Sprichwörtern in Josua Maalers Wörterbuch (1561)") wird untersucht, wie die zwei zentralen Klassen von Phraseologismen im prominentesten Erzeugnis der deutsch-lateinischen Lexikografie des 16. Jahrhunderts in Bezug auf Kennzeichnung, Zuordnungslemma, Nennform, Bedeutungserläuterung und Mehrfachlemmatisierung dargestellt werden. Darüber hinaus befasst sich der Beitrag mit der Äquivalenz lateinischer und deutscher Phraseme sowie mit dem Verhältnis von Maalers Wörterbuch zu zwei früheren Wörterbüchern des 16. Jahrhunderts, und zwar dem sog. Großen und dem sog. Kleinen Fries. Die Untersuchung fördert für die Phraseologiedarstellung bei Maaler zahlreiche Inkonsequenzen zutage, was angesichts des damaligen Status der Lexikografie und des an Maaler erteilten Auftrags, das lateinisch-deutsche Wörterbuch von Joannes Frisius (= den Großen Fries) als Grundlage zu benutzen, verständlich ist. Anhand der Phraseologieanalyse konnte aber nachgewiesen werden, dass Maaler auch den Kleinen Fries herangezogen hat und dass er bei der Bearbeitung seines Wörterbuchs nicht völlig mechanisch vorgegangen ist, sondern auch selbstständige Entscheidungen getroffen hat.

Der zweite Beitrag („Lexikalische und morphosyntaktische Änderungen von Idiomen vom Frühneuhochdeutschen bis zum heutigen Deutsch") unterscheidet sich insofern von den übrigen Beiträgen, als darin nicht die Wörterbuchkritik im Vordergrund steht. Es geht vielmehr darum, anhand von Zitaten aus älteren und neueren allgemeinen Wörterbüchern und Phraseologiewörterbüchern sowie aus drei weiteren Quellen zu zeigen, wie sich Idiome in formaler Hinsicht seit dem Frühneuhochdeutschen entwickelt haben. Die Änderungen werden bezüglich der Zahl und Art der Komponenten der Idiomkerne und der von ihnen verlangten valenzbedingten Ergänzungen beschrieben, und die Darstellung der Ergebnisse erfolgt in drei Gruppen (lexikalische, morphosyntaktische sowie lexikalische und morphosyntaktische Änderungen eines Idioms). Die meisten Belege umfasst die dritte Gruppe, in die also Idiome eingeordnet wurden, die einen Wandel sowohl in der Lexik als auch in der Morphosyntax durchgemacht haben. Die Strukturänderungen sind zwar im Ganzen recht mannigfaltig, aber an ihnen ist eine bestimmte Tendenz, nämlich eine Stabilisierung, deutlich ablesbar. Für die Lexik macht sich die Stabilisierung in einer Verringerung der Zahl von Varianten, für die Morphosyntax etwa in einem verfestigten Gebrauch des Artikels und von Präpositionen bemerkbar.

Aspekte, auf die im dritten Beitrag („Zur lexikografischen Erfassung von Sprichwörtern in einsprachigen deutschen Wörterbüchern") eingegangen wird, sind äußere Selektion, Kennzeichnung der Sprichwörter und Status der als Sprichwörter bezeichneten Konstruktionen, Wahl des Zuordnungslemmas, Gestaltung der Nennform, Reihenfolge der Sprichwörter mit jeweils einer gemeinsamen Komponente in einem Wörterbuchartikel, Bedeutungserläuterung und Mehrfachlemmatisierung. Die lexikografische Primärliteratur setzt sich aus drei allgemeinen Wörterbüchern der deutschen Gegenwartssprache und einem Lernerwörterbuch des Deutschen zusammen. Es stellt sich heraus, dass die Darstellung der Sprichwörter in den zugrunde gelegten Wörterbüchern mit mehreren Mängeln, Inkonsequenzen und Widersprüchlichkeiten behaftet ist. Für die Wörterbücher, die in den letzten Jahren aktualisiert wurden, lässt sich beobachten, dass die Sprichwortbeschreibung nur in einem Wörterbuch teilweise überarbeitet und damit verbessert wurde. In den anderen Wörterbüchern sind die sprichwortbezogenen Informationen seit den 80er bzw. 90er Jahren völlig bzw. weitgehend identisch geblieben.

Im vierten Beitrag („Zur Darstellung synonymer Idiome in allgemeinen und phraseologischen Wörterbüchern des Deutschen") orientieren sich die Darlegungen an folgenden Fragenkomplexen: Kennzeichnung und Klassifizierung der Idiome, linguistischer und lexikografischer Status der Synonyme, Festlegung des Zuordnungslemmas, Gestaltung der Nennform, Semantik und Pragmatik synonymer Idiome, Verweise und Mehrfachlemmatisierung. Die Datenerhebung erfolgt hier auf der Basis von zwei allgemeinen und zwei phraseologischen Wörterbüchern. Die Ergebnisse lassen erkennen, dass die phraseologische Synonymie in dem phraseologischen Wörterbuch, das von Verweisen wesentlich häufiger Gebrauch macht als die anderen Primärquellen, am adäquatesten erfasst wurde. In den drei anderen Wörterbüchern ist eine Vielzahl von differierenden Beschreibungen anzutreffen. Diese erklären sich vor allem aus Mängeln bei der Kennzeichnung und Klassifizierung synonymer Idiome sowie bei der Unterscheidung von übertragener Bedeutung und Idiomatizität, aus Verkennen des Idiomstatus bestimmter Ausdrücke und aus Unterschieden in der syntaktischen, semantischen und pragmatischen Darstellung der synonymen Idiome.

Das Wörterbuch, dem das phraseografische Interesse im fünften Beitrag („Phraseologismen im GWDS") gilt, ist *Duden. Das große Wörterbuch der deutschen Sprache in zehn Bänden* (1999/CD-ROM 2000). Zuerst wird untersucht, welche Informationen zur Phraseologie und zur Auswahl der ins Wörterverzeichnis aufgenommenen Phraseologismen der Benutzer im Vorspann des GWDS findet. Die Beschreibung der Phraseologismen (im Mittelpunkt stehen die Idiome) wird anhand folgender Aspekte geprüft: Kennzeichnung und Klassifizierung der Idiome, phraseologischer Status von Beispielen, „idiomatischen Ausdrücken" und „Redensarten" (im Sinne des GWDS), Bestimmung des Zuordnungslemmas, Einordnung der Idiome im Wörterbuchartikel, Gestaltung der Nennform, Reihenfolge von Idiomen mit gleichem Zuordnungslemma, Angaben zur Semantik und Pragmatik sowie Verweise und mehrfaches Vorkommen eines Idioms. Aus der Prüfung geht einerseits hervor, dass die Informationen zur Phraseologie im Vorspann des GWDS sehr knapp und zugleich auch mangelhaft und verwirrend sind. Andererseits zeigt sich, dass es an der lexikografischen Behandlung der Idiome viel zu beanstanden gibt. Folglich wäre eine systematische Überarbeitung der Idiombeschreibungen, die mit einer informativeren Darstellung der Syntax, Semantik und Pragmatik verbunden werden sollte, besonders wünschenswert.

Im sechsten Beitrag („Duden 11 – Nutzungserfahrungen aus der DaF-Perspektive") steht das phraseologische Wörterbuch des Dudenverlags im Fokus. Die Untersuchung bezieht sich auf folgende Fragen: Darstellung der Phraseologie im Vorspann (Begriffe, Terminologie, Angaben zur äußeren Selektion), Zuordnungslemma und Reihenfolge der dazugehörigen Phraseologismen, Gestaltung der Nennform, Informationen zu Bedeutung und Gebrauch von Phraseologismen sowie System der Verweise. Die meisten dieser Fragen werden vergleichend für die erste und zweite Auflage des Duden 11 diskutiert. Darüber hinaus werden der Duden 11 und zwei weitere Duden-Wörterbücher bezüglich der Beschreibung der Phraseologismen einander gegenübergestellt. Es lässt sich nachweisen, dass die früheren Beschreibungen bei der Neubearbeitung des Duden 11 in mehreren Fällen verbessert wurden. Zugleich ist aber auch evident, dass die Darstellung im Du-

den 11 und in den damit verglichenen Wörterbüchern einerseits uneinheitlich und inkonsequent ist und andererseits ergänzender Angaben
bedarf. Im Anschluss an die Wörterbuchkritik wird vor allem aus
Sicht nichtmuttersprachlicher Benutzer dargelegt, auf welche Fragen
in einer Neuauflage des Duden 11 besondere Aufmerksamkeit gerichtet werden sollte.

Der siebte Beitrag („Zur Überarbeitung der Phraseologie im Duden
11. Zweite und dritte Auflage im Vergleich") schließt sich thematisch
direkt an den vorangehenden Beitrag an, und die Fragenkomplexe sind
in beiden Beiträgen identisch. Ziel des Vergleichs ist es zu ermitteln,
ob die Überarbeitung der Phraseologie in der dritten Auflage des Duden 11 zu einer adäquateren Darstellung geführt hat. Aus einer kritischen Sichtung der Einträge in der Neuauflage des Duden 11 ergibt
sich, dass die Bearbeiter die meiste Energie in die Aufnahme neuer
Phraseologismen, die Aktualisierung der Belege und die Überprüfung
der Verweise investiert haben. Zu den phraseografischen Errungenschaften, die den deutlichsten Erkenntnisfortschritt in der dritten Auflage bedeuten, können besonders die Neuaufnahmen gerechnet werden, ebenso sind die Bemühungen um die Systematisierung der Verweise als positiv zu betrachten. Auf der anderen Seite ist jedoch zu
allen untersuchten Aspekten auch Negatives anzumerken, insbesondere zum Begriff der „Redewendung" und zur Terminologie, zur
Wahl des Zuordnungslemmas sowie zu bestimmten Fragen der Gestaltung der Nennform von Phraseologismen. Hierbei handelt es sich
um die gleichen Mängel, die bereits für die erste Auflage des Duden
11 festgestellt wurden.

Der achte Beitrag („Zur Beschreibung der Valenz von Verbidiomen in neueren DaF-Wörterbüchern") geht der Darstellung der Valenz
idiomatischer Verbphraseologismen in vier Lernerwörterbüchern
nach. Die valenzbedingten Ergänzungen, deren Repräsentationen hier
untersucht werden, vertreten die Satzglieder Subjekt, Objekt und Adverbial. Im Falle des Objekts und Adverbials wird dem obligatori-
schen und fakultativen Auftreten der Ergänzungen besondere Aufmerksamkeit geschenkt. Beim Präpositionalobjekt bilden bestimmte
kasusbezogene Informationen ein spezielles Untersuchungsobjekt, da
sie aus Sicht von DaF-Lernern von hoher Relevanz sind. Ein weiterer
zentraler Aspekt, auf den im Zusammenhang mit den Darlegungen
zum Objekt eingegangen wird, ist die formale Polyvalenz, d. h. die

morphosyntaktische Variation beim Anschluss des Objekts an die Verbkomponente als Valenzträger. Als Ergebnis der Analyse lässt sich festhalten, dass es mehrere Punkte gibt, die bei der Erfassung der Valenz von Verbidiomen in Lernerwörterbüchern des Deutschen verbessert und systematisiert werden sollten. Aus der DaF-Perspektive wäre es sehr zu wünschen, dass die valenzbedingte Umgebung von Verbidiomen sowohl innerhalb eines Wörterbuchs als auch in verschiedenen Wörterbüchern einheitlich gestaltet würde.

Im neunten Beitrag („Phraseologismen in neuerer deutsch-finnischer Lexikografie") wird die Darstellung von Phraseologismen zuerst in drei allgemeinen deutsch-finnischen Handwörterbüchern abgehandelt. Es werden folgende Aspekte besprochen: Informationen zur Phraseologie im Vorspann, äußere Selektion, Kennzeichnung, Bestimmung des Zuordnungslemmas, Anordnung von Phraseologismen in einem Wörterbuchartikel, Nennform, semantisch-pragmatische Äquivalenz der deutschen Phraseologismen und ihrer finnischen Entsprechungen und Mehrfachlemmatisierung. Für all diese Bereiche lassen sich in den untersuchten Wörterbüchern Mängel, Unzulänglichkeiten und Inkonsequenzen feststellen. Besonders schwerwiegend sind die eindeutigen Fehler, die den Verfassern der Handwörterbücher bei der Festlegung der finnischen Äquivalente der deutschen Phraseologismen unterlaufen sind. Im Anschluss an diese Wörterbuchkritik wird kurz gezeigt, wie Idiome in einem im Jahr 2001 erschienenen einschlägigen deutsch-finnischen Spezialwörterbuch und in einem neuen allgemeinen deutsch-finnischen Großwörterbuch beschrieben werden. In diesen Wörterbüchern wurde versucht, die Erkenntnisse der neueren ein- und zweisprachigen Phraseografie systematisch in die Praxis umzusetzen.

Im zehnten Beitrag („Deutsch-finnische Phraseologie in neuerer lexikografischer Anwendung") werden die Beschreibungsprinzipien in den beiden zuletzt genannten Wörterbüchern ausführlicher dargelegt. Für das deutsch-finnische Idiomwörterbuch werden folgende Fragen diskutiert: Informationen im Vorspann, Ordnung der Zuordnungslemmata und ihre Festlegung, Aufbau eines Idiomartikels, Nennform und darin enthaltene spezifische Angaben, Anordnung von Idiomen in einem Idiomartikel, Art und Reihenfolge der finnischen Äquivalente der deutschen Idiome, Verweissystem und Prinzipien der Konzeption des finnisch-deutschen Registers. Bezüglich des deutsch-finnischen

Großwörterbuchs werden zuerst die Platzierung von Idiomen und Sprichwörtern und ihre Kennzeichnung in einem Wörterbuchartikel erläutert. Als Grundlage der Darstellung der Idiome dienen das Material und die Beschreibungsprinzipien des deutsch-finnischen Idiomwörterbuchs, aber das Großwörterbuch enthält mehr Idiome als das Idiomwörterbuch, in das u. a. keine regional beschränkten Einheiten aufgenommen wurden. Das Großwörterbuch unterscheidet sich vom Idiomwörterbuch auch darin, dass die Phraseologismen nur unter dem jeweiligen Zuordnungslemma aufgeführt werden. Ein weiterer Unterschied besteht darin, dass im Großwörterbuch für mehrere Idiome typische Anwendungsbeispiele angeführt werden.

Dem elften Beitrag („Zur Darstellung von Sprichwörtern in deutsch-schwedischen Wörterbüchern") liegt eine Liste von 70 Sprichwörtern zugrunde. Die Nachschlagewerke, in denen die lexikografische Erfassung dieser parömiologischen Einheiten untersucht wird, sind drei allgemeine deutsch-schwedische Wörterbücher, die zwischen 1980 und 2002 erschienen sind. Die Gesichtspunkte, unter denen die Beschreibung der Sprichwörter betrachtet wird, sind folgende: Auswahl der Sprichwörter, Kennzeichnung und Einordnung im Wörterbuchartikel, Bestimmung des Zuordnungslemmas, Nennform, Äquivalenz deutscher Sprichwörter und ihrer schwedischen Entsprechungen sowie Mehrfachlemmatisierung. Auch diese Untersuchung bringt eine Reihe von Mängeln und Unzulänglichkeiten bei der Darstellung von Phraseologismen in Wörterbüchern an den Tag. Angesichts des Erscheinungsjahres der zwei ältesten deutsch-schwedischen Wörterbücher ist dies z. T. verständlich, für das neueste Wörterbuch hätte man jedoch erwartet, dass hier die Erkenntnisse der modernen Phraseografie entsprechend zum Tragen gekommen wären. Am Ende des Beitrags werden Vorschläge für eine adäquatere Darstellung von Sprichwörtern in deutsch-schwedischen Wörterbüchern gemacht.

Im zwölften Beitrag („Sprichwörter und zweisprachige Lexikografie. Deutsch-schwedische und deutsch-finnische Wörterbücher im Vergleich") wird von der gleichen Liste der Sprichwörter ausgegangen wie im elften Beitrag. Auch die deutsch-schwedischen Wörterbücher sind die gleichen wie oben, bei den deutsch-finnischen Wörterbüchern wiederum handelt es sich um drei allgemeine Handwörterbücher und um ein allgemeines Großwörterbuch; diese lexikografischen Nachschlagewerke wurden zwischen 2000 und 2008 herausgegeben.

Ebenso sind die Untersuchungsaspekte in beiden Beiträgen mit einer Ausnahme identisch: Ein zusätzlicher Gesichtspunkt, der im zwölften Beitrag berücksichtigt wird, sind die Informationen zur Phraseologie und zu Sprichwörtern in den Umtexten der Wörterbücher. Bei einem Vergleich der deutsch-schwedischen und der drei deutsch-finnischen Handwörterbücher stellt sich heraus, dass in den deutsch-finnischen Wörterbüchern gleiche und ähnliche Mängel vorhanden sind wie in den deutsch-schwedischen Wörterbüchern. Zwischen beiden Gruppen sind bezüglich der Adäquatheit der Beschreibung keine gravierenden Unterschiede feststellbar: Einmal ist die Darstellung in den deutsch-schwedischen, ein andermal in den deutsch-finnischen Wörterbüchern besser. Abschließend wird gezeigt, wie die Sprichwörter in dem neuen deutsch-finnischen Großwörterbuch lexikografisch erfasst wurden.

Literatur

Korhonen, Jarmo (1995): Studien zur Phraseologie des Deutschen und des Finnischen I. Bochum (= Studien zur Phraseologie und Parömiologie 7).
Korhonen, Jarmo (2001): Alles im Griff. Homma hanskassa. Saksa–suomi-idiomisanakirja. Idiomwörterbuch Deutsch-Finnisch. Unter Mitarb. von Kaija Menger und der Arbeitsgruppe Deutsch-Finnische Phraseologie. Helsinki.

I.

Zur lexikografischen Erfassung von Phrasemen und Sprichwörtern in Josua Maalers Wörterbuch (1561)[*]

1. Einleitende Bemerkungen

In der Sekundärliteratur zur Geschichte deutscher Wörterbücher wird allgemein die Auffassung vertreten, dass das lateinisch-deutsche Wörterbuch von Petrus Dasypodius (1535 bzw. 1536) als erster Vertreter der modernen deutschen Lexikografie zu betrachten sei (u. a. de Smet 1968, 53; 1974, I*; 1990, 239; vgl. auch Schirokauer 1987, 11 und Grubmüller 1990, 2045, ebenso bereits Jacob Grimm in DWB 1, XX). Steht in diesem Schulwörterbuch noch das Lateinische im Vordergrund, erscheint es bei Maaler nur als Interpretiersprache – *Die Teütsch spraach* von Josua Maaler gilt „als das erste ausführliche alphabetische deutsche Wörterbuch, das vom Deutschen ausgeht" (de Smet 1971, X*; vgl. auch DWB 1, XXI; Paul 1901, 23; de Smet 1968, 55; 1984, 941; 1988, 399; Claes 1977, XIV; Henne 1977, 15; Schröter 1985, 1521). Ferner wird von Maalers Werk festgestellt, dass darin die Wörterbücher der Schweizer Humanisten, die Christoph Froschauer in seiner Zürcher Offizin druckte, ihren krönenden Abschluss fänden (de Smet 1968, 55; 1971, X*; 1986, 61) bzw. dass es überhaupt als das prominenteste Erzeugnis der deutschen Lexikografie des 16. Jahrhunderts einzustufen sei (de Smet 1971, XIII*; Schirokauer 1987, 36).

Auf der anderen Seite wird jedoch hervorgehoben, dass Maaler eigentlich nur ein fünf Jahre älteres Wörterbuch, und zwar das *Dictionarium Latinogermanicum* von Joannes Frisius, bearbeitet habe. Das Maaler'sche Opus wurde also in einem konservativen Verfahren hergestellt: Nach der Umkehrung einer lateinisch-deutschen Vorlage wurden die deutschen Äquivalente aufs Neue alphabetisch geordnet (vgl. Powitz 1959, 75; Burger/Buhofer/Sialm 1982, 372; Grubmüller

---

[*] Zuerst erschienen in: Peter Ernst/Franz Patocka (Hg.) (1998): Deutsche Sprache in Raum und Zeit. Festschrift für Peter Wiesinger zum 60. Geburtstag. Wien, S. 569–584.

1986, 154f.; 1990, 2045; Wiegand 1998, 649; Szlęk 1999, 28f.; Haß-Zumkehr 2001, 54). Dabei darf allerdings nicht vergessen werden, dass Maaler für seine Arbeit einen genau formulierten Auftrag hatte. Zusammen mit seinem früheren Studiengenossen Frisius hatte der Zürcher Polyhistor Conrad Gesner angeregt, ein deutsch-lateinisches Wörterbuch zu erstellen und dafür dessen umfangreiches Werk als Grundlage zu benutzen. Maaler, der zu den Schülern von Frisius und Gesner gehörte, hat den Auftrag gewissenhaft ausgeführt und damit den damals üblichen lexikografischen Weg beschritten (de Smet 1971, X*, XII*, XIV*; s. auch Paul 1901, 23; Powitz 1959, 74f.; de Smet 1984, 941). So entstand das berühmteste Mitglied der Zürcher Wörterbuchfamilie von Froschauer, zu der ansonsten größere und kleinere Produkte von Frisius gezählt werden (s. dazu de Smet 1971, VIII*ff., XIII*; 1990, 241ff.). Diese basieren wiederum auf den lateinisch-französischen Wörterbüchern von Robertus Stephanus, die in Paris gedruckt worden waren (vgl. z. B. Paul 1901, 23; Powitz 1959, 74; de Smet 1968, 55; 1971, VII*ff.; 1986, 61; 1988, 399ff.; 1990, 239ff.; Claes 1977, XIIIf.; Burger/Buhofer/Sialm 1982, 371; Grubmüller 1986, 154; 1990, 2045).

In seinen Studien zur frühneuhochdeutschen Lexikografie hat G. de Smet mehrmals darauf aufmerksam gemacht, dass den großen Lexika des 16. Jahrhunderts, darunter denjenigen der Frisius-Gruppe, bislang keine gründlichen Untersuchungen, etwa in Form von Monografien, gewidmet worden seien (de Smet 1971, XXI*; 1986, 66; 1988, 399; 1990, 241; vgl. aber jetzt Müller 2001, 214ff.). Auch das Verhältnis Frisius – Maaler sei noch nicht zum Gegenstand eingehenderer Recherchen gemacht worden (de Smet 1988, 409). Die nachstehenden Ausführungen können eine hier bestehende Lücke selbstverständlich nur zu einem sehr bescheidenen Teil füllen helfen. Anhand eines kleineren Korpus, das neben verschiedenen Phrasemklassen auch Sprichwörter enthält, soll zunächst gezeigt werden, wie Maaler in seinem Wörterbuch mit phraseologischen Einheiten unterschiedlichen Typs umgeht. Entsprechende Untersuchungsobjekte sind Kennzeichnung und Einordnung phraseologischer Ausdrücke in Wortartikeln, Gestaltung der Nennform, Erläuterung der Bedeutung sowie mehrfache Lemmatisierung einer bestimmten Einheit. Darüber hinaus wird kurz die phraseologische Äquivalenz der Ausgangs- und Zielgröße beleuchtet, und zum Schluss wird auf die Frage eingegangen,

16

wie sich die Abhängigkeit Maalers von Frisius im Rahmen der Darstellung der Phraseologie bemerkbar macht. Somit ist die vorliegende Arbeit als ein Beitrag zur Lexikografie des Frühneuhochdeutschen einerseits und zur historischen Phraseologie andererseits zu verstehen. Wie die ältere Phraseologie des Deutschen überhaupt, stellt die historische Phraseografie ein Gebiet dar, das besonders in linguistischer Hinsicht für Sprachhistoriker zahlreiche Forschungsmöglichkeiten bereithält (zur Eignung des Maaler'schen Wörterbuchs für phraseologische Untersuchungen vgl. Burger/Buhofer/Sialm 1982, 371f.; zur linguistisch orientierten historischen Phraseologieforschung vgl. z. B. Korhonen 1995a; 1995b; Burger 1998; 2010, 129–154; Burger/Linke 1998; Parad 2003; Stantcheva 2003; Filatkina 2007; 2010; Friedrich 2007; Dräger 2010; Melnyk 2010).

2. Kennzeichnung

Der weitaus größte Teil des untersuchten Materials umfasst Belege für Verbphraseme, wohingegen andere Phrasemtypen, vor allem substantivische Phraseme mit und ohne Präposition, und Sprichwörter nur vereinzelt anzutreffen sind. Wird der phraseologische Status einer Wortgruppe kenntlich gemacht, so geschieht es meistens durch die Verwendung von Abkürzungen des lateinischen Substantivs *proverbium* (einmal konnte auch die ausgeschriebene Form belegt werden). Die Abkürzungen sind im Einzelnen: „Prouerb.", „Prou.", „PROV." und „PRO". Vor den verschiedenen Bezeichnungen kann ein Punkt oder eine Virgel stehen:

(1)   Jn Wind blaasen. Prouerb. [...] (501a)
(2)   Der Haber ist vor dem korn reiff worden/Prouerb. [...] (204a)

Die Abkürzung wird hier unmittelbar an das deutsche Phrasem bzw. Sprichwort angeschlossen. In (3) folgt der Abkürzung der Ausdruck *Das ist*, mit dem eine deutsche Bedeutungserläuterung eingeleitet wird:

(3)   Auß ander leüten Låder riemen schneyden. Prou. Das ist außgåben vnd schencken auß eines anderen seckel. [...] (260a)

17

Ab und zu taucht die Markierung zwischen einer deutschen Bedeutungserklärung und einer lateinischen Entsprechung auf. In (4) geht der Abkürzung ein deutsches Synonym, in (5) dagegen die lateinische Entsprechung des deutschen Verbphrasems voran:

(4)   Auß eines anderen Seckel zeeren/Eines anderen brott åssen. Prou. Aliena uiuere quadra. (368b)
(5)   Oel in das feüwr schütten. Oleum addere camino. PROV. Zorniger machen. (311a)

Beim folgenden Beispiel fällt auf, dass für den mit „PROV." gekennzeichneten deutschen Ausdruck keine lateinische Entsprechung angegeben wird (für diese Erscheinung konnten auch einige weitere Belege nachgewiesen werden):

(6)   Er ist vor dem Rågen vnder das tach kommen. PROV. Er ist grad råcht gestorben/ôb er zů armůt kam. (324b)

Nicht selten wird die Beschreibung eines deutschen Phrasems oder Sprichworts durch eine entsprechende Markierung abgeschlossen:

(7)   Die katz laufft jm den ruggen auff/Er hat wol zeschaffen gewunnen. Adductus est in summas angustias. PRO. (241a)
(8)   Wie er in den wald Geschrüwen hat/also thônt es widerumb. Quod ab ipso allatum est, sibi esse id relatum putet PROV. (173b)

Zahlreich sind jedoch die Einträge, in denen ein Hinweis auf die übertragene Bedeutung des jeweiligen Ausdrucks fehlt. Dies betrifft zunächst Phraseme, deren Bedeutung relativ gut motivierbar ist, d. h., die keinen besonders hohen Idiomatisierungsgrad aufweisen. In solchen Fällen ist auch keine deutsche Bedeutungserläuterung vorhanden:

(9)   Ein alten brauch widerumb auff die Ban bringen. Intermissum iam diu morem reducere. (50a)
(10)   Den feynden in die Hend kommen. Venire in manus. (218a)

Bei den unten stehenden Wortgruppen liegt eine deutliche Idiomatisierung vor, was auch aus den deutschen Bedeutungserläuterungen hervorgeht (in (12) wird das Phrasem zuerst mit Hilfe eines Synonyms umschrieben). Trotzdem wurden die Einheiten nicht mit einem entsprechenden Vermerk versehen:

(11)   Durch die Finger såhen. Conniuere. Etwas fürlassen gon/als gesåhe mans nit. (136a)
(12)   Er hat Hartz in henden/Er hat lang finger/Das ist/Er ist ein dieb. (212b)

Dass die lateinische Entsprechung eines deutschen Phrasems ebenfalls einen phraseologischen Status aufweist, ist nicht unbedingt eine Garantie für die Verwendung einer Markierung:

(13)   Berg vnd thal (das ist) grosse ding verheissen. Montes aureos polliceri. (58b)
(14)   Jn ein kalten Ofen blaasen/Můy vnd arbeit verlieren mit einem zereden. Canere surdis auribus. (311b)

3.   Einordnung

Für die Festlegung des Lemmas, unter dem ein Phrasem bzw. ein Sprichwort eingeordnet wird, gibt es zwei Möglichkeiten: Der phraseologische Ausdruck wird entweder unter einer seiner Komponenten oder unter allen Komponenten eingeordnet. In Maalers Wörterbuch wird sowohl von der Einordnung unter einem Lemma als auch von der unter mehreren Lemmata (Mehrfachlemmatisierung; vgl. dazu genauer Kap. 6.) Gebrauch gemacht. Sehr oft werden Phraseme und Sprichwörter unter einem Substantiv aufgeführt, das in einem Wortartikel als Hauptlemma auftritt. Das Substantiv steht in der Regel mit dem bestimmten Artikel, der unmittelbar hinter dem Substantiv eingeklammert ist:

(15)   Burst (der) Als seüwburst/oder dergleychen rauch haar. Seta. [vgl. Nit vmb ein Burst weychen; 83b]

Darüber hinaus konnten für die Position des bestimmten Artikels folgende Möglichkeiten belegt werden: hinter einer lateinischen Entsprechung des Substantivs (eingeklammert); vor dem Substantiv (ohne Einklammerung); vor und hinter dem Substantiv (das als Lemma doppelt aufgeführt wird):

(16) Beltz. Pellis. (der) [vgl. u. a. Du hast noch deinen alten Beltz an; 57b]

(17) Der Fůß. Pes, pedis. Pediculus. [vgl. u. a. Auff dem Fůß nachgon; 152a]

(18) Himmel/Der himmel. [vgl. u. a. Biß an Himmel erheben; 222a]

Seltener kommt es vor, dass der Artikel bei einem substantivischen Lemma weggelassen wurde (vgl. (19)), und als ein ganz besonderer Typus ist die zweifache Anführung des Artikels anzusehen (vgl. (20)):

(19) Ban/Getribner wåg/[...]. [vgl. u. a. (9)]

(20) Ein Sack (der) Saccus. [vgl. u. a. Einen in Sack stossen; 340a]

Das Substantiv, unter dem phraseologische Einheiten aufgelistet sind, stellt manchmal auch ein Sublemma innerhalb eines Wortartikels dar. Eine eigentümliche lexikografische Praxis ist weiterhin das Verfahren, eine Pluralform eines Substantivs als Hauptlemma anzusetzen und darunter Phraseme zu verzeichnen (z. B. *Handen* und *Hände*). Das Gleiche gilt für Phraseme mit der Präposition *ze*:

(21) Eim etwas Zeoren tragen. (514a)

Wenn ein Substantiv weitgehend auf einen phraseologischen Gebrauch beschränkt ist oder wenn es sich um einen in einem Phrasem auftretenden Personennamen handelt, werden Phraseme direkt ohne einschlägiges Lemma eingeführt (u. a. *Hans in allen gassen* 212a und *Auff dem Narrenseil gon* 302b). – Mehrere Phraseme und Sprichwörter sind jedoch nicht unter einem Substantiv-, sondern nur unter einem Verblemma zu finden. Dabei kann das Lemma ein so übliches Verb wie *haben, liegen* oder *sitzen* sein. Vgl. *bei jmdm. guten Glauben haben* (203b), *jmdm. auf dem Hals liegen* (273b) und *bald auf dem Esel sitzen* (375b). Weitere Beispiele sind u. a. die Phraseme *auf dem letzten Löchle pfeifen* (316a; richtig: 317a) und *jmdm. den Rücken kehren* (241b). Mit einem eindeutigen Fehler hat man es beim Lemma *umbringen* (449b) zu tun, insofern darunter das Phrasem *jmdn. ums Leben bringen* eingeordnet ist.

Vorwiegend in Fällen, wo ein Phrasem unter einem Verblemma aufgeführt wird, kann es passieren, dass das Phrasem erst hinter einer Formulierung, die als eine Bedeutungsparaphrase aufzufassen ist, in Erscheinung tritt:

(22)   Die gātze nacht wachen/kein aug Zůthůn. (532b)
(23)   Wie man vns sagt/oder vns zeWüssen thon wirdt. (507a)

Was diese Eigenartigkeit verursacht hat, lässt sich schwer ergründen. Wahrscheinlich ist sie nur auf Nachlässigkeit zurückzuführen.

4. Nennform

Im Hinblick auf die Gestaltung der Nennformen von Verbphrasemen ist in Maalers Wörterbuch kein einheitliches Prinzip zu erkennen. Phraseme mit einem infinitivfähigen Verb werden auf der einen Seite in Form einer Infinitivkonstruktion, auf der anderen Seite in Form eines konkreten Satzes eingeführt. Zum ersteren Prinzip vgl. beispielsweise (1) und (3) oben sowie das komparative Phrasem bei (24), zum letzteren u. a. (12) und (16) oben sowie (25) und (26):

(24)   Reden wie ein vogel im kefe/ (328b)
(25)   Jch hab dise nacht kein Aug nie zů thon/ (38b)
(26)   Fassend eüch widerumb ein Hertz. (220a)

Es ist durchaus möglich, dass die Phraseme in (25) und (26) deshalb in Satzform präsentiert werden, weil dadurch zugleich der typische Gebrauch (vgl. etwa das Tempus und die Person) illustriert werden kann – dies ist auch in nicht wenigen Wörterbüchern des heutigen Deutsch der Fall. Demgegenüber ist die Satzstruktur in Ausdrücken wie (7) obligatorisch, denn es liegt eine festgeprägte prädikative Konstruktion mit Kongruenz einer nominativischen Komponente und einer Verbkomponente vor. Allerdings wäre eine abstraktere Nennform dadurch zu erreichen gewesen, dass das Personalpronomen durch ein Indefinitpronomen (etwa *eim* wie bei Maaler sonst üblich, vgl. unten) ersetzt worden wäre.

Wie in einigen gegenwartsbezogenen Wörterbüchern, kann das Verb *sein* im Phrasemkern eingespart sein, wenn ihm die Rolle der Kopula zukommt (vgl. (27) und (28)). Manchmal fehlt in der Nennform auch das Verb *haben* (vgl. (29)):

(27)   Stiller dann Oel/ (311a)
(28)   Nit wol bey Sinnen/ (374b)
(29)   Grillen im kopff. (192b)

Zu der Präpositionalkonstruktion in (30) wäre das Verb *liegen* zu ergänzen (vgl. die Form *Jn zügen ligen*, die auf S. 316a in einer Bedeutungserläuterung auftaucht), wohingegen die Nennform in (31) einwandfrei ist – es ist ein Substantivphrasem mit Präposition, das mit mehreren Verben kombiniert werden kann:

(30) Jn Letsten zügen. (268b)
(31) Mit Rossz vnd wagen/ (335b)

Nimmt ein Verbphrasem ein Personenobjekt zu sich, so steht dafür in der Nennform das Indefinitpronomen *einer* (vgl. zum Akkusativobjekt z. B. (20), zum Dativobjekt z. B. (21)). Die Dativform lautet in einigen Nennformen auch *einem*, sowohl bei einem Dativ- als auch bei einem Präpositionalobjekt:

(32) Einem ein Nasen Machen/ (303a)
(33) Bey einem gůten glauben Haben/ (203b)

Das Sachobjekt wird entweder durch *etwas* (vgl. (21)) oder *ein Ding* repräsentiert:

(34) Nun nit ein Finger an ein ding legen/ (136a)

Verhältnismäßig häufig sind jedoch die Fälle, in denen die Nennform eines Verbphrasems kein Akkusativobjekt aufweist; dies betrifft vor allem das Sachobjekt (vgl. (35) und (36)). Wie aus (13) ersichtlich ist, wurde auch das Dativobjekt nicht immer in die Nennform aufgenommen, vgl. ferner (37):

(35) Mit dem Halß bezalen. (208a)
(36) Zegrůd richten/ (194a)
(37) Das Haar gadt zeberg. (203a)

Anhand bestimmter Nennformen von Verbphrasemen lässt sich studieren, in welchen Varianten diese Ausdrücke im 16. Jahrhundert existiert haben bzw. welche Synonyme sie gehabt haben. In den Einträgen wird sowohl die substantiv- als auch die verbbezogene lexikalische Variation sichtbar (vgl. (38) und (39)), ebenso eine Variation, die sich auf die Austauschbarkeit von Substantiv + Verb bezieht (vgl. (40)):

(38) Einen am Narrenseil oder schnůrle fůren. (303a)

(39)   Etwas auß den Henden lassen/oder auß den henden verlieren/
        (218a)
(40)   Wasser in Rheyn Schütten oder in see tragen. (362b)

In diesen Beispielen werden die Varianten bzw. Synonyme jeweils in einer Nennform angeführt. Aus (41) und (42) ist aber zu entnehmen, dass die Variabilität auch in verschiedenen Nennformen unter ein und demselben Lemma zum Vorschein kommen kann. Es geht um eine lexikalische Variation bei der Verbkomponente:

(41)   Die Oren recken/; Die Oren spitzen/; Die Oren strecken/ (313a)
(42)   Den Rugken keeren vnnd daruon fliehen/; Den Rugken wenden
        vnd die flucht nemmen. (337a)

5. Bedeutungserläuterung

Die semantische Beschreibung von Phrasemen und Sprichwörtern wird normalerweise so realisiert, dass der Nennform zuerst eine deutsche Bedeutungserklärung und danach eine lateinische Entsprechung zugeordnet wird. Am Anfang der Bedeutungserklärung steht oft eine Virgel (vgl. (7) und (14) oben), der der Ausdruck *Das ist* (auch *das ist*) mit oder ohne Virgel hinter *ist* folgen kann. Eine weitere Anschlussart ist ein Punkt vor *Das ist*:

(43)   Eim an der Hand seyn/Das ist zenåchst vnd gerüst. (210a)
(44)   Den Halß darstrecken/das ist/Sich zum tod oder zestårben dar-
        bieten. (207b)
(45)   Ein ding nit auff die hohen Achßlen nemmen. Das ist/Jm aller-
        besten od' fründtlich vnd gůtigklich auffnemē. (10a)

In (46) ist eine Markierung zwischen dem Phrasem und der Bedeutungsparaphrase versehentlich weggelassen worden:

(46)   Mit Luchsen augen anschauwen scharpffsichtigklich ansåhen.
        (275b)

Die Bedeutungserläuterung vertritt (in der Oberflächenstruktur) nicht immer den gleichen syntaktischen Status wie der objektsprachliche Ausdruck. Ein Verbphrasem kann z. B. mit Hilfe einer nominalen oder einer weiteren nichtverbalen Konstruktion semantisch erklärt werden, wie aus (13) und (43) oben sowie aus (47) zu ersehen ist:

(47)   Nit vmb ein Finger/nit vmb ein klein wenig wychen/ (136a)

In (13) und (47) ist die Bedeutungserläuterung in das Verbphrasem eingebaut. Es wurde nur der nominale Teil umschrieben, das Verb stellt also eine gemeinsame Komponente dar. In (43) dagegen ist das Verb *sein* in der Bedeutungsparaphrase, die hinter dem Verbphrasem erscheint, aus der Nennform zu ergänzen. – Im Unterschied zu der eben besprochenen Erscheinung kann die Bedeutungserläuterung eine zusätzliche Kategorie aufweisen, die in der zu beschreibenden Einheit nicht enthalten ist. Damit ist hier ein akkusativisches Sachobjekt gemeint, das nur bei einem Infinitiv in der Paraphrase verzeichnet ist (vgl. (11) oben und (48)):

(48)   Auff den langen banck Spilen/Etwas verlengeren vnd lang aufziehen. (380b)

An einigen Stellen weicht Maaler von der üblichen Reihenfolge der erklärenden Einheiten ab, indem er dem Phrasem zunächst eine lateinische Entsprechung und erst danach eine deutsche Paraphrase folgen lässt (vgl. (5) und (11) oben sowie (49)):

(49)   Der wålt auß dem Maul kommen. Linguas hominum uitare. Dem schandtlichen zůreden vnnd schmåhen der wålt entgon. (285a)

Dass auf eine deutsche Bedeutungserklärung verzichtet wird, ist nicht ganz ungewöhnlich – zu entsprechenden Beispielen vgl. etwa (8), (9) und (10). Auch ist nicht jedes Mal eine lateinische Entsprechung vorhanden, wie im Zusammenhang mit dem Beleg (6) oben festgestellt wurde. Ein weiteres diesbezügliches Beispiel ist der Eintrag mit den beiden Verbphrasemen unter (12).

Anstelle einer Bedeutungsparaphrase erscheint nicht selten ein Synonym der jeweiligen phraseologischen Einheit. Das Synonym wird durch unterschiedliche Mittel eingeführt: Virgel (vgl. (4) oben und (50)), Virgel + *oder* (vgl. (51)), Kommentar zwischen Virgeln (vgl. (52)):

(50)   Vmb deß esels schatten Zancken/Vmb die geisszwoll zanckē/ Vm̄ ein taubendråck zancken. (512a)

(51) Die fersinen eim Darbieten/oder mit den fersinen schlahen. (87a)

(52) Sy sind vns vff die Achßlen gesåssen/oder wie mā gmeinlich spricht/Sy sind vns gar auff gugen gehockett. (10a)

Besteht die Bedeutungserläuterung in (50) aus zwei Synonymen, so umfasst sie in (53) und (54) ein Synonym und eine Paraphrase (vgl. außerdem (12) oben)):

(53) Nit Saltz haben das einer ein suppen mȯge kochen/Auff dem letsten lȯchle pfeyffen. Prouerb. So arm seyn das einer nit gnůg saltz auff ein mal auß dem saltz fassz mitt den fingeren kratzen mag. (342a)

(54) Zwüschend Thür vnd angel/Zwüschēd kugel vn̄ zil ston. Prou. Jn grosser angst seyn/Die nit wüssend was sy thůn sȯllend. (401a)

Der Erscheinung der Polysemie wird in zweierlei Weise Rechnung getragen: 1. Es wird zunächst die Nennform eines Phrasems ohne valenzbedingte Ergänzungen als Haupt- oder Sublemma angesetzt, und danach werden die verschiedenen Bedeutungen jeweis anhand einer konkreten Besetzung einer Leerstelle, z. B. eines Akkusativobjekts, verzeichnet (vgl. (55)); 2. Es werden getrennte Nennformen mit einer unterschiedlichen deutschen und lateinischen Bedeutungsparaphrase angeführt (vgl. (56); da das Phrasem nur ein Subjekt als Ergänzung verlangt, sind die Nennformen identisch)):

(55) Zehanden nemmen/Vnderston. Angefangne arbeit wider anfahen vnd zeHanden nemmen; Die vnderlaßne leer wider zeHāden nemmen; Ein groß werck zů Handen nemmen; Ein land zů seinen Handen nemmen/oder in sein gwalt [falsch eingeordnet]; Einen krieg zeHanden nemmen. (210b)

(56) Nit wol bey Sinnen/Nit gsund am verstand/Nit durch einhin witzig. Valetudo mentis; Nit wol bey Sinnen/Vbel verwirt sein. Laborare cerebro. (374b)

Außer einer reinen lexikalisch-semantischen Bedeutungsparaphrase begegnen in Maalers Wörterbuch Erläuterungen, die den Charakter eines pragmatischen Kommentars haben (vgl. (57)). Des Weiteren konnte eine Beschreibung belegt werden, die sich aus einem Vermerk zum sprachwissenschaftlichen Status und zur Geläufigkeit sowie aus einer semantisch-pragmatischen Erklärung des Ausdrucks zusammensetzt (vgl. 58)):

(57) Eim die Oren versperren/Wenn man einem weder hôren noch reden wil lassen. (313b)

(58) Es ligt jm ein Jochims taler auff der zungen/Ein gemein sprüchwort wider die/die nit dôrffend die waarheit sagen/von wågen das man jnen zeschweygen gålt hat gåben. (237a)

Im Hinblick auf den Inhalt der Bedeutungserläuterung fällt bei (59) auf, dass er von den Paraphrasen in zwei neueren lateinisch-deutschen Wörterbüchern abweicht:

(59) Den Himmel mit dem finger anrůren/sich selbs für hoch vnd herrlich halten. Digito cœlum attingere. (222a)

LGrL 223 und ALDH 1, 903 definieren die Bedeutung des lateinischen Phrasems wie folgt: ‚in den Himmel kommen, überglücklich sein' bzw. ‚heilfroh sein'.

6. Mehrfachlemmatisierung

Dass eine phraseologische Einheit unter mehreren Lemmata aufgenommen wird, lässt sich bei Maaler des Öfteren beobachten. Meistens erscheint ein Phrasem unter einem Substantiv und einem Verb oder unter einem Substantiv und einer seiner präpositionalen Formen. Im Falle der Präposition *zu* kann ein Phrasem sogar viermal lemmatisiert sein. Eine identische Form- und Bedeutungsbeschreibung ist bei Mehrfachlemmatisierung eher eine Ausnahme (vgl. (60), wo die Nennformen und die Bedeutungserläuterungen übereinstimmen, und (61), wo die eigentlichen Nennformen des Phrasems gleich sind; von orthografischen Varianten wird hier abgesehen):

(60) Es ist mir zů Oren kommen/Jch habs gehôrt. (313a); Es ist mir Zů oren koṁen/ich habs gehôrt. (529b)

(61) Den rugken Keeren/daruon fliehen. (241b); Den Rugken keeren vnnd daruon fliehen/ (337a)

Unterschiede in der Form der Phraseme können sich auf den phraseologischen Kern und/oder die Ergänzungen beziehen. In (62) betrifft der Formunterschied die nominale, in (63) die verbale Komponente eines Phrasems (Artikel vs. Possessivpronomen bzw. einfaches vs. zusammengesetztes Verb):

(62) Den Halß darstrecken/ (207b); Sein Halß darstrecken/ (208a)
(63) Einen am [...] schnůrle fůren. (303a); Einen am Schnůrle vmbhin fůren/ (360a)

Das nächste Beispiel lässt eine Differenz sowohl in der nominalen als auch in der verbalen Komponente erkennen:

(64) Einen schlaaffenden Hund erwecken. (232b); Schlaaffenden hůd wecken. (355a; richtig: 354a)

Kernexterne, d. h. ergänzungsbezogene Unterschiede lassen sich durch die beiden folgenden Beispiele veranschaulichen. In (65) steht das Phrasem einmal mit, zum anderen ohne Dativobjekt, in (66) wiederum ergeben sich die differierenden Realisationen aus dem Vorhandensein bzw. Fehlen des Subjekts:

(65) Die fersinen eim Darbieten/ (87a); Die Fersinen darbieten. (134a)
(66) Jch hab dise nacht kein Aug nie zů thon/ (38b); kein aug Zůthůn. (532b)

Die Einträge in (67) und (68) sind Nachweise für Differenzen, die sowohl den Phrasemkern als auch die Ergänzungen betreffen. Besonders in (68) sind mehrere Unterschiede festzustellen (Adjektiv + Substantiv vs. zusammengesetztes Substantiv im Kern; affirmativer vs. negativer Gebrauch; Kennzeichnung des Sachobjekts):

(67) Einen vmbs låben bringen.; Vmbs Låben bringen. (259a); Einen Vmb das låben bringen. (449b)
(68) Ein ding nit auff die hohen Achßlen nemmen. (10a); Etwas auff die Hochachßlen nemmen/ (226b)

Zu den Formdifferenzen, die sich weitgehend aus unterschiedlichen lateinischen Ausgangseinheiten erklären, treten nicht selten Unterschiede in der Bedeutungserläuterung hinzu. So findet man beispielsweise zu den Formen in (66) folgende semantische Umschreibungen: ,Hab keinen schlaaff nit gethon' (38b) und ,Die gätze nacht wachen' (532b). Vgl. außerdem:

(69) Einem anderen zů fůß fallen/Sich demůtig einem erzeigen (130b); Zefůß fallen/Eer embieten (513a)

Eine deutsche Bedeutungserläuterung kann bei Mehrfachlemmatisierung auch fehlen, wie die unten stehenden Beispiele zeigen (in (70) besteht die deutsche Bedeutungsbeschreibung des Verbphrasems unter dem substantivischen Lemma aus einer Paraphrase und einem Synonym):

(70) Nit vmb ein Finger/nit vmb ein klein wenig wychen/Nit vmb ein burst weychē. Digitum ab aliqua re non discedere. (136a); Nit vmb einen finger weychen. Non discedere digitum a` re aliqua. (490b)

(71) Zehanden nemmen/Vnderston. Pertentare. (210b); Zehanden nemmen. Conari. (513a)

(72) Zů Rossz sein. Equitare. (335b); Zerossz seyn/auff dem rossz oder pfård sitzen. Insidere equo. (515b)

Uneinheitlich können die semantischen Beschreibungen weiterhin in Bezug auf die Polysemie sein. In (73) werden für das Verbphrasem an einer Stelle zwei Bedeutungen, an einer anderen nur eine Bedeutung festgehalten:

(73) Hand an einen legen/Zů einem greyffen/Einen niderlegen. Manum inijcere alicui. Einen fahen oder schlahen Inferre manus alicui. (210a); Hand an einen Legen/Nach einem greyffen jn zů erwütschen. Manus in alicui inijcere. (266b)

7. Zur Äquivalenz lateinischer und deutscher Phraseme

Werden die deutschen Phraseme und Sprichwörter mit den lateinischen Entsprechungen näher verglichen, so zeigt sich zunächst, dass die Ausgangs- und Zieleinheit genau auf dem gleichen Bild beruhen können. Dies ist u. a. bei (74) und (75) der Fall:

(74) Vmb deß esels schatten Zancken/Vmb die geisszwoll zanckē/ [...] De asini umbra rixari, De lana caprina contendere. (512a)

(75) Eim den rugken Keeren. Terga obuertere alicui. (241b)

Während z. B. die Phraseme in (74) früher in allgemeinerem Gebrauch waren (vgl. etwa Franck 2, 101b; Wander 1, 879, 1449; DWB 5, 2807f.; 31, 240), blieb der Ausdruck *den Himmel mit dem Finger anrühren* als Entsprechung des lateinischen *digito cœlum attingere* (vgl. (59)) wohl relativ unbekannt, denn er ist u. a. bei Wander und in DWB nicht nachweisbar.

Bei (76) und (77) sind in den Strukturen der Phraseme sowohl für den nominalen als auch den verbalen Teil Unterschiede festzustellen. Hier liegt den Ausdrücken jeweils ein ähnliches Bild zugrunde (vgl. darüber hinaus (13) oben):

(76) Es gadt zů eim Or eyn vnd zum anderen widerumb auß. Perfluunt aures dicta. (313a)

(77) Jn Wind blaasen. [...] Dare uerba in uentos. (501a, b)

Dass die bildliche Grundlage eines deutschen Phrasems und seiner lateinischen Entsprechung völlig unterschiedlich sein kann, wurde bereits etwa anhand von (14) oben deutlich. Zu dieser Äquivalenzgruppe gehören fernerhin u. a. die in (78) und (79) zitierten Ausdrücke:

(78) Sich strecken nach dem vnd er Decke hat/[...] Metiri suo se pede. (89a)

(79) Vôgele lassen sorgen. Sine cura esse, In utramuis dormire aurem. (471a)

Schließlich finden sich im untersuchten Material Belege für das Phänomen der phraseologischen Nulläquivalenz. Einer nichtphraseologischen Einheit des Lateinischen entspricht also nicht immer sklavisch ein deutscher Ausdruck der gleichen Kategorie; vielmehr wird an mehreren Stellen für die deutsche Sprache von Phrasemen mit einem konkreten, anschaulichen Bild Gebrauch gemacht. Ein Beispiel dafür stellen schon der deutsche und lateinische Ausdruck in (11) oben dar, für weitere Nachweise sei auf die Entsprechungen in (80) bis (82) hingewiesen:

(80) Den Fuchs schwantz ziehen/[...] Adulari. (145a)

(81) Grillen im kopff. Phantasiæ. (192b)

(82) Hans in allen gassen/[...] Ardelio. (212a)

8. Verhältnis zu Frisius

In Kap. 1. wurde bereits darauf hingewiesen, dass Maalers Wörterbuch in einem Umsetzverfahren, d. h. als Umkehrung des *Dictionarium Latinogermanicum* von Joannes Frisius vom Jahr 1556, des sog. Großen Fries, entstanden ist. In der einschlägigen Forschung wird dem Maaler'schen Werk in der Regel wenig Originalität zuerkannt; vielmehr wird festgestellt, dass die Bearbeitung zu mechanisch vorgenommen worden sei und dass sich die Abhängigkeit Maalers von seiner Vorlage sogar bis auf die Druckfehler erstrecke (u. a. Bächtold 1899, 79; de Smet 1971, XXI*; Schirokauer 1987, 36, 45). Die *Teütsch spraach* sei auf die gleiche Weise geschaffen worden wie die älteren deutsch-lateinischen Vokabularien (Grubmüller 1986, 154; 1990, 2045), und der darin präsentierte deutsche Wortschatz sei im Kern nichts weiter als „ein durch die französische Zwischenstufe noch distanziertes Abbild des klassischen lateinischen" (Grubmüller 1990, 2045; im Großen Fries sind die französischen Interpretamente der Vorlage, des *Dictionarium Latinogallicum* von Robertus Stephanus in der Ausgabe von 1552, gegen deutsche ausgetauscht – s. dazu auch Grubmüller 1986, 154). Darüber hinaus wird aber auch angenommen, dass Maaler neben dem Großen Fries das lateinisch-deutsch-lateinische *Novum dictionariolum puerorum* von 1556, den sog. Kleinen Fries, benutzt habe (de Smet 1971, XVIII*ff.; 1988, 409f.). Den deutsch-lateinischen Teil dieses Wörterbuchs, das auf dem *Dictionariolum puerorum* von Robertus Stephanus beruht, hat allerdings nicht Frisius, sondern ein Freund von ihm erstellt (vgl. de Smet 1968, 55; 1971, X*; 1988, 403; 1990, 243).

Unter Heranziehung des Großen und Kleinen Fries – jeweils eines Exemplars der Tübinger Universitätsbibliothek – zeigt sich für die Darstellung von Phrasemen und Sprichwörtern erstens, dass die deutsche und lateinische Nennform des Eintrags bei Maaler und im Großen Fries an mehreren Stellen völlig identisch sind:

(83)   Intermissum iam diu morem reducere. Ein alten brauch widerumb auff die Ban bringen. (GrF [= Großer Fries] 1128 – 50a)

(84)   Venire in manus. Den feynden in die Hend kommen. (GrF 802 – 218a)

Außer den Nennformen können die deutschen Bedeutungserläuterungen miteinander übereinstimmen:

(85) Abijcere se alteri ad pedes. Einem anderen zů fůß fallen/Sich demůtig einem erzeigen. (GrF 6 – 130b)

Besonders zahlreich sind jedoch kleinere Unterschiede, die sich auf die Orthografie des Deutschen und/oder die Verwendung von Satzzeichen beziehen:

(86) Auff dem letstē lŏchle pfeyffen/Stårben/Jnn zügen ligen. (GrF 451) – Auff dem letsten lŏchle Pfeyffen. [...] Sterben/Jn zügen ligen. (316a; richtig: 317a)

(87) Berg vnnd tal/(das ist/grosse ding) verheissen. (GrF 835) – Berg vnd thal (das ist) grosse ding verheissen. (58b)

Der folgende Beleg lässt für die deutschen Bedeutungserklärungen jeweils einen Unterschied in der Schreibung, Phonologie und Morphologie erkennen:

(88) Jn Wind blaasen. Vergebens reden/Zů eim reden der gar nit loset. (GrF 1358) – Jn Wind blaasen. [...] Vergåben reden/Zů einem reden der gar nit loset. (501a)

Es geschieht nicht selten, dass Maaler die Reihenfolge von zwei Phrasemsynonymen oder die einer nichtphraseologischen Erläuterung und eines Phrasems ändert, d. h. es wird nur ein phraseologischer Ausdruck lemmatisiert (das Phrasemsynonym bzw. die Bedeutungserläuterung ist nur im Zusammenhang mit dem betreffenden Phrasem zu belegen), vgl. für die Synonyme:

(89) Veterem pelliculā retines. [...] Du hast noch dein alte haut/Du hast noch deinen alten beltz an [...]. (GrF 966) – Du hast noch deinen alten Beltz an/du hast noch dein alte haut [...]. (57b)

Die nächste Gegenüberstellung ist ein Beispiel dafür, wie Maaler die Einheit von Phrasem und Bedeutungsparaphrase aufgelöst hat. Die Paraphrase wird also unter einem bestimmten Lemma zusätzlich aufgeführt:

(90) In cælū ferre. [...] Biß an himmel erheben/Tråffenlich loben. (GrF 172) – Biß an himmel erheben. In cœlū ferre. (222a); Tråffenlich loben. In cœlum ferre. (405a)

Hinsichtlich der Kennzeichnung von Phrasemen und Sprichwörtern fällt auf, dass solche Bezeichnungen, wie sie Maaler verwendet (vgl. Kap. 2.), im Großen Fries nur vereinzelt vorkommen. So finden sich beispielsweise für die Ausdrücke in (1), (3), (4), (5), (7) und (8), für die Maaler eine lateinische Entsprechung gibt, keine entsprechenden Charakterisierungen im Großen Fries. Ebenso hat Maaler hier und da in eine lateinische Nennform oder in eine deutsche Bedeutungserläuterung kleinere Elemente wie Pronomina und Konjunktionen eingefügt. Darüber hinaus lassen sich einige Beispiele für Phraseme anführen, die unter den betreffenden Lemmata in Maalers Vorlage nicht auftauchen, vgl. (80) und (81) oben sowie:

(91) Adductus est in summas angustias. [...] Man hat jm das hembdle heiß gemacht/Er ist in der grôstē not/Er hat wol zeschaffen gewunnen. (GrF 92) – Die katz laufft jm den ruggen auff/Er hat wol zeschaffen gewunnen. Adductus est in summas angustias. (241a)

Das Phrasem mit *hembdle* findet sich bei Maaler auf S. 218a, allerdings nur mit der gleichen lateinischen Entsprechung wie in (91); der Ausdruck mit *not* wurde unter den möglichen Lemmata nicht aufgenommen. – Ab und zu lässt Maaler bei einem Phrasem die Bedeutungserklärung oder daneben auch das Synonym weg, desgleichen kann das Lateinische von einer Einsparung betroffen sein (der Ausdruck mit *finger* in (92) ist bei Maaler nicht lemmatisiert):

(92) Vnguem latum non discedere, aut Transuersum digitum aꞌ re aliqua. [...] Nit vmb ein burst weychen/oder eins fingers breit verrucken. (GrF 1402) – Nit vmb ein Burst weychen. Vnguem latum non discedere. (83b)

Weiterhin weist das untersuchte Material Fälle auf, in denen ein Eintrag des Großen Fries von Maaler in mehrfacher Hinsicht geändert wurde (Streichung, andere Reihenfolge, eigene Formulierung der Bedeutungserläuterung usw.), z. B.:

(93) In capite atque in ceruicibus nostris restiterunt. [...] Sy sind vns auff die achßlen gesâssen/Sy habend vns auff den halß trâtten. (GrF 215) – Sy sind vns vff die Achßlen gesâssen/oder wie mā gmeinlich spricht/Sy sind vns gar auff gugen gehockett. (10a)

Bemerkenswert sind hier vor allem die Einfügung des Kommentars und der Austausch des Phrasemsynonyms gegen ein anderes (der Ausdruck mit *halß* wurde nicht lemmatisiert).

Aus den oben zitierten Beispielen ist ersichtlich, dass Maaler bei der Bearbeitung des phraseologischen Materials nicht völlig mechanisch vorgeht, sondern durchaus in der Lage ist, selbstständige Entscheidungen zu treffen. So sind für bestimmte Phraseme und Bemerkungen (vgl. etwa die Ausdrücke in (80) und (81) sowie den Kommentar und das Phrasem mit *guge* in (93)) weder im Großen noch Kleinen Fries direkte Entsprechungen zu ermitteln. Auf der anderen Seite können in Maalers Wörterbuch Stellen gefunden werden, die darauf schließen lassen, dass für die Gestaltung eines phraseologiespezifischen Eintrags der Kleine Fries den Ausschlag gegeben hat. Bei (94) handelt es sich darum, dass sich Maaler für das deutsche Phrasem nicht an den satzförmigen Belegen im Großen Fries, sondern an der Infinitivform des Kleinen Fries orientiert hat:

(94)   Attingere cælum digito se putant nostri principes [...] Vnsere fürsten oder regenten meinend sy rürind den himmel an [...]. (GrF 135); Digito cælum attingere. [...] Nostri principes digito se cælum putant attingere. Vnsere fürsten dunckt sy rürind den himmel mit dem finger an [...]. (GrF 172) – den himmel mit dem finger anrûren. Digito cælum attingere. (KlF [= Kleiner Fries] 119) – den Himmel mit dem finger anrûren [...]. Digito cœlum attingere. (222a)

In (95) verraten das präpositionale Glied des deutschen Phrasems sowie die Orthografie und Wortfolge des lateinischen Ausdrucks, dass Maaler den Kleinen Fries herangezogen hat:

(95)   Renuntiare alicui de re aliqua. [...] Eim etwas zů oren tragen [...]. (GrF 1142) – eim etwas Zeoren tragen. Alicui de re aliqua renunciare. (KlF 298) – Eim etwas Zeoren tragen. Alicui de re aliqua renunciare. (514a)

Indizien für die Benutzung des Kleinen Fries durch Maaler in (96) sind die beiden lateinischen Entsprechungen und das Fehlen des Artikels im deutschen Phrasem:

(96) Vȏgele lassen sorgen. Sine cura esse. [...] In utrāuis dormire aurem. (KlF 274) – Vȏgele lassen sorgen. Sine cura esse, In utramuis dormire aurem. (471a)

Im Großen Fries finden sich zu den Lemmata *cura, auris* und *dormio* folgende Belege:

(97) Sine cura esse. [...] On angst vnd sorg seyn/Das vȏgele lassen sorgen. (GrF 355); Dormire in utranuis aurem. [...] On alle sorg seyn/Nüt fürchten vnd sorgen. (GrF 144); Dormire in utranuis aurem. [...] Rŭwigklich schlaaffen/vnd on alle sorg. (GrF 448)

Von diesen drei Belegen hat Maaler den ersten und dritten für sein Wörterbuch berücksichtigt (vgl. S. 377a bzw. 355a; richtig: 354a). Von kleinen orthografischen Unterschieden abgesehen stimmen die Formen miteinander überein.

Die Rolle des Kleinen Fries als lexikografisches Hilfsmittel von Maaler kann schließlich mit (98) nachgewiesen werden:

(98) Zancken vmb des esels schatten/vmb die geißwull zancken/vm̄ ein tauben dråck zancken. De asini umbra rixari, De lana caprina contendere. (KlF 296) – Vmb deß esels schatten Zancken/ Vmb die geisszwoll zanckē/Vm̄ ein taubendråck zancken. [...] De asini umbra rixari, De lana caprina contendere. (512a)

Der Eintrag in Maalers Wörterbuch kann nur auf den Kleinen Fries zurückgehen, denn die deutschen Phraseme sind unter den betreffenden lateinischen Lemmata im Großen Fries nicht anzutreffen (vgl. aber auch das Vorhandensein der beiden lateinischen Entsprechungen bei Maaler).

Im Ganzen fußt Maalers Wörterbuch natürlich weitgehend auf dem *Dictionarium Latinogermanicum* von Frisius, und so ist u. a. die Darstellung von Phrasemen und Sprichwörtern stark vorlagenbedingt. Folglich vermag *Die Teütsch spraach* kein vollständiges Bild vom Bestand deutscher Phraseme des 16. Jahrhunderts zu vermitteln. Dies wird deutlich, wenn man Maalers Werk zeitgenössischen phraseologiespezifischen Sammlungen, vor allem der von Sebastian Franck, die als „die wichtigste deutschsprachige Sprichwörtersammlung des Reformationszeitalters" angesehen werden kann (Mieder 1987, 10*), gegenüberstellt. Eine der künftigen Aufgaben der historischen Phraseologie könnte denn auch darin bestehen, hier intensivere vergleichende Nachforschungen anzustellen.

9. Literatur
9.1. Primärliteratur

Frisius, Joannes (1556a): Dictionarium Latinogermanicum. Zürich.
Frisius, Joannes (1556b): Novum Dictionariolum puerorum Latinogermanicum, et e diuerso Germanicolatinum. Zürich.
Maaler, Josua (1561 [1971]): Die Teütsch spraach. Dictionarium Germanicolatinum novum. Zürich [Nachdr. Hildesheim/New York].

9.2. Sekundärliteratur

ALDH = Ausführliches Lateinisch-Deutsches Handwörterbuch (1988). Aus den Quellen zusammengetr. und mit besonderer Bezugnahme auf Synonymik und Antiquitäten unter Berücksichtigung der besten Hilfsmittel ausgearb. von Karl Ernst Georges. Unveränd. Nachdr. der 8., verb. und verm. Aufl. von Heinrich Georges. 2 Bde. Hannover.
Bächtold, Jakob (1899): Kleine Schriften. Hg. von Theodor Vetter. Frauenfeld.
Burger, Harald (1998): Problembereiche einer historischen Phraseologie. In: Wolfgang Eismann (Hg.): EUROPHRAS 95. Europäische Phraseologie im Vergleich: Gemeinsames Erbe und kulturelle Vielfalt. Bochum (= Studien zur Phraseologie und Parömiologie 15), S. 79–108.
Burger, Harald (2010): Phraseologie. Eine Einführung am Beispiel des Deutschen. 4., neu bearb. Aufl. Berlin (= Grundlagen der Germanistik 36).
Burger, Harald/Buhofer, Annelies/Sialm, Ambros (1982): Handbuch der Phraseologie. Berlin/New York.
Burger, Harald/Linke, Angelika (1998): Historische Phraseologie. In: Werner Besch u. a. (Hg.): Sprachgeschichte. Ein Handbuch zur Geschichte der deutschen Sprache und ihrer Erforschung. 2., vollst. neu bearb. und erw. Aufl. 1. Teilbd. Berlin/New York (= Handbücher zur Sprach- und Kommunikationswissenschaft 2.1), S. 743–

755.

Claes, Franz (1977): Bibliographisches Verzeichnis der deutschen Vokabulare und Wörterbücher, gedruckt bis 1600. Hildesheim/ New York.

Dräger, Marcel (2010): Phraseologische Nachschlagewerke im Fokus. In: Jarmo Korhonen/Wolfgang Mieder/Elisabeth Piirainen/Rosa Piñel (Hg.): EUROPHRAS 2008. Beiträge zur internationalen Phraseologiekonferenz vom 13.–16.8.2008 in Helsinki. http:// www.helsinki.fi/deutsch/europhras/ep2008.pdf, S. 411–421.

DWB = Deutsches Wörterbuch von Jacob und Wilhelm Grimm (1984). Fotomechan. Nachdr. der Erstausg. Leipzig 1854–1971. 33 Bde. München.

Filatkina, Natalia (2007): Formelhafte Sprache und Traditionen des Formulierens (HiFoS): Vorstellung eines Projekts zur historischen formelhaften Sprache. In: Sprachwissenschaft 32, S. 217–242.

Filatkina, Natalia (2010): Historical phraseology of German: Regional and global. In: Jarmo Korhonen/Wolfgang Mieder/Elisabeth Piirainen/Rosa Piñel (Hg.): Phraseologie global – areal – regional. Akten der Konferenz EUROPHRAS 2008 vom 13.–16.8.2008 in Helsinki. Tübingen, S. 143–151.

Franck, Sebastian (1541 [1987]): Sprichwörter/Schöne/Weise/Herrliche Clugreden/und Hoffsprüch. Frankfurt a. M. [Nachdr. Hildesheim/Zürich/New York].

Friedrich, Jesko (2007): Historische Phraseologie des Deutschen. In: Harald Burger u. a. (Hg.): Phraseologie. Ein internationales Handbuch der zeitgenössischen Forschung. 2. Halbbd. Berlin/New York (= Handbücher zur Sprach- und Kommunikationswissenschaft 28.2), S. 1092–1106.

Grubmüller, Klaus (1986): Vokabular und Wörterbuch. Zum Paradigmawechsel in der Frühgeschichte der deutschen Lexikographie. In: Reiner Hildebrandt/Ulrich Knoop (Hg.): Brüder-Grimm-Symposion zur Historischen Wortforschung. Beiträge zu der Marburger Tagung vom Juni 1985. Berlin/New York (= Historische Wortforschung 1), S. 148–163.

Grubmüller, Klaus (1990): Die deutsche Lexikographie von den Anfängen bis zum Beginn des 17. Jahrhunderts. In: Franz Josef Hausmann u. a. (Hg.): Wörterbücher. Ein internationales Handbuch zur

Lexikographie. 2. Teilbd. Berlin/New York (= Handbücher zur Sprach- und Kommunikationswissenschaft 5.2), S. 2037–2049.

Haß-Zumkehr, Ulrike (2001): Deutsche Wörterbücher – Brennpunkt von Sprach- und Kulturgeschichte. Berlin/New York.

Henne, Helmut (1977): Nachdenken über Wörterbücher: Historische Erfahrungen. In: Günther Drosdowski/Helmut Henne/Herbert E. Wiegand: Nachdenken über Wörterbücher. Mannheim/Wien/Zürich, S. 7–49.

Korhonen, Jarmo (1995a): Zu Verbphrasemen in Zeitungstexten des frühen 17. Jahrhunderts. In: Jarmo Korhonen: Studien zur Phraseologie des Deutschen und des Finnischen I. Bochum (= Studien zur Phraseologie und Parömiologie 7), S. 115–134.

Korhonen, Jarmo (1995b): Zur historischen Entwicklung von Verbidiomen im 19. und 20. Jahrhundert. In: Jarmo Korhonen: Studien zur Phraseologie des Deutschen und des Finnischen I. Bochum (= Studien zur Phraseologie und Parömiologie 7), S. 135–169.

LGrL = Langenscheidts Großwörterbuch Lateinisch (1981). Teil I: Lateinisch-Deutsch. Unter Berücksichtigung der Etymologie von Prof. Dr. Hermann Menge. 21. Aufl. Berlin u. a.

Melnyk, Svitlana (2010): Das Feld der Geldphraseologismen in seiner historischen Entwicklung. In: Jarmo Korhonen/Wolfgang Mieder/Elisabeth Piirainen/Rosa Piñel (Hg.): EUROPHRAS 2008. Beiträge zur internationalen Phraseologiekonferenz vom 13.–16.8. 2008 in Helsinki. http://www.helsinki.fi/deutsch/europhras/ep2008.pdf, S. 422–429.

Mieder, Wolfgang (1987): Vorwort. In: Franck (1987), S. 5–13*.

Müller, Peter O. (2001): Deutsche Lexikographie des 16. Jahrhunderts. Konzeptionen und Funktionen frühneuzeitlicher Wörterbücher. Tübingen (= Texte und Textgeschichte 49).

Parad, Jouko (2003): Biblische Verbphraseme und ihr Verhältnis zum Urtext und zur Lutherbibel. Ein Beitrag zur historisch-kontrastiven Phraseologie am Beispiel deutscher und schwedischer Bibelübersetzungen. Frankfurt a. M. u. a. (= Finnische Beiträge zur Germanistik 9).

Paul, Hermann (1901): Geschichte der germanischen Philologie. In: Hermann Paul (Hg.): Grundriß der germanischen Philologie. 2., verb. und verm. Aufl. Bd. 1. Straßburg, S. 9–158.

Powitz, Gerhardt (1959): Das Deutsche Wörterbuch Johann Leonhard Frischs. Berlin (= Deutsche Akademie der Wissenschaften zu Berlin. Veröffentlichungen des Instituts für deutsche Sprache und Literatur 19).

Schirokauer, Arno (1987): Studien zur frühneuhochdeutschen Lexikologie und zur Lexikographie des 16. Jahrhunderts. Zum Teil aus dem Nachlass hg. von Klaus-Peter Wegera. Heidelberg (= Studien zum Frühneuhochdeutschen 8).

Schröter, Walther (1985): Die Bedeutung der älteren deutschen Lexikographen für das Neuhochdeutsche. In: Werner Besch/Oskar Reichmann/Stefan Sonderegger (Hg.): Sprachgeschichte. Ein Handbuch zur Geschichte der deutschen Sprache und ihrer Erforschung. 2. Halbbd. Berlin/New York. (= Handbücher zur Sprach- und Kommunikationswissenschaft 2.2), S. 1520–1534.

de Smet, Gilbert (1968): Alte Lexikographie und moderne Wortgeographie. In: Walther Mitzka (Hg.): Wortgeographie und Gesellschaft. Festgabe für Ludwig Erich Schmitt zum 60. Geburtstag am 10. Februar 1968. Berlin, S. 49–79.

de Smet, Gilbert (1971): Einführung. In: Maaler (1971), S. V–XXV*.

de Smet, Gilbert (1974): Einführung. In: Petrus Dasypodius: Dictionarium latinogermanicum. Nachdr. der Ausg. Straßburg 1536. Hildesheim/New York, S. I–X*.

de Smet, Gilbert (1984): Wörterbücher. In: Klaus Kanzog/Achim Masser (Hg.): Reallexikon der deutschen Literaturgeschichte. 2. Aufl. Bd. 4. Berlin/New York, S. 930–946.

de Smet, Gilbert (1986): Die frühneuhochdeutsche Lexikographie: Möglichkeiten und Grenzen ihrer Interpretation. In: Reiner Hildebrandt/Ulrich Knoop (Hg.): Brüder-Grimm-Symposion zur Historischen Wortforschung. Beiträge zu der Marburger Tagung vom Juni 1985. Berlin/New York (= Historische Wortforschung 1), S. 59–80.

de Smet, Gilbert (1988): Zur Geschichte des Großen Fries. Ein erster Versuch. In: Peter Wiesinger unter Mitarb. von Franz Patocka u. a. (Hg.): Studien zum Frühneuhochdeutschen. Emil Skála zum 60. Geburtstag am 20. November 1988. Göppingen (= Göppinger Arbeiten zur Germanistik 476), S. 399–426.

de Smet, Gilbert (1990): Humanistische deutsche Lexikographie und Sprachgeschichte. In: Werner Besch (Hg.): Deutsche Sprachgeschichte. Grundlagen, Methoden, Perspektiven. Festschrift für Johannes Erben zum 65. Geburtstag. Frankfurt a. M. u. a., S. 239–247.

Stantcheva, Diana (2003): Phraseologismen in deutschen Wörterbüchern. Ein Beitrag zur Geschichte der lexikographischen Behandlung von Phraseologismen im allgemeinen einsprachigen Wörterbuch von Adelung bis zur Gegenwart. Hamburg (= Philologia. Sprachwissenschaftliche Forschungsergebnisse 53).

Szlęk, Stanisław Piotr (1999): Zur deutschen Lexikographie bis Jacob Grimm. Wörterbuchprogramme, Wörterbücher und Wörterbuchkritik. Bern u. a.

Wander, Karl Friedrich Wilhelm (1867–1880 [1987]): Deutsches Sprichwörter-Lexikon. Ein Hausschatz für das deutsche Volk. 5 Bde. Leipzig [Nachdr. Augsburg].

Wiegand, Herbert Ernst (1998): Historische Lexikographie. In: Werner Besch u. a. (Hg.): Sprachgeschichte. Ein Handbuch zur Geschichte der deutschen Sprache und ihrer Erforschung. 2., vollst. neu bearb. und erw. Aufl. 1. Teilbd. Berlin/New York (= Handbücher zur Sprach- und Kommunikationswissenschaft 2.1), S. 643–715.

II.

Lexikalische und morphosyntaktische Änderungen von Idiomen vom Frühneuhochdeutschen bis zum heutigen Deutsch[*]

1. Einleitung

Eine diachronisch orientierte Beschäftigung mit der Phraseologie einer Sprache kann als Teil einer intralingualen kontrastiven Phraseologie aufgefasst werden. Mit Ausnahme von zwei historischen Wörterbüchern, und zwar Spalding (1959–2000) und Röhrich (1991–1992), ist die Phraseologie des Deutschen in diachronischer Hinsicht noch nicht sehr intensiv erforscht worden. Es gibt zwar zahlreiche Untersuchungen zur Herkunft, Überlieferung und Verwendung deutscher Sprichwörter und Idiome, aber Arbeiten, in denen die Entwicklung von Phraseologismen anhand bestimmter Erscheinungen und Tendenzen systematisch dargelegt wird, sind nach wie vor gering an der Zahl (vgl. hierzu Korhonen 1998a und die dort angeführte Literatur sowie z. B. Burger 1998; 2010; Burger/Linke 1998; Korhonen 1995; Parad 2003; Friedrich 2007; Melnyk 2010). Aspekte, die in diesen Arbeiten behandelt wurden, sind Weiterbestehen älterer Phraseologismen, Vorkommen von Archaismen, Aussterben von Phraseologismen, Entstehung neuer Phraseologismen, Änderungen von Form und Bedeutung sowie Wechsel der Stilschicht. Die hier beschriebenen Phraseologismen stammen aus dem Mittelhochdeutschen, Frühneuhochdeutschen und Neuhochdeutschen, wobei sich die Untersuchung eines Phraseologismus nicht immer über mehrere Sprachstufen erstreckt. – Allerdings nimmt das Interesse für die historische Phraseologie des Deutschen allmählich zu: Auf der Konferenz „EUROPHRAS 2010" vom 30.6. bis 2.7.2010 in Granada wurden in einem Workshop vier entsprechende Projekte vorgestellt. Dabei ist auch an die historische Phraseografie gedacht. Vgl. dazu etwa Filatkina (2007; 2010).

---

[*] Originalbeitrag (überarbeitete und erweiterte Fassung eines Vortrags, den ich auf dem XII. IVG-Kongress („Vielheit und Einheit der Germanistik weltweit") vom 30.7. bis 7.8.2010 in Warschau gehalten habe).

In diesem Beitrag werde ich mich mit einem zentralen Gebiet der deutschen Phraseologie, den idiomatisierten Phraseologismen, befassen. Die Sprachstufen, in denen die Entwicklung eines Idioms verfolgt wird, sind Frühneuhochdeutsch, Neuhochdeutsch und Gegenwartsdeutsch. Dass die früheste Sprachstufe das Frühneuhochdeutsche ist, bedeutet nicht, dass ein Idiom aus diesem Zeitraum stammen muss – es kann z. B. bereits im Mittelhochdeutschen vorhanden gewesen sein. Im Mittelpunkt der Ausführungen stehen die Änderungen der Form von Idiomen. Die Änderungen sollen quantitativ und qualitativ, d. h. bezüglich der Zahl und Art der Komponenten der Idiomkerne und der von ihnen verlangten valenzbedingten Ergänzungen erfasst werden. Die Ergebnisse werden in drei Gruppen dargestellt: 1. lexikalische Änderungen eines Idioms, 2. morphosyntaktische Änderungen eines Idioms, 3. lexikalische und morphosyntaktische Änderungen eines Idioms.

Die im Frühneuhochdeutschen vorkommenden Idiome wurden einerseits in synchronischen und diachronischen Phraseologie- und Gesamtwörterbüchern, andererseits im Sprachgebrauch Martin Luthers gesammelt (in letzterem Falle dienten vor allem eine amerikanische Dissertation zu Sprichwörtern und Idiomen bei Luther sowie Luthers eigene Sammlung von Phraseologismen als Quelle); die Gesamtzahl der für diese Studie analysierten Idiome beläuft sich auf 80. Die Nachschlagewerke, mit deren Hilfe die historische Entwicklung der Idiome untersucht wird, sind in einem Abstand von ca. 50 bis 100 Jahren veröffentlicht worden. Die Werke vertreten synchronisch oder diachronisch angelegte Phraseologie- und Gesamtwörterbücher, außerdem wurden die folgenden zwei Spezialwerke herangezogen: die Phraseologiesammlung von Schottelius in seiner *Ausführlichen Arbeit Von der Teutschen HaubtSprache* und das *Duden-Stilwörterbuch*. Es versteht sich von selbst, dass die Benutzung derart unterschiedlicher Quellen nicht problemlos ist. So weisen Wörterbücher, die vor den 70er Jahren des 20. Jahrhunderts herausgebracht wurden, hinsichtlich der Darstellung der Phraseologie Mängel verschiedener Art auf. Dabei handelt es sich vor allem um eine adäquate lexikografische Erfassung der Nennform von Idiomen. Um diesem Problem beizukommen, wurde den in den Wörterbüchern angeführten Beispielen und Belegen besondere Aufmerksamkeit geschenkt. Als nützlich erwiesen sich in dieser Hinsicht die diachronischen Phraseologie- und Gesamtwörterbücher, die in den betreffenden Wortartikeln nicht selten mehrere Idiombelege aus verschiedenen Sprachstufen enthalten. – Zu Problemen der Darstellung von Phraseologismen in älteren deutschen Wörterbüchern vgl. u. a. Korhonen (1995; 1998b), Stantcheva (2003), Dräger (2010) und Melnyk (2010).

2. Lexikalische Änderungen

Bei den lexikalischen Änderungen kann es sich erstens um den Austausch eines Verbs handeln:

(1) *dem Fass den Boden ausstoßen* (vgl. FNW 2, 1438; 4, 716) →
     ausschlagen (DGW)

Nach DWN (9, 163) kommt das Verb *ausschlagen* bereits 1616 vor, aber DS (1, 182) und MH (1, 465) sind die ältesten Wörterbücher, die es (als Variante von *ausstoßen*) aufführen (in W 1, 934 wird nur *ausstoßen* angegeben). DWN (9, 163) zitiert einen Beleg aus dem Jahr 1931, in dem noch *ausstoßen* auftaucht, aber nach S (737) wird jetzt das Verb *ausschlagen* bevorzugt. In T (1, 381) und DUS (194) findet sich nur noch das Verb *ausschlagen*.

Auch in (2) wurde das Verb des Idioms ausgetauscht, aber neben den dort aufgeführten Verben, die eine längere Zeit nebeneinander existierten, kamen auch weitere Verben vor:

(2) *mit jmdm. unter einer Decke liegen* (FNW 5, 332) → *stecken*
     (DGW)

A (1, 1429), MH (1, 553) und DWN (6, 480) verzeichnen *liegen* und *stecken*, wobei DWN einen Beleg mit *stecken* aus dem Jahr 1671 und MH auch einen Schiller-Beleg mit *spielen* anführt. W (1, 566) notiert die Verben *stecken* und *spielen*, DS (1, 271) die Verben *spielen, liegen, stecken* und *sein*. Nach S (459) gibt es das Idiom seit dem 16. Jh., zuerst mit *liegen*, im 18. und 19. Jh. auch mit *spielen* und *stehen* und ab der ersten Hälfte des 19. Jh.s mit *stecken* als häufigstem Verb. DUS (142) führt nur das Verb *stecken* auf.

Zweitens können sich die Änderungen auf die Zahl der Varianten beziehen. (3) ist ein Beispiel dafür, dass von den früher üblichen zwei Verben heute nur noch eines in Gebrauch ist:

(3)   *den Braten riechen/schmecken* (vgl. FNW 4, 957) → *riechen*
        (DGW)

Neben die Verben *riechen* und *schmecken* tritt im 18. Jh. das Verb
merken (vgl. S 377). A (1, 1160) und DS (1, 198) haben *riechen* und
merken (DS außerdem *schmecken*, das er als veraltet und mundartlich
bezeichnet), W (1, 448) zusätzlich noch *wittern*. Die Nennform in T
(1, 410) lautet *den Braten (schon) riechen*, wohingegen in DUS (130)
noch die beiden Verben *merken* und *riechen* kodifiziert sind.

Beim nächsten Beispiel hat sich die Zahl der Varianten von drei
auf eins verringert:

(4)   *über die Schnur fahren/treten/hauen* (DW 15, 1400ff.) → *hau-*
        en (DGW)

In DS (2, 996) findet sich neben *hauen* noch *treten*, in MH (3, 450)
außerdem *gehen* (und ein Beleg mit *schreiten* aus dem Jahr 1734). Das
Verb *hauen* scheint jedoch von Anfang an häufiger zu sein, denn es
wird in SF (2, 98b), JGS (1120), KS (1907) und A (3, 1611) als einziges Verb aufgeführt. Auch in W (4, 310), S (1250) und T (6, 188) ist
nur *hauen* anzutreffen, ebenso in DUS (515).

Drittens ist auch für die Substantive ein lexikalischer Austausch
nachweisbar, vgl.:

(5)   *jmdm. die Haut über die Ohren ziehen* (vgl. W 2, 443: Luthers
        Tischreden als Quelle) → *das Fell* (DGW)

Laut S (759) lässt sich *jmdm. das Fell über die Ohren ziehen* bei Stieler belegen (vgl. KS 465: *Man kan die Schafe wol bescheren/man*
zieht ihnen darům das Fell nicht stracks über die Ohren / bonis pasto-
ris est, tondere pecus, non deglubere). A (2, 105, 1039), DS (1, 430,
714), W (1, 979; 2, 443), MH (1, 892; 2, 82) und DUS (426) verzeichnen beide Idiome, ebenso T (3, 364), nach dem jedoch das Idiom mit
Fell gebräuchlicher ist.

Viertens kann von zwei synonymen frnhd. Idiomen eines unterge-
gangen sein:

(6)   *aus einer Schnake einen Elefanten machen* (SF 1, 4b) → *Mücke*
        (DGW)

Neben dem Idiom in (6) kam bereits im Frnhd. ein Synonym mit *Mü-*
cke vor (vgl. GH 869). Es ist möglich, dass sich die Form mit *Schnake*

aus der regionalen Verbreitung dieses Substantivs erklärt: *Schnake* ist ein westmitteldeutsches und süddeutsches Wort für ‚Stechmücke‘, und Franck stammte aus Donauwörth. Ein weiteres Synonym mit *Fliege* findet sich in DS (1, 363), W (1, 1067) und DWN (7, 1207). KS (1260), MH (1, 739), S (624), T (4, 684) und DUS (172, 394) weisen nur *Mücke* als erste substantivische Komponente auf.

Die Verringerung der Zahl von Synonymen kommt im nächsten Beispiel besonders deutlich zum Ausdruck:

(7)   *Hummeln/Mücken/Tauben/Mäuse/Mäusenester/Grillen im Kopf haben* (SF 2, 40a) → *Grillen* (GW 645)

Offensichtlich war *Grillen im Kopf haben* bereits im Frnhd. am häufigsten, denn Luther führt nur diese Form in seiner Sprichwörtersammlung auf (vgl. TB 649), ebenso Maaler in seinem Wörterbuch (vgl. JM 192b). In GH (1743f.) findet sich *Grille im haupt* und in Anlehnung an SF der Eintrag *Er hat vil humlen / mucken / tauben / meußnester oder grillen im kopff.* Von den selteneren Repräsentationen sind *Mäuse, Mücken* und *Tauben* in DS (2, 263, 336, 1290) und W (3, 546, 745; 4, 1046) belegt, MH (2, 209, 770; 3, 945) wiederum verzeichnet *Hummeln, Mäuse* und *Tauben.* In den meisten Fällen hat man es hier mit älteren Belegen (z. B. aus dem 17. Jh.) zu tun. DUS (252) hat nur *Grillen im Kopf haben,* während laut LR (754, 1053, 1055, 1232) heute noch folgende Formen vorkommen: *Motten/Mücken* (oberdeutsch *Mucken)/Hummeln/Raupen im Kopf haben.*

Weiterhin können in Idiomen sowohl der verbale als auch der nominale Teil von lexikalischen Änderungen betroffen sein. Dies geht aus dem folgenden Beispiel hervor:

(8)   *den Karren in den Kot hineinführen* (vgl. JC 155) → *die Karre/ den Karren in den Dreck führen/fahren/schieben* (DGW)

In FNW (8, 641) lautet die Nennform *den karren in den schlam füren,* und es wird ein entsprechender Luther-Beleg zitiert. Als zweites Substantiv taucht in A (2, 1504) *Kot,* in DS (1, 871) *Dreck* auf, W (2, 1147f.) wiederum nennt beide Substantive und S (1439) zusätzlich noch *Schlamm.* Die Verbkomponente *schieben* ist in A und DS zu finden, in W auch *führen.* Laut DUS (304) hat sich der nominale Teil gefestigt: Das zweite Substantiv ist *Dreck,* und der verbale Teil besteht aus den Varianten *schieben* und *fahren.* – Zu lexikalischen Änderungen von Phraseologismen vgl. auch Korhonen (1995, 147ff.), Parad (2003, 176, 206, 220, 235f., 262, 330, 359f.), Friedrich (2007, 1101), Burger (2010, 141ff.), Burger/Linke (1998, 747, 750) und Melnyk (2010, 426f.).

3. Morphosyntaktische Änderungen

Änderungen im Bereich der Morphosyntax sind sowohl für die Struktur des Idiomkerns als auch für die Valenz, d. h. für die vom Idiomkern verlangten Ergänzungen, zu beobachten. Beim ersten Beispiel handelt es sich um die Erweiterung des Idiomkerns um eine fakultative substantivische Komponente:

(9)   *Auf beiden Achseln tragen* (SF 2, 102b) → *auf beiden Achseln [Wasser] tragen* (DGW)

Allerdings liegt hier ein rein lexikografisches Phänomen vor, denn als zweite substantivische Komponente konnten bereits im Frnhd. z. B. *Baum* und *Wasser* erscheinen (vgl. den Luther-Beleg mit *den Baum* in FNW 1, 539 und DWN 1, 1358). In älteren Wörterbüchern wurde aber das zweite Substantiv nicht in die Nennform aufgenommen; erst W (1, 20) setzt die Nennform mit fakultativem *Wasser* an. Auch MH (1, 54) und S (22) haben das zweite Substantiv nicht, wohingegen DUS (522) *Wasser* ohne Klammern und damit als obligatorische Komponente aufführt (anstelle von *Achseln* steht hier *Schultern*). Laut DGW ist *auf beiden Achseln [Wasser] tragen* ein veraltetes Synonym für *auf beiden Schultern [Wasser] tragen*.

In (10) liegt eine Entwicklung vor, bei der der nominale Teil in zweierlei Weise erweitert wurde: einmal durch Hinzufügung eines Substantivs und der Konjunktion *und*, zum anderen durch Bildung eines Kompositums:

(10)   *Mord/Mordio schreien* (DW 12, 2533, 2547) → *Zeter und Mord[io]/Zetermordio/zetermordio schreien* (DGW)

In JM (293b) heißt es noch *Mordio schreien*, in DS (2, 1732) schon *Zeter (und) Mord, Mordio schreien*. Die Form ohne *Zeter* lässt sich auch für W (3, 722), MH (2, 863), T (4, 674) und S (1711) belegen. In DUS (756) lauten die Formen *Zetermordio schreien* und *Zeter und*

Mord[io] schreien. – Als Ausgangspunkt für die erweiterte Form kann auch das Idiom *Zeter schreien* (vgl. DS 2, 1732 mit einem Luther-Beleg und Pfeifer 1978, 123) gewählt werden. Desgleichen kann darauf hingewiesen werden, dass die Realisation mit den Komponenten *Zeter* und *Mordio* bereits bei Luther begegnet (vgl. JC 170: *Do schreyen sie Ceter Mordio*).

Ein weiteres wortbildungsbezogenes Beispiel ist (11), in dem ein Simplex durch ein Kompositum ersetzt worden ist:

(11)   *Hans in allen Gassen* (FNW 7, 1121) → *Hansdampf in allen Gassen* (DGW)

Von den untersuchten Wörterbüchern ist DS (1, 262, 691) das erste, in dem die Komponente *Dampf* (in der Form *Hans Dampf* und neben der ursprünglichen Form; zur letzteren Form vgl. DS 1, 543) auftaucht (auch nach LR 661 ist die Kombination *Hans + Dampf* erst seit Anfang des 19. Jh.s nachweisbar). In W (2, 357; 5, 1112) werden *Hans* und *Hans Dampf* aufgeführt, in MH (2, 50) dagegen steht nur die ältere Form. Laut S (1238) heißt es heute *Hans Dampf in allen Gassen*, aber noch in DUS (268) stellt *Dampf* keine obligatorische Komponente des Idioms dar (vgl.: *Hans [Dampf] in allen Gassen*).

Für den Artikelgebrauch zeigt sich erstens, dass der Artikel bei einem Substantiv wegfallen kann:

(12)   *den Stich halten* (vgl. JC 145, 196) → *Stich halten* (DGW)

Der Artikel lässt sich noch in JGS (1118) und W (4, 847) belegen, KS (2156) und DS (2, 1214) führen eine Form mit und ohne Artikel auf, A (4, 365) dagegen verzeichnet nur die artikellose Form. LR (1552) vermerkt, dass das Idiom seit Ende des 17. Jh.s in der artikellosen Form bezeugt ist, und auch nach MH (3, 808) kommt das Idiom im neueren Sprachgebrauch ohne Artikel vor (es wird jeweils ein Beleg mit Lessing und Grillparzer zitiert).

Zweitens kann für ein bestimmtes Idiom im Frnhd. sowohl eine artikellose Form als auch eine Form mit Artikel belegt werden. Später stabilisiert sich der Gebrauch, so dass dann nur die Form mit Artikel üblich ist:

(13)   *an (den) Tag kommen* (FNW 5, 45) → *an den Tag* (DGW)

Es ist möglich, dass der Artikel in der frnhd. Form *an tag* nur scheinbar fehlt, denn im Frnhd. waren Verschmelzungen wie *an den* > *an* und *in den* > *in* häufig. Bemerkenswert ist jedoch, dass der Artikel in FNW und auch in DS (2, 1277) als fakultative Komponente markiert ist. KS (2246), A (4, 518), W (4, 1002), S (2427) und DUS (590) bezeichnen den Artikel als obligatorische Komponente des Idioms.

Eine Festigung der morphosyntaktischen Repräsentation eines Idioms liegt auch beim nächsten Beispiel vor. Von drei Präpositionen ist nur eine übrig geblieben:

(14)   *jmdn. am/auf dem/im Narrenseil führen* (vgl. DW 13, 380) →
       am (DGW)

Die Präpositionen *auf* und *in* erscheinen nur in DW, alle anderen Wörterbücher (JM 303a, A 3, 431, DS 2, 1069, W 3, 941, MH 2, 950f., S 1760 und DUS 408) weisen im nominalen Teil die Präposition *an* auf.

Einige Idiome haben im Laufe der Zeit mehrere morphosyntaktische Änderungen erfahren. Das erste Beispiel bezieht sich darauf, dass eine Wortgruppe durch ein Kompositum ersetzt und darüber hinaus der Numerus gewechselt wurde:

(15)   *ein schloß in den lufft bawen* (SF 1, 147b) → *Luftschlösser bauen* (DGW)

Die Nennform in GH (203) lautet *Ein Schloß im lufft bawen*, in JGS (1121) *Ein Schloß in der Luft bauen*. In KS (1841) steht das Substantiv *Schloss* bereits im Plural (*Schlösser in die Luft bauen*), desgleichen in A (2, 2122; 3, 1539), der wie KS das Substantiv *Luftschloss* ins Lemmaverzeichnis aufgenommen hat, ohne jedoch dazu das Idiom *Luftschlösser bauen* anzugeben (A 2, 2126 vermerkt allerdings, dass das Substantiv auf das Idiom *Schlösser in die Luft bauen* zurückgeht). In DS (2, 963) und W (3, 252; 4, 246) begegnen sowohl *Schlösser in die Luft bauen* als auch *Luftschlösser bauen*, aber das letztere Idiom ist wesentlich älter, denn es erscheint bereits in einem Beleg aus dem Jahr 1673 in DW (12, 1262) und MH (2, 694). S (1637) hat *Schlösser in die Luft bauen*, T (4, 508) wiederum *Luftschlösser bauen*, und DUS (368, 508) beide Idiome. Ins DGW hat auch der Eintrag *ein Schloss/ Schlösser in die Luft bauen* Eingang gefunden. Dieses Idiom kommt jedoch z. B. in GW und DUR nicht vor und ist bei Schemann (1993, 716) mit der Markierung „selten" versehen.

In (16) hat sich sowohl in der Wortbildung als auch in der Zahl der Komponenten eine Änderung vollzogen:

(16) *in die Faust lachen* (SF 2, 70a; PHD 1, 641) → *sich ins Fäustchen lachen* (DGW)

GH (1023) hat noch die Komponente *Faust* in der Nennform, in JGS (1115, 1134) und KS (448) kommt aber bereits eine Diminutivform (*Fäustlein*) vor. Die Substantivkomponenten lauten in A (2, 61, 1858), DS (1, 419), W (1, 946f.), MH (1, 875), T (2, 304) und S (741) *Faust* und *Fäustchen*, in DUS (196) erscheint nur *Fäustchen*. Das Reflexivpronomen taucht zuerst in W (1, 947) auf, und in DWN (9, 212) wird ein Beleg mit *sich* aus dem Jahr 1858 angeführt. Weiterhin findet sich das Reflexivpronomen in MH, S und DUS. In DGW wird auch die Form *ins Fäustchen lachen* aufgeführt. Nach Auskunft des Wörterbuchs handelt es sich um eine schweizerische Besonderheit.

Die Struktur eines Idioms kann auch um zwei Komponenten erweitert worden sein, und zusätzlich ist beim Artikelgebrauch eine Änderung eingetreten:

(17) *im Sause leben* (FNW 9, 524) → *in Saus und Braus* (DGW)

JM (343b) führt ein Wortpaar auf, aber die zweite Komponente lautet *Luder* und das Verb *liegen*. Die Komponente *Braus* als zweiter Bestandteil des Wortpaars taucht zuerst in KS (1698) auf (*Jm Saus und Brause leben*). In A (3, 1308) finden sich die folgenden drei Realisationen: *im Sause leben, im Sause und Brause leben* und *im Sause und Schmause leben*. Die gleichen Grundstrukturen sind auch in DS (2, 873) vorhanden, aber das Wortpaar *Saus und Braus* steht jetzt ohne Artikel (*in Saus und Braus*). Auch W (4, 36) verzeichnet die Form *in Saus und Braus leben*, daneben aber auch *im Sause leben*. MH (3, 233) führt einen Beleg an, in dem die Präposition *in* vor der Komponente *Braus* wiederholt wird (*in saus und in braus*). T (6, 17) und DUS (130, 487) haben nur die jetzige Form.

Für die valenzbedingten Ergänzungen lassen sich zwei entgegengesetzte Entwicklungen nachweisen: eine Valenzerhöhung und eine Valenzreduktion. (18) ist ein Beispiel dafür, wie sich aus einem einwertigen Idiom ein zweiwertiges entwickelt:

(18) *hinter dem Berge halten* (GH 285) → *mit etw. [nicht] hinter dem Berg halten* (DGW)

Das Idiom kommt in SF (2, 83b), FNW (3, 1416), JGS (1114) und KS (160) ohne Präpositionalobjekt vor. Erst A (1, 862) und DS (1, 115) haben das Objekt in die Nennform aufgenommen, wohingegen W (1, 316) und MH (1, 363) nur die einwertige Repräsentation aufführen. In S (258f.) ist das Präpositionalobjekt in der Nennform eingeklammert, was wohl die Fakultativität der Ergänzung kennzeichnen soll. Die Form *mit seiner Meinung hinterm Berge halten* in DUS (109) ist problematisch: Entweder ist *mit seiner Meinung* ein fester Bestandteil des Idioms, oder es stellt eine konkrete Realisation des Präpositionalobjekts dar. Das eingeklammerte *nicht* in DGW deutet wohl darauf hin, dass das Idiom häufig in negierter Form verwendet wird.

Eine umgekehrte Richtung, also eine Valenzreduktion, liegt in (19) vor. Aus einem zweiwertigen Idiom ist ein einwertiges geworden:

(19)   *etw. im Sack kaufen* (vgl. FNW 8, 712) → *die Katze im Sack kaufen* (DGW)

Das Idiom wurde im Frnhd. oft ohne Akkusativobjekt verwendet, was aus den Belegen in historischen Wörterbüchern (vgl. z. B. DW 14, 1615 und DS 2, 831) und in JC (184) hervorgeht. Ohne Akkusativobjekt erscheint das Idiom auch in Luthers Sprichwörtersammlung (vgl. ET 23: *Im sacke keuffen*; TB 661: *Jm Sacke keuffen*). Laut DW (11, 285; 14, 1615) taucht das Idiom *die Katze im Sack kaufen* zum ersten Mal in der Lexikografie im Jahr 1741 auf; die betreffende Quelle ist das deutsch-lateinische Wörterbuch von Frisch (vgl. aber S 1449, wo folgender Beleg mit dem Verb *verkaufen* aus dem Jahr 1575 zitiert wird: *ihr werd mir kein katz im sack verkauffen*). In A (2, 1516) und DS (2, 831) steht die Form mit *Katze*, in W dagegen werden die Formen *Etwas im Sacke kaufen* (W 3, 1820), *Die Katz' im Sack kaufen* (W 2, 1200) und *Eine Katze im Sack kaufen* (W 2, 1203) aufgeführt. In den späteren Wörterbüchern stellt *die Katze im Sack kaufen* die geläufige Repräsentation des Idioms dar. – Zu morphosyntaktischen Änderungen von Phraseologismen vgl. auch Korhonen (1995, 149ff.), Parad (2003, 88, 90, 98, 107, 115, 121, 139, 145, 163, 167, 194, 213, 236, 247, 302, 311, 352), Friedrich (2007, 1101f.), Burger (2010, 143f.), Burger/Linke (1998, 747ff., 751) und Melnyk (2010, 427f.).

4. Lexikalische und morphosyntaktische Änderungen

Die meisten Beispiele für die formbezogenen Änderungen beziehen sich auf Fälle, in denen sowohl ein lexikalischer als auch ein morphosyntaktischer Wandel vorliegt. In (20) wurde das Verb durch ein anderes ersetzt, und zugleich änderte sich auch der Kasus des Objekts:

(20) *Er spielet des kürtzeren* (JGS 1119) → *den Kürzeren ziehen* (DGW)

Das frnhd. Idiom dürfte relativ selten sein, denn es findet sich sonst nur in W (2, 1731), der auch den Schottelius-Beleg zitiert. DW (11, 2832) und S (1570) führen einen Beleg für *den Kürzeren ziehen* aus dem Jahr 1599 an, lexikografisch bezeugt ist das Idiom aber erst in A (2, 1845). Als Variante des Komparativs ist in W der Superlativ (*den Kürzesten ziehen*) anzutreffen.

Im folgenden Beispiel hat der Wechsel des Verbs zur Entstehung eines präpositionalen Substantivs geführt:

(21) *den Holzweg gehen* (ET 266) → *auf dem Holzweg sein/sich auf dem Holzweg befinden* (DGW)

KS (2455) und W (2, 766) haben noch *den Holzweg gehen* (W daneben auch *auf dem Holzweg sein*), und in DS (2, 1512) findet sich ein Luther-Beleg mit *auf dem Holzweg gehen* (außerdem die Form *auf dem Holzweg sein* aus der ersten Hälfte des 19. Jh.s). S (1368) und LR (734) zitieren einen Beleg aus dem Jahr 1639 bzw. 1640, in dem *Holzweg* schon mit *sein* vorkommt (*Wer jrret, der ist* [...] *im Holtzweg*). DUS (291) führt im Idiom nur das Verb *sein* auf, das Verb *sich befinden* ist außer in DGW auch in DUR (376) verzeichnet.

Auch in (22) wurde das Verb gegen ein anderes getauscht, und darüber hinaus sind die Präposition und der Artikel miteinander verschmolzen:

(22) *Öl in das Feuer schütten* (vgl. JM 311a) → *Öl ins Feuer gießen* (DGW)

Die Enklise von Präposition und Artikel ist allerdings schon in SF (1, 31a) zu beobachten (vgl. *Ol ins fewr schütten*), aber die Form *in das Feuer* kommt noch in A (3, 591) vor (daneben auch *ins Feuer*; vgl. A 2, 127). Die jetzige Form lässt sich bereits in GH (1083) belegen, später in KS (476), A (hier auch noch mit *schütten*) und DS (1, 439; 2, 474). W (3, 1141), MH (2, 1065), S (1047) und T (2, 339) haben nur *gießen*, DUS (426) dagegen führt beide Verben auf. Anstelle von *ins Feuer* erscheint in T (5, 28) auch *in die Flammen*, in S (1047) *in die Flamme*.

Beim nächsten Beispiel bestehen die Änderungen im Wechsel des Verbs und der Präposition:

(23) *jmdn. in frischer Tat finden* (vgl. PHD 1, 716) → *jmdn. auf fri-scher Tat ertappen o. Ä.* (DGW)

Weitere Entsprechungen des heutigen Idioms im Frnhd. waren z. B. *jmdn. in frischer Tat erfinden* (Pfeifer 1978, 161) und *jmdn. auf fri-scher Tat begreifen* (PHD 1, 716, MH 3, 982, S 857). Die Nennform in GH (1246) und KS (566, 2353) enthält nur den nominalen Teil (*zu frischer Tat* bzw. *auf frischer Tat*), was wohl davon zeugt, dass die Präpositionalgruppe mit mehreren Verben verbunden werden konnte. Außer den oben genannten Verben tauchen in den herangezogenen historischen Wörterbüchern *betreffen, ergreifen, ertappen* und *überra-schen* auf. Auch die Präposition variiert in den älteren Quellen stark: Neben *in, auf* und *zu* sind hier *an, bei* und *über* zu nennen. Das Ad-jektiv *frisch* war früher keine obligatorische Komponente des Idioms; der nominale Teil bestand dann aus einer Präposition, dem bestimm-ten Artikel und dem Substantiv *Tat* (vgl. FNW 5, 259, DS 2, 1302, MH 3, 940, DWN 8, 1776). Neben *frisch* steht in DS (2, 1302) auch das Partizip Präsens *tuend*, in DWN (8, 1776) in einem frnhd. Beleg das Adjektiv *wahr*. Die Abkürzung „o. Ä." in DGW deutet darauf hin, dass neben *ertappen* auch weitere Verben möglich sind. DUS (187, 592), DUR (762) und GW (1459) notieren jedoch jeweils nur dieses Verb.

Um einen Wechsel des Verbs geht es auch in (24). Damit verbun-den ist die Ersetzung eines artikellosen Wortpaars durch ein Syntagma mit den gleichen Komponenten, wobei beide Komponenten mit dem bestimmten Artikel versehen sind:

(24) *sich wie Faust und Auge zusammenreimen* (vgl. PHD 1, 641) → *passen wie die Faust aufs Auge* (DGW)

Anstelle des Wortpaars mit *und* kommt bereits bei Luther ein Syn-tagma mit den Substantiven *Faust* und *Auge* vor, vgl. den Beleg *dort reimet sich's denn also hin, gleich wie eine faust auff ein auge* in DWN (3, 877). Auch GH (141, 1023) und KS (448) haben das Verb *sich reimen* und das Syntagma *wie eine Faust auf ein Auge*, in A (2, 61) dagegen lautet die Nennform *Das reimet sich, wie eine Faust aufs Auge*. DS (1, 419) und W (1, 946) führen bereits das Verb *passen* in Verbindung mit dem Syntagma *wie die Faust aufs Auge* auf, aber die Kombination *passen* + *wie eine Faust aufs Auge* lässt sich noch im Jahr 1869 belegen (vgl. DWN 3, 877). In S (741) lautet das Verb noch *sich reimen*, das nominale Syntagma hingegen weist die jetzige Form auf.

Das folgende Idiom wurde sowohl im verbalen als auch im nominalen Teil lexikalisch verändert. Darüber hinaus weist die Struktur heute eine zusätzliche fakultative Komponente (die Konjunktion *wie*) auf:

(25) *auf Nadeln gehen* (vgl. JC 172) → *[wie] auf Nadeln sitzen* (DGW)

Das Verb *sitzen* taucht in DS (2, 376) auf, der als Variante das Verb *stehen* anführt. W (3, 858f.) hat sowohl *gehen* als auch *sitzen*, ebenso S (1747). In MH (2, 933) und DUS (405) kommt *sitzen* als einziges Verb vor. Neben dem Simplex *Nadel* begegnet auch das Kompositum *Nadelspitze*, so in JGS (1112: *auf Nadelspitzen gehn*) und in Anlehnung an ihn in W (3, 859) und DW (13, 256). Die Konjunktion *wie* ist in DS (2, 376) und DUS (405) als fakultativ gekennzeichnet, in W (3, 859), MH (2, 933) und S (1747) steht sie ohne Klammern.

In (26) liegt eine Konstellation vor, bei der sich im verbalen Teil zwei Änderungen und im nominalen Teil eine Änderung vollzogen hat. Erstens wurde ein einfaches Verb gegen ein zusammengesetztes Verb getauscht, zweitens wurde eine Verbvariante weggelassen und drittens wurde eine Präposition durch eine andere ersetzt:

(26) *jmdn. bei der Nase führen/ziehen* (vgl. JC 172f.) → *jmdn. an der Nase herumführen* (DGW)

Das Verb *herumführen* (ohne *ziehen*) findet sich in A (3, 434), aber die Präposition ist noch *bei*. In DS (2, 398) lauten die Verben *führen*, *herumführen* und *herumziehen*, in Verbindung mit der Präposition *an* (daneben wird aber auch die Form *Einen bei der Nase (herum)führen* angeführt). Laut W (3, 956) können vor dem Substantiv die Präpositionen *an, bei* und *mit* stehen, und als verbaler Teil wird *(her)umführen* angegeben. In MH (2, 954) ist die Präposition in der Nennform *bei*, in einem von ihm angeführten Beleg aber *an*. S (1761) gibt neben *herumführen* als Variante das Verb *herumziehen* an und belegt das Vorkommen von *an der Nase + herumführen* mit einem Goethe-Zitat. In T (4, 756) und DUS (408) steht nur die jetzige Form.

Beim nächsten Beispiel betrifft der lexikalische Wandel die Zahl der Verben, der morphosyntaktische den Gebrauch des Artikels:

(27) *jmdn. in ein Bockshorn jagen/treiben/zwingen* (vgl. FNW 4, 739) → *jmdn. ins Bockshorn jagen* (GW 289)

Die Verben in A (1, 1108) und MH (1, 464) lauten *jagen* und *treiben*, der nominale Teil ist jedoch nicht identisch: Beide verzeichnen zwar den bestimmten Artikel, in A ist er aber noch nicht mit der Präposition verschmolzen. DS (1, 792), W (1, 419), S (365f.) und T (1, 380) haben die heutige Form, W daneben auch die Nennform mit *sich lassen* (*Lass dich nicht ins Bockshorn jagen*), die in DUS (128), DUR (133) und DGW als alleinige Repräsentation begegnet (laut DUS und DGW wird das Idiom mit und ohne *nicht*, laut DUR nur mit *nicht* verwendet).

Hat sich die Zahl der Verben in (27) verringert, so hat sie beim nächsten Idiom zugenommen (*hängen* → *hängen/kehren/drehen*). Der morphosyntaktische Wandel bezieht sich darauf, dass der Nebensatz durch ein präpositionales Substantiv ersetzt wurde:

(28) *den mantel henckenn wo der wind hergeht* (SF 1, 6b) → *den Mantel nach dem Wind[e] hängen/kehren/drehen* (DGW)

Das regierende Verb des Idioms ist in den meisten Fällen *hängen*, in JGS (1114) ist es nur *richten*, in DS (2, 237) kommen in den Belegen auch *drehen* und *zukehren* vor, T (4, 552f.) wiederum führt einen Beleg mit *kehren* aus dem Jahr 1522 an und S (1652f.) ein Hans Sachs-Zitat mit *hinwenden*. MH (2, 741) und DUS (376) registrieren *hängen* und *drehen*, S hat daneben auch *kehren*. Der Nebensatz erscheint u. a. in JM (283b) und W (3, 453), aber das präpositionale Substantiv (*nach dem Wind*) ist bereits bei Luther (vgl. ET 221) und Hans Sachs (vgl. S) sowie in JGS (1114) und KS (1226) vorhanden.

Im letzten Beispiel ist das Verb unverändert geblieben, während sich die Änderungen auf das Substantiv, die Präposition und den Artikelgebrauch beziehen:

(29) *In gleichem Zug ziehen* (vgl. SF 1, 7a) → *an einem/am gleichen/an demselben Strang ziehen* (DGW)

Das Substantiv *Zug* lässt sich nur in SF und W (5, 621) belegen. Das heutige Substantiv *Strang* ist in A (4, 423) nachweisbar, steht aber im Akkusativ (*Sie ziehen alle Einen Strang*). Auch in DS (2, 1231) und MH (3, 853) steht in der Nennform ein akkusativisches Syntagma, das außerdem das Adjektiv *gleich* enthält (*einen gleichen Strang ziehen*). Das präpositionale Syntagma mit *an* kommt in W (4, 891) in den Formen *an Einem Strang* und *an demselben Strange* vor. Die Form mit *am* und *gleich* erscheint in T (6, 628) in einem Beleg aus dem Jahr 1893. Das Syntagma mit *an + demselben* findet sich außer in W auch in DUS (580). Als Synonym für das Idiom mit *Strang* wird in DUS (759), DUR (739) und DGW *an einem/am gleichen/an demselben Strick ziehen* aufgeführt. Nach Küpper (1984, 2766) existiert dieses Idiom seit dem 19. Jh., aber von den untersuchten Wörterbüchern ist DUS das erste, das es verzeichnet (in der Form *an einem Stricke, Strange ziehen*).

5. Fazit

Die Analyse hat gezeigt, dass sich zwischen dem Frühneuhochdeutschen und dem heutigen Deutsch in der Struktur von Idiomen vielerlei Änderungen vollzogen haben. Für die lexikalischen Änderungen ist festzuhalten, dass das regierende Verb des Idioms besonders oft gewechselt wurde. Ein zweites typisches Phänomen ist die Verringerung der Zahl von Verbvarianten: Im verbalen Teil können eine oder zwei Varianten verschwunden sein. Die entgegengesetzte Entwicklung, d. h. die Zunahme von Verbvarianten, ist ganz selten. Auch ein Substantiv wurde nicht selten gegen ein anderes getauscht, was im Falle des ersten Substantivs des Idioms zur Entstehung eines neuen synonymen Idioms und im Falle eines zweiten Substantivs zur Entstehung einer Idiomvariante geführt hat. Desgleichen gibt es Belege dafür, dass sich von mehreren synonymen Idiomen nur eines bis ins heutige Deutsch erhalten hat.

Morphosyntaktische Änderungen betreffen einerseits Komponenten des Idiomkerns und andererseits valenzbedingte Ergänzungen. Auffällig ist besonders die Erweiterung des Idiomkerns um ein oder zwei Lexeme oder um Wortbildungselemente; wesentlich seltener ist die Erscheinung, dass der Umfang des Idiomkerns abnimmt. Beim Artikelgebrauch lassen sich fünf verschiedene Tendenzen beobachten: Der unbestimmte Artikel wird durch den bestimmten Artikel ersetzt, der bestimmte Artikel und eine Präposition verschmelzen miteinander, die Verschmelzung des bestimmten Artikels und einer Präposition wird aufgelöst, der bestimmte Artikel tritt an die Stelle eines Possessivpronomens, und der bestimmte Artikel fällt weg. Für das Vorkommen von Präpositionen ist eine Verfestigungstendenz nachzuweisen, insofern als z. B. ein Idiom mit ehemals drei Präpositionen auf eine Form mit einer Präposition festgelegt wurde. Bezüglich der Valenz haben sich Idiome in zweierlei Weise entwickelt: Einmal wurde die Valenz erhöht (aus einem einwertigen Idiom wurde ein zweiwertiges), zum anderen wurde sie reduziert (aus einem zweiwertigen Idiom wurde ein einwertiges).

Die meisten Belege für die Formveränderungen lieferten Idiome, bei denen ein Wandel sowohl in der Lexik als auch in der Morphosyntax vor sich gegangen ist. Sehr oft wurde das regierende Verb eines Idioms gewechselt, was in bestimmten Fällen eine Änderung beim Anschluss des nominalen Teils an das Verb bewirkte (z. B. einen Wechsel von Kasus bzw. Präposition oder einen Wechsel zwischen Kasus und Präposition). Einige Male ging der Verbwechsel mit der Ersetzung des unbestimmten Artikels durch den bestimmten Artikel oder mit dem Wegfall des unbestimmten Artikels einher. Mehrere Beispiele lassen sich auch für die Erhöhung und Verringerung der Zahl von Verbvarianten im Zusammenhang mit einer morphosyntaktischen Änderung anführen. Deutlich seltener ist dagegen der Wechsel eines Substantivs oder Adjektivs in Verbindung mit einer Änderung in der Morphosyntax. Das Gleiche gilt für die substantivische bzw. adjektivische Erweiterung oder Reduzierung des Umfangs von Idiomen und für die Erhöhung oder Verringerung der Zahl entsprechender Varianten.

Da die formalen Änderungen von Idiomen zwischen dem Frühneu-hochdeutschen und dem heutigen Deutsch so mannigfaltig sind und sich die verschiedenen Änderungen jeweils nur an relativ wenigen Idi-omen vollzogen haben, ist es nicht leicht, für die entsprechenden Ent-wicklungen Erklärungen genereller Gültigkeit zu bieten. Auf eine Tendenz, die sich hier abzeichnet, kann jedoch hingewiesen werden: Es ist die Stabilisierung, die sich sowohl im lexikalischen als auch morphosyntaktischen Bereich bemerkbar macht. Für die Lexik äußert sich die Stabilisierung in einer niedrigeren Zahl von Varianten, für die Morphosyntax z. B. in der Verfestigung des Gebrauchs des Artikels und von Präpositionen. Da aber auf der anderen Seite die lexikalische und morphosyntaktische Variabilität in einigen Fällen besonders im Neuhochdeutschen auch zugenommen hat, ist die Rolle der Stabilisie-rung etwas zu relativieren.

Im Hinblick auf die Stabilisierung sind die Änderungen in der Struktur von Idiomen im Zusammenhang mit der Herausbildung einer überregionalen Standardsprache des Deutschen zu sehen. Im 17. und 18. Jahrhundert hat das Wirken von Grammatikern und Lexikografen zur Verfestigung und Vereinheitlichung des Sprachgebrauchs sowohl im nichtphraseologischen als auch im phraseologischen Bereich bei-getragen. Im Lichte der oben durchgeführten Analyse erweisen sich die letzte Hälfte des 18. Jahrhunderts und die erste Hälfte des 19. Jahr-hunderts für die formale Entwicklung von Idiomen als besonders rele-vant. Dies spiegelt sich vor allem in den Einträgen der Wörterbücher von Adelung, Sanders und Wander wider; hier finden sich bereits Idi-omrepräsentationen, die oft mit den heutigen Nennformen identisch oder weitgehend identisch sind. Allerdings können sich die in diesen und weiteren Wörterbüchern anzutreffenden Idiomstrukturen schon lange vor dem Erscheinen der Wörterbücher verfestigt haben (dass be-sonders ein groß angelegtes Wörterbuch schon beim Erscheinen hinter der Zeit ist, ist ein allgemeines Problem der Lexikografie). Eine ge-wisse Hilfe bieten hier jedoch historische Gesamt- und Spezialwörter-bücher, die Belege aus verschiedenen Sprachperioden anführen. Wie aus den einzelnen Idiombeschreibungen hervorgegangen sein dürfte, haben sich diese Werke auch für die vorliegende Studie in hohem Ma-ße bewährt.

6. Literatur
6.1. Primärliteratur

A = Adelung, Johann Christoph (1793–1801): Grammatisch-kritisches Wörterbuch der Hochdeutschen Mundart, mit beständiger Vergleichung der übrigen Mundarten, besonders aber der Oberdeutschen. 2., verm. und verb. Ausg. Leipzig.

DGW = Duden. Das große Wörterbuch der deutschen Sprache in zehn Bänden (CD-ROM 2000). 3., völlig neu bearb. und erw. Aufl. Hg. vom Wissenschaftlichen Rat der Dudenredaktion. Mannheim u. a.

DS = Sanders, Daniel (1860–1865): Wörterbuch der Deutschen Sprache. Mit Belegen von Luther bis auf die Gegenwart. 2 Bde. Leipzig.

DUR = Duden. Redewendungen (2008). Wörterbuch der deutschen Idiomatik. 3., überarb. und aktualis. Aufl. Hg. von der Dudenredaktion. Mannheim u. a.

DUS = Duden. Stilwörterbuch der deutschen Sprache (1956). Eine Sammlung der richtigen und gebräuchlichen Ausdrücke und Redewendungen. 4. Aufl. Neu bearb. von Paul Grebe u. a. Mannheim.

DW = Deutsches Wörterbuch von Jacob und Wilhelm Grimm (1984). Fotomechan. Nachdr. der Erstausg. 1854–1971. 33 Bde. München.

DWN = Deutsches Wörterbuch von Jacob Grimm und Wilhelm Grimm. Neubearbeitung (1965ff.). Hg. von der Deutschen Akademie der Wissenschaften zu Berlin in Zusammenarb. mit der Akademie der Wissenschaften zu Göttingen bzw. von der Berlin-Brandenburgischen Akademie der Wissenschaften und der Akademie der Wissenschaften zu Göttingen. Leipzig/Stuttgart.

ET = Thiele, Ernst (1900): Luthers Sprichwörtersammlung. Weimar.

FNW = Frühneuhochdeutsches Wörterbuch (1989ff.). Hg. von Robert R. Anderson/Ulrich Goebel/Oskar Reichmann. Berlin/New York.

GH = Henisch, Georg (1616 [1973]): Teütsche Sprach vnd Weißheit. Thesaurus linguae et sapientiae Germanicae. Augsburg [Nachdr. Hildesheim/New York].

GW = Wahrig. Deutsches Wörterbuch (2006). Hg. von Renate Wahrig-Burfeind. Mit einem Lexikon der Sprachlehre. 8., vollst. neu bearb. und aktualis. Aufl. Gütersloh/München.

JC = Cornette, James C., Jr. (1942): Proverbs and Proverbial Expressions in the German Works of Martin Luther. Diss. Chapel Hill.

58

JGS = Schottelius, Justus Georg (1663 [1967]): Ausführliche Arbeit Von der Teutschen HaubtSprache. 2 Tle. Braunschweig [Nachdr. Tübingen].

JM = Maaler, Josua (1561 [1971]): Die Teütsch spraach. Dictionarium Germanicolatinum novum. Zürich [Nachdr. Hildesheim/New York].

KS = Stieler, Kaspar (1691 [1968]): Der Teutschen Sprache Stammbaum und Fortwachs oder Teutscher Sprachschatz. 3 Bde. Nürnberg [Nachdr. Hildesheim].

LR = Röhrich, Lutz (1991–1992): Das große Lexikon der sprichwörtlichen Redensarten. 3 Bde. Freiburg i. Br./Basel/Wien.

MH = Heyne, Moriz (1905–1906 [1970]): Deutsches Wörterbuch. 2. Aufl. 3 Bde. Leipzig [Nachdr. Hildesheim/New York].

PHD = Dietz, Ph. (1870–1872 [1973]): Wörterbuch zu Dr. Martin Luthers deutschen Schriften. 2., unveränd. Aufl. Bd. 1–2,1 (A–Hals). Leipzig [Nachdr. Hildesheim/New York].

S = Spalding, Keith (1959–2000): An Historical Dictionary of German Figurative Usage. With the assistance of Kenneth Brooke/Gerhard Müller-Schwefe. Oxford.

SF = Franck, Sebastian (1541 [1987]): Sprichwörter/Schöne/Weise/ Herrliche Clugreden/und Hoffsprüch. Frankfurt a. M. [Nachdr. Hildesheim/Zürich/New York].

T = Trübners Deutsches Wörterbuch (1939–1957). Hg. von Alfred Götze/Walther Mitzka. 8 Bde. Berlin.

TB = Thiele, E./Brenner, O. (1914): Luthers Sprichwörtersammlung. In: D. Martin Luthers Werke. Kritische Gesamtausgabe. Bd. 51. Weimar, S. 634–731.

W = Wander, Karl Friedrich Wilhelm (1867–1880 [1987]): Deutsches Sprichwörter-Lexikon. Ein Hausschatz für das deutsche Volk. 5 Bde. Leipzig [Nachdr. Augsburg].

6.2. Sekundärliteratur

Burger, Harald (1998): Problembereiche einer historischen Phraseologie. In: Wolfgang Eismann (Hg.): EUROPHRAS 95. Europäische Phraseologie im Vergleich: Gemeinsames Erbe und kulturelle Vielfalt. Bochum (= Studien zur Phraseologie und Parömiologie 15), S. 79–108.

Burger, Harald (2010): Phraseologie. Eine Einführung am Beispiel des Deutschen. 4., neu bearb. Aufl. Berlin (= Grundlagen der Germanistik 36).

Burger, Harald/Linke, Angelika (1998): Historische Phraseologie. In: Werner Besch u. a. (Hg.): Sprachgeschichte. Ein Handbuch zur Geschichte der deutschen Sprache und ihrer Erforschung. 2., vollst. neu bearb. und erw. Aufl. 1. Teilbd. Berlin/New York (= Handbücher zur Sprach- und Kommunikationswissenschaft 2.1), S. 743–755.

Dräger, Marcel (2010): Phraseologische Nachschlagewerke im Fokus. In: Jarmo Korhonen/Wolfgang Mieder/Elisabeth Piirainen/Rosa Piñel (Hg.): EUROPHRAS 2008. Beiträge zur internationalen Phraseologiekonferenz vom 13.–16.8.2008 in Helsinki. http://www.helsinki.fi/deutsch/europhras/ep2008.pdf, S. 411–421.

Filatkina, Natalia (2007): Formelhafte Sprache und Traditionen des Formulierens (HiFoS): Vorstellung eines Projekts zur historischen formelhaften Sprache. In: Sprachwissenschaft 32, S. 217–242.

Filatkina, Natalia (2010): Historical phraseology of German: Regional and global. In: Jarmo Korhonen/Wolfgang Mieder/Elisabeth Piirainen/Rosa Piñel (Hg.): Phraseologie global – areal – regional. Akten der Konferenz EUROPHRAS 2008 vom 13.–16.8.2008 in Helsinki. Tübingen, S. 143–151.

Friedrich, Jesko (2007): Historische Phraseologie des Deutschen. In: Harald Burger u. a. (Hg.): Phraseologie. Ein internationales Handbuch der zeitgenössischen Forschung. 2. Halbbd. Berlin/New York (= Handbücher zur Sprach- und Kommunikationswissenschaft 28.2), S. 1092–1106.

Korhonen, Jarmo (1995): Zur historischen Entwicklung von Verbidiomen im 19. und 20. Jahrhundert. In: Jarmo Korhonen: Studien zur Phraseologie des Deutschen und des Finnischen I. Bochum (= Studien zur Phraseologie und Parömiologie 7), S. 135–169.

Korhonen, Jarmo (1998a): Zur Entwicklung der intra- und interlingualen kontrastiven Phraseologie unter besonderer Berücksichtigung der deutschen Sprache. Vaasa/Germersheim (= Saxa B/1).

Korhonen, Jarmo (1998b): Zur lexikografischen Erfassung von Phrasemen und Sprichwörtern in Josua Maalers Wörterbuch (1561). In: Peter Ernst/Franz Patocka (Hg.): Deutsche Sprache in Raum und

Zeit. Festschrift für Peter Wiesinger zum 60. Geburtstag. Wien, S. 569–584.

Küpper, Heinz (1982–1984): Illustriertes Lexikon der deutschen Umgangssprache in 8 Bänden. Stuttgart.

Melnyk, Svitlana (2010): Das Feld der Geldphraseologismen in seiner historischen Entwicklung. In: Jarmo Korhonen/Wolfgang Mieder/ Elisabeth Piirainen/Rosa Piñel (Hg.): EUROPHRAS 2008. Beiträge zur internationalen Phraseologiekonferenz vom 13.–16.8.2008 in Helsinki. http://www.helsinki.fi/deutsch/europhras/ep2008.pdf, S. 422–429.

Parad, Jouko (2003): Biblische Verbphraseme und ihr Verhältnis zum Urtext und zur Lutherbibel. Ein Beitrag zur historisch-kontrastiven Phraseologie am Beispiel deutscher und schwedischer Bibelübersetzungen. Frankfurt a. M. u. a. (= Finnische Beiträge zur Germanistik 9).

Pfeifer, Wolfgang (1978): Volkstümliche Metaphorik. In: Autorenkollektiv unter der Leitung von Gerhard Kettmann/Joachim Schildt: Zur Literatursprache im Zeitalter der frühbürgerlichen Revolution. Untersuchungen zu ihrer Verwendung in der Agitationsliteratur. Berlin (= Bausteine zur Sprachgeschichte des Neuhochdeutschen 58), S. 87–217.

Schemann, Hans (1993): Deutsche Idiomatik. Die deutschen Redewendungen im Kontext. Stuttgart/Dresden.

Stantcheva, Diana (2003): Phraseologismen in deutschen Wörterbüchern. Ein Beitrag zur Geschichte der lexikographischen Behandlung von Phraseologismen im allgemeinen einsprachigen Wörterbuch von Adelung bis zur Gegenwart. Hamburg (= Philologia. Sprachwissenschaftliche Forschungsergebnisse 53).

III.
Zur lexikografischen Erfassung von Sprichwörtern in einsprachigen deutschen Wörterbüchern[*]

1. Einleitendes

Im Unterschied zu Idiomen, für deren lexikografische Erfassung in ein- und mehrsprachigen Wörterbüchern sich die Phraseologieforschung schon seit ca. 30 Jahren interessiert (vgl. dazu u. a. Korhonen 1995a; 1995b; 1998a; 2000; 2002; 2004; 2005; 2007; 2009a; 2009b und Mieder 1999 mit der jeweils dort angeführten Literatur, außerdem z. B. Burger 1983; 2009; 2010, 179ff.; Kühn 1989a; 1989b; 2003; Steffens 1989; Worbs 1994; Földes 1995; Cheon 1996; 1998; Czochralski/Ludwig 1996; Fleischer 1997, 233ff.; Dobrovol'skij 1999; Dobrovol'skij/Filipenko/Šarandin 2010; Palm Meister 2000; Schemann 2000), wurden Sprichwörter relativ selten zum Gegenstand von Untersuchungen gemacht, die sich besonders auf moderne allgemeine einsprachige Wörterbücher des Deutschen beziehen (vgl. Wotjak/Dobrovol'skij 1996; Kispál 1999c; 1999d; Mieder 2003). Desgleichen sind Arbeiten zu Sprichwörtern in der historischen Lexikografie oder in neueren allgemeinen zweisprachigen Wörterbüchern mit Deutsch als einer der beteiligten Sprachen verhältnismäßig gering an der Zahl (vgl. etwa Mieder 1986a; 1986b; Korhonen 1998b bzw. Kispál 1999b; Mieder 1999). Etwas häufiger sind Veröffentlichungen, in denen die Darstellung von Sprichwörtern in ein- oder mehrsprachigen Sprichwörtersammlungen oder in phraseologischen Wörterbüchern thematisiert wird (vgl. beispielsweise Grzybek 1984; 1992; Mieder 1984; 1989; 1999; Prędota 1991; Kispál 1999a; 2000).

Im Folgenden werde ich kurz darlegen, wie Sprichwörter in einigen neueren einsprachigen deutschen Wörterbüchern lexikografisch beschrieben worden sind. Der erste Aspekt, auf den ich eingehen werde, ist die äußere Selektion, d. h. die Sprichwortauswahl. Zweitens sollen die Kennzeichnung der Sprichwörter und der Status der als

---

[*] Zuerst erschienen in: Christine Palm-Meister (Hg.) (2004): EUROPHRAS 2000. Internationale Tagung zur Phraseologie vom 15.–18. Juni 2000 in Aske/Schweden. Tübingen, S. 233–244.

Sprichwort bezeichneten Konstruktionen untersucht werden. Drittens wird der Frage nachgegangen, welche Komponente eines Sprichworts jeweils als Zuordnungslemma gewählt wurde. Viertens wird gezeigt, wie die Nennform der Sprichwörter gestaltet wurde; in diesem Zusammenhang wird vor allem der lexikografischen Bearbeitung der quantitativen und der qualitativen Variation Aufmerksamkeit geschenkt. Fünftens werde ich mich mit der Frage befassen, in was für einer Reihenfolge Sprichwörter mit jeweils einer gemeinsamen Komponente in einem Wörterbuchartikel aufgeführt werden. Einen sechsten Problemkreis bildet die Bedeutungserläuterung von Sprichwörtern (entsprechende Einzelaspekte sind u. a. das Vorhandensein bzw. das Fehlen und die Art einer Bedeutungserklärung). Schließlich soll geprüft werden, ob in Wörterbüchern von Mehrfachlemmatisierung Gebrauch gemacht wird. Ist dies der Fall, dann wird untersucht, ob die lexikografischen Angaben unter den einzelnen Lemmata identisch oder unterschiedlich sind.

Als lexikografische Primärquellen wurden folgende Wörterbücher gewählt: *Deutsches Wörterbuch*. Hg. von Karl-Dieter Bünting/Ramona Karatas (1996) (= B), *Duden. Deutsches Universalwörterbuch* (1996/2001/2007) (= D), *Langenscheidt. Großwörterbuch Deutsch als Fremdsprache* (1998/2008) (= L) und *Wahrig. Deutsches Wörterbuch* (2000/2006) (= W). Neben einer vergleichenden Wörterbuchkritik sollen Vorschläge gemacht werden, die es ermöglichen, lexikografische Sprichwortbeschreibungen zu erzielen, die systematischer und vollständiger sind als die bisherigen.

2. Äußere Selektion

Der Untersuchung der äußeren Selektion wurde eine Liste von 70 allgemein bekannten Sprichwörtern (vgl. Baur/Chlosta 1994, 27ff.) zugrunde gelegt. Mit einer Ausnahme (*Erst die Arbeit, dann das Vergnügen.*) kommen diese Sprichwörter in D vor, in W fehlen 3, in B 7 und in L 23 Sprichwörter (zur Wahl des Sprichwortmaterials gibt es übrigens in keinem Wörterbuch genauere Informationen). Zu den Sprichwörtern, die in W und B nicht aufgenommen wurden, gehören u. a. folgende, was angesichts der Bekanntheit der Einheiten recht auffällig ist: *Ehrlich währt am längsten.* und *Scherben bringen Glück.*

64

(in W nicht vorhanden) sowie *Aufgeschoben ist nicht aufgehoben., In der Kürze liegt die Würze.* und *Durch Schaden wird man klug.* (in B nicht vorhanden). Dass in L deutlich weniger Sprichwörter aufgeführt werden als in D, W und B, erklärt sich wohl weitgehend aus der Konzeption dieses Werkes: Der Benutzer soll vor allem lernen, verschiedenartige sprachliche Konstruktionen zu produzieren (Sprichwörter dagegen stellen eigene Mikrotexte dar und werden immer nur zitiert; vgl. z. B. Fleischer 1997, 76). Beispiele für geläufige Sprichwörter, die in L fehlen, sind etwa *Einmal ist keinmal., Eigener Herd ist Goldes wert.* und *Morgenstunde hat Gold im Munde.* (zum Sprichwortbestand in L vgl. auch Wotjak/Dobrovol'skij 1996, 257f.; Kispál 1999d, 239f.). Allerdings sei auch darauf hingewiesen, dass in L Sprichwörter kodifiziert wurden, die in der o. g. Liste nicht auftauchen, so z. B. *Neue Besen kehren gut.* und *Eine Schwalbe macht noch keinen Sommer.* (vgl. dazu Wotjak/Dobrovol'skij 1996, 258; Kispál 1999d, 240).

Auf der anderen Seite haben in die Primärquellen Sprichwörter Eingang gefunden, die entweder regional beschränkt oder sonst sehr selten sind. Zu ersteren zählen u. a. *Was dem einen sin Ul, ist dem andern sin Nachtigall. Wat den eenen sin Ul, is den annern sin Nachtigall.* (D 2001, 1634/2007, 1740; *Ul* als „nordd." markiert) und *Wer zahlt, schafft an.* (D 2001, 145/2007, 154; *anschaffen* in der Bedeutung ‚anordnen; befehlen' als „südd., österr." markiert; B 1339), zu letzteren u. a. *Perlen bedeuten Tränen.* (D 2001, 242, 1196/2007, 256, 1271). Von stark eingeschränkten Verwendungsbedingungen zeugt auch die Tatsache, dass z. B. die letzten zwei Ausdrücke in dem umfassenden *Sprichwörterlexikon* (Beyer 1985) nicht anzutreffen sind.

3. Kennzeichnung und Status

Sprichwörter werden nur in zwei Wörterbüchern speziell gekennzeichnet: In D wird die Abkürzung „Spr" verwendet, in W wird von den beiden Abkürzungen „Sprichw." und „sprichwörtl." Gebrauch gemacht. Eine Kennzeichnung kann jedoch auch fehlen, so etwa in folgenden Fällen in W: *Geld regiert die Welt.* (W 2000, 533/2006, 592), *Gelegenheit macht Diebe.* (W 2000, 533/2006, 593) und *Klappern gehört zum Handwerk.* (W 2000, 736/2006, 838). In B und L erscheinen Sprichwörter jeweils unter weiteren phraseologischen Ausdrücken am Ende eines Wörterbuchartikels, wobei diese in B mit eigener Nummerierung versehen, in L wiederum hinter dem Zeichen ‖ ID untergebracht sind. B 1097 bringt unter dem Lemma *Sprichwort* ein Beispiel, und zwar *Wer anderen eine Grube gräbt, fällt selbst hinein!*, für L lassen sich die folgenden 4 Ausnahmen nachweisen (sie erhalten alle die Kennzeichnung „Sprichwort"): *Wenn zwei sich streiten, freut sich der Dritte.* (L 1998, 235/2008, 279), *Lachen ist die beste Medizin.* (L 1998, 602/2008, 665), *Andere Länder, andere Sitten.* (L 1998, 902/ 2008, 981) und *Quäle nie ein Tier zum Scherz, denn es fühlt wie du den Schmerz.* (L 1998, 780/2008, 853). Außerdem findet sich in L jeweils ein Beispiel für Sprichwörter unter dem Lemma *Schule* bzw. unter *Sprichwort*: *Nicht für die Schule, sondern fürs Leben lernen wir.* (L 1998, 874/2008, 951) und *Man soll den Tag nicht vor dem Abend loben.* (L 1998, 923/2008, 1004). – Zur Kennzeichnung von Sprichwörtern vgl. auch Wotjak/Dobrovol'skij (1996, 259f.) und Kispál (1999c, 86f.).

Nicht selten wurden Ausdrücke, die keine Sprichwörter sind, als solche gekennzeichnet. So ist z. B. *Bete und arbeite!* (D 1996, 248; in D 2001/2007 nicht mehr vorhanden) eine Maxime, und *Wenn der Hahn kräht auf dem Mist, ändert sich das Wetter, oder es bleibt, wie es ist.* (D 2001, 698/2007, 742; vgl. auch B 488) ist als Bauernregel zu klassifizieren. Besonders irreführend ist es, wenn z. B. folgende Wortverbindungen als Sprichwörter bezeichnet werden: *Er passt dazu wie der Esel zum Lautenschlagen.* (W 2000, 439/2006, 478) und *ein Esel in der Löwenhaut* (W 2000, 440/2006, 478) – beim ersten Ausdruck handelt es sich um ein Verbidiom (*zu etw. passen wie der Esel zum Lautenschlagen*), beim zweiten um ein Substantividiom. In D 1996 wurden mehrere Sprichwörter der Klasse der „Redensarten" (Symbol R; in neuerer Terminologie Satzidiome bzw. Satzphraseologismen) zugeordnet, für D 2001 wurden hier bereits einige Korrekturen vorgenommen, vgl.: *Aufgeschoben ist nicht aufgehoben.* (R in D 1996, 163/ 2001, 187/2007, 192), *Andere Länder, andere Sitten.* (R in D 1996, 923; Spr in D 2001, 986/2007, 1044), *Not kennt kein Gebot.* (R in D 1996, 1084; fehlt in D 2001/2007), *Not macht erfinderisch.* (R in D 1996, 1084/2001, 1145/2007, 1216) und *In der Not frisst der Teufel Fliegen.* (R in D 1996, 1084/2001, 1145/2007, 1216) (zu diesem Problem in früheren Duden-Wörterbüchern vgl. auch Kispál 1999c, 86).

4. Zuordnungslemma

Entgegen den Empfehlungen der neueren lexikografiebezogenen Phraseologieforschung werden Sprichwörter in den untersuchten Wörterbüchern nicht systematisch unter dem ersten Substantiv – Adjektiv – Adverb usw. eingeordnet. Anstelle des ersten Substantivs wurde z. B. in folgenden Fällen das zweite Substantiv als Zuordnungslemma gewählt: *Jeder ist seines Glückes [eigener]* **Schmied**. (B 1017), *Unter Blinden ist der* **Einäugige** *König*. (D 2001, 426/2007, 453), *Wo ein Wille [ist], da [ist auch] ein* **Weg**. (L 1998, 1119/2008, 1210) und *Gottes* **Mühlen** *mahlen langsam*. (W 2000, 892/2006, 1033). Belege für Sprichwörter, die nicht unter einem Substantiv, sondern unter einem Adjektiv eingeordnet wurden, sind u. a. *Einigkeit macht* **stark**. (B 1106), *Allen Menschen* **recht** *getan ist eine Kunst, die niemand kann.* (D 2001, 1282/2007, 1364) und **Blinder** *Eifer schadet nur*. (W 2000, 282/2006, 284). Dass ein Sprichwort einem Verb- und nicht einem Substantivlemma zugeordnet wurde, geht aus folgenden Beispielen hervor: *Die Ausnahme* **bestätigt** *die Regel*. (D 1996, 245; vgl. auch D 1996, 185/2001, 210/2007, 222: R *Ausnahmen bestätigen die Regel*.; in D 2001/2007 nicht mehr unter *bestätigen* aufgeführt) und *Geld* **stinkt** *nicht*. (W 2000, 1206/2006, 1420). Auch anstelle eines Adjektivs kann ein Verb als Zuordnungslemma fungieren, vgl. etwa: *Es wird nichts so heiß* **gegessen***, wie es gekocht wird*. (B 341; D 2001, 496/2007, 527; W 2000, 440/2006, 479; in W 2000, 748/2006, 854 auch unter *kochen*), *Jung* **gefreit** *hat nie gereut*. (D 2001, 572/2007, 608) und *Frisch* **gewagt** *ist halb gewonnen*. (D 2001, 1766/2007, 1880; L 1998, 1111/2008, 1202; W 2000, 1369/2006, 1622). – Zur Wahl des Zuordnungslemmas von Sprichwörtern vgl. auch Kispál (1999c, 87ff.; 1999d, 241).

5. Nennform

Ähnlich wie Idiome können Sprichwörter in verschiedenen Varianten realisiert werden, die sich sowohl unter quantitativem als auch unter qualitativem Aspekt betrachten lassen. Die kleinsten Elemente, auf die sich die quantitative Variation beziehen kann, sind einzelne Laute; dabei kann ein Wörterbuch eine kürzere, ein anderes eine längere

Form des Sprichworts verzeichnen, vgl.: *Morgenstund hat Gold im Mund.* (B 463, 783) vs. *Morgenstunde hat Gold im Munde.* (D 2001, 1100/2007, 1168; W 2000, 890/2006, 1029). Das Gleiche gilt für das Vorhandensein bzw. Fehlen von Vertretern folgender Wortarten: Artikel, vgl.: *Unter Blinden ist der Einäugige König.* (D 2001, 426/2007, 453; W 2000, 283, 387/2006, 285; in W 2006, 416 unter *einäugig* mit *unter den Blinden*) vs. *Unter den Blinden ist der Einäugige König.* (B 181), Adjektiv, vgl.: *Jeder ist seines Glückes Schmied.* (D 2001, 663/2007, 705; L 1998, 420/2008, 474; W 2000, 565/2006, 631) vs. *Jeder ist seines Glückes [eigener] Schmied.* (B 1017), Adverb, vgl.: *Fett schwimmt oben.* (B 376) vs. *Fett schwimmt [immer] oben.* (D 2001, 538/2007, 571), Verb, vgl.: *Gemeinnutz [geht] vor Eigennutz.* (D 1996, 585; R in D 2001, 628/2007, 667) vs. *Gemeinnutz geht vor Eigennutz.* (W 2000, 535/2006, 595). Auch ein Substantivsyntagma und ein Teilsatz können fakultative Elemente eines Sprichworts sein: *Wenn die Katze aus dem Haus ist, tanzen die Mäuse [auf dem Tisch].* (D 2001, 886/2007, 938; W 2000, 722/2006, 822 (*Hause*)) vs. *Wenn die Katze aus dem Haus ist, tanzen die Mäuse auf dem Tisch.* (B 618 (entsprechendes Anwendungsbeispiel ohne *auf dem Tisch*)) und *Gottes Mühlen mahlen langsam.* (L 1998, 423/2008, 477; W 2000, 892/2006, 1033) vs. *Gottes Mühlen mahlen langsam [mahlen aber trefflich fein].* (D 2001, 668/2007, 710).

Im Bereich der qualitativen Variation lassen sich morphosyntaktische und lexikalische Sprichwortvarianten unterscheiden. Beim ersten Beispiel für morphosyntaktische Variation liegt ein Numeruswechsel vor: *Die Ausnahme bestätigt die Regel.* (D 1996, 245; vgl. auch oben) vs. *Ausnahmen bestätigen die Regel.* (B 121; L 1998, 101/2008, 136; W 2000, 218/2006, 205). Das zweite Beispiel weist Unterschiede beim Artikel und beim Kasus von zwei Substantiven auf: *Besser ein Spatz in der Hand als eine Taube auf dem Dach.* (D 2001, 1478/2007, 1571) vs. *Der Spatz in der Hand ist besser als die Taube auf dem Dach.* (W 2000, 1174/2006, 1381) vs. *Besser einen Spatz in der Hand als eine Taube auf dem Dach.* (B 1087) vs. *Besser den Spatz in der Hand als die Taube auf dem Dach.* (L 1998, 915/2008, 995). Von lexikalischer Variation sind u. a. Substantive, Adjektive und Verben betroffen, was aber auch nicht in allen Wörterbüchern registriert wird: *Geduldige Schafe gehen viele in einen Pferch/Stall.* (D 1996, 1300; in D 2001/2007 nicht mehr vorhanden) vs. *Geduldige Schafe gehen viel[e] in einen Stall.* (B 987), *Ein gutes/reines Gewissen ist ein sanftes Ruhekissen.* (L 1998, 413/2008, 466) vs. *Ein gutes Gewissen ist ein sanftes Ruhekissen.* (B 454; D 2001, 651/2007, 692; W 2000, 554/ 2006, 618) und *Unkraut vergeht/verdirbt nicht.* (B 1228; D 1996, 1608; in D 2001, 1659/2007, 1768 nur *vergeht*) vs. *Unkraut vergeht nicht.* (L 1998, 1034/2008, 1120; W 2000, 1303/2006, 1539). Die lexikalische Variation kann sich in einem Sprichwort auch auf zwei Komponenten, z. B. auf ein Adjektiv und ein Verb, erstrecken: *Die dümmsten Bauern haben/ernten die dicksten/größten Kartoffeln.* (B 142) vs. *Die dümmsten Bauern haben die dicksten/größten Kartoffeln.* (D 2001, 237/2007, 251; W 2006, 231) vs. *Die dümmsten Bauern ernten/haben die größten Kartoffeln.* (L 1998, 122/2008, 158) vs. *Die dümmsten Bauern haben die größten Kartoffeln.* (W 2000, 240). – Zur Darstellung von Nennformvarianten vgl. auch Kispál (1999d, 242).

6. Interne Anordnung

Die Frage der internen Anordnung von Sprichwörtern in einem Wörterbuchartikel wird in den Primärquellen nicht genügend beachtet. Als diesbezügliches Muster könnte z. B. folgender Ausschnitt aus dem Wörterbuchartikel *Geld* in D 2001/2007 dienen: *Geld stinkt nicht.; Geld regiert die Welt.; Geld allein macht nicht glücklich* [scherzh. Hinzufügung: *aber es beruhigt*].; *Wenn es ums Geld geht, hört die Freundschaft auf.* (D 2001, 624/2007, 663). Wichtigstes Kriterium für die Anordnung von Sprichwörtern mit einem oder mehreren Substantiven ist die Morphosyntax des ersten Substantivs: Den Vorrang haben Substantive in einem bestimmten Kasus (Nominativ – Akkusativ – Dativ – Genitiv), und erst danach kommen Substantive mit Präposition in der alphabetischen Reihenfolge der einzelnen Präpositionen. Sprichwörter mit einem Substantiv stehen vor denen mit zwei Substantiven, und entsprechend erscheinen Sprichwörter mit zwei Substantiven vor denen mit drei Substantiven. Ist in einem Sprichwort ein Adjektiv enthalten, wird das Sprichwort hinter solche mit zwei bzw. drei Substantiven platziert. In diesem Zusammenhang könnte noch folgendes Kriterium hinzugefügt werden: Werden in einem Wörterbuchartikel z. B. mehrere Sprichwörter mit zwei Substantiven aufgeführt, so ist die alphabetische Reihenfolge des zweiten Substantivs ausschlaggebend (das erste Substantiv der Sprichwörter steht dann jeweils im gleichen Kasus).

Die Prinzipien des oben angeführten Musters werden in D 1996/2001/2007 auf Sprichwortbeschreibungen jedoch nicht systematisch angewendet. So wird z. B. von der alphabetischen Reihenfolge des zweiten Substantivs abgewichen: *Die Zeit heilt [alle] Wunden.; Kommt Zeit, kommt Rat.* (D 2001, 1844/2007, 1965). Im folgenden Beispiel taucht ein Sprichwort mit drei Substantiven vor einem mit zwei Substantiven auf: *Kinder und Narren sagen die Wahrheit.; [Ein] gebranntes Kind scheut das Feuer.* (D 2001, 897/2007, 951). Weiterhin kann ein Sprichwort mit einem präpositionalen Substantiv einem Sprichwort mit einem Substantiv in einem bestimmten Kasus vorangehen: *Spare in der Zeit, so hast du in der Not.; Zeit ist Geld.* (D 2001, 1845/2007, 1965). Eine fehlende Systematik der Anordnung von Sprichwörtern ist aber auch für andere Wörterbücher nachweisbar, vgl. etwa: *Viele Hunde sind des Hasen Tod.; Kommt man über den Hund, so kommt man auch über den Schwanz.; Hunde, die [viel] bellen, beißen nicht.* (B 545). An erster Stelle sollte hier das letzte Sprichwort stehen (Sprichwort mit einem Substantiv vor einem mit drei Substantiven). – Zur Reihenfolge von Sprichwörtern mit gemeinsamem Zuordnungslemma vgl. auch Korhonen (2002).

7. Bedeutungserläuterung

In Bezug auf Idiomatizität können Sprichwörter voll-, teil- oder nichtidiomatisch sein. Besonders im Falle voll- und teilidiomatischer Sprichwörter würde man – nicht zuletzt aus der Sicht eines nichtmuttersprachlichen Wörterbuchbenutzers – erwarten, dass entsprechende lexikografische Beschreibungen jeweils mit einer Bedeutungserläuterung versehen wären. Beispiele für Sprichwörter, bei denen eine Bedeutungserläuterung fehlt, sind u. a.: *Die kleinen Diebe hängt man, die großen lässt man laufen.* (fehlt in D 2001, 376/2007, 399 und W 2000, 601/2006, 674; in B 246 vorhanden), *Ein gutes/reines Gewissen ist ein sanftes Ruhekissen.* (fehlt in D 2001, 651/2007, 692; in B 454, L 1998, 413/2008, 466 und W 2000, 554/2006, 618 vorhanden) und *Hoffen und Harren macht manchen zum Narren.* (fehlt in D 2001, 793/2007, 841; in W 2000, 603/2006, 677 vorhanden). Ist das Lemma, unter dem ein Sprichwort ohne Bedeutungserläuterung aufgeführt wird, polysem und weist der Wörterbuchartikel keine eindeutige Unterteilung in Bedeutungsvarianten auf, kann man nicht wissen, welcher Bedeutungsvariante das Sprichwort zugeordnet werden soll, vgl.: *Borgen macht Sorgen.* (W 2000, 290: ‚verleihen‘, ‚entleihen‘; in W 2006 nicht mehr vorhanden; in D 2001, 307/2007, 326 – in der Form *Borgen bringt Sorgen.* und auch ohne Bedeutungserläuterung – unter der Bedeutungsvariante ‚leihen (2)‘, d. h. ‚entleihen‘). Eine Bedeutungserläuterung kann sogar dann fehlen, wenn in einem Sprichwort ein Idiom enthalten ist: *Wer Gott vertraut, hat wohl gebaut/hat nicht auf Sand gebaut* (D 2001, 668/2007, 710; vgl. das Verbidiom *auf Sand gebaut haben*).

Da Sprichwörter Konstruktionen mit expliziter oder impliziter Satzform sind, ist es naheliegend, dass man zu ihrer Erläuterung Satzparaphrasen verwendet, vgl. etwa: *Wie man sich bettet, so schläft man.* ‚Wie man sein Leben gestaltet, so muss man es dann auch ertragen.‘ (W 2000, 267/2006, 265; Satzparaphrasen auch in B 169, D 2001, 279/2007, 295 und L 1998, 160/2008, 199). Eine misslungene Art der Bedeutungserläuterung stellen Teilparaphrasen dar, die in Sprichwörter eingebaut sind; dies zeigt sich in voller Deutlichkeit dann, wenn der nicht paraphrasierte Teil des Sprichworts ein Idiom ist und deshalb einer semantischen Erläuterung bedürfte, vgl.: *Eigener Herd* ‚Hausstand, Haushalt‘ *ist Goldes wert.* (D 1996, 692; vgl. das Verbidiom *Goldes wert sein*; in D 2001, 748/2007, 794 mit Satzparaphrase: ‚Ein eigener Hausstand, Haushalt ist etwas sehr Erstrebenswertes.‘). Anstelle von Paraphrasen sind in den Primärquellen nicht selten pragmatische Kommentare zu finden, z. B.: *Neue Besen 'kehren gut.* verwendet, um auszudrücken, dass man *meist* von einem neuen Angestellten oder Chef erwartet, dass er seine neue Aufgabe sehr gut erfüllt (L 1998, 152/2008, 191; in B 165, D 2001, 269/2007, 285 und W 2000, 261/2006, 258 mit Satzparaphrase). Nützlich für ausländische Wörterbuchbenutzer sind Kombinationen von pragmatischem Kommentar und Satzparaphrase: *Jung gefreit hat niemand gereut.* [Bemerkung, die man einem jungen Brautpaar mit auf den Weg gab/gibt, heute oft scherzhaft gemeint] ‚Je jünger man heiratet, desto besser, man würde es nie bereuen.‘ (B 591). Demgegenüber eignen sich Sprichwörter und Idiome nicht als (Teile von) Bedeutungserläuterung, vgl.: *Art lässt nicht von Art.* ‚Wie der Vater, so der Sohn.‘ (W 2000, 194; in W 2006 nicht mehr vorhanden) und *Hochmut kommt vor dem Fall.* ‚Der Hochmütige wird über kurz oder lang zu Fall kommen.' (D 1996, 725; in D 2001, 790/2007, 837 ohne Idiome: ‚Überheblichen, zu stolzen Menschen droht Erniedrigung.'; vgl. die beiden Idiome *über kurz oder lang* und *zu Fall kommen*). Sind die Paraphrasen dem Ratsuchenden z. B. wegen eines relativ hohen Idiomatizitätsgrades nicht ganz geläufig, wird er zu einem nochmaligen Nachschlagen im Wörterbuch gezwungen. – Zur lexikografischen Beschreibung der Bedeutung von Sprichwörtern vgl. auch Kispál (1999c, 91ff.; 1999d, 243ff.) und Korhonen (2011b).

8. Mehrfachlemmatisierung

In W werden Sprichwörter oft unter mehreren Lemmata aufgeführt, wogegen dies in den anderen Wörterbüchern eher eine Ausnahme ist. Im Falle einer Mehrfachlemmatisierung lassen sich für die Beschreibung von Form und Bedeutung sowie für die Kennzeichnung von Sprichwörtern viele verschiedene Konstellationen feststellen. Im ersten Beispiel sind die Form und die Kennzeichnung identisch, aber bei einem Lemma ist keine Bedeutungserläuterung vorhanden: Spr *Ehrlich währt am längsten.* ‚Mit Ehrlichkeit besteht man am besten.' vs. Spr *Ehrlich **währt** am längsten.* (D 2001, 422, 1769/2007, 449, 1884) und *Ein gutes **Gewissen** ist ein sanftes Ruhekissen.* Sprichw. ‚Wer nichts Unrechtes tut, den lässt sein Gewissen auch ruhig schlafen.' vs. *Ein gutes Gewissen ist ein sanftes **Ruhekissen**.* Sprichw. (W 2000, 554, 1067/2006, 618, 1251). Auch im zweiten Beispiel sind Form und Kennzeichnung identisch, die Bedeutungserläuterung wurde aber unterschiedlich gestaltet: *Mit **Speck** fängt man Mäuse.* ‚Wenn man etwas Reizvolles (als Gegenleistung) anbietet, ist es oft möglich, ein Ziel zu erreichen, eine Person zu etwas zu bewegen.' vs. *Mit Speck fängt man **Mäuse**.* ‚Mit dem richtigen Mittel läßt sich jeder verlocken, kann man viel erreichen.' (B 1088, 752) und *Keine **Rose** ohne Dornen.* ‚Jede schöne Sache hat auch Nachteile.' vs. *Keine Rose ohne **Dornen**.* ‚Alles Gute hat auch Nachteile.' (L 1998, 818, 230/2008, 892, 274). Eine dritte Konstellation sieht wie folgt aus: Form identisch, Bedeutungserläuterung fehlt, Kennzeichnung unterschiedlich: *Alter schützt vor Torheit nicht.* sprichwörtl. vs. *Alter **schützt** vor Torheit nicht.*

Sprichw. (W 2000, 160, 1128/2006, 134, 1323). Die Form ist auch im vierten Beispiel identisch, jetzt sind aber sowohl die Bedeutungserläuterung als auch die Kennzeichnung unterschiedlich: *Wie die **Alten** sungen, so zwitschern auch die Jungen.* Sprichw. ‚Oft reden Kinder kritiklos nach, was sie von den Eltern hören.' vs. *Wie die Alten sungen, so **zwitschern** auch die Jungen.* fig. ‚Kinder reden oft das nach, was die Eltern sagen.' (W 2000, 160, 1450/2006, 134, 1727). Im fünften Beispiel liegt folgende Konstellation vor: unterschiedliche Form, fehlende Bedeutungserläuterung, identische Kennzeichnung: *Jung **gefreit** hat nie gereut.* Sprichw. vs. ***Jung** gefreit hat nie[mand] gereut.* Sprichw. (W 2000, 498, 701/2006, 549, 796). Die sechste Konstellation unterscheidet sich von der fünften darin, dass bei einem Lemma keine Kennzeichnung zu finden ist: *Unrecht **Gut** gedeiht nicht.* vs. ***Unrecht** Gut gedeihet nicht.* Sprichw. (W 2000, 587, 1304/2006, 656, 1540). Dass die Form und die Bedeutungserläuterung bei identischer Kennzeichnung variieren können, zeigt das nächste Beispiel: Spr ***Freunde** in der Not gehn hundert/tausend auf ein Lot.* ‚In Notzeiten hat man wenige oder keine Freunde.' vs. Spr *Freunde in der Not gehen hundert auf ein **Lot**.* ‚Die so genannten Freunde sind im Ernstfall nichts wert.' (D 2001, 576, 1031; in D 2007, 612 ist die Bedeutungserläuterung unter *Freund* identisch mit der von D 2001, in D 2007, 1092, d. h. unter *Lot*, lautet sie wie folgt: ‚In Notzeiten hat man wenig oder gar keine Freunde.'). Im vorletzten Beispiel differieren die Form- und Bedeutungsbeschreibungen, und bei einem Lemma taucht keine Kennzeichnung auf: ***Eile** mit Weile!* Sprichw. ‚Handle rasch, doch nicht unüberlegt!' vs. *Eile mit **Weile*** ‚Nicht zu schnell!', ‚Sei besonnen!' (W 2000, 387, 1384/2006, 415, 1642). Schließlich können die Form, die Bedeutungserläuterung und die Kennzeichnung unterschiedlich sein: (in den Wendungen) ***Rom** wurde auch nicht an einem Tage erbaut.* fig. ‚Alles braucht seine Zeit.' […] vs. *Rom wurde auch nicht an einem **Tag** erbaut* sprichwörtl. (zurückweisende Antwort, wenn eine Arbeit in zu kurzer Zeit fertig sein soll) (W 2000, 1060, 1232/2006, 1242, 1452 f.). – Zur Mehrfachlemmatisierung von Sprichwörtern vgl. auch Kispál (1999c, 86, 88 f.; 91 f.; 1999d, 241) und Korhonen (2011a).

9. Abschließende Bemerkungen

Vergleicht man die Ergebnisse dieser Studie mit denen von Kispál (1999c; 1999d), der z. T. die gleichen Wörterbücher in ihren früheren Auflagen (D, L und W von den 80er Jahren bzw. vom Anfang der 90er Jahre) untersuchte, so ist nur für D 2001/2007 eine teilweise Überarbeitung (und damit eine Verbesserung) der Sprichwortbeschreibung zu erkennen. Dagegen ist die Darstellung von Sprichwörtern z. B. in W seit den 80er Jahren von einigen wenigen und geringen Änderungen abgesehen unverändert geblieben. Hier, wie in den anderen Wörterbüchern auch, gibt es also nach wie vor bestimmte Mängel, Inkonsequenzen und Widersprüchlichkeiten, die für die jeweiligen Neuauflagen beseitigt werden sollten. Dabei ließen sich auf Sprichwörter die gleichen Beschreibungsprinzipien anwenden, die in der neueren Forschungsliteratur für Idiome vorgeschlagen wurden, d. h.:

1. Ein Wörterbuch sollte in der Benutzungsanleitung über die äußere Selektion und über die Darstellung der Sprichwörter in den Wortartikeln genaue Auskunft geben.
2. Als Zuordnungslemma sollte das erste Substantiv – Adjektiv – Adverb usw. gewählt werden. Zusätzlich kann von einem Verweissystem Gebrauch gemacht werden, wobei von anderen wesentlichen Komponenten auf die Hauptkomponente (auf das Zuordnungslemma) verwiesen wird. Entscheidet man sich für eine Mehrfachlemmatisierung, die jedoch weniger ökonomisch ist, sollten die Angaben überall völlig übereinstimmen.
3. Sprichwörter sollten mit weiteren phraseologischen Ausdrücken in einem separaten Teil am Ende von Wortartikeln untergebracht werden. Sprichwörter und Idiome könnten mit Hilfe bestimmter Symbole voneinander unterschieden werden.
4. Morphosyntaktische und lexikalische Variation von Sprichwörtern sollte möglichst vollständig erfasst werden.
5. Bei der Anordnung von Sprichwörtern mit jeweils einer gemeinsamen Komponente in einem Wortartikel sollte ein bestimmtes System verwendet werden. Zum Beispiel: Substantiv im Nominativ – Akkusativ – Dativ – Genitiv; kasusintern nach Zahl der Substantive (Einheiten mit einem Substantiv vor denen mit zwei Substantiven usw.), Singular vor Plural, Einheiten ohne Artikel vor denen mit Artikel usw.

6. Am besten sollten alle Sprichwörter (auch schwächer idiomatisierte) mit einer Bedeutungserklärung bzw. einem pragmatischen
Kommentar oder ihrer Kombination versehen werden. Sprichwörter und Idiome als Bedeutungserläuterungen bzw. Teile davon
sollten vermieden werden.

10. Literatur
10.1. Primärliteratur

B = Deutsches Wörterbuch (1996). Hg. von Karl-Dieter Bünting/Ra-
mona Karatas. Chur.

D 1996 = Duden. Deutsches Universalwörterbuch (1996). 3., neu bearb. und erw. Aufl. Auf der Grundlage der neuen amtlichen Rechtschreibregeln. Bearb. von Günther Drosdowski und der Dudenredaktion. Mannheim u. a.

D 2001 = Duden. Deutsches Universalwörterbuch (2001). 4., neu
bearb. und erw. Aufl. Hg. von der Dudenredaktion. Mannheim u. a.

D 2007 = Duden. Deutsches Universalwörterbuch (2007). 6., überarb.
und erw. Aufl. Hg. von der Dudenredaktion. Mannheim u. a.

L 1998 = Langenscheidts Großwörterbuch Deutsch als Fremdsprache
(1998). Das einsprachige Wörterbuch für alle, die Deutsch lernen.
In der neuen deutschen Rechtschreibung. Hg. von Dieter Götz/
Günther Haensch/Hans Wellmann in Zusammenarb. mit der Langenscheidt-Redaktion. Berlin u. a.

L 2008 = Langenscheidt. Großwörterbuch Deutsch als Fremdsprache
(2008). Das einsprachige Wörterbuch für alle, die Deutsch lernen.
Neubearbeitung. Hg. von Dieter Götz/Günther Haensch/Hans
Wellmann in Zusammenarb. mit der Langenscheidt-Redaktion.
Berlin u. a.

W 2000 = Wahrig, Gerhard (2000): Deutsches Wörterbuch. Neu hg.
von Renate Wahrig-Burfeind. Mit einem „Lexikon der deutschen
Sprachlehre". 7., vollst. neu bearb. und aktualis. Aufl. auf der
Grundlage der neuen amtlichen Rechtschreibregeln. Gütersloh/
München.

W 2006 = Wahrig. Deutsches Wörterbuch (2006). Hg. von Renate
Wahrig-Burfeind. Mit einem Lexikon der Sprachlehre. 8., vollst.
neu bearb. und aktualis. Aufl. Gütersloh/München.

10.2. Sekundärliteratur

Baur, Rupprecht S./Chlosta, Christoph (1994): Kennen Kinder heute noch Sprichwörter? Überlegungen zur Altersgrenze in Arbeiten zur empirischen Parömiologie. In: Christoph Chlosta/Peter Grzybek/ Elisabeth Piirainen (Hg.): Sprachbilder zwischen Theorie und Praxis. Akten des Westfälischen Arbeitskreises »Phraseologie/Parömiologie« (1991/1992). Bochum (= Studien zur Phraseologie und Parömiologie 2), S. 1–30.

Beyer, Horst und Annelies (1985): Sprichwörterlexikon. Sprichwörter und sprichwörtliche Ausdrücke aus deutschen Sammlungen vom 16. Jahrhundert bis zur Gegenwart. 2., unveränd. Aufl. Leipzig.

Burger, Harald (1983): Phraseologie in den Wörterbüchern des heutigen Deutsch. In: Herbert Ernst Wiegand (Hg.): Studien zur neuhochdeutschen Lexikographie III. Hildesheim/Zürich/New York (= Germanistische Linguistik 1–4/82), S. 13–66.

Burger, Harald (2009): Semantische Aspekte der deutschen Phraseografie: die aktuelle Praxis – allgemeine und phraseologische Wörterbücher im Vergleich. In: Carmen Mellado Blanco (Hg.): Theorie und Praxis der idiomatischen Wörterbücher. Tübingen (= Lexicographica. Series Maior 135), S. 23–44.

Burger, Harald (2010): Phraseologie. Eine Einführung am Beispiel des Deutschen. 4., neu bearb. Aufl. Berlin (= Grundlagen der Germanistik 36).

Cheon, Mi-Ae (1996): Die lexikographische Bearbeitung von Phrasemen in deutsch-koreanischen Wörterbüchern. In: Herbert Ernst Wiegand (Hg.): Studien zur zweisprachigen Lexikographie mit Deutsch III. Hildesheim/New York (= Germanistische Linguistik 134–135/1996), S. 115–136.

Cheon, Mi-Ae (1998): Zur Konzeption eines phraseologischen Wörterbuchs für den Fremdsprachler. Am Beispiel Deutsch-Koreanisch. Tübingen (= Lexicographica. Series Maior 89).

Czochralski, Jan A./Ludwig, Klaus-Dieter (1996): Zur Arbeit an einem phraseologischen Wörterbuch Deutsch-Polnisch. Ein Werkstattbericht. In: Herbert Ernst Wiegand (Hg.): Studien zur zweisprachigen Lexikographie mit Deutsch III. Hildesheim/New York (= Germanistische Linguistik 134–135/1996), S. 171–187.

Dobrovol'skij, Dmitrij (1999): Phraseologische Wörterbücher Deutsch-Russisch und Russisch-Deutsch. Stand und Perspektiven. In: Herbert Ernst Wiegand (Hg.): Studien zur zweisprachigen Lexikographie mit Deutsch IV. Hildesheim/New York (= Germanistische Linguistik 143–144/1999), S. 141–175.

Dobrovol'skij, Dmitrij/Filipenko, Tatjana V./Šarandin, Artëm V. (2010): Phraseologie im „Neuen Deutsch-Russischen Großwörterbuch". In: Jarmo Korhonen/Wolfgang Mieder/Elisabeth Piirainen/ Rosa Piñel (Hg.): Phraseologie global – areal – regional. Akten der Konferenz EUROPHRAS 2008 vom 13.–16.8.2008 in Helsinki. Tübingen, S. 247–253.

Fleischer, Wolfgang (1997): Phraseologie der deutschen Gegenwartssprache. 2., durchges. und erg. Aufl. Tübingen.

Földes, Csaba (1995): Überlegungen zum lexikographischen Konzept eines phraseologischen Wörterbuchs. In: Muttersprache 105, S. 66–78.

Grzybek, Peter (1984): Zur lexikographischen Erfassung von Sprichwörtern. In: Peter Grzybek unter Mitarb. von Wolfgang Eismann (Hg.): Semiotische Studien zum Sprichwort. Simple Forms Reconsidered I. Tübingen/Amsterdam (= Kodikas/Code. Ars Semeiotica 7), S. 345–350.

Grzybek, Peter (1992): Probleme der Sprichwort-Lexikographie (Parömiographie): Definition, Klassifikation, Selektion. In: Gregor Meder/Andreas Dörner (Hg.): Worte, Wörter, Wörterbücher. Lexikographische Beiträge zum Essener Linguistischen Kolloquium. Tübingen (= Lexicographica. Series Maior 42), S. 195–223.

Kispál, Tamás (1999a): Einige deutsche Sprichwort-Wörterbücher aus der Sicht des DaF-Lerners. In: Árpád Bernáth/Gunther Dietz (Hg.): Jahrbuch der ungarischen Germanistik 1999. Budapest/Bonn, S. 163–181.

Kispál, Tamás (1999b): Sprichwortäquivalenz im allgemeinen zweisprachigen Wörterbuch. In: Annette Sabban (Hg.): Phraseologie und Übersetzen. Phrasemata II. Bielefeld, S. 159–174.

Kispál, Tamás (1999c): Sprichwörter im allgemeinen einsprachigen Wörterbuch. In: Peter Bassola/Christian Oberwagner/Guido Schnieders (Hg.): Schnittstelle Deutsch. Linguistische Studien aus Szeged. Festschrift für Pavica Mrazović. Szeged (= Acta Germanica 8), S. 85–97.

Kispál, Tamás (1999d): Sprichwörter unter dem Aspekt des Fremd-sprachenlerners. In: Rupprecht S. Baur/Christoph Chlosta/Elisa-beth Piirainen (Hg.): Wörter in Bildern – Bilder in Wörtern. Beiträ-ge zur Phraseologie und Sprichwortforschung aus dem Westfäli-schen Arbeitskreis. Baltmannsweiler (= Phraseologie und Parömio-logie 1), S. 239–248.

Kispál, Tamás (2000): Sprichwörter in einem phraseologischen Wör-terbuch. In: Info DaF 27, S. 367–375.

Korhonen, Jarmo (1995a): Zur Beschreibung von Verbidiomen in deutsch-finnischen und finnisch-deutschen Wörterbüchern. In: Jar-mo Korhonen: Studien zur Phraseologie des Deutschen und des Finnischen I. Bochum (= Studien zur Phraseologie und Parömiolo-gie 7), S. 241–269.

Korhonen, Jarmo (1995b): Zur (Un-)Verständlichkeit der lexikogra-phischen Darstellung von Phraseologismen. In: Jarmo Korhonen: Studien zur Phraseologie des Deutschen und des Finnischen I. Bo-chum (= Studien zur Phraseologie und Parömiologie 7), S. 49–66.

Korhonen, Jarmo (1998a): Zur Entwicklung der intra- und interlin-gualen kontrastiven Phraseologie unter besonderer Berücksichti-gung der deutschen Sprache. Vaasa/Germersheim (= Saxa B/1).

Korhonen, Jarmo (1998b): Zur lexikographischen Erfassung von Phra-semen und Sprichwörtern in Josua Maalers Wörterbuch (1561). In: Peter Ernst/Franz Patocka (Hg.): Deutsche Sprache in Raum und Zeit. Festschrift für Peter Wiesinger zum 60. Geburtstag. Wien, S. 569–584.

Korhonen, Jarmo (2000): Idiome und Sprichwörter in der deutsch-finnischen Lexikografie. In: Ulrich Heid et al. (Eds.): Proceedings of the Ninth EURALEX International Congress, EURALEX 2000 Stuttgart, Germany, August 8th – 12th, 2000. Vol. II. Stuttgart, S. 569–578.

Korhonen, Jarmo (2002): Zur Einrichtung der Phraseologiekomponen-te von Wortartikeln in einsprachigen Wörterbüchern des Deut-schen. In: Peter Wiesinger unter Mitarb. von Hans Derkits (Hg.): Akten des X. Internationalen Germanistenkongresses Wien 2000. »Zeitenwende – Die Germanistik auf dem Weg vom 20. ins 21. Jahrhundert«. Bd. 2. Bern u. a. (= Jahrbuch für Internationale Ger-manistik A/54), S. 365–371.

Korhonen, Jarmo (2004): Duden 11 – Nutzungserfahrungen aus der DaF-Perspektive. In: Kathrin Steyer (Hg.): Wortverbindungen – mehr oder weniger fest. Berlin/New York (= Institut für Deutsche Sprache. Jahrbuch 2003), S. 360–393.

Korhonen, Jarmo (2005): Phraseologismen im GWDS. In: Herbert Ernst Wiegand (Hg.): Untersuchungen zur kommerziellen Lexikographie der deutschen Gegenwartssprache II.»Duden. Das große Wörterbuch der deutschen Sprache in zehn Bänden«. Print- und CD-ROM-Version. Bd. 2. Tübingen (= Lexicographica. Series Maior 121), S. 109–128.

Korhonen, Jarmo (2007): Zur Beschreibung der Valenz von Verbidiomen in neueren DaF-Wörterbüchern. In: Sandra Reimann/Katja Kessel (Hg.): Wissenschaften im Kontakt. Kooperationsfelder der Deutschen Sprachwissenschaft. Tübingen, S. 109–122.

Korhonen, Jarmo (2009a): Zur Darstellung synonymer Idiome in allgemeinen und phraseologischen Wörterbüchern des Deutschen. In: Doris Wagner/Tuomo Fonsén/Henrik Nikula (Hg.): Germanistik zwischen Baum und Borke. Festschrift für Kari Keinästö zum 60. Geburtstag. Helsinki (= Mémoires de la Société Néophilologique de Helsinki 76), S. 167–183.

Korhonen, Jarmo (2009b): Zur Überarbeitung der Phraseologie im Duden 11. Zweite und dritte Auflage im Vergleich. In: Wieland Eins/Friederike Schmöe (Hg.): Wie wir sprechen und schreiben. Festschrift für Helmut Glück zum 60. Geburtstag. Wiesbaden, S. 131–143.

Korhonen, Jarmo (2011a): Zur Darstellung von Idiomen und Sprichwörtern in PONS Großwörterbuch Deutsch als Fremdsprache. In: Christine Schowalter/Patrick Schäfer (Hg.): Festschrift für Helmut Lüger zum 65. Geburtstag. Landau [im Druck].

Korhonen, Jarmo (2011b): Zur lexikografischen Beschreibung von Bedeutung und Gebrauch von Sprichwörtern. In: Akten der Konferenz „EUROPHRAS 2010" in Granada vom 30.6. bis 2.7.2010 [im Druck].

Kühn, Peter (1989a): Die Beschreibung von Routineformeln im allgemeinen einsprachigen Wörterbuch. In: Franz Josef Hausmann u. a. (Hg.): Wörterbücher. Ein internationales Handbuch zur Lexikographie. 1. Teilbd. Berlin/New York (= Handbücher zur Sprach- und Kommunikationswissenschaft 5.1), S. 830–835.

Kühn, Peter (1989b): Phraseologie und Lexikographie: Zur semantischen Kommentierung phraseologischer Einheiten im Wörterbuch. In: Herbert Ernst Wiegand (Hg.): Wörterbücher in der Diskussion. Vorträge aus dem Heidelberger Lexikographischen Kolloquium. Tübingen (= Lexicographica. Series Maior 27), S. 133–154.

Kühn, Peter (2003): Phraseme im Lexikographie-Chec: Erfassung und Beschreibung von Phrasemen im einsprachigen Lernerwörterbuch. In: Lexicographica 19, S. 97–118.

Mieder, Wolfgang (1984): Geschichte und Probleme der neuhochdeutschen Sprichwörterlexikographie. In: Herbert Ernst Wiegand (Hg.): Studien zur neuhochdeutschen Lexikographie V. Hildesheim/Zürich/New York (= Germanistische Linguistik 3–6/84), S. 307–358.

Mieder, Wolfgang (1986a): „alle redensarten und sprüchwörter sind aus den quellen zu belegen": Sprichwörtliches im *Deutschen Wörterbuch* der Brüder Grimm. In: Muttersprache 96, S. 33–52.

Mieder, Wolfgang (1986b): „keine rose ohne dorn". Deutsches Wörterbuch (1854–1863) von Jacob und Wilhelm Grimm. In: Wolfgang Mieder: „Findet, so werdet ihr suchen!". Die Brüder Grimm und das Sprichwort. Bern/Frankfurt a. M./New York (= Sprichwörterforschung 7), S. 89–113.

Mieder, Wolfgang (1989): Das Sprichwörterbuch. In: Franz Josef Hausmann u. a. (Hg.): Wörterbücher. Ein internationales Handbuch zur Lexikographie. 1. Teilbd. Berlin/New York (= Handbücher zur Sprach- und Kommunikationswissenschaft 5.1), S. 1033–1044.

Mieder, Wolfgang (1999): Sprichwörter in den größeren allgemeinen und phraseologischen Wörterbüchern Deutsch-Englisch/Englisch-Deutsch. In: Herbert Ernst Wiegand (Hg.): Studien zur zweisprachigen Lexikographie mit Deutsch IV. Hildesheim/New York (= Germanistische Linguistik 143–144/1999), S. 1–40.

Mieder, Wolfgang (2003): Sprichwörter im GWDS. In: Herbert Ernst Wiegand (Hg.): Untersuchungen zur kommerziellen Lexikographie der deutschen Gegenwartssprache I. »Duden. Das große Wörterbuch der deutschen Sprache in zehn Bänden«. Print- und CD-ROM-Version. Tübingen (= Lexicographica. Series Maior 113), S. 413–436.

Palm Meister, Christine (2000): Auf dem Wege zu einem schwedisch-deutschen Idiomwörterbuch. Maximen und Reflexionen. In: Herbert Ernst Wiegand (Hg.): Studien zur zweisprachigen Lexikographie mit Deutsch V. Hildesheim/Zürich/New York (= Germanistische Linguistik 151–152/2000), S. 227–243.

Prędota, Stanisław (1991): Zu den lexikographischen Grundprinzipien des „Kleinen deutsch-polnischen Sprichwörterbuches". In: Annette Sabban/Jan Wirrer (Hg.): Sprichwörter und Redensarten im interkulturellen Vergleich. Opladen, S. 28–36.

Schemann, Hans (2000): Lexikalisierte Sprecherhaltung und Wörterbucheintrag. Untersuchungen anhand zweisprachiger idiomatischer Wörterbücher mit Deutsch. In: Herbert Ernst Wiegand (Hg.): Studien zur zweisprachigen Lexikographie mit Deutsch V. Hildesheim/Zürich/New York (= Germanistische Linguistik 151–152/2000), S. 35–70.

Steffens, Doris (1989): Untersuchung zur Phraseologie der deutschen Gegenwartssprache unter lexikographischem Aspekt. In: Beiträge zur Erforschung der deutschen Sprache 9, S. 79–93.

Worbs, Erika (1994): Theorie und Praxis der slawisch-deutschen Phraseographie. Mainz (= Mainzer Slavistische Veröffentlichungen 16).

Wotjak, Barbara/Dobrovol'skij, Dmitrij (1996): Phraseologismen im Lernerwörterbuch. In: Irmhild Barz/Marianne Schröder (Hg.): Das Lernerwörterbuch Deutsch als Fremdsprache in der Diskussion. Heidelberg (= Sprache – Literatur und Geschichte. Studien zur Linguistik/Germanistik 12), S. 243–264.

IV.
Zur Darstellung synonymer Idiome in allgemeinen und phraseologischen Wörterbüchern des Deutschen[*]

1. Zur Einleitung

In seinen lexikologischen und phraseologischen Studien hat sich Kari Keinästö u. a. auch mit der lexikografischen Darstellung entsprechender Einheiten intensiv beschäftigt. Dabei hat er sich sowohl mit historischen als auch gegenwartssprachlichen Wörterbüchern auseinandergesetzt (vgl. z. B. Keinästö 1994; 2002; 2004a; 2004b; 2005; 2006; 2007; 2008; 2010). Auch im vorliegenden Beitrag geht es um eine Wörterbuchkritik, wobei zwei allgemeine und zwei phraseologische Wörterbücher genauer unter die Lupe genommen werden sollen. Die Werke, auf die sich die nachstehenden Ausführungen beziehen, sind: *Duden. Deutsches Universalwörterbuch* (2007 = DUW), *Wahrig. Deutsches Wörterbuch* (2006 = W), *Duden. Redewendungen* (2008 = DUR) und *Hans Schemann: Deutsche Idiomatik* (1993 = S).

Den Anstoß zu diesem Beitrag haben vereinzelte Beobachtungen zur lexikografischen Erfassung synonymer Idiome in einsprachigen Wörterbüchern des Deutschen gegeben. Die Beobachtungen lassen erkennen, dass in dieser Hinsicht besonders in allgemeinen Wörterbüchern eine relativ große Uneinheitlichkeit herrscht. Die Darstellung synonymer Idiome in den oben genannten Wörterbüchern wird anhand von sieben Fragenkomplexen untersucht. Den ersten Fragenkomplex bilden Kennzeichnung und Klassifizierung der Idiome in allgemeinen Wörterbüchern. Zweitens soll der Frage nachgegangen werden, ob die Synonyme in den jeweiligen Wörterbuchartikeln den gleichen Status (z. B. Idiom, übertragener Gebrauch, Anwendungsbeispiel) aufweisen. Drittens soll ermittelt werden, wie synonyme Idiome in den zugrunde gelegten Wörterbüchern jeweils bestimmten Lemmata zugeordnet wurden. Einen vierten Fragenkomplex bildet die Darstellung der

[*] Zuerst erschienen in: Doris Wagner/Tuomo Fonsén/Henrik Nikula (Hg.) (2009): Germanistik zwischen Baum und Borke. Festschrift für Kari Keinästö zum 60. Geburtstag. Helsinki (= Mémoires de la Société Néophilologique de Helsinki 76), S. 167–183.

Nennform, wobei im Falle von Verbidiomen zwischen Idiomkern und valenzbedingten Ergänzungen unterschieden werden kann. Im Bereich des Idiomkerns sollen Zahl und Fakultativität der Komponenten sowie lexikalische und morphosyntaktische Varianten in Augenschein genommen werden. Fragen, denen im Rahmen der Darstellung valenzbedingter Ergänzungen Beachtung geschenkt werden soll, sind Kennzeichnung des Subjekts, Kennzeichnung, Obligatheit bzw. Fakultativität, Inhalt und Form von Objekten sowie die Stelle von Präpositionalobjekten in der Nennform von Verbidiomen. Fünftens soll die Art und Weise, wie die Bedeutung und die pragmatische Gebrauchsspezifik beschrieben werden, zum Untersuchungsgegenstand gemacht werden. Schließlich soll noch geprüft werden, wann von einem Idiom auf ein Synonym nur verwiesen wird und wann von Mehrfachlemmatisierung Gebrauch gemacht wird.

Synonymität von Idiomen wird hier in zweierlei Weise verstanden (vgl. dazu Schemann 1989, XXIV): 1). Synonym sind Einheiten, die in bestimmten Kontexten ausgetauscht werden können, ohne dass sich die Bedeutung der Aussage dadurch (wesentlich) ändert, vgl. (i) *etw. durch die Gurgel jagen* (ugs.) – *etw. durch die Kehle jagen* (ugs.); 2). Synonym sind Einheiten, die dieselben denotativen Merkmale besitzen, während die konnotativen Merkmale unterschiedlich sind, vgl. (ii) *jmdm. Sand in die Augen streuen – jmdm. blauen Dunst vormachen* (ugs.) (hier gibt es einen Unterschied in der Stilebene; das erste Idiom gehört der neutralen, das zweite der umgangssprachlichen Ebene an). Synonyme Idiome können strukturverschieden sein wie bei (ii) oder die gleiche oder eine ähnliche Struktur aufweisen (vgl. die lexikalische Variation bei (i) und eine strukturell-semantische Modellierung beim folgenden Beispiel: (iii) *ich denk, mich laust der Affe! – ich denk, mich knutscht ein Elch! – ich denk, mich tritt ein Pferd!*). Im Sinne einer konkreten Realisation einer bestimmten Bedeutung wären auch Ausdrücke mit lexikalischer und/oder morphosyntaktischer Variation wie (iv) und (v) als Synonyme zu betrachten: (iv) *auf die schiefe Bahn geraten/kommen*; (v) *die Beine in die Hand/unter den Arm/unter die Arme nehmen*. Im Folgenden werden sie jedoch als lexikografische bzw. phraseografische Ganzheiten behandelt, d. h., Varianten mit Austauschbarkeit einer Komponente, die kein Zuordnungslemma darstellt, werden wie in der Lexikografie und Phraseografie üblich jeweils zu einer Form zusammengefasst (Zuordnungslemma = Lemma, unter dem ein Idiom im Wörterbuch erscheint; normalerweise das erste Substantiv, Adjektiv usw.).

Ziel des Beitrags ist es, auf die Wichtigkeit einer systematischen Erfassung synonymer Idiome in der einsprachigen Lexikografie des Deutschen aufmerksam zu machen. Von einer adäquaten Darstellung synonymer Idiome würden nicht zuletzt ausländische Wörterbuchbenutzer profitieren, die durch stark variierende Idiombeschreibungen sehr schnell verunsichert werden. – Zur neueren Kritik der Darstellung von Phraseologie in einsprachigen deutschen Wörterbüchern vgl. u. a. Wotjak (2001; 2005), Dobrovol'skij (2002), Korhonen (2002; 2004a; 2004b; 2005; 2007), Kühn (2003), Mieder (2003), Stantcheva (2003), Hahn (2006), Lipinski (2008) und Burger (2010, 179ff.).

2. Kennzeichnung und Klassifizierung

Probleme der Kennzeichnung und Klassifizierung synonymer Idiome beziehen sich auf die Beschreibungspraxis in DUW. In diesem Wörterbuch wird zwischen „idiomatischen Wendungen" und „Redensarten" unterschieden: Erstere sind fett gedruckt (der Idiomteil wird zusätzlich mithilfe eines Sternchens vom übrigen Wortartikel abgehoben), vor Letzteren wiederum erscheint die Abkürzung R. Bei den „Redensarten" handelt es sich meistens um satzförmige Ausdrücke mit mehr oder weniger starker Idiomatizität, manchmal werden aber auch Wortgruppenidiome als „Redensarten" klassifiziert. Die uneinheitliche Erfassung synonymer Idiome lässt sich u. a. durch folgende Beispiele veranschaulichen:

(1)   **er** usw. **kann mich am Abend besuchen**; **R** der kann, du kannst mir [mal] im Mondschein begegnen (DUW 81; 1162)

(2)   **R** ein Anblick für Götter; **ein Bild für [die] Götter sein** (DUW 135; 305)

(3)   **ran an die Buletten!**; **R** ran an den Feind!; **R** ran an die Gewehre!; **R** ran an den Speck! (DUW 342; 561; 689; 1572)

(4)   **[ach,] du kriegst die Motten!**; **R** [...]; [ach] du kriegst die Tür nicht zu! (DUW 1170; 1720)

Die Uneinheitlichkeit vermehrt sich noch dadurch, dass in (1) nur das letztere Idiom die fakultative Komponente *[mal]* enthält, dass in (2) der erstere Ausdruck ein Substantividiom, der letztere dagegen ein Verbidiom darstellt und dass in (4) einmal bei der Komponente *[ach]* ein Komma steht, ein andermal wiederum nicht. – Vgl. dazu u. a. auch Wotjak (2001, 267; 2005, 382), Mieder (2003, 415f.), Stantcheva (2003, 104ff., 130ff., 143ff., 158ff.), Korhonen (2004b, 235; 2005, 111f.), Hahn (2006, 157ff.) und Burger (2010, 181ff.).

3. Status
3.1. Übertragene Bedeutung vs. Idiom

Die Beispiele, die unter dieser Rubrik subsumiert werden können, stammen aus DUW, wo die Bedeutungsübertragung mit dem Symbol Ü gekennzeichnet wird, vgl.:

(5) Ü ich mache Frikassee aus dir!; **aus jmdm. Hackfleisch machen**; **Kleinholz aus jmdm. machen/jmdn. zu Kleinholz machen** usw. (DUW 614; 739; 962)

(6) **aus dem Konzept kommen/geraten**; **jmdn. aus dem Konzept bringen**; Ü jmdn. aus dem Takt bringen; aus dem Takt kommen (DUW 999; 1659)

Sowohl in (5) als auch in (6) sind die mit Ü gekennzeichneten Ausdrücke Verbidiome, weshalb sie in Fettdruck erscheinen sollten. Außerdem fällt bei (5) auf, dass der erste Ausdruck in Satz- und nicht in Infinitivform zitiert wird. Eine adäquate Nennform würde *aus jmdm. Frikassee machen* lauten.

3.2. Nichtidiomatischer Gebrauch vs. Idiom

Häufig wird der idiomatische Charakter eines Ausdrucks in DUW und W verkannt. In DUW erscheinen entsprechende Beispiele mit oder ohne Bedeutungserläuterung:

(7) es gießt wie aus/mit Eimern (ugs.; *es regnet heftig, in Strömen*); es gießt wie aus/mit Kannen (ugs.; *es regnet heftig, in Strömen*); **es gießt [wie] mit/[wie] aus/in Kübeln** (ugs.; *es regnet heftig*); **mit Mollen gießen** (berlin.; *stark regnen*) (DUW 453; 925; 1025; 1161)

(8)   [mit jmdm.] per du/Du sein; in der Wendung **mit jmdm. auf [dem] Duzfuß stehen** (ugs.; *sich mit jmdm. duzen*) (DUW 428; 442)

(9)   jmdn. in seine Grenzen verweisen; **jmdn. in die/seine Schranken weisen/verweisen** (*jmdn. zur Mäßigung auffordern*) (DUW 719; 1491)

Besonders auffallend ist die Nennform **mit Mollen gießen** in (7). Die Infinitivform impliziert, dass das Verb in verschiedenen Personen konjugiert werden kann, was natürlich nicht der Fall ist. Auch hier sollte die Verbkomponente die Form *es gießt* aufweisen.

In W ist für Idiome die Kennzeichnung <fig.> vorgesehen. Sie wurde jedoch häufig weggelassen, wie es u. a. die folgenden Beispiele erkennen lassen:

(10)   keinen guten Faden an jmdm. lassen *schlecht über ihn sprechen*; kein gutes Haar an jmdm. lassen <fig.> *über jmdn. sehr schlecht sprechen* (W 492; 659)

(11)   er weiß noch nicht, was die Glocke geschlagen hat <fig.; umg.> *er hat den Ernst der Lage noch nicht begriffen*; ich wusste sofort, was die Stunde geschlagen hatte *ich durchschaute die Sache sofort* (W 630; 1437)

(12)   sich auf den Hintern setzen *hinfallen; energisch arbeiten*; sich auf die Hosen setzen <umg.> *fleißig sein, tüchtig arbeiten (geistig)*; sich auf den Hosenboden setzen <fig.; umg.> *fleißig lernen* (W 725; 745; 745)

Da die Idiome bei (11) nicht auf die erste bzw. dritte Person Singular beschränkt sind, sollten die Nennformen wie folgt lauten: *wissen, was die Glocke geschlagen hat* und *wissen, was die Stunde geschlagen hat*. – Zu diesbezüglichen Problemen vgl. außerdem Korhonen (2005, 113f.) und Burger (2010, 183ff.).

4.   Zuordnungslemma

Normalerweise werden synonyme Idiome jeweils einem bestimmten Lemma zugeordnet. In einigen Fällen werden in DUW und DUR jedoch idiomatische Synonyme unter der ersten lemmafähigen Komponente in einer Form zusammengefasst. Falls dem Wörterbuchbenutzer nur das zweite Idiom bekannt ist, erschwert eine solche Darstellungsart das Finden dieses Idioms (besonders dann, wenn von dem Lemma, unter dem das Idiom stehen sollte, nicht auf das Zuordnungslemma verwiesen wird), vgl.:

(13) **die, seine <u>Fahne</u>/das, sein Fähnchen nach dem Wind drehen, hängen** (DUW 543)

(14) **die <u>Ruhe</u>/Stille vor dem Sturm** (DUR 635)

(15) **an einem/am gleichen/am selben <u>Strang</u>/Strick ziehen** (DUR 739)

In den oben angeführten Beispielen ist das Zuordnungslemma jeweils unterstrichen. In DUW gibt es unter *Fähnchen* keinen Verweis auf *Fahne*, wohingegen in DUR von *Stille* auf *Ruhe* und von *Strick* auf *Strang* verwiesen wird.

In DUR und W kann bei Idiomen mit substantivischer Komponente auch eine Verb- oder Adjektivkomponente als Zuordnungslemma dienen. Entsprechende Einträge sind vor allem dann zu finden, wenn zwei oder drei Synonyme zusammengefasst wurden:

(16) **mit dem linken/falschen Bein/Fuß [zuerst] <u>aufgestanden</u> sein** (DUR 70)

(17) **es <u>gießt</u> wie aus Kübeln/Kannen/Eimern** (DUR 285)

(18) **<u>babylonische</u> Sprachverwirrung/<u>babylonisches</u> Sprachengewirr** (DUR 88)

(19) **das macht den Kohl, das Kraut auch nicht <u>fett</u>!** (W 515)

Mit dieser Darstellungsweise kann im Wörterbuch zwar Platz gespart werden, sie weicht aber von dem heute üblichen Zuordnungsprinzip ab, nach dem Idiome unter dem ersten Substantiv aufgeführt werden. Zu (19) ist noch anzumerken, dass sich in W 855 unter dem Lemma *Kohl* der Ausdruck *das macht den Kohl auch nicht fett* findet. Im Sinne einer platzsparenden Lösung ist der Eintrag überflüssig, ebenso wie die Tatsache, dass der Ausdruck *ein Anblick für die Götter* unter *Gott* (W 636) und der Ausdruck *es war ein Bild für die Götter* (W 273) unter *Bild* aufgeführt wird. Die beiden Ausdrücke hätten ähnlich wie in (19) unter *Gott* zusammengefasst werden können. – Zu dieser Problematik vgl. z. B. auch Wotjak (2001, 270), Kühn (2003, 108ff.), Korhonen (2004a, 366ff.; 2004b, 235f.; 2005, 114f.), Lipinski (2008, 93) und Burger (2010, 185).

5. Nennform
5.1. Zahl und Fakultativität der Komponenten

Komponenten, für die eine schwankende Notationspraxis festgestellt werden kann, sind bezüglich ihrer Wortklassen u. a. Verben, Adjektive, Adverbien, Reflexivpronomen und Partikeln:

(20) **auf der Kante [stehen]; auf der Kippe stehen** (DUW 926; 953)

(21) **von jmdm., etw. die Nase [gestrichen] voll haben; die Schnauze voll haben** (DUW 1194; 1481)

(22) **sich anständig/... auf den Hintern setzen; sich (anständig/...) auf die Hosen setzen; sich (anständig/...) auf den Hosenboden setzen** (S 360; 372; 373)

(23) immer wieder auf die Beine fallen; auf die Füße fallen (W 244; 565)

(24) **ran an die Buletten!**; (dann/mal) **ran an den Feind!**; **ran an die Gewehre!**; **ran an den Speck!** (S 109; 187; 266; 774)

(25) **[sich <Dativ>] einen hinter die Binde gießen, kippen; [sich <Dativ>] einen hinter die Krawatte gießen; einen auf die Lampe gießen** (DUW 308; 1015; 1043)

(26) **[sich <Dativ>] einen hinter die Binde gießen/kippen; einen hinter die Krawatte gießen; [sich <Dativ>] einen auf die Lampe gießen** (DUR 122; 448; 464)

(27) **er usw. kann mich am Abend besuchen; der kann/du kannst** usw. **mir [mal] im Mondschein begegnen** (DUR 27; 527)

Den Beispielen ist erstens zu entnehmen, dass eine Komponente bei einem Idiom als fakultativ, bei einem anderen als obligatorisch gekennzeichnet sein kann (vgl. (20) und (22)). Zweitens kann eine Komponente bei einem Idiom als fakultativ gekennzeichnet sein, bei einem anderen aber fehlen (vgl. (21), (24), (25), (26) und (27)). Allerdings wird in DUW zu **die Schnauze voll haben** folgendes Anwendungsbeispiel angeführt: *ich habe die S. [gestrichen] voll.* Drittens können Komponenten, die bei einem Idiom als obligatorisch markiert sind, bei einem anderen fehlen (vgl. 23)).

5.2. Lexikalische und morphosyntaktische Varianten

Differierende Angaben zu lexikalischen Varianten beziehen sich vor allem auf verbale, manchmal aber auch auf adjektivische und pronominale Komponenten, vgl.:

(28) sich \<Dativ\> die Beine [nach etw.] ablaufen; sich \<Dativ\> die Füße [nach etw.] ablaufen/wund laufen (DUR 103; 252)

(29) sich die Beine nach etw. ablaufen/abrennen/wundlaufen; sich die Füße nach etw. ablaufen (S 66; 219)

(30) mit dem linken/(verkehrten) Bein zuerst aufgestanden sein; mit dem linken Fuß zuerst aufgestanden sein (S 65; 217)

(31) jmdm. eins/[et]was aufs Dach geben; jmdm. eins auf die Nase geben (DUR 154; 545)

(32) jm. eins aufs Dach geben; jm. eins/was auf die Nase geben (S 114; 571)

In (28) und (29) sind sowohl bei *Beine* als auch bei *Füße* die Verben *ablaufen, abrennen* und *wundlaufen* (*wund laufen*) möglich, und in (30) kann auch das Substantiv *Fuß* mit dem Adjektiv *verkehrt* verbunden werden. Aus (31) und (32) wiederum geht hervor, dass *eins* und *[et]was* in beiden Idiomen als pronominale Komponenten fungieren können.

Auch die Reihenfolge der Varianten kann unterschiedlich sein, wie die nächsten Beispiele zeigen (in (34) könnte im Idiom mit *Gurgel* das Verb *anfeuchten* ergänzt werden):

(33) sich an jmds. Fersen/sich jmdm. an die Fersen heften/hängen; sich an jmds. Hacken/sich jmdm. an die Hacken hängen, heften (DUW 567; 739)

(34) sich \<Dativ\> die Gurgel schmieren/ölen; sich \<Dativ\> die Kehle anfeuchten/ölen/schmieren (DUR 306; 409)

Bei morphosyntaktischen Varianten handelt es sich um nicht übereinstimmende Angaben zum possessiven Verhältnis, zu Präpositionen und zur Endung -*e* im Dativ:

(35) sich an js. Fersen heften/(hängen); sich an js. Hacken hängen/heften/sich jm. an die Hacken hängen/heften (S 190; 298)

(36) jmdn. beim Kanthaken fassen, \<od.\> kriegen; jmdn. am, \<od.\> beim Kragen nehmen (W 810; 886)

90

(37) **mit einem Bein im Grab[e] [stehen]; mit einem Fuß im Grabe stehen** (DUR 106; 254)

In (35) kann bei *Fersen* neben *js.* auch *jmdm. an die* und in (36) bei
Kanthaken neben *beim* auch *am* stehen. In (37) sollte das zweite Substantiv im zweiten Idiom die Form **Grab[e]** haben.

5.3. Valenzbedingte Ergänzungen

In der modernen Phraseografie besteht darüber weitgehend Konsens,
dass sowohl das Personen- als auch das Sachsubjekt in der Nennform
von Verbidiomen konsequent markiert werden sollten. Besonders in
DUW ist dies im Hinblick auf das Sachsubjekt jedoch nicht der Fall;
auch für synonyme Idiome lässt sich dort eine schwankende Praxis
feststellen:

(38) **etw. steht jmdm. im/ins Gesicht geschrieben; jmdm. an der/
auf der Stirn geschrieben stehen** (DUW 684; 1620)
(39) **etw. geht/kommt auf jmds. Konto, auf das Konto einer Sache; auf jmds. Rechnung kommen/gehen** (DUW 996; 1363)

Auch die Kennzeichnung von Sachobjekten ist in DUW nicht einheitlich. In der Regel wird das Sachobjekt in Verbindung mit einer Präposition in DUW mit *etw.* gekennzeichnet, ab und zu steht aber anstelle
von *etw.* das Substantiv *Sache*:

(40) **aus einer Sache nicht gescheit werden; aus einer Sache nicht
klug werden; aus etw. nicht schlau werden** (DUW 679; 967;
1467)

Bei der Untersuchung des Vorhandenseins von Objekten in den Nennformen zeigt sich, dass bei einigen Idiomen Objekte weggelassen wurden, die bei den Synonymen entweder als obligatorisch oder fakultativ
markiert sind:

(41) **keinen [blassen] Dunst von etw. haben; keine/nicht die lei-
seste/nicht die geringste Idee von etw. haben; keinen [blas-
sen]/nicht den geringsten/leisesten Schimmer haben: 1.** *von
etw. nicht das Geringste verstehen:* Wie klug und beschlagen er
auch immer ist, von Finanzpolitik hat er nun wirklich nicht den

leisesten Schimmer. **2.** *von etw. nichts wissen, ahnen:* Ich habe keinen Schimmer, wo der Schlüssel sein könnte; ich habe schon die ganze Wohnung auf den Kopf gestellt. (DUR 179; 389; 665)

(42) **die Flagge streichen** [...]: vor diesen Argumenten musste sie die F. streichen; **[vor jmdm., etw.] die Segel streichen** (DUW 584; 1520)

Da das Präpositionalobjekt *von etw.* in (41) ohne Klammern erscheint, ist es als obligatorisch zu interpretieren (fakultative Objekte stehen in DUR in Klammern). Auch wenn das Objekt im Beispielteil des letzten Idioms vorkommt, hätte es in der Nennform in der gleichen Weise wie bei den Synonymen aufgeführt werden sollen (im Beispielsatz zur zweiten Bedeutung realisiert sich das Präpositionalobjekt in Form eines Nebensatzes). Ähnlich wie beim letzten Idiom in (41) ist in (42) eine objektbezogene Information nur im Anwendungsbeispiel vorhanden. Sie ist jedoch insofern mangelhaft, als es nur eine Sachbezeichnung enthält. Eine adäquate Darstellung des Objekts würde auch hier *[vor jmdm., etw.]* lauten.

Im nächsten Beispiel ist das Objekt bei beiden Idiomen angegeben, beim ersten Idiom fehlt aber die Sachbezeichnung *etw.*:

(43) **keinen guten Faden an jmdm. lassen**; **kein gutes Haar an jmdm., etw. lassen** (DUW 543; 736)

Bei einigen Idiomen kann der Kasus, bei anderen die Präposition des Objekts wechseln:

(44) **jmdn. juckt der Buckel**; **jmdm./jmdn. juckt das Fell** (DUW 341; 563)

(45) **jmdn./jmdm. den Hals kosten**; **jmdm./jmdn. den Kopf kosten** (DUW 745; 1001)

(46) **viel Aufheben[s] [von etw., jmdm.] machen**; **[ein] Gewese [von jmdm., sich, etw./um jmdn., etw.] machen** (DUR 68; 284)

In (44) ist auch beim ersten Idiom das Dativobjekt, in (46) das Präpositionalobjekt *um jmdn., etw.* möglich. In (45) könnten das Akkusativ- und Dativobjekt bei beiden Idiomen in der gleichen Reihenfolge aufgeführt werden.

Eine weitere Inkonsequenz bei der Darstellung der Ergänzungen besteht darin, dass die Stelle des Präpositionalobjekts in den Nennformen wechselt. Das Präpositionalobjekt kann vor oder hinter dem Infinitiv bzw. vor oder hinter dem nominalen Teil eines Verbidioms stehen:

(47) keinen (blassen) Dunst haben (von etwas); keinen (blassen) Schimmer von etwas haben (W 397; 1290)

(48) **[von jmdm., etw.] die Nase [gestrichen] voll haben**; **die Schnauze voll [von jmdm., etw.] haben** (DUR 543; 678)

Beim folgenden Idiompaar steht das Präpositionalobjekt einmal hinter dem Infinitiv, zum anderen zwischen den Komponenten des nominalen Teils:

(49) **sich** (fast) **die Kehle aus dem Hals schreien** (nach jm.); **sich (fast) die Lunge** (nach jm.) **aus dem Hals/(Leib) schreien** (S 402; 505)

Zur lexikografischen Beschreibung der Nennform von Phraseologismen vgl. allgemeiner u. a. Wotjak (2001, 271; 2005, 378), Korhonen (2002, 368ff.; 2004a, 371ff.; 2004b, 236f.; 2005, 116ff.; 2007, 111ff.), Kühn (2003, 103ff.), Stantcheva (2003, 114ff., 135ff., 148ff., 163ff.), Keinästö (2004, 233ff.), Hahn (2006, 159) und Burger (2010, 189ff.).

6. Semantik und Pragmatik
6.1. Polysemie vs. Monosemie

Im untersuchten Material lassen sich Belege dafür nachweisen, dass für ein Idiom nur eine Bedeutung vermerkt worden ist, für ein anderes dagegen zwei Bedeutungen:

(50) **jmdm. eins/[et]was aufs Dach geben** (ugs.): *jmdn. zurechtweisen, tadeln*; **jmdm. eins auf die Nase geben** (ugs.): **1.** *jmdn. verprügeln* [...] **2.** *jmdn. zurechtweisen* (DUR 154; 545)

In (50) sind beide Idiome polysem; auch für das erste Idiom kann ‚jmdn. verprügeln' (bzw. ‚jmdn. einen Schlag auf den Kopf geben'; vgl. DUW 368) als zusätzliche Bedeutung angesetzt werden.

In (51) sind beim ersten Idiom zwei Bedeutungen in einer Erläuterung zusammengefasst worden:

(51) **keine/nicht die leiseste/nicht die geringste Idee von etw. haben** (ugs.): *von etw. überhaupt nichts wissen, verstehen:* Ich hatte ja keine Idee davon, dass sie den Urlaub verschoben hat. Er hat nicht die leiseste Idee von Kunst.; **keinen [blassen]/ nicht den geringsten/leisesten Schimmer haben: 1.** *von etw. nicht das Geringste verstehen [...]* **2.** *von etw. nichts wissen, ahnen* (DUR 389; 665)

In (52) werden dem ersten Idiom zwei verschiedene Bedeutungen ohne numerische Aufteilung zugeordnet, wohingegen das zweite Idiom als weitgehend monosem beschrieben wird:

(52) **Beine bekommen/kriegen** (ugs.): *verschwinden, gestohlen werden*; **Füße bekommen/kriegen** (ugs.): *verschwinden, nicht mehr zu finden sein* (DUR 103; 252)

6.2. Unterschiedliche Paraphrasen

Bei den ersten drei Beispielen handelt es sich um Unterschiede in der Beschreibung der Intensität der Handlung bzw. des Vorgangs (vgl. die Komponente *reichlich* in (53), die Komponente *völlig* in (54) und die Komponente *sehr* in (55)):

(53) **[sich <Dativ>] einen hinter die Binde gießen/kippen** (ugs.): *ein alkoholisches Getränk zu sich nehmen*; **einen hinter die Krawatte gießen** (ugs.): *ein Glas Alkohol trinken*; **[sich <Dativ>] einen auf die Lampe gießen** (salopp): *[reichlich] Alkohol trinken* (DUR 122; 448; 464)

(54) **etw. in den falschen Hals bekommen/kriegen** (ugs.): *etw. falsch auffassen, missverstehen und darüber verärgert sein*; **etw. in die falsche/unrechte Kehle bekommen/kriegen** (ugs.): *etw. völlig missverstehen [und deshalb übel nehmen]* (DUR 318; 410)

(55) **sich <Dativ> die Kehle aus dem Hals schreien** (ugs.; *anhaltend laut schreien*); **sich <Dativ> die Lunge aus dem Hals/ Leib schreien** (ugs.; *sehr laut schreien*); **sich <Dativ> die Seele aus dem Leib schreien** (ugs.; *sehr laut u. anhaltend schreien*) (DUW 942; 1097; 1519)

Bei (56) und (57) unterscheiden sich die Paraphrasen darin, dass ein Idiom eine allgemeinere, ein anderes eine spezifischere Bedeutung aufweist (vgl. die Spezifikation *[beengtem]* beim zweiten Idiom in (56) und die Spezifikation *lernen* beim zweiten Idiom in (57)):

(56) **sich** <Dativ> **die Beine vertreten** (ugs.; *nach langem Sitzen ein wenig hin u. her gehen*); **sich** <Dativ> **die Füße vertreten** *(sich nach längerem [beengtem] Sitzen etw. Bewegung verschaffen)* (DUW 268; 626)

(57) sich auf die Hosen setzen <umg.> *fleißig sein, tüchtig arbeiten (geistig)*; sich auf den Hosenboden setzen <fig.; umg.> *fleißig lernen* (W 745; 745)

6.3. Paraphrasen und Pragmatik

Im Untersuchungsmaterial sind auch Beispiele dafür anzutreffen, dass bei synonymen Idiomen sowohl die Bedeutungserläuterungen als auch die pragmatischen Angaben voneinander abweichen. Bei (58) und (59) ist die Einstellung des Sprechers (= *scherzh.*) im Zusammenhang mit der Stilangabe jeweils nur einmal vorhanden (in (59) wurde sie allerdings in Form eines pragmatischen Kommentars in die Bedeutungserläuterung des zweiten Idioms integriert):

(58) es war ein Bild für die Götter <umg.; scherzh.> *ein köstl., komischer Anblick*; ein Anblick für die Götter <umg.> *ein sehr komischer A.* (W 273; 636)

(59) **aus jmdm. Frikassee machen** (salopp scherzh.): *jmdn. verprügeln und dabei übel zurichten*; **aus jmdm. Hackfleisch machen** (salopp): *(oft als [scherzh.] Drohung) jmdn. fürchterlich verprügeln, übel zurichten*; **aus jmdm. Kleinholz/jmdn. zu Kleinholz machen** (ugs.): *jmdn. fürchterlich verprügeln, zusammenschlagen* (DUR 246; 313; 423)

In (60) und (61) erscheint bei einigen Idiomen anstelle einer Paraphrase ein pragmatischer Kommentar (in (60) kommt noch dazu, dass die Einstellung des Sprechers nur zu den ersten beiden Idiomen angegeben wird):

(60) **ran an die Buletten!** (salopp scherzh.; Aufforderung, Ermunterung, etw. Bestimmtes zu tun); R ran an den Feind! (ugs. scherzh.; *auf, auf, nicht länger gezögert!*); R ran an die Gewehre! (ugs.; *fangen wir also an!*); R ran an den Speck! (ugs.; *los!, an die Arbeit!*) (DUW 342; 561; 689; 1572)

(61) **da hört sich doch alles auf!** (ugs.): *Ausruf des Erstaunens, der Empörung*; **da hört [sich] doch die Gemütlichkeit auf!** (ugs.): *das ist unerhört!*; **da hört sich doch Verschiedenes auf!** (ugs.): *Ausdruck der Entrüstung*; **da hört [sich] doch die Weltgeschichte auf!** (ugs.): *Ausruf empörten Erstaunens* (DUR 68f.; 274; 820; 863)

Dem letzten Beispiel lässt sich entnehmen, dass auch die pragmatischen Kommentare gewisse Schwankungen aufweisen können. Vgl. dazu außerdem (62):

(62) **[ach,] du kriegst die Motten!** (ugs., bes. berlin.): *Ausruf der Überraschung, Bestürzung*; **[ach] du kriegst die Tür nicht zu!** (ugs.): *Ausruf der Überraschung* (DUR 529; 792)

Zur lexikografischen Darstellung der Semantik und Pragmatik von Phraseologismen vgl. auch Wotjak (2001, 271ff.; 2005, 379f., 383f.), Dobrovol'skij (2002, 365ff.), Kühn (2003, 111ff.), Mieder (2003, 432f.), Keinästö (2004, 235), Korhonen (2004a, 378ff.; 2004b, 238f.; 2005, 122f.), Hahn (2006, 159), Lipinski (2008, 94f.) und Burger (2010, 191ff.).

7. Verweise

Bei der Verwendung von Verweisen ist besonders in DUW keine deutlich erkennbare Systematik auszumachen. Auf der einen Seite wird von einem Idiom auf ein Synonym verwiesen (vgl. (63) bis (66)), auf der anderen Seite wiederum nicht (vgl. (67) und (68)):

(63) **nur/bloß noch Fell und Knochen sein** (ugs.; ↑ Haut 1 a); **nur/bloß noch Haut und Knochen sein; nur/bloß noch aus Haut und Knochen bestehen** (ugs.; *völlig abgemagert sein*) (DUW 563; 772)

(64) **etw. in den falschen Hals bekommen** (ugs.; *etwas gründlich missverstehen [u. deshalb übel nehmen]*; **etw. in die falsche Kehle bekommen** (ugs.; ↑ ¹Hals 2) (DUW 746; 942)

(65) **Beine bekommen/gekriegt haben** (ugs.; *plötzlich abhandengekommen od. gestohlen worden sein*); **Füße bekommen haben** (↑ Bein 1) (DUW 268; 626)

(66) **sich <Dativ> die Gurgel schmieren/ölen** (salopp scherzh.; *Alkohol trinken*); **sich <Dativ> die Kehle schmieren/ölen/anfeuchten** (↑ Gurgel b) (DUW 733; 942)

(67) **auf eigenen Beinen stehen** *(selbstständig, unabhängig sein)*; **auf eigenen Füßen stehen** *(selbstständig, unabhängig sein)* (DUW 268; 627)

(68) **sich auf die Hosen setzen** (fam.; *ernsthaft anfangen zu lernen*); **sich auf den Hosenboden setzen** (fam.; *ernsthaft anfangen zu lernen*) (DUW 851; 851)

Wird von einem Idiom auf ein anderes verwiesen, so sollten die pragmatischen Angaben eindeutig sein. Dies ist bei (63) und (64) der Fall: Sowohl der Ausgangspunkt als auch die Adresse des Verweises haben die gleiche pragmatische Zuordnung (= ugs.). Demgegenüber trifft das nicht auf (65) und (66) zu: Beim Ausgangspunkt des Verweises steht keine Angabe zur Stilebene (vgl. (65)) bzw. zur Stilebene und Einstellung des Sprechers (vgl. (66)). Da in DUW zu normalsprachlichen Ausdrücken keine Angaben erscheinen, könnte man aus dieser Notationspraxis schließen, dass die beiden letzteren Idiome in (65) und (66) Einheiten der neutralen Stilebene sind. Das sind sie jedoch nicht, sondern beide haben die gleichen stilistischen bzw. stilistisch-pragmatischen Eigenschaften wie die Idiome, die die Adresse des Verweises bilden.

In DUR sind Verweise meistens nur dann vorhanden, wenn das Idiom, von dem ein Verweis ausgeht, mit einem Synonym zu einer Nennform zusammengefasst wurde (vgl. (69)); Fälle wie (70) sind Ausnahmen:

(69) **Anblick: ein Anblick für Götter:** ↑ Bild; **ein Bild/(auch:) Anblick für [die] Götter sein** (ugs. scherzh.): *komisch, grotesk wirken* (DUR 44; 121)

(70) **wissen, was die Glocke geschlagen hat** (ugs.): *sich über den Ernst, die Bedrohlichkeit einer Situation im Klaren sein*; **Uhr:**

wissen, was die Uhr geschlagen hat: ↑ Glocke (DUR 289; 798)

In S wird mit Verweisen am systematischsten operiert, aber auch dort finden sich an einigen Stellen vollständige Beschreibungen, in denen die stilistischen und pragmatischen Zuordnungen sowie der Beispielteil durch einen Verweis hätten ersetzt werden können, vgl.:

(71) **sich** (fast) **die Kehle aus dem Hals schreien** (nach jm.) *ugs – path*
Eure Mutter hat sich fast die Kehle nach euch aus dem Hals geschrien. Wo wart ihr denn, daß ihr das nicht gehört habt? [...]
sich (fast) die Lunge (nach jm.) **aus dem Hals/(Leib) schreien** *ugs – path*
Wir haben uns die Lunge aus dem Hals geschrien, um die Männer in dem Fischerboot auf uns aufmerksam zu machen – vergeblich. (S 402; 505)

Zur Verweispraxis bei der lexikografischen Erfassung von Phraseologismen vgl. auch Korhonen (2002, 367f.; 2004a, 384ff.; 2005, 123f.) und Lipinski (2008, 95).

8.   Mehrfachlemmatisierung

Von den synonymen Idiomen können jeweils ein oder zwei mehrfach lemmatisiert sein. Die Mehrfachlemmatisierung begegnet vor allem in W, wobei die Beschreibungen der Idiome oft voneinander verschieden sind. In den ersten beiden Beispielen kommt in W jeweils ein Idiom zweimal vor (die Zuordnungslemmata sind im Folgenden durch Unterstreichung gekennzeichnet):

(72) sich die <u>Beine</u> (ein wenig) vertreten <fig.; umg.> *sich Bewegung machen*; sich die <u>Füße</u> vertreten *ein wenig hin u. her gehen (nach langem Sitzen)*; sich die Beine <u>vertreten</u> <umg.> *sich durch Umhergehen Bewegung verschaffen* (W 244; 565; 1591)

(73) mit dem linken Fuß zuerst <u>aufgestanden</u> sein <fig.> *schon morgens schlechte Laune haben*; du bist wohl heute mit dem linken <u>Bein</u> (zuerst) aufgestanden? <fig.> *du hast aber heute schlechte*

Laune; du bist wohl mit dem linken <u>Fuß</u> zuerst aufgestanden? <fig.; umg.; scherzh.> *schlechter Laune* (W 192; 244; 565)

In (72) unterscheiden sich die Einträge mit *Bein* in Bezug auf Kennzeichnung, Nennform und Semantik: Beim zweiten Eintrag fehlen die Kennzeichnung <fig.> und der Teil *(ein wenig)*, wohingegen die Bedeutungserläuterung hier umfangreicher ist. In (73) beziehen sich die Unterschiede bei den Einträgen mit *Fuß* auf die Nennform, Semantik und Pragmatik: Beim ersten Eintrag erscheint das Idiom im Infinitiv, beim zweiten in Satzform mit einer zusätzlichen Komponente (*wohl*), die Paraphrase ist beim ersten Eintrag umfangreicher, und nur im zweiten Eintrag sind pragmatische Angaben enthalten.

Die Konstellation in (74) ist ein Beispiel dafür, dass zwei synonyme Idiome im Wörterbuch zweimal verzeichnet sind:

(74) die <u>Beine</u> unter jmds. Tisch strecken <fig.> *sich von jmdm. ernähren, den Unterhalt bestreiten lassen*; die <u>Füße</u> unter jmds. Tisch stecken <fig.> *sich von jmdm. ernähren lassen*; seine Füße, Beine unter jmds. <u>Tisch</u> stellen, strecken <fig.> *sich von jmdm. ernähren, verköstigen lassen* (W 244; 565; 1478)

Während hier die Kennzeichnung und die Pragmatik übereinstimmen (für W sind die zitierten Idiome normalsprachliche Ausdrücke), differieren die Nennformen bezüglich des nominalen (*die* vs. *seine*) und verbalen Teils und die Paraphrasen bezüglich des Umfangs.

In S werden die Prinzipien der Bestimmung des Zuordnungslemmas strikt eingehalten, weshalb es zu keiner Mehrfachlemmatisierung kommt. Auch in DUW und DUR werden die Idiome in der Regel nicht mehrfach lemmatisiert. Dass Idiome in den beiden Duden-Wörterbüchern unter mehreren Lemmata auftauchen, dürfte auf Unachtsamkeit zurückgehen, vgl.:

(75) **ein Schlag unter die <u>Gürtellinie</u>** (ugs.; *unfaires, unerlaubtes Verhalten*): seine Äußerungen waren ein Schlag unter die G.; **ein <u>Schlag</u> unter die Gürtellinie** (ugs.; *unfaires, unerlaubtes Verhalten*) (DUW 733; 1464)

(76) **mit beiden <u>Beinen</u>/Füßen im Leben/[fest] auf der Erde stehen**: *die Dinge realistisch sehen, lebenstüchtig sein*; **mit beiden <u>Füßen</u> [fest] auf der Erde/im Leben stehen:** *die Dinge realistisch sehen; lebenstüchtig sein* (DUR 106; 254)

Mit Ausnahme des Anwendungsbeispiels sind die Idiombeschreibungen in (75) identisch. In (76) dagegen weichen die Nennformen bezüglich der Reihenfolge der Komponenten voneinander ab. Darüber hinaus ist in der Bedeutungserläuterung ein kleiner Unterschied zu beobachten: Im ersten Eintrag steht zwischen den Paraphrasen ein Komma, im zweiten ein Semikolon. – Zur Mehrfachlemmatisierung phraseologischer Ausdrücke s. auch Mieder (2003, 425f.), Stantcheva (2003, 123ff., 140f., 154ff., 170ff.) und Korhonen (2004a, 367f.; 2004b, 239f.; 2005, 124f.).

9. Resümee

Aus der Untersuchung lässt sich schlussfolgern, dass die phraseologische Synonymie am adäquatesten in S erfasst wurde. In diesem Wörterbuch ist auch der Anteil der Verweise wesentlich höher als in den anderen Quellen. In DUR werden Verweise zwischen Zuordnungslemmata nur selten verwendet, was hinsichtlich der Syntax, Semantik und Pragmatik zu einer Vielzahl von differierenden Beschreibungen geführt hat. In DUW kommen die Mängel bei der Kennzeichnung und Klassifizierung, bei der Unterscheidung von übertragener Bedeutung und Idiomatizität sowie das Problem der Verkennung des Idiomstatus bestimmter Ausdrücke noch dazu. Ähnliches gilt für W, wo eine fehlende Systematik durch stark divergierende Formen (oft werden infinitivfähige Verbidiome in Satzform eingeführt) und Mehrfachlemmatisierung jedoch noch deutlicher zum Ausdruck kommt.

Befunde der hier dargestellten Art sind für ausländische Wörterbuchbenutzer besonders problematisch. Unterschiedliche Beschreibungen eines Ausdrucks bzw. synonymer Ausdrücke in einem Wörterbuch führen bei Nichtmuttersprachlern schnell zu einer Verunsicherung, weshalb sie nicht selten versuchen, weitere lexikografische Hilfsmittel zurate zu ziehen und/oder ausgedehnte Korpusrecherchen u. a. im Internet durchzuführen. Von allgemeinen und phraseologischen Wörterbüchern von heute darf man jedoch verlangen, dass sie die lexikografischen Informationen einschließlich der Synonymie möglichst systematisch und somit benutzerfreundlich gestalten. Der Beitrag dürfte gezeigt haben, dass es in der einsprachigen Lexikografie und Phraseografie des Deutschen in dieser Hinsicht noch viel zu tun gibt.

## 10.	Literatur
### 10.1.	Primärliteratur

Duden. Deutsches Universalwörterbuch (2007). 6., überarb. und erw. Aufl. Hg. von der Dudenredaktion. Mannheim u. a.

Duden. Redewendungen (2008). Wörterbuch der deutschen Idiomatik. 3., überarb. und aktualis. Aufl. Hg. von der Dudenredaktion. Mannheim u. a.

Schemann, Hans (1993): Deutsche Idiomatik. Die deutschen Redewendungen im Kontext. Stuttgart/Dresden.

Wahrig. Deutsches Wörterbuch (2006). Hg. von Renate Wahrig-Burfeind. Mit einem Lexikon der Sprachlehre. 8., vollst. neu bearb. und aktualis. Aufl. Gütersloh/München.

### 10.2.	Sekundärliteratur

Burger, Harald (2010): Phraseologie. Eine Einführung am Beispiel des Deutschen. 4., neu bearb. Aufl. Berlin (= Grundlagen der Germanistik 36).

Dobrovol'skij, Dmitrij (2002): Phraseologismen im de Gruyter Wörterbuch Deutsch als Fremdsprache. In: Herbert Ernst Wiegand (Hg.): Perspektiven der pädagogischen Lexikographie des Deutschen II. Untersuchungen anhand des „de Gruyter Wörterbuchs Deutsch als Fremdsprache". Tübingen (= Lexicographica. Series Maior 110), S. 363–374.

Hahn, Marion (2006): Kommunikative Routineformeln in lexikografischer Hinsicht. In: Ulrich Breuer/Irma Hyvärinen (Hg.): Wörter – Verbindungen. Festschrift für Jarmo Korhonen zum 60. Geburtstag. Frankfurt a. M. u. a., S. 153–164.

Keinästö, Kari (1994): *Krambambuli* und Paavo Nurmi. Ein Wort zur Rolle des Deutschen in der Tradition der finnischen Fremdwörterbücher. In: Irma Hyvärinen/Rolf Klemmt (Hg.): Von Frames und Slots bis Krambambuli: Beiträge zur zweisprachigen Lexikographie. Referate der zweiten internationalen Lexikographiekonferenz

Jyväskylä, Finnland 24.–26.3.1994. Jyväskylä (= Studia Philologica Jyväskyläensia 34), S. 181–209.

Keinästö, Kari (2002): *Laamapaita* oder *Dr. Lahmann's Reform-Baumwollkleidung.* Eine deutsch-finnische Wortgeschichte. In: Matti Luukkainen/Riitta Pyykkö (Hg.): Zur Rolle der Sprache im Wandel der Gesellschaft. Helsinki (= Annales Academiae Scientiarum Fennicae. Humaniora 317), S. 249–261.

Keinästö, Kari (2004a): *Des Pudels Kern* im hohen Norden. Wie ein Geflügeltes Wort zu einem Idiom wird. In: Ahti Jäntti/Jarkko Nurminen (Hg.): Thema mit Variationen. Dokumentation des VI. Nordischen Germanistentreffens in Jyväskylä vom 4.–9. Juni 2002. Frankfurt a. M. u. a. (= Finnische Beiträge zur Germanistik 12), S. 231–240.

Keinästö, Kari (2004b): *... er macht yn allen groß hercze.* Über einige *Herz*-Phraseologismen im deutschen Prosa-Lancelot. In: Irma Hyvärinen/Petri Kallio/Jarmo Korhonen (Hg.): Etymologie, Entlehnungen und Entwicklungen. Festschrift für Jorma Koivulehto zum 70. Geburtstag. Helsinki (= Mémoires de la Société Néophilologique de Helsinki 63), S. 149–161.

Keinästö, Kari (2005): Sind Wortkomposita wie finn. *kielivirhe* und dt. *Sprachfehler* wirklich falsche Freunde? Synchrone und diachrone Kontraste zwischen Wörterbüchern und Textkorpora. In: Ewald Reuter/Tiina Sorvali (Hg.): Satz – Text – Kulturkontrast. Festschrift für Marja-Leena Piitulainen zum 60. Geburtstag. Frankfurt a. M. u. a. (= Finnische Beiträge zur Germanistik 13), S. 181–204.

Keinästö, Kari (2006): Finn. *unikeko* und dt. *Siebenschläfer.* Wörterbücher und Textkorpora im synchronen und diachronen Vergleich. In: Ulrich Breuer/Irma Hyvärinen (Hg.): Wörter – Verbindungen. Festschrift für Jarmo Korhonen zum 60. Geburtstag. Frankfurt a. M. u. a., S. 411–422.

Keinästö, Kari (2007): Engl. *hobby horse* – dt. *Steckenpferd* – schwed. *käpphäst* – finn. *keppihevonen.* Einige Wortreitereien um Wörterbücher. In: Christopher Hall/Kirsi Pakkanen-Kilpiä (Hg.): Deutsche Sprache, deutsche Kultur und finnisch-deutsche Beziehungen. Festschrift für Ahti Jäntti zum 65. Geburtstag. Frankfurt a. M. u. a. (= Finnische Beiträge zur Germanistik 19), S. 115–128.

Keinästö, Kari (2008): *Muss ein Dom eine Kuppel haben*? Lexikographische Traditionen bei Gotteshausbezeichnungen im Deutschen, Schwedischen und Finnischen. In: Michael Szurawitzki/
Christopher M. Schmidt (Hg.): Interdisziplinäre Germanistik im
Schnittpunkt der Kulturen. Festschrift für Dagmar Neuendorff zum
60. Geburtstag. Würzburg, S. 141–163.

Keinästö, Kari (2010): *Arme Ritter zwischen Baum und Borke*. Phra-
seologismen deutscher Herkunft im hohen Norden. In: Jarmo
Korhonen/Wolfgang Mieder/Elisabeth Piirainen/Rosa Piñel (Hg.):
Phraseologie global – areal – regional. Akten der Konferenz EU-
ROPHRAS 2008 vom 13.–16.8.2008 in Helsinki. Tübingen, S.
109–120.

Korhonen, Jarmo (2002): Zur Einrichtung der Phraseologiekompo-
nente von Wortartikeln in einsprachigen Wörterbüchern des Deut-
schen. In: Peter Wiesinger unter Mitarb. von Hans Derkits (Hg.):
Akten des X. Internationalen Germanistenkongresses Wien 2000.
»Zeitenwende – Die Germanistik auf dem Weg vom 20. ins 21.
Jahrhundert«. Bd. 2. Bern u. a. (= Jahrbuch für Internationale
Germanistik A/54), S. 365–371.

Korhonen, Jarmo (2004a): Duden 11 – Nutzungserfahrungen aus der
DaF-Perspektive. In: Kathrin Steyer (Hg.): Wortverbindungen –
mehr oder weniger fest. Berlin/New York (= Institut für Deutsche
Sprache. Jahrbuch 2003), S. 360–393.

Korhonen, Jarmo (2004b): Zur lexikografischen Erfassung von
Sprichwörtern in einsprachigen deutschen Wörterbüchern. In:
Christine Palm-Meister (Hg.): EUROPHRAS 2000. Internationale
Tagung zur Phraseologie vom 15.–18. Juni 2000 in Aske/Schwe-
den. Tübingen, S. 233–244.

Korhonen, Jarmo (2005): Phraseologismen im GWDS. In: Herbert
Ernst Wiegand (Hg.): Untersuchungen zur kommerziellen Lexiko-
graphie der deutschen Gegenwartssprache II. »Duden. Das große
Wörterbuch der deutschen Sprache in zehn Bänden«. Print- und
CD-ROM-Version. Bd. 2. Tübingen (= Lexicographica. Series
Maior 121), S. 109–128.

Korhonen, Jarmo (2007): Zur Beschreibung der Valenz von Verbidio-
men in neueren DaF-Wörterbüchern. In: Sandra Reimann/Katja
Kessel (Hg.): Wissenschaften im Kontakt. Kooperationsfelder der
Deutschen Sprachwissenschaft. Tübingen, S. 109–122.

Kühn, Peter (2003): Phraseme im Lexikographie-Chec: Erfassung und Beschreibung von Phrasemen im einsprachigen Lernerwörterbuch. In: Lexicographica 19, S. 97–118.

Lipinski, Silke (2008): Routineformeln im Lernerwörterbuch DaF. Ein Kriterienkatalog. In: Deutsch als Fremdsprache 45, S. 91–98.

Mieder, Wolfgang (2003): Sprichwörter im GWDS. In: Herbert Ernst Wiegand (Hg.): Untersuchungen zur kommerziellen Lexikographie der deutschen Gegenwartssprache I.»Duden. Das große Wörterbuch der deutschen Sprache in zehn Bänden«. Print- und CD-ROM-Version. Tübingen (= Lexicographica. Series Maior 113), S. 413–436.

Schemann, Hans (1989): Synonymwörterbuch der deutschen Redensarten. Unter Mitarb. von Renate Birkenhauer. Straelen.

Stantcheva, Diana (2003): Phraseologismen in deutschen Wörterbüchern. Ein Beitrag zur Geschichte der lexikographischen Behandlung von Phraseologismen im allgemeinen einsprachigen Wörterbuch von Adelung bis zur Gegenwart. Hamburg (= Philologia – Sprachwissenschaftliche Forschungsergebnisse 53).

Wotjak, Barbara (2001): Phraseologismen im Lernerwörterbuch – Aspekte der Phraseologiedarstellung im de Gruyter-Wörterbuch Deutsch als Fremdsprache. In: Annelies Häcki Buhofer/Harald Burger/Laurent Gautier (Hg.): Phraseologiae Amor. Aspekte europäischer Phraseologie. Festschrift für Gertrud Gréciano zum 60. Geburtstag. Baltmannsweiler (= Phraseologie und Parömiologie 8), S. 263–279.

Wotjak, Barbara (2005): Routineformeln im Lernerwörterbuch. In: Irmhild Barz/Henning Bergenholtz/Jarmo Korhonen (Hg.): Schreiben, Verstehen, Übersetzen, Lernen. Zu ein- und zweisprachigen Wörterbüchern mit Deutsch. Frankfurt a. M. u. a. (= Finnische Beiträge zur Germanistik 14), S. 371–387.

V.
Phraseologismen im GWDS[*]

1. Einleitung
1.1. Zum Begriff des Phraseologismus und zur Darstellung der Phraseologie im Vorspann des GWDS

In der neueren einschlägigen Forschungsliteratur wird der Begriff „Phraseologismus" häufig als ein generischer Oberbegriff verstanden, der u. a. folgende lexikografisch relevante Subklassen umfasst: Phraseolexeme bzw. Wortgruppenidiome, Funktionsverbgefüge, Nominationsstereotype, Kollokationen, Routineformeln bzw. voll-, teil- und nichtidiomatische Satzphraseologismen sowie Sprichwörter (vgl. z. B. Korhonen/Wotjak 2001, 224ff.). Im vorliegenden Beitrag können nicht alle diese Klassen behandelt werden, sondern es muss eine Auswahl getroffen werden: Die nachstehenden Ausführungen werden sich in erster Linie auf die lexikografische Erfassung von Idiomen in Form einer Wortgruppe oder eines Satzes konzentrieren. Auf andere Subklassen (etwa Funktionsverbgefüge, Kollokationen und Sprichwörter) wird nur am Rande, und zwar vor dem Hintergrund der Beschreibung von Idiomen, hingewiesen.

Die Termini, mit denen im Vorspann des GWDS auf phraseologische Einheiten Bezug genommen wird, sind „(idiomatische) Wendung", „Redewendung", „(sprichwörtliche) Redensart" und „typische Wortverbindung". In den ersten Kapiteln bzw. Abschnitten des Vorspanns werden sie nicht genauer definiert; es heißt z. B. nur, dass das GWDS „die Herkunft von Redewendungen und sprichwörtlichen Redensarten" erkläre (Vorwort) oder dass es veraltete Wörter beispielsweise dort aufnehme, wo sie „immer noch Bestandteil von gebräuchlichen Wendungen sind, wie **Lug** in **Lug und Trug**" (Kapitel „Anordnung und Behandlung der Stichwörter", Abschnitt „Wortauswahl"). Darüber hinaus tauchen die Bezeichnungen „(idiomatische) Wen-

---

[*] Zuerst erschienen in: Herbert Ernst Wiegand (Hg.): Untersuchungen zur kommerziellen Lexikographie der deutschen Gegenwartssprache II. »Duden. Das große Wörterbuch der deutschen Sprache in zehn Bänden«. Print- und CD-ROM-Version. Bd. 2. Tübingen (= Lexicographica. Series Maior 121), S. 109–128.

dung", „Redensart" und „typische Wortverbindung" im Abschnitt „Der Aufbau der Einträge" des Kapitels „Anordnung und Behandlung der Stichwörter" auf, wo sie auf bestimmte Teile eines Wörterbuchartikels verweisen. Der einzige Terminus, zu dem es im Vorspann eine Erläuterung gibt, ist die „idiomatische Wendung". Dazu wird am Ende des Abschnitts „Anwendungsbeispiele" (Kapitel „Anordnung und Behandlung der Stichwörter") Folgendes vermerkt: „Bestimmte Wendungen erlangen als semantische Einheit eine Bedeutung, die mehr ist, als die Summe der Einzelbedeutungen der die Wendung ausmachenden Wörter, etwa »*den Löffel sinken lassen/wegwerfen/wegschmeißen/abgeben (salopp; *sterben*)«. Diese idiomatischen Wendungen stehen hinter den Anwendungsbeispiele [sic!] eines Stichworts und werden mit dem Zeichen »*« markiert". Als Beispiel wird ein Ausschnitt aus dem Wörterbuchartikel **Bein** zitiert, und anschließend wird noch festgestellt: „Idiomatische Wendungen stehen in der Regel unter dem ersten auftretenden Substantiv bzw. unter dem ersten semantisch signifikanten Wort. So findet sich z. B. »frieren wie ein Schneider« unter **Schneider**, »durch dick und dünn« unter **dick** und »Dritte Welt« unter **Welt**."

Im Ganzen sind die Informationen zur Phraseologie im Vorspann des GWDS sehr knapp und gleichzeitig auch mangelhaft und verwirrend. Zu den „idiomatischen Wendungen" hätte noch angemerkt werden sollen, dass das Zeichen „*" im Falle mehrerer Idiome jeweils nur vor dem ersten Idiom erscheint und dass die idiomatischen Ausdrücke zusätzlich halbfett gedruckt sind. In den Wörterbuchartikeln ist auch eine Abkürzung R (für „Redensart") zu finden, aber der Status dieser phraseologischen Subklasse bleibt unklar: Auf der einen Seite werden die „Redensarten" von den Anwendungsbeispielen abgehoben, auf der anderen Seite aber werden sie zu den Beispielen gezählt (so z. B. im Wörterbuchartikel **Bein**, wo das mit R gekennzeichnete Satzidiom *auf einem Bein kann man nicht stehen* vor den „idiomatischen Wendungen" steht). Es ist überhaupt theoretisch verfehlt, Idiome als eine den Anwendungsbeispielen zugehörige Besonderheit zu betrachten. Vielmehr stellen Idiome eigenständige Sprachzeichen dar, denen in Wörterbuchartikeln der Status eines Sublemmas zugesprochen werden sollte (vgl. dazu u. a. auch die Kritik von Burger 1983, 15ff., 57f.; 1989b, 593f.; 1998, 168f.; 2010, 179ff. an der Phraseologieauffassung einiger Dudenwörterbücher, s. aber auch Braasch 1988, 88).

1.2. Äußere Selektion

Mit Ausnahme der Bemerkung über die Berücksichtigung veralteter Wörter, die heute noch in bestimmten Idiomen gebräuchlich sind (vgl. oben), finden sich im Vorspann des GWDS keine Informationen darüber, wie das phraseologische Material für das Wörterbuch ausgewählt wurde. Auch erfährt man nicht, wie hoch ungefähr die Zahl der aufgenommenen Phraseologismen ist. Studiert man die verschiedenen Angaben zu den Idiomen näher, so zeigt sich zunächst, dass neben gegenwartssprachlichen auch ältere Ausdrücke in die Wörterbuchartikel Eingang gefunden haben (diese werden mit einer Raute (♦) gekennzeichnet). Es handelt sich dabei um Idiome, die in der klassischen Literatur des 18. und 19. Jahrhunderts begegnen, z. B. *jmdn. in Affektion nehmen* ‚eine starke Zuneigung zu jmdm. fassen'. Daneben kommen im GWDS Idiome vor, die heute als veraltet oder veraltend gelten und entsprechend markiert sind, z. B. *jmdn. den roten Hahn aufs Dach setzen* (veraltet; ‚jmds. Haus anzünden') und *den alten Adam ausziehen* (veraltend; ‚seine alten Fehler ablegen'). Auf der anderen Seite sind auch Idiome anzutreffen, die als Neologismen betrachtet werden können bzw. erst in den letzten Jahren üblicher geworden sind, z. B. *in trockenen Tüchern sein* ‚[nach längeren Verhandlungen o. Ä.] glücklich erledigt, abgeschlossen sein' (das Idiom ist in früheren Dudenwörterbüchern nicht vorhanden, weist aber heute etwa in Pressetexten eine relativ hohe Frequenz auf).

Neben zeitlichen registriert das GWDS auch räumliche Besonderheiten der Phraseologie. Wenn sich das Verbreitungsgebiet eines Phraseologismus nicht genau abgrenzen lässt, steht der Hinweis „landsch.", vgl. *jmdn. über Eck ansehen/anschauen* (landsch.; ‚jmdn. schief ansehen'). Beispiele für Idiome, die entweder nur im norddeutschen oder nur im süddeutschen Raum geläufig sind, sind u. a. *die Hacken voll haben* und *einen im Hacken haben* (nordd.; ‚betrunken sein') bzw. *jmdm. brennt der Kittel* (südd.; ‚jmd. ist nicht ganz gescheit'). Zu Idiomen, die für den Sprachgebrauch in Österreich bzw. in der deutschsprachigen Schweiz typisch sind, gehören z. B. *zum Handkuss kommen* (österr.; ‚bei etw. draufzahlen, Schaden erleiden') und *den Bengel [zu hoch/zu weit] werfen* (schweiz.; ‚[unberechtigte] Ansprüche, Forderungen stellen').

Was die Stilebene betrifft, so verzeichnet das GWDS nicht nur neutrale, umgangssprachliche und saloppe, sondern u. a. auch gehobene, bildungssprachliche und dichterische Idiome, vgl. etwa *jmdn. zum Altar führen* (geh.), *den Rubikon überschreiten* (bildungsspr.) und *etw. mit seinem Blut besiegeln* (dichter.). Ebenso werden Idiome aufgeführt, die sich deutlich unterhalb der neutralen Ebene befinden, z. B. *sich mit etw. den Hintern [ab]wischen können* (derb) und *etw. geht wie's Katzenficken* (hinter dem Lemma **Katzenficken** mit der Angabe „vulg." erscheint hier genauer gesagt nur ein Verweis auf das Lemma **Katzenmachen**, wo ein betreffendes Idiom mit der Stilangabe „ugs." zu finden ist). Schließlich trifft man im GWDS Idiome an, die in verschiedenen Fach- und Sondersprachen verwendet werden, z. B. *auf die Balz gehen* (Jägerspr.; ‚Jagd auf balzende Vögel machen'), *ein/das Bein stehen lassen* (Fußball; ‚den ballführenden Gegner über ein Bein fallen lassen'), *auf die Dörfer gehen* (Skat; ‚Farben statt Trumpf, dabei meist Karten mit niedrigem Wert ausspielen'), *Matrosen am Mast haben* (Seemannsspr.; ‚Filzläuse haben') und *heißer Stuhl* (Jugendspr.; ‚[schweres] Motorrad, Moped o. Ä.'). – Zu Auswahlkriterien von Phraseologismen für einsprachige Wörterbücher des Deutschen vgl. u. a. Wotjak (2001, 269f.) und Wotjak/Dobrovol'skij (1996, 253ff.).

2. Kennzeichnung und Klassifizierung

Entgegen der Feststellung im Vorspann, dass idiomatische Ausdrücke mit dem Zeichen „*" markiert seien, sind im GWDS zahlreiche Idiome vorzufinden, vor denen anstelle dieses Zeichens ein Vermerk wie „in der Wendung", „in der Fügung" oder „in der Verbindung" steht (dabei erscheinen die Idiome in halbfetter Schrift). Man hat es hier mit Idiomen zu tun, in denen jeweils eine unikale Komponente, d. h. ein phraseologisch gebundenes Element, vorliegt. Vgl.:

(1) **Bettschwere:** [...] in der Wendung **die nötige B. haben** [...]
(2) **Daffke:** [...] nur in der Fügung **aus D.** [...]
(3) **zuteil:** [...] in der Verbindung **z. werden** [...]

Die oben genannten Charakterisierungen werden jedoch nicht einheitlich gebraucht, vgl.:

(4) **Flohbeißen:** in der Fügung **angenehmes F.!** [...]

(5) **infrage** (auch: **in Frage**): in den Wendungen **i. kommen** [...]; **jmdn., etw. i. stellen** [...]; **etw. i. stellen** [...]

Aufgrund der syntaktischen Struktur und des Idiomatizitätsgrades hätte man für das Idiom in (4) eher die Notiz „in der Wendung" und für die Idiome in (5) die Notiz „in den Verbindungen" erwartet.

Inkonsequent ist auch die Klassifizierung von „idiomatischen Wendungen" und von „Redensarten". Da dem Lemma **Redensart** im GWDS als erste Bedeutung ‚formelhafte Verbindung von Wörtern, die meist als selbstständiger Satz gebraucht wird' zugeordnet wird, sollte vor den Idiomen in (6) und (7) ein „R" stehen, und außerdem sollten die Idiome in normaler Schrift erscheinen:

(6) **Butter:** [...] **es ist alles in [bester] B.** [...]
(7) **Motte:** [...] **[ach,] du kriegst die -n!** [...]

Umgekehrt werden mehrere „idiomatische Wendungen" fälschlicherweise als „Redensarten" klassifiziert, vgl.:

(8) **bestellen:** [...] R dastehen, wie bestellt und nicht abgeholt [...]
(9) **Grab:** [...] R jmd. würde sich im Grab[e] herumdrehen [...]
(10) **Kamm:** [...] R bei jmdm. liegt der K. neben/bei der Butter [...]
(11) **Polizei:** [...] R [...]; dümmer sein, als die P. erlaubt [...]

Die Ausdrücke in (8) und (11) sind Idiome in Form einer Wortgruppe (infinitivfähige Verbidiome), die in einem Satz die Funktion des Prädikats wahrnehmen können. Auch die Ausdrücke in (9) und (10) sind keine selbstständigen Sätze (und damit keine Satzidiome): In (9) ist die Stelle des Subjekts (*jmd.*), in (10) die des Präpositionalobjekts (*bei jmdm.*) lexikalisch frei zu besetzen. Die syntaktische Struktur eines Satzes erklärt sich aus der obligatorisch finiten Form (eines Teils) der Verbkomponente (ähnlich wie in (8) und (11) fungieren die Idiomkerne – die Teile ohne *jmd.* bzw. *bei jmdm.* – hier als Prädikat eines Satzes). – Zu Klassifizierungsproblemen der oben dargestellten Art in Dudenwörterbüchern vgl. z. B. auch Burger (1983, 19ff.; 1998, 170; 2010, 182 und Korhonen (1995, 20f., 44).

Besonders irritierend ist die Praxis des GWDS, viele Sprichwörter als „Redensarten" zu klassifizieren. Etwa in folgenden Fällen wären die mit „R" markierten Ausdrücke ganz eindeutig (auch im Sinne des GWDS, vgl. die Bedeutungserläuterung des Lemmas **Sprichwort**:

‚kurzer, einprägsamer Satz, der eine praktische Lebensweisheit enthält; Proverb') als Sprichwörter einzustufen:

(12) **Herr:** [...] R wie der H., so's Gescherr [...]; niemand kann zwei -en dienen [...]

(13) **irren:** [...] R [...]; Irren, (auch:) i. ist menschlich [...]

Zum Problem der Unterscheidung zwischen Redensart und Sprichwort in Dudenwörterbüchern vgl. u. a. auch Burger (1983, 20), Kispál (1999, 86) und Korhonen (2004b, 235).

3. Phraseologischer Status von Beispielen, „idiomatischen Ausdrücken" und „Redensarten"

Dass die Phraseologieauffassung des GWDS einer Revision bedarf, zeigt sich auch darin, dass die Bearbeiter in vielen Fällen den Idiomcharakter eines Ausdrucks verkannt haben. Es kommt z. B. vor, dass für Idiome ein spezifischer Bedeutungspunkt angesetzt wurde und dass sie dabei unter den syntaktischen Beispielen mit oder ohne Bedeutungserläuterung erscheinen, vgl.:

(14) **Korb:** [...] 4. *ablehnende Antwort auf ein Angebot, einen [Heirats]antrag:* einen K. bekommen; als er sie zum Tanzen aufforderte, holte er sich einen K.; die F.D.P. gab der CDU in den Koalitionsverhandlungen einen K.

(15) **Wort:** [...] 5. <o. Pl.> *förmliches Versprechen; Versicherung:* [...]; jmdn. beim W. nehmen *(von jmdm. erwarten, verlangen, das, was er versprochen hat, auch zu tun)* [...]

Da der Gebrauch von *Korb* bzw. *Wort* in der jeweiligen phraseologischen Bedeutung auch starken syntaktischen Restriktionen unterliegt, sollten die entsprechenden Ausdrücke als Idiome beschrieben werden (im Falle von *Korb* lauten die Nennformen *einen Korb bekommen, sich einen Korb holen* und *jmdm. einen Korb geben*).

Ein anschauliches Beispiel für die Schwankungen bei der lexikografischen Erfassung von Phraseologismen im GWDS stellen Idiome mit der Bedeutung ‚es regnet heftig bzw. stark' dar. Die Ausdrücke *es gießt wie aus/mit Eimern* (unter **Eimer**) und *es gießt wie aus/mit Kannen* (unter **Kanne**) sind nicht als Idiome markiert, wohingegen dies bei den Ausdrücken *es gießt [wie] mit/[wie] aus/in Kübeln* (unter **Kübel**) und *mit Mollen gießen* (unter **Molle**; die Nennform sollte *es gießt mit Mollen* heißen) der Fall ist. Als weitere Beispiele für verkannte Idiome seien hier nur folgende Ausdrücke genannt: *jmdm. sitzt die Angst im Nacken* und *in tausend Ängsten schweben* (unter **Angst**), *vor Scham wäre er am liebsten in den/im Boden versunken* (unter **Boden**), *mit jmdm. auf Du und Du stehen* (unter **du**), *sie ist in letzter Zeit etwas aus der Fasson geraten* (unter **Fasson**), *jenseits von gut und böse sein* (unter **gut**), *sie schmeißt den [ganzen] Laden* (unter **Laden**) und *er ist eine Nummer für sich* (unter **Nummer**). Aus den Formulierungen geht hervor, dass die Idiome entweder in ihrer lexikografischen Grundform angeführt werden oder in einen Satz eingebettet sein können.

Als problematisch erweist sich im GWDS weiterhin die Grenzziehung zwischen übertragener Bedeutung (Kennzeichnung „Ü") und Idiom. Dies wird u. a. aus folgenden Beispielen ersichtlich:

(16) **Bein:** [...]; Ü [...]; Er steht bereits mit einem B. *(schon fast)* in der Nationalmannschaft [...]

(17) **Blut:** [...]; Ü [...]; ihm kocht das B. in den Adern (geh.; *er ist voller Zorn*); den Zuschauern gefror/stockte/gerann/erstarrte das B. in den Adern *(die Zuschauer waren starr vor Schreck)* [...]

Sowohl in (16) als auch (17) liegen ohne jeden Zweifel Idiome vor, wobei ihre Nennformen wie folgt lauten: *mit einem Bein in etw. stehen, jmdm. kocht das Blut in den Adern* und *jmdm. gefriert/stockt/gerinnt/erstarrt das Blut in den Adern*. Ganz eigenartig ist die Darstellung der Ausdrücke in (18):

(18) **Duzfuß:** [...] *mit jmdm. auf [dem] D. stehen* (ugs.; *sich mit jmdm. duzen*): sie steht mit ihr schon ewig auf dem D.; Ü er steht mit dem Alkohol auf [dem] D. (ugs. scherzh.; *er trinkt gern u. viel alkoholische Getränke*).

Auch in dem mit „Ü" gekennzeichneten Satz liegt ein Idiom (*mit etw. auf [dem] Duzfuß stehen* ,mit etw. vertraut sein'; vgl. DUR 180) und keine übertragene Bedeutung des Idioms mit dem Personenobjekt vor.

Andererseits sind im GWDS auch Fälle vorhanden, in denen bestimmte nichtidiomatische Konstruktionen als Idiome klassifiziert wurden. So sind z. B. *zur Entfaltung bringen* und *zur Entfaltung kommen/gelangen* (unter **Entfaltung**) keine Idiome, sondern Funktionsverbgefüge (vgl. u. a. das Lemma **Abschluss**, unter dem *zum Abschluss kommen/gelangen* und *etw. zum Abschluss bringen* nicht als Idiome markiert sind). Ebenfalls kann eine Kombination eines lexikalisch frei besetzbaren Akkusativobjekts und eines Verbs (z. B. *jmdn. ausziehen* in der Bedeutung ‚jmdm. überdurchschnittlich viel Geld abverlangen') nicht als idiomatischer Ausdruck angesehen werden, denn ein Idiom muss in seiner Struktur zumindest zwei feste lexikalische Komponenten enthalten. Ähnliches gilt auch für die Konstruktionen *arm an etw. sein, zu etw. fähig sein, etw. gewohnt sein* und *reich an etw. sein*. Die Adjektive sind nicht auf prädikativen Gebrauch fixiert, d. h. das Verb *sein* stellt hier keine obligatorische Komponente dar. Somit sind diese Konstruktionen als eine Kombination eines in einer spezifischen Bedeutung verwendeten Einwortlexems und seiner valenzbedingten Umgebung zu betrachten. – Zu Problemen der oben besprochenen Art in der Lexikografie vgl. u. a. auch Burger (1983, 17; 1989a; 1998, 170f.; 2010, 183f.), Braasch (1988, 88), Korhonen (1995, 31f.), Wotjak (2001, 268f.) und Wotjak/Dobrovol'skij (1996, 247ff.).

4. Zuordnungslemma

Nicht immer halten sich die Bearbeiter des GWDS an das im Vorspann angekündigte Zuordnungsprinzip von Idiomen, nach dem diese „in der Regel unter dem ersten auftretenden Substantiv bzw. unter dem ersten semantisch signifikanten Wort" stehen. Enthält ein Idiom zwei Substantive, so ist es z. B. in folgenden Fällen dem zweiten Substantiv zugeordnet:

(19)   **Affe:** [...] **nicht um einen Wald voll/von -n** [...]
(20)   **Arbeit:** [...] **von seiner Hände A. leben** [...]
(21)   **Blume:** [...] R vielen Dank für die -n [...]
(22)   **Schatten:** [...] **in das Reich der S. hinabsteigen** [...]

Zu (22) sei angemerkt, dass sich unter dem Lemma **Reich** u. a. der Ausdruck *das Reich der Schatten* und die Idiome *ins Reich der Fabel gehören* und *etw. ins Reich der Fabel verbannen/verweisen* finden. – Um konsequent zu sein, sollte man eigentlich auch Idiome mit einem substantivierten Infinitiv dem betreffenden Verblemma zuordnen.

Dies ist aber z. B. bei *hart im Nehmen sein* nicht der Fall (Zuordnungslemma **hart**). Dass *eine Scharte auswetzen* unter **auswetzen** aufgeführt wird, leuchtet wegen der unikalen Verbkomponente leichter ein, aber systematischer wäre es gewesen, für den Ausdruck das Substantiv als Zuordnungslemma zu wählen und ihn dort genauer zu beschreiben (jetzt wird unter **Scharte** nur die Nennform des Idioms mit Verweis auf **auswetzen** angeführt).

Auch für Idiome, die in ihrem Strukturkern eine adjektivische und eine verbale Komponente aufweisen, lässt sich keine einheitliche Zuordnungspraxis beobachten. Man findet u. a. *kurz angebunden [sein]* unter **anbinden** und *jmdm. etw. hoch anrechnen* unter **anrechnen**, obwohl hier sicherlich *kurz* und *hoch* jeweils das erste semantisch signifikante Wort darstellen. Demgegenüber dient für die beiden Idiome *nichts zu wünschen übrig lassen* und *[sehr, einiges usw.] zu wünschen übrig lassen* nicht **wünschen**, sondern **übrig** als Zuordnungslemma. – Die Zuordnung der Idiome in (23) verstößt in doppelter Hinsicht gegen das oben zitierte Prinzip des GWDS:

(23) **hinten:** [...] **es jmdm. vorn[e] und h. reinstecken** [...]; **h. Augen haben** [...]; **h. keine Augen haben** [...]

Für das erste Idiom hätte **vorn**, für die letzten beiden **Auge** als Zuordnungslemma gewählt werden sollen (für das letzte Idiom vgl. auch (80) unten). – Zur Bestimmung des Zuordnungslemmas vgl. z. B. Burger (1983, 37ff., 62; 1989b, 594f.; 1998, 171f.; 2010, 185), Braasch (1988, 89ff.), Scholze-Stubenrecht (1988, 297f.) und Korhonen (2000, 571f.; 2001a, 23f., 47; 2001b, 122).

5. Einordnung im Wörterbuchartikel

Idiome werden im GWDS unter einzelnen Bedeutungsvarianten des jeweiligen Lemmas aufgeführt. Damit unterscheidet sich das GWDS von nicht wenigen modernen allgemeinen Wörterbüchern des Deutschen, in denen die Idiome am Ende eines Wörterbuchartikels ein eigenes Artikelfeld bilden. Eine Zuordnung zu einer bestimmten Bedeutungsvariante kann z. B. aus der Sicht der Beschreibungsökonomie unvorteilhaft sein, wie aus dem folgenden Beispiel zu entnehmen ist:

(24) **Kasse:** [...] **2. a)** *Ladenkasse, Registrierkasse:* [...]; **K. machen**
(Kaufmannsspr.; *die über einen bestimmten Zeitraum eingegan-*
genen u. ausgezahlten Beträge abrechnen); [...] **3. a)** *das jmdm.*
zur Verfügung stehende Geld: [...]; *****K. machen** (ugs.; *viel Geld*
verdienen, erwirtschaften o. Ä.) [...]

Das Prinzip, Idiome bei der Bedeutung aufzuführen, zu der sie her-
kunftsmäßig gehören, hat hier dazu geführt, dass das Idiom *Kasse*
machen an zwei verschiedenen Stellen im Wörterbuchartikel erscheint. Würden die Idiome vom übrigen Wörterbuchartikel abgetrennt, dann würde die Beschreibung wie folgt aussehen: **K. machen**
(1. Kaufmannsspr.; [...] 2. ugs.; [...]).
  Es gibt im Deutschen zahlreiche Idiome, deren Herkunft nicht eindeutig geklärt ist. Nicht selten lassen sich mehrere Herkunftserklärungen in Betracht ziehen, vgl. z. B. für das Idiom *in die Röhre sehen/gu-*
cken: „Das Bild der Rda. ist entweder vom Fernrohr genommen, mit
dem man in den Mond guckt (was ja dieselbe Bdtg. hat), oder von der
Abtrittsröhre, wodurch Verwandtschaft mit dem gleichbedeutenden ‚in
den ↑ Eimer sehen' besteht" (Röhrich 1250, ähnlich Küpper 2329)
und „Für die Bedeutung dieser Wendung gibt es mehrere Erklärungen:
Sie reichen vom Dachs-, Fuchs- und Kaninchenbau [...] oder dem
Fernrohr über die Abtrittröhre bis hin zur Ofenröhre, [...]" (Köster
142). In solchen Fällen muss sich das GWDS jeweils für eine Erklä-
rungsmöglichkeit entscheiden, was für die Erläuterung der Herkunft
von Idiomen eine deutliche Vereinseitigung zur Folge hat, vgl.:

(25) **Röhre:** [...] **6.** (Jägerspr.) *röhrenförmiger unterirdischer Gang*
eines Baus (5 a); *****in die R. sehen/gucken** (ugs.; *bei der Ver-*
teilung leer ausgehen, das Nachsehen haben; wohl vom Hund,
der in den Bau hineinsehen, aber nicht hineinkriechen kann).

Weitere Idiome mit einer unklaren Herkunft sind u. a. *auf dem Kien*
sein und *es gießt mit Mollen*. Im GWDS werden sie bezüglich ihrer
Herkunft so beschrieben:

(26) **Kien:** [...] *kieniges [Kiefern]holz:* [...] *****auf dem K. sein**
(landsch., bes. berlin.; *wachsam sein, scharf aufpassen; immer*
vornean sein u. Bescheid wissen; H. u., viell. weil man auf das
leicht entzündbare harzreiche Holz besonders Acht geben musste) [...]

(27)   **Molle:** [...] **1.** (berlin.) *Glas Bier:* [...] ***mit -n gießen** (berlin.;
stark regnen) [...] **3.** (niederd.) *Mulde, Backtrog.*

Für die Herkunft des Idioms in (26) sind nach Röhrich 835 auch folgende Möglichkeiten in Erwägung zu ziehen: jidd. *kiwen* ‚aufmerksam, beflissen, geschäftig‘, engl. *keen* ‚scharf von Blick, Verstand‘
oder frz. *quine* (heute ungebräuchlich) ‚unverhofftes Glück, Treffer‘.
In BW 4, 127 wird mit zwei Homonymen operiert, wobei für *auf dem
Kien sein* unter **Kien**[2] eine Herkunft aus engl. *keen* angenommen wird.
Das Idiom in (27) wiederum erscheint in BW 4, 714 bei der Bedeutungsvariante ‚Mulde, (Back)trog‘ des Lemmas **Molle** (vgl. auch Röhrich 1041: „Molle‘ ist eine Abwandlung von Mulde; in Berlin heißt
eine Molle auch ein Glas Bier [...]“). – Zu Prinzipien der Einordnung
von Idiomen in einem Wörterbuchartikel vgl. u. a. Burger (1983, 58f.;
1989b, 595; 1998, 172ff.; 2010, 185ff.), Braasch (1988, 94f.), Scholze-Stubenrecht (1988, 293f.), Korhonen (1995, 51; 2001b, 115; 2002,
366), Wotjak (2001, 268) und Wotjak/Dobrovol'skij (1996, 246).

6.   Nennform

Das erste Beschreibungsproblem bezieht sich darauf, ob ein Phraseologismus als Satz- oder Verbidiom zu gelten hat. Unter dem Lemma
Amen ist im GWDS die „Redensart“ *das ist so sicher wie das Amen
in der Kirche* zu finden, in Schemann 16 dagegen heißt es *so sicher
sein/kommen wie das Amen in der Kirche*. Dass die Subjektstelle nicht
fest, sondern lexikalisch frei besetzbar ist, zeigen u. a. die folgenden
zwei Belege aus den Mannheimer Korpora: *Der Abschied der Deutschen von ihrer geliebten D-Mark ist bereits so sicher wie das Amen
in der Kirche* (Mannheimer Morgen, 27.2.1998) und *Der Countdown
läuft, und das Nachspiel ist so sicher wie das Amen in der Kirche*
(Mannheimer Morgen, 27.4.1998). Somit hat man es hier mit einem
Ausdruck zu tun, der zwar oft in der Form *das ist [...]* realisiert wird
aber nicht unbedingt darauf beschränkt ist – als adäquate Nennform
wäre deshalb *das/etw. ist [...]* anzusetzen. Ein weiteres Beispiel wäre
das im GWDS mit „R“ gekennzeichnete Idiom *das schlägt dem Fass
den Boden aus*, für das aus den Mannheimer Korpora u. a. folgender
Beleg zitiert werden kann: *"Diese Unverschämtheit schlägt dem Faß*

den Boden aus" (Mannheimer Morgen, 6.6.1998). Die Nennform sollte also besser *das/etw. schlägt [...]* lauten.

Im Bereich der Beschreibung des Strukturkerns von Verbidiomen lassen sich u. a. für das Reflexivpronomen gewisse Mängel und Fehler nachweisen. Wenn das Reflexivpronomen flektiert werden kann und der Kasus dabei Dativ ist, dann wird er in der Regel entsprechend vermerkt:

(28) **Karte:** [...] **sich** <Dativ> **nicht in die -n sehen/schauen/**(ugs.:) **gucken lassen** [...]

In folgenden Fällen ist die Kasusangabe unvollständig:

(29) **Fleisch:** [...] **sich ins eigene F. schneiden** *(sich selbst scha-* *den):* mit dieser Entscheidung hast du dir/dich ins eigene F. ge- schnitten [...]

(30) **Kopf:** [...] **sich** <Dativ> **an den K. fassen/greifen** (ugs.; *kein* *Verständnis für etw. haben*): wenn ich so einen Unsinn höre, kann ich mir nur an den K. greifen [...]

Sowohl bei (29) als auch bei (30) ist neben dem Dativ auch der Akku- sativ möglich (in (29) geht dies außerdem aus dem Beispielsatz her- vor), weshalb die Markierung <Akkusativ/Dativ> lauten sollte (zum Akkusativ beim Idiom in (30) siehe auch Korhonen 1995, 96; 2001a, 258). – Die Kasusmarkierung kann auch falsch sein (vgl. (31), wo keine Angabe erscheinen sollte, weil der Kasus Akkusativ ist) oder versehentlich fehlen (vgl. (32)):

(31) **Hemd:** [...] **sich** <Dativ> **bis aufs [letzte] H. ausziehen** [...]
(32) **Hintern:** [...] **sich mit etw. den H. [ab]wischen können** [...]

Ein Gebiet, das besonders viele Unzulänglichkeiten und uneinheitliche Beschreibungen aufweist, ist die Darstellung der valenzbedingten Er- gänzungen von Verbidiomen. Verlangt ein Verbidiom ein Sachsub- jekt, so wird es entweder in Infinitivform oder in Satzform mit *etw.* als Subjekt angeführt. In den folgenden Beispielen variiert die Subjekt- markierung sogar bei Idiomen innerhalb ein und desselben Wörter- buchartikels:

(33) **Gesicht:** [...] **2.** [...] **etw. steht jmdm. im/ins G. geschrieben** [...] **3.** [...] **ein anderes G. bekommen** [...]: durch diese Äuße- rung hat die Sache ein ganz anderes G. bekommen.

116

(34) **Hals:** [...] **1.** [...] **jmdn./jmdm. den H. kosten, jmdm. den H. brechen** [...] **2.** [...] **etw. hängt/wächst jmdm. zum Hals[e] heraus** [...]

Inkonsequent kann die Markierung des Subjekts auch bei synonymen Idiomen sein, vgl.:

(35) **Konto:** [...] **etw. geht/kommt auf jmds. K., auf das K. einer Sache** (ugs.; *etw. ist jmdm., einer Sache zuzuschreiben*) [...]
(36) **Rechnung:** [...] **auf jmds. R. kommen/gehen** *(jmdm. zuzuschreiben sein)* [...]

Besonders aus der Perspektive ausländischer Wörterbuchbenutzer wäre es wünschenswert, für die Subklasse der Verbidiome, die ein Subjekt zu sich nehmen können, dieses systematisch anzugeben. Als Darstellungspraxis könnte Folgendes erwogen werden: Verbidiome mit Personensubjekt stehen im Infinitiv und erhalten keine Markierung, während zu Verbidiomen mit Sachsubjekt die Angabe „*– etw.*" gemacht wird, z. B. *in der Luft liegen – etw.* Dies würde es ermöglichen, dass Verbidiome mit Subjekt immer einheitlich in Infinitivform erscheinen. Kann ein Verbidiom sowohl mit einem Personen- als auch mit einem Sachsubjekt verbunden werden, könnte die Markierung wie folgt vorgenommen werden: *jmdm. zu Gesicht kommen – jmd., etw.* (im GWDS steht in solchen Fällen ein infinitivisches Verbidiom ohne Subjektmarkierung). Zu dieser Darstellungsart vgl. u. a. Korhonen (2001a, 49; 2007, 111ff.), zu weiteren Möglichkeiten, das Subjekt zu markieren, auch LGDaF und DGWDaF.

Auch zur Darstellung des Akkusativobjekts von Verbidiomen ist an mehreren Stellen Kritisches anzumerken. In den Nennformen können sogar obligatorische Akkusativobjekte fehlen, vgl.:

(37) **Brand:** [...] ***in B. setzen/stecken** *(in zerstörerischer Absicht anzünden):* die Scheune in B. setzen/stecken; seine Pfeife in B. setzen (scherzh. veraltend; *den Tabak in ihr zum Brennen bringen*) [...]
(38) **Gesicht:** [...] **zu G. bekommen** *(zu sehen bekommen):* ich habe den Brief nie zu G. bekommen [...]

Dass zu den Nennformen Anwendungsbeispiele angeführt werden, ist an sich ein Vorteil, aber nichtsdestoweniger sollten die Nennformen von Verbidiomen möglichst vollständig, d. h. unter Berücksichtigung aller valenzbedingten Ergänzungen, gestaltet werden. In (37) wäre *etw.*, in (38) *jmdn., etw.* in die Nennform einzufügen (dass zum Idiom in (38) nur ein Beispielsatz mit einem Sachobjekt angeführt wird, erweckt irreführenderweise den Eindruck, als ob hier ein Personenobjekt ausgeschlossen sei). – Die Weglassung eines Akkusativobjekts ist weiterhin u. a. dann zu beobachten, wenn zu einem nichtkausativen Verbidiom ein kausatives Pendant angeführt wird, vgl.:

(39) **Gleis:** [...] **im G. sein** [...]; **wieder ins [rechte] G. kommen** [...]; **wieder ins [rechte] G. bringen** [...]

(40) **Tisch:** [...] **unter den T. fallen** [...]; **unter den T. fallen lassen** [...]

In (39) und (40) sollte in die Nennform des letzten Idioms die Bezeichnung *etw.* eingefügt werden.

Ähnlich wie beim Akkusativobjekt sind oft auch beim Präpositionalobjekt keine expliziten Angaben vorhanden. In (41) bis (43) fehlt das Präpositionalobjekt in der Nennform der Idiome, kommt aber in den Anwendungsbeispielen vor:

(41) **Bild:** [...] **jmdn., sich ins B. setzen** [...]: jmdn., sich über die Lage ins B. setzen; **im -e sein** [...]: Vermutlich sind Sie im -e, worüber wir uns zu unterhalten haben werden (Gaiser, Schlußball 119).

(42) **Feuer:** [...] ***F. und Flamme sein** [...]: Immer noch ist Lucy F. und Flamme für Alan Beam (Hörzu 10, 1982, 62) [...]

(43) **Fleck:** [...] ***nicht vom F. kommen** [...]: wir sind heute mit der Arbeit nicht vom F. gekommen [...]

Die Form des Präpositionalobjekts sollte wie folgt lauten: in (41) *über etw.* (für beide Idiome), in (42) *für jmdn., etw.* (außer einem präpositionalen Personenobjekt ist auch ein Sachobjekt möglich), in (43) *mit etw.* – Im Falle synonymer Idiome sollten die Angaben nicht so differieren wie den unten stehenden Beispielen:

(44) **Trommel:** [...] ***die T. für jmdn., etw. rühren** (ugs.; *für jmdn., etw. eifrig Werbung treiben, Propaganda machen*) [...]

(45) **Reklametrommel:** [...] **die R. rühren/schlagen** (↑ Werbetrommel).

(46) **Werbetrommel:** [...] **die W. rühren/schlagen** (ugs.; *für etw., jmdn. kräftig Reklame machen*).

118

Wie bei (44) ist ein Präpositionalobjekt mit *für jmdn., etw.* auch bei (45) und (46) möglich (vgl. auch die Bedeutungserläuterung in (46), im Übrigen z. B. Schemann 660, 961). – In den Nennformen mit Präpositionalobjekt sollte auch der Wechsel der Präpositionen vollständig dargestellt werden. In (47) wurde dieser qualitativen Variation nicht genügend Beachtung geschenkt:

(47) **Aufheben:** [...] **viel Aufheben[s] von etw., jmdm. machen** [...]; **kein A. von etw., jmdm. machen** [...]

Neben der Präposition *von* ist auch *um* möglich, und zwar sowohl bei Personen- als auch Sachbezeichnungen (vgl. u. a. BW 1, 363 und Schemann 38).

Weitere Ergänzungsklassen, die einer verbesserten Beschreibung bedürfen, sind das Infinitivobjekt sowie das Lokal- und das Modaladverbial. In (48) ist kein Infinitivobjekt vorhanden, in (49) wiederum erscheint anstelle eines Infinitivobjekts ein fakultatives Präpositionalobjekt:

(48) **Gefahr:** [...] **G. laufen** [...]: die Partei läuft G., das Vertrauen der Wähler zu verlieren; Nichts bist du und läufst G., nie etwas zu sein (Strauß, Niemand 193) [...]

(49) **Weg:** [...] **auf dem besten Weg[e] [zu etw.] sein** [...]: er ist auf dem besten W., sich zu ruinieren; Diese Rohstoffe ... sind ... auf dem besten -e, der Kohle ihren Rang abzulaufen (Kosmos 3, 1965, 113) [...]

In beiden Fällen sollte das Infinitivobjekt in der Form *etw. zu tun* angegeben werden (vgl. dazu auch die Anwendungsbeispiele und die korrekten Nennformen *den Nerv haben, etw. zu tun* und *die Stirn haben, etw. zu tun* im GWDS); es dürfte sich jeweils um ein obligatorisches Objekt handeln, das primär in Form eines Infinitivs realisiert wird. – In (50) sollte ein Lokaladverbial (*irgendwo*), in (51) und (52) ein Modaladverbial (*in bestimmter Weise* bzw. *irgendwie*; auch hier trotz der Beispiele, weil das Adverbial nicht auf die angeführten Repräsentationen beschränkt ist) in die Nennform eingefügt werden:

(50) **Station:** [...] **S. machen** [...]
(51) **Bühne:** [...] **über die B. gehen** [...]: der Prozess ging schnell, glatt über die B. [...]

(52) **Werk:** [...] **zu -e gehen** [...]: bei etw., in einer Angelegenheit vorsichtig, umsichtig, planmäßig, geschickt zu -e gehen; Nach einer unglücklichen 56 : 78-Niederlage ... ging die ... Mannschaft dreimal sehr konzentriert zu -e (Saarbr. Zeitung 28.12.79, 21).

Dass in der Nennform zwei valenzbedingte Ergänzungen weggelassen wurden, lässt sich anhand von (53) illustrieren:

(53) **Licht:** [...] ***grünes L. geben** [...]

Die beiden Ergänzungsklassen, die in die Nennform aufgenommen werden sollten, sind das Dativobjekt und das Präpositionalobjekt mit *für*. Eine komplette Nennform würde damit *jmdm. für etw. grünes Licht geben* lauten (vgl. dazu u. a. Korhonen 1995, 101; 2001a, 281).

Nützlich – wieder aus der Sicht eines Nichtmuttersprachlers – wären ferner Angaben zum Kasus bei Präpositionen in Personen- und Sachbezeichnungen, wenn hier *jmds.* und *etw.* als pronominale Abkürzungen auftauchen. Zu entsprechenden Beispielen vgl. u. a.:

(54) **Art:** [...] **in jmds. A. schlagen** [...]
(55) **absehen:** [...] ***es auf etw. abgesehen haben** [...]
(56) **Daumen:** [...] **auf etwas den D. halten/haben** [...]

Eindeutig wären die Nennformen, wenn sie z. B. so gestaltet würden: *in jmds. Art <Akkusativ> schlagen, es auf etw. <Akkusativ> abgesehen haben* und *den Daumen auf etw. <Akkusativ> halten/auf etw. <Dativ> haben* (in DSW 2010 wird der Kasus für *etw.* bei Präpositionen mit Akkusativ und Dativ in der Regel angegeben; die Form *etwas* in (56) ist irreführend, weil es sich dabei nicht um eine feste Komponente handelt). – Auch für die Form *einer Sache* könnte der Kasus vermerkt werden, falls er sich nicht aus seiner syntaktischen Umgebung ermitteln lässt, vgl.:

(57) **Bahn:** [...] **einer Sache B. brechen** [...]

Gerade in Idiomen mit einer substantivischen Komponente ohne Artikel wäre eine Kasusinformation bei *einer Sache* nicht ganz abwegig (in (57) könnte deshalb hinter *Sache* die Angabe <Dativ> erscheinen). Ist der Kasus von *einer Sache* Genitiv, so wurde er im GWDS zumindest im folgenden Idiom entsprechend notiert:

(58)   **Herr:** [...] **einer Sache** <Gen.> **H. werden** [...]

Demgegenüber erübrigt sich eine Kasusangabe bei *einer Sache* dann, wenn bestimmte Ausdrücke in der Umgebung disambiguierend wirken, vgl. u. a. *jmdm., einer Sache Paroli bieten* und *jmds., einer Sache habhaft werden* im GWDS. – Zu verschiedenen Aspekten der Gestaltung der Nennform von Idiomen vgl. auch Burger (1983, 34ff., 59ff.; 1989b, 595ff.; 1992, 35ff.; 1998, 176ff.; 2010, 189ff.), Kjær (1987, 167ff.), Pilz (1987, 132f.), Braasch (1988, 95ff.), Scholze-Stubenrecht (1988, 291f.), Korhonen (1995, 19ff., 26ff., 52ff., 96ff., 104ff., 247ff., 318; 2000, 573f.; 2001a, 26ff., 48ff.; 2001b, 122f.; 2002, 368ff.; 2004a, 371ff.; 2007; 2009a, 171ff.; 2009b, 136ff.), Cheon (1998, 52ff., 87f.) und Wotjak (2001, 264f., 271).

7. Reihenfolge von Idiomen mit gleichem Zuordnungslemma

Für die Anordnung von Idiomen mit gemeinsamem Zuordnungslemma gilt offensichtlich die gleiche Praxis wie für Anwendungsbeispiele, in denen kein idiomatischer Gebrauch vorliegt. Zu den nicht-idiomatischen Beispielen wird im Vorspann Folgendes festgestellt: „Substantive werden in der Regel zunächst als Subjekt [mit vorangestelltem oder folgendem Attribut] gezeigt, dann in ihrer Funktion als Akkusativobjekt und schließlich als Teil präpositionaler Fügungen." Für Idiome mit einer substantivischen Komponente bedeutet das zunächst, dass Ausdrücke mit einem Substantiv im Nominativ vor denen mit einem Substantiv im Akkusativ stehen. Wie werden aber Idiome angeordnet, in denen ein weiterer Kasus vorkommt? Ein Blick auf den Wörterbuchartikel mit dem Lemma **Herz** lässt erkennen, dass hier der Dativ vor dem Genitiv rangiert, vgl.:

(59)   **Herz:** [...] **jmdm. das H. zerreißen** [...]; **seinem -en einen Stoß geben** [...]; **seinem -en Luft machen** [...]; **leichten -ens** [...]; **schweren/blutenden -ens** [...]

Was Idiome mit einem präpositionalen Substantiv betrifft, so erscheinen sie normalerweise in der alphabetischen Reihenfolge der einzelnen Präpositionen. Indem es so verfährt, knüpft das GWDS an DUR an, wo die Anordnungsprinzipien von Idiomen gerade am Beispiel des Substantivs *Herz* kurz erläutert werden (vgl. DUR 21). Manchmal wird jedoch die Reihenfolge der Idiome nicht im Sinne der entsprechenden Bemerkungen eingehalten, was wohl zum Teil auf Unachtsamkeit zurückzuführen sein dürfte, vgl. etwa:

(60) **Affe:** [...] *dasitzen wie ein A. auf dem Schleifstein** [...]; **nicht um einen Wald voll/von -n** [...]; **wie vom wilden -n gebissen** [...]; **jmdn. zum -n halten** [...]; **einen -n an jmdm. gefressen haben** [...]; **seinem -n Zucker geben** [...]

(61) **Kopf:** [...] **jmdm. in den K. steigen** [...]; **jmdm. zu K. steigen** [...]; **mit dem K. durch die Wand wollen** [...]

Abgesehen vom zweiten Idiom, das unter dem Lemma **Wald** aufgeführt werden sollte, sind *wie vom wilden Affen gebissen* und *jmdn. zum Affen halten* in (60) an falscher Stelle eingeordnet (sie sollten erst am Ende der Idiomreihe auftauchen). In (61) wurde nicht auf die alphabetische Reihenfolge der Präpositionen geachtet, d. h. das Idiom mit der Präposition *zu* sollte bei der hier aktuellen Bedeutungsvariante an letzter Stelle stehen.

Wenn es zu einem Kasus oder zu einer Präposition mehrere Idiome gibt, sollten diese auch systematisch geordnet werden. Eine entsprechende Systematik scheint im GWDS jedoch nicht gegeben zu sein, vgl. z. B.:

(62) **Kopf:** [...] **jmdm. brummt der K.** [...]; **jmdm. schwirrt der K.** [...]; **jmdm. raucht der K.** [...]; **einen dicken/schweren K. haben** [...]; **einen roten K. bekommen** [...]; **K. hoch!** [...]; **jmds. K. fordern** [...]; **jmdm./jmdn. den K. kosten** [...]; **den K. einziehen** [...]

Die ersten drei Idiome mit dem Substantiv *Kopf* im Nominativ weisen die gleiche syntaktische Struktur auf. Die einzige Komponente, die hier differiert, ist das Verb, weshalb die Idiome in der alphabetischen Reihenfolge der Verben hätten geordnet werden können. Im Falle der Idiome mit dem Substantiv *Kopf* im Akkusativ könnte man z. B. die syntaktische Struktur der substantivischen Wortgruppe als primäres Kriterium benutzen. Am Anfang der Reihe könnten Idiome mit bestimmtem Artikel stehen: *den Kopf einziehen; jmdm./jmdn. den Kopf kosten* (einwertige Idiome vor zweiwertigen). Ihnen würden Idiome mit *jmds.* folgen (*jmds. Kopf fordern*), und danach kämen Idiome mit Substantiv und Adjektiv, wobei die attributive Funktion der adverbialen bzw. prädikativen Funktion übergeordnet werden könnte. Unter Idiomen mit attributivem Adjektiv wäre die alphabetische Reihenfolge der Adjektive wieder ein geeignetes Anordnungskriterium, so dass man für die betreffenden Idiome das gleiche Ergebnis hätte wie im GWDS. – Als Beispiel für die Anordnung von Idiomen mit der gleichen Präposition vor einem Substantiv sei folgender Ausschnitt aus dem Wörterbuchartikel mit dem Lemma **Welt** zitiert:

(63) **Welt:** [...] **auf die W. kommen** [...]; **auf der W. sein** [...]; **etw. mit auf die W. bringen** [...]; **in aller W.** [...]; **in alle W.** [...]

Für Idiome mit einer Präposition, die sowohl den Akkusativ als auch den Dativ regiert, könnte die Reihenfolge Akkusativ vor Dativ festgelegt werden. Dann würde sich für (63) Folgendes ergeben: *auf die Welt kommen; etw. mit auf die Welt bringen; auf der Welt sein; in alle Welt; in aller Welt.* – Zur Anordnung von Idiomen in einem Wörterbuchartikel vgl. genauer Korhonen (2000, 572f.; 2001a, 30ff., 50f.; 2001b, 123f.; 2002, 366ff.; 2004a, 368ff.; 2009b, 135f.). Siehe aber auch Schemann XVIIIf., Wotjak/Dobrovol'skij (1996, 260) und Hessky/Iker (1998, 321).

8. Informationen zur Semantik und Pragmatik

Als generelles Prinzip der Bedeutungsbeschreibung von Idiomen im GWDS gilt, dass Verbidiome durch Verbkonstruktionen und Satzidiome durch Sätze paraphrasiert werden. Ab und zu kann man aber zu einem Verbidiom auch eine satzförmige Paraphrase finden:

(64) **Kopf:** [...] **jmdm. in den K. steigen** (1. *jmdn. betrunken, benommen machen:* der Wein ist mir in den K. gestiegen. 2. seltener; *etw. macht jmdn. eingebildet, überheblich:* der Ruhm ist ihm in den K. gestiegen) [...] (vgl. dazu die Bedeutungserläuterung zu *jmdm. zu Kopf steigen:* ‚jmdn. eingebildet, überheblich machen‘)

Nicht selten stößt man im GWDS auf Bedeutungserklärungen, die auch selbst Idiome darstellen. Dies ist zumindest für ausländische Wörterbuchbenutzer ungünstig: Falls sie den paraphrasierenden Ausdruck nicht kennen, müssen sie im Wörterbuch wiederholt nachschlagen. Die Erläuterungen können aus ein oder zwei Idiomen bestehen, vgl.:

(65) **Tür:** [...] R [...] [ach] du kriegst die T. nicht zu! (ugs.; *ach du meine Güte!*) [...]

(66) **Mond:** [...] **in den M. gucken** (ugs.; *bei etw. das Nachsehen haben, leer ausgehen;* [...]) [...]

(67) **Röhre:** [...] **in die R. sehen/gucken** (ugs.; *bei der Verteilung leer ausgehen, das Nachsehen haben;* [...]) [...]

Besonders kompliziert wird es, wenn die Bedeutung eines Idioms mit einem polysemen Idiom erläutert wird, vgl.:

(68) **Kopf:** [...] **sich <Dativ> [k]einen K. machen** (ugs.; *sich [keine] Gedanken machen*) [...]

Weil weder in die Nennform des Idioms noch in die Bedeutungsbeschreibung ein Präpositionalobjekt als valenzbedingte Ergänzung aufgenommen wurde, bleibt es unklar, welche Bedeutung des Paraphrasenidioms gemeint ist. Schlägt man unter dem Lemma **Gedanke** nach, so trifft man dort folgende Nennformen und Definitionen an, die für die Paraphrase in (68) infrage kommen könnten: *sich <Dativ> Gedanken [über jmdn., etw./wegen jmds., einer Sache] machen* ‚sich [um jmdn., um etw.] sorgen' und *sich <Dativ> über etw. Gedanken machen* ‚über etw. länger nachdenken'. Aufgrund der Notation in der letzteren Nennform (*über etw.* ohne Klammern, d. h. als obligatorische Ergänzung) wäre man geneigt anzunehmen, dass die Bedeutung des Paraphrasenidioms in (68) ‚sich um jmdn., etw. sorgen' ist. – Etwas günstiger ist es dann, wenn die Bedeutungserklärung neben einem Idiom eine nichtidiomatische Paraphrase enthält:

(69) ²**Hut:** [...] ***[bei, vor jmdm., einer Sache] auf der H. sein [müssen]** ([bei, vor jmdm., einer Sache] vorsichtig sein, sich in Acht nehmen [...]) [...]

(70) **Magen:** [...] **jmdm. [schwer] im/(auch:) auf dem M. liegen** (ugs.; *jmdm. sehr zu schaffen machen, sehr unangenehm sein*) [...]

Als unüberlegt sind weiterhin Bedeutungsdefinitionen zu betrachten, in denen ein idiomatischer Teil der Nennform des betreffenden Idioms vorkommt, vgl.:

(71) **Kopf:** [...] **seinen K. riskieren; K. und Kragen riskieren/wagen/aufs Spiel setzen/verlieren** *(das Leben, die Existenz aufs Spiel setzen/verlieren)* [...]

Außer lexikalisch-semantischen Mitteln bedient sich das GWDS pragmatischer Kommentare, um typische Verwendungssituationen von Idiomen möglichst adäquat zu charakterisieren. Besonders bei Idiomen mit expliziter oder impliziter Satzstruktur sind solche Kommentare verhältnismäßig häufig, vgl. u .a.:

(72) **Bulette:** [...] ***ran an die -n!** (salopp scherzh.; Aufforderung, Ermunterung, etw. Bestimmtes zu tun).
(73) **Storch:** [...] **da/jetzt brat mir einer einen S.!** (ugs. Ausdruck der Verwunderung) [...]

Desgleichen lässt sich für mehrere Idiome eine Kombination einer semantischen Erläuterung und eines pragmatischen Kommentars belegen:

(74) **Bein:** [...] R auf einem B. kann man nicht stehen *(ein Glas Alkohol genügt nicht* [bei der Aufforderung od. dem Wunsch, ein zweites Glas zu trinken]*)* [...]
(75) **Hose:** [...] **sich auf die -n setzen** (fam.; [meist als Aufforderung an ein Schulkind] *ernsthaft anfangen zu lernen*): wenn du nicht sitzen bleiben willst, musst du dich auf die -n setzen [...]

Wenn ein Idiom wie in (75), d. h. semantisch-pragmatisch und mit einem Anwendungsbeispiel ergänzt, dargestellt wird, entstehen Beschreibungen, die die Gebrauchsbedingungen von Phraseologismen relativ zuverlässig widerspiegeln. Leider sind solche Beschreibungen nur bei einem Teil der Idiome im GWDS vorhanden. – Zu einer semantisch-pragmatischen Beschreibung von Idiomen vgl. z. B. Burger (1983, 62ff.; 1988, 78ff.; 1989b, 596f.; 1992, 38ff., 43ff.; 1998, 178ff.; 2009; 2010, 191ff.), Kühn (1984; 1989; 1994; 2003, 111ff.), Scholze-Stubenrecht (1988, 294f.), Korhonen (1995, 29ff., 46f., 56ff.; 2004a, 378ff.; 2009a, 175ff.; 2009b, 138ff.), Cheon (1998, 54ff., 66ff., 88), Schemann (2000) und Wotjak (2001, 271ff.).

9. Verweise und mehrfaches Vorkommen eines Idioms

Bei der Darstellung von Idiomen macht das GWDS in gewissem
Maße auch von Verweisen Gebrauch. Zum einen geschieht das wohl,
um das Auffinden eines Idioms zu erleichtern, und zum anderen, um
synonymische Beziehungen zwischen Idiomen aufzuzeigen (und damit zugleich etwas Platz zu sparen). Ein Verweis von einer bestimmten Idiomkomponente auf das Zuordnungslemma sei mit folgendem
Beispiel veranschaulicht:

(76) **hineinkriechen:** [...] *__jmdm. hinten h.__ (derb; *sich in würdelo-*
ser Form unterwürfig-schmeichlerisch einem anderen gegen-
über zeigen).
hinten: [...] **jmdm. h. hineinkriechen** (↑ hineinkriechen) [...]

Während hier unter dem Lemma, von dem auf das Zuordnungslemma
verwiesen wird, keine weiteren Informationen zum betreffenden Idiom gegeben werden, erscheint in (77) hinter der Nennform des Idioms
merkwürdigerweise zuerst eine Bedeutungserläuterung in Form eines
synonymen Idioms und erst dann ein Verweis auf die erste Idiomkomponente als Lemma:

(77) **Kante:** [...] *__an allen Ecken und -n__ *(an allen Ecken [und En-*
den]; ↑ Ecke*)* [...]

Unter **Ecke** ist aber nur eine Nennform zu finden, die mit der Bedeutungserklärung in (77) identisch ist. Adäquater wäre es gewesen, das
Idiom unter dem Lemma **Ecke** in der Form *an allen Ecken [und En-*
den/Kanten] anzuführen (und eventuell von **Kante** ohne Bedeutungserläuterung auf **Ecke** zu verweisen; allerdings sollte es dann auch einen Verweis von **Ende** auf **Ecke** geben, was jetzt nicht der Fall ist). –
Wenn von einem Idiom auf ein Synonym unter dem betreffenden
Lemma verwiesen wird, kann vor dem Verweis eine Stilangabe erscheinen, vgl.:

(78) **Hut:** [...] **mit jmdm., etw. nichts am H. haben** (ugs.; vgl.
↑ Sinn 3 a) [...]
Sinn: [...] **3.** <o. Pl.> **a)** [...] **mit jmdm., etw. nichts im S. ha-**
ben *(mit jmdm., etw. nichts zu tun haben wollen)* [...]

Ein entsprechender Vermerk ist dann erforderlich, wenn – wie in (78) – die beiden Idiome in Bezug auf die Stilebene differieren. Wie soll aber die Notation im nächsten Beispiel verstanden werden, d. h. vertreten die beiden Idiome die gleiche Stilebene? Vgl.:

(79)   **Tinte:** [...] ***klar wie dicke T. sein** (↑ Kloßbrühe) [...]
       Kloßbrühe: [...] ***klar wie K. sein** (ugs.; [...]) [...]

Ein Vergleich mit anderen Wörterbüchern zeigt, dass auch das erste Idiom ein umgangssprachlicher bzw. salopper Ausdruck ist. Ein nichtmuttersprachlicher Wörterbuchbenutzer könnte hier jedoch denken, dass das erste Idiom hinsichtlich der Stilebene neutral ist, weil keine Angabe vorhanden ist. Besser wäre es also gewesen, in Fällen wie (79) vor dem Lemma, auf das verwiesen wird, eine explizite Stilangabe zu machen.

Trotz des ausdrücklich formulierten Prinzips der Zuordnung zu einem bestimmten Lemma (vgl. Kap. 4. oben) kann das GWDS Idiome auch mehrfach lemmatisieren. Allerdings scheint dies kein häufiges Phänomen zu sein, vgl.:

(80)   **Auge:** [...] **hinten keine -n haben** (ugs.; *nicht sehen können, was hinter einem vor sich geht*) [...]
       hinten: [...] **h. keine Augen haben** (ugs.; *nicht sehen können, was hinter einem vor sich geht;* meist als ärgerliche Erwiderung auf einen Vorwurf) [...]

(81)   **Gürtellinie:** [...] ***ein Schlag unter die G.** (ugs.; *unfaires, unerlaubtes Verhalten*): seine Äußerungen waren ein Schlag unter die G.
       Schlag: [...] **ein S. unter die Gürtellinie** (ugs.; *unfaires, unerlaubtes Verhalten*) [...]

Die Nennformen und Bedeutungserklärungen sind in (80) und (81) jeweils identisch, im Übrigen gibt es aber folgende Unterschiede: In (80) wurde in die Idiombeschreibung unter **hinten** ein pragmatischer Kommentar eingebaut, und in (81) enthält die Beschreibung unter **Gürtellinie** zusätzlich ein Beispiel, das wohl eine typische (aber nicht die einzige) syntaktische Verwendung illustrieren soll. – In den letzten beiden Beispielen handelt es sich um ein mehrfaches Anführen von Ausdrücken, wobei diese zum einen als Kollokationen bzw. Anwendungsbeispiele und zum anderen als Idiome dargestellt werden, vgl.:

(82) **gewinnen:** [...] **3. a)** *durch eigene Anstrengung [u. günstige Umstände] etw. Wünschenswertes erhalten:* Zeit, einen Vorsprung g. [...]
Zeit: [...] **Z. gewinnen** *(es erreichen, dass sich das Eintreten bestimmter, bes. ungünstiger Umstände verzögert u. man Zeit für entsprechendes Handeln hat):* etw. nur tun, um Z. zu gewinnen; wir müssen Z. gewinnen [...]
(83) **bewaffnen:** [...] *mit Waffen versehen:* [...] bis an die Zähne bewaffnet sein; [...]
Zahn: [...] **bis an die Zähne bewaffnet** *(schwer bewaffnet)* [...]

Bemerkenswert ist, dass keiner der beiden Ausdrücke in nichtidiomatischer Verwendung mit einer Bedeutungserläuterung versehen wird. Ebenso fällt auf, dass die Beschreibungen in (83) einen formalen Unterschied aufweisen: Unter **bewaffnen** kommt das Verb *sein* als feste Komponente der Konstruktion vor, unter **Zahn** dagegen nicht. – Zu Verweisen und zur Mehrfachnennung eines Idioms vgl. u. a. Burger (1983, 38f., 62; 1989b, 594f.), Braasch (1988, 91f.), Scholze-Stubenrecht (1988, 297f.), Korhonen (1995, 58f.; 2000, 572; 2002, 367f.; 2004a, 367f., 384ff.; 2009a, 178ff.; 2009b, 140f.), Wotjak (2001, 270) und Wotjak/Dobrovol'skij (1996, 260f.).

10. Abschließende Bemerkungen

Die Dudenwörterbücher gehören insofern zu den Bahnbrechern auf dem Gebiet der einsprachigen deutschen Lexikografie, als sie bereits in den 70er Jahren des 20. Jahrhunderts im Aufbau der Wörterbuchartikel Idiome von freien Wortverbindungen abgetrennt und entsprechend markiert haben (vgl. DSW 1970 und die erste Auflage von GWDS, die 1976–1981 erschien). Seitdem wurden z. B. in den verschiedenen Auflagen des GWDS viele Idiombeschreibungen verbessert, indem u. a. eindeutige Fehler und Mängel beseitigt und adäquatere Nennformen gestaltet wurden. Die Korrekturen beziehen sich jedoch nur auf einzelne Idiome, während am Gesamtkonzept der Phraseologie nichts geändert wurde. Gegenüber DSW 1970 ist sogar ein gewisser Rückschritt zu verzeichnen: In DSW 1970 stehen die Idiome am Ende eines Wörterbuchartikels, im GWDS dagegen am Ende der Darstellung der Bedeutungsvarianten des Lemmas. Auch sonst sind für die lexikografische Erfassung einzelner Idiome in den Dudenwörterbüchern erstaunlich viele Unterschiede nachweisbar – ein Umstand, der vor allem ausländische Wörterbuchbenutzer schnell verunsichern kann.

Die Phraseologiedarstellung in ein- und mehrsprachigen allgemeinen und Spezialwörterbüchern, darunter in den Werken des Dudenverlags, wurde während der letzten 25 Jahre recht intensiv untersucht. Diese Wörterbuchkritik mit entsprechenden Verbesserungsvorschlägen wurde in der Dudenredaktion offensichtlich nur zum Teil wahrgenommen, denn andernfalls gäbe es am Phraseologiekonzept und an der praktischen Beschreibung von Idiomen mit ihren Mängeln und Inkonsequenzen nicht so viel zu beanstanden. Neben einer Aktualisierung der Phraseologieauffassung und einer systematischen Überarbeitung der Idiombeschreibungen wäre eine informativere Darstellung u. a. mit genaueren syntaktischen und semantisch-pragmatischen Angaben sehr zu wünschen. Solche Beschreibungen wären nicht zuletzt für ausländische Wörterbuchbenutzer, die ein lexikografisches Nachschlagewerk wie das GWDS häufig auch für Textproduktion heranziehen, besonders hilfreich.

11. Literatur
11.1. Primärliteratur

GWDS = Duden. Das große Wörterbuch der deutschen Sprache in zehn Bänden (1999/CD-ROM 2000). 3., völlig neu bearb. und erw. Aufl. Hg. vom Wissenschaftlichen Rat der Dudenredaktion. Mannheim u. a.

11.2. Sekundärliteratur

Braasch, Anna (1988): Zur lexikographischen Kodifizierung von Phrasemen in einsprachigen deutschen Wörterbüchern aus der Sicht eines ausländischen Wörterbuchbenutzers. In: Karl Hyldgaard-Jensen/Arne Zettersten (Eds.): Symposium on Lexicography IV. Proceedings of the Fourth International Symposium on Lexicography April 20–22, 1988 at the University of Copenhagen. Tübingen (= Lexicographica. Series Maior 26), S. 83–100.

Burger, Harald (1983): Phraseologie in den Wörterbüchern des heutigen Deutsch. In: Herbert Ernst Wiegand (Hg.): Studien zur neuhochdeutschen Lexikographie III. Hildesheim/Zürich/New York (= Germanistische Linguistik 1–4/82), S. 13–66.

Burger, Harald (1988): Die Semantik des Phraseologismus: ihre Darstellung im Wörterbuch. In: Regina Hessky (Hg.): Beiträge zur Phraseologie des Ungarischen und des Deutschen. Budapest (= Budapester Beiträge zur Germanistik 16), S. 69–97.

Burger, Harald (1989a): „Bildhaft, übertragen, metaphorisch...". Zur Konfusion um die semantischen Merkmale von Phraseologismen. In: Gertrud Gréciano (Ed.): EUROPHRAS 88. Phraséologie Contrastive. Actes du Colloque International Klingenthal – Strasbourg 12–16 mai 1988. Strasbourg (= Collection Recherches Germaniques 2), S. 17–29.

Burger, Harald (1989b): Phraseologismen im allgemeinen einsprachigen Wörterbuch. In: Franz Josef Hausmann u. a. (Hg.): Wörterbücher. Ein internationales Handbuch zur Lexikographie. 1. Teilbd. Berlin/New York (= Handbücher zur Sprach- und Kommunikationswissenschaft 5.1), S. 593–599.

Burger, Harald (1992): Phraseologie im Wörterbuch. Überlegungen aus germanistischer Perspektive. In: Wolfgang Eismann/Jürgen Petermann (Hg.): Studia phraseologica et alia. Festschrift für Josip Matešić zum 65. Geburtstag. München (= Specimina Philologiae Slavicae. Supplementbd. 31), S. 33–51.

Burger, Harald (1998): Phraseologie. Eine Einführung am Beispiel des Deutschen. Berlin (= Grundlagen der Germanistik 36).

Burger, Harald (2009): Semantische Aspekte der deutschen Phraseografie: die aktuelle Praxis – allgemeine und phraseologische Wörterbücher im Vergleich. In: Carmen Mellado Blanco (Hg.): Theorie und Praxis der idiomatischen Wörterbücher. Tübingen (= Lexicographica. Series Maior 135), S. 23–44.

Burger, Harald (2010): Phraseologie. Eine Einführung am Beispiel des Deutschen. 4., neu bearb. Aufl. Berlin (= Grundlagen der Germanistik 36).

BW = Brockhaus-Wahrig. Deutsches Wörterbuch in sechs Bänden (1980–1984). Hg. von Gerhard Wahrig/Hildegard Krämer/Harald Zimmermann. Wiesbaden/Stuttgart.

Cheon, Mi-Ae (1998): Zur Konzeption eines phraseologischen Wörterbuchs für den Fremdsprachler. Am Beispiel Deutsch-Koreanisch. Tübingen (= Lexicographica. Series Maior 89).

DGWDaF = Wörterbuch Deutsch als Fremdsprache (2000). Von Günter Kempcke unter Mitarb. von Barbara Seelig u. a. Berlin/ New York.

DSW 1970 = Duden. Stilwörterbuch der deutschen Sprache (1970). Die Verwendung der Wörter im Satz. 6., völlig neu bearb. und erw. Aufl. von Günther Drosdowski u. a. Mannheim/Wien/Zürich.

DSW 2010 = Duden. Das Stilwörterbuch (2010). 9., völlig neu bearb. Aufl. Hg. von der Dudenredaktion. Mannheim u. a.

DUR = Duden. Redewendungen (2008). Wörterbuch der deutschen Idiomatik. 3., überarb. und aktualis. Aufl. Hg. von der Dudenredaktion. Mannheim u. a.

Hessky, Regina/Iker, Bertalan (1998): Informationen bei Phraseologismen im zweisprachigen Wörterbuch. In: Wolfgang Eismann (Hg.): EUROPHRAS 95. Europäische Phraseologie im Vergleich: Gemeinsames Erbe und kulturelle Vielfalt. Bochum (= Studien zur Phraseologie und Parömiologie 15), S. 315–326.

Kispál, Tamás (1999): Sprichwörter im allgemeinen einsprachigen Wörterbuch. In: Peter Bassola/Christian Oberwagner/Guido Schnieders (Hg.): Schnittstelle Deutsch. Linguistische Studien aus Szeged. Festschrift für Pavica Mrazović. Szeged (= Acta Germanica 8), S. 85–97.

Kjær, Anne Lise (1987): Zur Darbietung von Phraseologismen in einsprachigen Wörterbüchern des Deutschen aus der Sicht ausländischer Textproduzenten. In: Jarmo Korhonen (Hg.): Beiträge zur allgemeinen und germanistischen Phraseologieforschung. Internationales Symposium in Oulu 13.–15. Juni 1986. Oulu (= Veröffentlichungen des Germanistischen Instituts der Universität Oulu 7), S. 165–181.

Korhonen, Jarmo (1995): Studien zur Phraseologie des Deutschen und des Finnischen I. Bochum (= Studien zur Phraseologie und Parömiologie 7).

Korhonen, Jarmo (2000): Idiome und Sprichwörter in der deutsch-finnischen Lexikografie. In: Ulrich Heid et al. (Eds.): Proceedings of the Ninth EURALEX International Congress, EURALEX 2000

Stuttgart, Germany, August 8th – 12th, 2000. Vol. II. Stuttgart, S. 569–578.

Korhonen, Jarmo (2001a): Alles im Griff. Homma hanskassa. Saksa–suomi-idiomisanakirja. Idiomwörterbuch Deutsch-Finnisch. Unter Mitarb. von Kaija Menger und der Arbeitsgruppe Deutsch-Finnische Phraseologie. Helsinki.

Korhonen, Jarmo (2001b): Zur Konzeption eines neuen deutsch-finnischen Großwörterbuchs. In: Herbert Ernst Wiegand (Hg.): Studien zur zweisprachigen Lexikographie mit Deutsch VI. Hildesheim/Zürich/New York (= Germanistische Linguistik 163/2001), S. 107–129.

Korhonen, Jarmo (2002): Zur Einrichtung der Phraseologiekomponente von Wortartikeln in einsprachigen Wörterbüchern des Deutschen. In: Peter Wiesinger unter Mitarb. von Hans Derkits (Hg.): Akten des X. Internationalen Germanistenkongresses Wien 2000. »Zeitenwende – Die Germanistik auf dem Weg vom 20. ins 21. Jahrhundert«. Bd. 2. Bern u. a. (= Jahrbuch für Internationale Germanistik A/54), S. 365–371.

Korhonen, Jarmo (2004a): Duden 11 – Nutzungserfahrungen aus der DaF-Perspektive. In: Kathrin Steyer (Hg.): Wortverbindungen – mehr oder weniger fest. Berlin/New York (= Institut für Deutsche Sprache. Jahrbuch 2003), S. 360–393.

Korhonen, Jarmo (2004b): Zur lexikografischen Erfassung von Sprichwörtern in einsprachigen deutschen Wörterbüchern. In: Christine Palm-Meister (Hg.): EUROPHRAS 2000. Internationale Tagung zur Phraseologie vom 15.–18. Juni 2000 in Aske/Schweden. Tübingen, S. 233–244.

Korhonen, Jarmo (2007): Zur Beschreibung der Valenz von Verbidiomen in neueren DaF-Wörterbüchern. In: Sandra Reimann/Katja Kessel (Hg.): Wissenschaften im Kontakt. Kooperationsfelder der Deutschen Sprachwissenschaft. Tübingen, S. 109–122.

Korhonen, Jarmo (2009a): Zur Darstellung synonymer Idiome in allgemeinen und phraseologischen Wörterbüchern des Deutschen. In: Doris Wagner/Tuomo Fonsén/Henrik Nikula (Hg.): Germanistik zwischen Baum und Borke. Festschrift für Kari Keinästö zum 60. Geburtstag. Helsinki (= Mémoires de la Société Néophilologique de Helsinki 76), S. 167–183.

Korhonen, Jarmo (2009b): Zur Überarbeitung der Phraseologie im Duden 11. Zweite und dritte Auflage im Vergleich. In: Wieland Eins/Friederike Schmöe (Hg.): Wie wir sprechen und schreiben. Festschrift für Helmut Glück zum 60. Geburtstag. Wiesbaden, S. 131–143.

Korhonen, Jarmo/Wotjak, Barbara (2001): Kontrastivität in der Phraseologie. In: Gerhard Helbig u. a. (Hg.): Deutsch als Fremdsprache. Ein internationales Handbuch. 1. Halbbd. Berlin/New York (= Handbücher zur Sprach- und Kommunikationswissenschaft 19.1), S. 224–235.

Köster, Rudolf (2007): Duden. Redensarten. Herkunft und Bedeutung. 2., überarb. und erg. Aufl. Mannheim u. a.

Kühn, Peter (1984): Pragmatische und lexikographische Beschreibung phraseologischer Einheiten: Phraseologismen und Routineformeln. In: Herbert Ernst Wiegand (Hg.): Studien zur neuhochdeutschen Lexikographie IV. Hildesheim/Zürich/New York (= Germanistische Linguistik 1–3/83), S. 175–235.

Kühn, Peter (1989): Phraseologie und Lexikographie: Zur semantischen Kommentierung phraseologischer Einheiten im Wörterbuch. In: Herbert Ernst Wiegand (Hg.): Wörterbücher in der Diskussion. Vorträge aus dem Heidelberger Lexikographischen Kolloquium. Tübingen (= Lexicographica. Series Maior 27), S. 133–154.

Kühn, Peter (1994): Pragmatische Phraseologie: Konsequenzen für die Phraseographie und Phraseodidaktik. In: Barbara Sandig (Hg.): EUROPHRAS 92. Tendenzen der Phraseologieforschung. Bochum (= Studien zur Phraseologie und Parömiologie 1), S. 411–428.

Kühn, Peter (2003): Phraseme im Lexikographie-Chec: Erfassung und Beschreibung von Phrasemen im einsprachigen Lernerwörterbuch. In: Lexicographica 19, S. 97–118.

Küpper, Heinz (1982–1984): Illustriertes Lexikon der deutschen Umgangssprache in 8 Bänden. Stuttgart.

LGDaF = Langenscheidt. Großwörterbuch Deutsch als Fremdsprache (2008). Das einsprachige Wörterbuch für alle, die Deutsch lernen. Neubearbeitung. Hg. von Dieter Götz/Günther Haensch/Hans Wellmann in Zusammenarb. mit der Langenscheidt-Redaktion. Berlin u. a.

Pilz, Klaus Dieter (1987): Allgemeine und phraseologische Wörterbücher. Brauchen wir überhaupt phraseologische Wörterbücher? In:

Jarmo Korhonen (Hg.): Beiträge zur allgemeinen und germanistischen Phraseologieforschung. Internationales Symposium in Oulu 13.–15. Juni 1986. Oulu (= Veröffentlichungen des Germanistischen Instituts der Universität Oulu 7), S. 129–153.

Röhrich, Lutz (1991–1992): Das große Lexikon der sprichwörtlichen Redensarten. 3 Bde. Freiburg i. Br./Basel/Wien.

Schemann, Hans (1993): Deutsche Idiomatik. Die deutschen Redewendungen im Kontext. Stuttgart/Dresden.

Schemann, Hans (2000): Lexikalisierte Sprecherhaltung und Wörterbucheintrag. Untersuchungen anhand zweisprachiger idiomatischer Wörterbücher mit Deutsch. In: Herbert Ernst Wiegand (Hg.): Studien zur zweisprachigen Lexikographie mit Deutsch V. Hildesheim/Zürich/New York (= Germanistische Linguistik 151–152/2000), S. 35–70.

Scholze-Stubenrecht, Werner (1988): Phraseologismen im Wörterbuch. In: Gisela Harras (Hg.): Das Wörterbuch. Artikel und Verweisstrukturen. Jahrbuch 1987 des Instituts für deutsche Sprache. Düsseldorf (= Sprache der Gegenwart 74), S. 284–302.

Wotjak, Barbara (2001): Phraseologismen im Lernerwörterbuch – Aspekte der Phraseologiedarstellung im de Gruyter-Wörterbuch Deutsch als Fremdsprache. In: Annelies Häcki Buhofer/Harald Burger/Laurent Gautier (Hg.): Phraseologiae Amor. Aspekte europäischer Phraseologie. Festschrift für Gertrud Gréciano zum 60. Geburtstag. Baltmannsweiler (= Phraseologie und Parömiologie 8), S. 263–279.

Wotjak, Barbara/Dobrovol'skij, Dmitrij (1996): Phraseologismen im Lernerwörterbuch: In: Irmhild Barz/Marianne Schröder (Hg.): Das Lernerwörterbuch Deutsch als Fremdsprache in der Diskussion. Heidelberg (= Sprache – Literatur und Geschichte. Studien zur Linguistik/Germanistik 12), S. 243–264.

VI.
Duden 11 – Nutzungserfahrungen aus der DaF-Perspektive[*]

1. Einleitende Bemerkungen

Im vorliegenden Beitrag wird die Beschreibung phraseologischer Ausdrücke im Duden 11 im Rahmen von sieben Fragenkomplexen kritisch betrachtet. Zuerst wird auf die Darstellung der Phraseologie im Vorspann des Duden 11 und danach auf die äußere Selektion, d. h. auf die Auswahl der Einträge, eingegangen. Drittens wird untersucht, welche Komponente einer phraseologischen Einheit jeweils als Zuordnungslemma gewählt wurde (es geht m. a. W. um die Bestimmung des Hauptstichwortes, unter dem eine phraseologische Einheit genauer beschrieben wird). Viertens wird die Anordnung von Phraseologismen mit jeweils einer gemeinsamen Komponente in einem Wörterbuchartikel zum Untersuchungsobjekt gemacht. Fünftens wird gezeigt, wie die Nennform von Phraseologismen verschiedenen Typs gestaltet wurde. Den sechsten Problemkreis bilden die Informationen zur Bedeutung und zum Gebrauch von Phraseologismen (einschließlich der Beispiele und Belege), und schließlich wird geprüft, wie das Verweissystem des Wörterbuchs funktioniert.

Die meisten der oben genannten Aspekte werden vergleichend für die erste und zweite Auflage des Duden 11 diskutiert. Darüber hinaus werden der Duden 11 und zwei weitere Duden-Wörterbücher bezüglich der phraseologischen Beschreibungspraxis einander gegenübergestellt. Im Anschluss an die Wörterbuchkritik werden Vorschläge zu einer etwas adäquateren bzw. informativeren lexikografischen Erfassung von Phraseologismen besonders aus Sicht von Nichtmuttersprachlern entwickelt.

---

[*] Zuerst erschienen in: Kathrin Steyer (Hg.) (2004): Wortverbindungen – mehr oder weniger fest. Berlin/New York (= Institut für Deutsche Sprache. Jahrbuch 2003), S. 360–393.

2. Rahmenstruktur

In der Rahmenstruktur des Duden 11 lassen sich folgende Teile unterscheiden: Vorspann mit Vorwort, Inhaltsverzeichnis, Einleitung und
Benutzungshinweisen, Wörterverzeichnis A–Z, Quellenverzeichnis
und Bildquellenverzeichnis. Im Vorwort (S. 5f.) wird eine kurze Charakterisierung von Redewendungen gegeben, ebenso wird in knapper
Form über das Vorkommen der Redewendungen in verschiedenen
Sprachvarietäten, über ihre Herkunft sowie über die Auswahl der Einträge und den Aufbau der Wörterbuchartikel berichtet. Desgleichen
erfährt man hier, dass das Wörterbuch wohl in erster Linie für Deutsch
Lernende gedacht ist. Es sei für sie „unerlässlich, sich mit dem Bereich der festen Wendungen vertraut zu machen" (S. 5; vgl. auch die
Angabe auf dem hinteren Buchdeckel: „Wichtig für fortgeschrittene
Deutschlerner und -lernerinnen").

In der Einleitung (S. 9–20) wird zuerst das Wesen der Redewendungen beschrieben, und danach wird gezeigt, wie sie gegen freie
Wortgruppen abgegrenzt werden können. Es schließt sich ein Abschnitt über „Grenzgebiete" an, in dem Wortgruppen folgender Art
zur Sprache kommen: lexikalische Solidaritäten bzw. Kollokationen,
Verben mit Präpositionen, formelhafte Vergleiche, Funktionsverbgefüge, feste Attribuierungen, Routineformeln, fremdsprachige Wendungen sowie Redensarten, Sprichwörter und Zitate. In einem dritten Abschnitt werden einige semantische und syntaktische Klassifikations-
möglichkeiten der Redewendungen vorgestellt, und ihm folgt ein Abschnitt, in dem die Kriterien für die äußere Selektion, d. h. für die
Auswahl der Beschreibungseinheiten, erläutert werden. Der letzte Teil
der Einleitung besteht aus ausgewählten Literaturhinweisen, eingeteilt
in Wörterbücher und Sekundärliteratur.

Der erste Aspekt, auf den im Kapitel „Hinweise zur Benutzung des
Wörterbuchs" (S. 21–24) eingegangen wird, ist die Anordnung der
Stichwörter und Wendungen. Der zweite Abschnitt handelt vom Arti-
kelaufbau, wobei für die Beschreibung des Materials folgende Positi-
onen vorgesehen sind: Nennform, stilistische und weitere Gebrauchs-
markierungen, regionale und nationale Besonderheiten, Bedeutungsangaben, Beispiele und Belege, Herkunftserklärungen und Verweise.
Der dritte Abschnitt besteht in einem Verzeichnis der verwendeten
Abkürzungen.

Das Wörterverzeichnis umfasst die Seiten 25–916. Besonders umfangreich ist das Quellenverzeichnis (S. 917–954), in das Bücher, Zeitungen und Zeitschriften aufgenommen wurden. Im Bildquellenverzeichnis (S. 955) sind die 25 Illustrationen des Lexikons aufgelistet. Insgesamt 13 Illustrationen beziehen sich auf ein biblisches Motiv.

3. Zum Begriff der Redewendung und zur Terminologie

Wie in der ersten Auflage, kommt auch im Haupttitel der Neubearbeitung die Bezeichnung „Redewendungen" vor. Als erstes Kennzeichen einer Redewendung gilt nach den Verfassern des Duden 11 die Wortgruppenstruktur, d. h. eine Redewendung besteht aus mehr als einem Wort. „Das zweite und entscheidende Merkmal" (S. 9) sei jedoch, dass eine Redewendung eine gewisse Idiomatizität aufweise und eine relativ feste Struktur besitze. So ist es auch zu verstehen, dass der Untertitel des Werks „Wörterbuch der deutschen Idiomatik" lautet. Nun wurden aber in das Wörterbuch nicht nur eindeutig zu identifizierende Redewendungen, also Einheiten aus dem Kernbereich der Phraseologie, sondern auch Vertreter der meisten der oben genannten Grenzgebiete aufgenommen, bei denen man kaum von einer Idiomatisierung sprechen kann. Dazu zählen u. a. bestimmte Funktionsverbgefüge und Sprichwörter, vgl.:

(1) **einen Entschluss fassen:** *sich entschließen*
(2) **verschiebe nicht auf morgen, was du heute kannst besorgen; was du heute kannst besorgen, das verschiebe nicht auf morgen** *man soll zu erledigende Dinge nicht vor sich her schieben*

Vor diesem Hintergrund ist der Untertitel des Wörterbuchs nicht ganz zutreffend – geeigneter wären etwa folgende Formulierungen gewesen: „Wörterbuch der deutschen Phraseologie" oder „Phraseologisches Wörterbuch der deutschen Sprache" (vgl. dazu u. a. auch Korhonen 1993, 306; Földes 1995, 66; Pilz 1995, 307ff.; zur Idiomatizität s. außerdem z. B. Starke 1995, 50; Korhonen/Wotjak 2001, 225f.).

Als Oberbegriff und gemeinsame Bezeichnung phraseologischer Ausdrücke wurde „Redewendung" wohl im Hinblick auf ein breiteres Publikum gewählt. Als weitere Termini werden in der Einleitung

(S. 9) folgende genannt, von denen vor allem die letzten vier aus der neueren wissenschaftlichen Literatur bekannt sind: Redensart, feste Wendung, idiomatische Wendung, feste Verbindung, idiomatische Verbindung, Idiom, Wortgruppenlexem, Phraseologismus und Phraseolexem. Es wird nicht deutlich, ob die zentralen Eigenschaften einer Redewendung bei allen Termini gegeben sind. So könnte man sich z. B. vorstellen, dass bei einer „festen Verbindung" eine stabile syntaktische Struktur, aber nicht unbedingt eine Idiomatisierung (im Unterschied zu einer „idiomatischen Verbindung") vorliegt. Auch bleibt unklar, welche Bezeichnungen sich auf welche Strukturen beziehen – die strukturelle Vielfalt der phraseologischen Ausdrücke ist ja sehr groß. Da „Phraseologismus" zwischen „Wortgruppenlexem" und „Phraseolexem" aufgeführt wird, entsteht der Eindruck, als ob diese drei Bezeichnungen ungefähr das Gleiche bedeuten würden. In der einschlägigen Forschungsliteratur hat sich jedoch „Phraseologismus" weitgehend als Oberbegriff durchgesetzt (vgl. u. a. Burger 1998, 11; 2010, 11; Korhonen 2002a, 402; Korhonen/Wotjak 2001, 224), während mit den beiden anderen auf Ausdrücke unterhalb der Satzebene Bezug genommen wird. – Die terminologische Buntheit wird noch größer, wenn man die Bezeichnungen, die in den Herkunftserläuterungen einzelner Phraseologismen auftreten, genauer studiert. Meistens kommt dort „Wendung" vor, manchmal stößt man aber auch auf Bezeichnungen wie „bildliche Wendung", „bildliche Redensart" und „Fügung".

Die Bezeichnung, die sich im Duden 11 als besonders problematisch erweist, ist „Redensart". Auf S. 13 heißt es, dass Redensarten (wie Sprichwörter und Zitate auch) „in der Regel als selbstständige Sätze" gebraucht würden. Veranschaulicht werden die Redensarten mit folgenden Beispielen:

(3)   **du kriegst die Tür nicht zu!**
(4)   **wers glaubt, wird selig**

Im Wörterverzeichnis lassen sich aber mehrere Belege dafür finden, dass ein infinitivfähiger idiomatisierter Phraseologismus (ein Verbidiom) als Redensart bezeichnet wird, vgl. etwa:

(5)   **das Abendmahl auf etw. nehmen**
(6)   **Eulen nach Athen tragen**
(7)   **ausreißen wie Schafleder**

138

(8)   jmdm. die Würmer [einzeln] aus der Nase ziehen

Ebenso wird zu einigen festgeprägten prädikativen Konstruktionen vermerkt, sie seien Redensarten:

(9)   jmdm. ist das Hemd näher als der Rock
(10)   nichts Menschliches ist jmdm. fremd

Als „sprichwörtliche Redensarten" (der Begriff wird in der Einleitung nicht näher erläutert, obwohl er auf dem vorderen Buchdeckel erscheint) werden u. a. folgende Ausdrücke charakterisiert:

(11)   Alter schützt vor Torheit nicht
(12)   Kleider machen Leute

Diese Sätze sind jedoch ganz eindeutig als Sprichwörter zu klassifizieren, und das Gleiche gilt auch für (13) und (14), die in den entsprechenden Wörterbuchartikeln wiederum als Redensarten eingestuft werden:

(13)   wer nicht arbeitet, soll auch nicht essen
(14)   der Mensch denkt, Gott lenkt

Die Schwankung in der Terminologie zeigt sich weiterhin u. a. darin, dass ein bestimmter Phraseologismus in der ersten Auflage als Redensart, in der zweiten Auflage aber als Redewendung bezeichnet wird. Dies ist z. B. bei (15) der Fall:

(15)   ausgehen wie das Hornberger Schießen

Auch folgende Ausdrücke sind laut der ersten Auflage Redensarten, in der zweiten Auflage dagegen werden sie richtigerweise der Klasse der Sprichwörter zugeordnet:

(16)   wenn der Berg nicht zum Propheten kommt, muss der Prophet zum Berg gehen
(17)   wes das Herz voll ist, des geht der Mund über

Eine weitere phraseologische Subklasse, die von den Redensarten nicht sauber abgegrenzt wird, sind die Zitate (auf S. 13 auch als „geflügelte Worte" bezeichnet). So wird (18) auf S. 13 als Beispiel für ein Zitat angeführt, auf S. 210 gilt es aber als Redensart:

(18)   es ist etwas faul im Staate Dänemark

Die Satzphraseologismen in (19) und (20) wiederum sind für den Duden 11 sowohl Redensarten als auch Zitate:

(19) **die Axt im Haus erspart den Zimmermann**
(20) **in der Beschränkung zeigt sich erst der Meister**

Schließlich leuchtet nicht ein, warum Redensarten (als selbstständige Sätze) als ein Grenzgebiet der Phraseologie betrachtet werden. Bei ihnen sind doch auch die wesentlichen Merkmale einer Redewendung vorhanden, wobei der einzige Unterschied zu den sonstigen festen Wendungen in der Satzform besteht. Ebenso auffällig ist es, dass fremdsprachige Wendungen (als Beispiele werden auf S. 13 die Formen *last, not least* und *in medias res* zitiert) nach Duden 11 nicht zum Kernbereich der Phraseologie gehören. Besonders verwunderlich ist diese Auffassung im Falle von Lehnphraseologismen wie *im selben Boot sitzen* (engl. *to be in the same boat*; S. 13) und *das süße Leben* (ital. *la dolce vita*; S. 13). Wieso sind einheimische Ausdrücke grundsätzlich stärker phraseologisiert bzw. idiomatisiert als Ausdrücke, die ihren Ursprung in anderen Sprachen haben? – Zu terminologischen Problemen im Duden 11 vgl. auch Korhonen (1993, 306), Földes (1995, 70), Pilz (1995, 307ff.) und Starke (1995, 50).

4. Makrostruktur
4.1. Äußere Selektion

Den Angaben in der Einleitung (S. 15) zufolge sollen im Duden 11 „die gebräuchlichsten festen Wendungen der deutschen Gegenwartssprache möglichst umfassend" dokumentiert werden. Neben den Einheiten aus dem Kernbereich der deutschen Phraseologie wurden auch „die geläufigsten Wortgruppen – zumindest exemplarisch" – aus den meisten Grenzgebieten berücksichtigt (vgl. auch oben). Wenn ein regionaler oder mundartlicher Phraseologismus auch überregional bekannt ist, wurde er ins Wörterbuch aufgenommen. Stärker als in der ersten Auflage sind jetzt die gängigsten phraseologischen Einheiten des österreichischen und des schweizerischen Deutsch vertreten. – Die Grundlage für die Auswahl bilden allgemeine und spezielle Duden-Wörterbücher sowie die Belegsammlung der Dudenredaktion. Nach der Angabe auf dem vorderen Buchdeckel enthält der Duden 11 mehr als 10 000 phraseologische Ausdrücke.

Wenn man die verwendungsbezogenen Zuordnungen im Duden 11 genauer studiert, stellt sich heraus, dass das Auswahlkriterium der Gebräuchlichkeit bzw. Geläufigkeit relativ großzügig gehandhabt wird. Im Wörterbuch sind sogar Phraseologismen zu finden, die explizit als „selten" markiert sind, vgl.:

(21) **passen wie der Igel zum Taschentuch/Handtuch** (ugs. selten)
(22) **nach jmds. Rechnung** (selten)

Einige in der ersten Auflage als „selten" gekennzeichnete Phraseologismen werden in der zweiten Auflage mit einer neuen Markierung versehen, andere wiederum wurden gestrichen:

(23) **jmdm./jmdn. den Hals kosten** (1992: selten; 2002: ugs.)
(24) **unter dem Pflug sein** (1992: selten; 2002: geh.)
(25) **es geht um den Hals** (1992: selten; 2002: fehlt)
(26) **jmdn.** [sic!] **einen Russen aufbinden** (1992: ugs. selten; 2002: fehlt)

Etwas überraschend ist weiterhin, dass im Duden 11 nicht wenige veraltende bzw. veraltete Phraseologismen verzeichnet sind. Dazu zählen u. a. die folgenden Ausdrücke:

(27) **auf zwei Augen stehen/ruhen** (veraltend)
(28) **jmdn. ins Garn locken** (veraltend)
(29) **vor alters** (veraltet)
(30) **jmdm. den Balg abziehen** (veraltet)

Auch hier wurden im Zuge der Neubearbeitung einige entsprechende Ausdrücke der ersten Auflage gestrichen, vgl.:

(31) **jmdm. eins aufmessen** (1992: ugs. veraltend; 2002: fehlt)
(32) **mit Ruck und Zuck** (1992: ugs. veraltet; 2002: fehlt)

In Fällen, wo ein Phraseologismus eine Markierung zur räumlichen Zuordnung erhält, kann die Angabe mehrdeutig sein. Es kann sich dabei um einen Ausdruck handeln, der in einer bestimmten Region entstanden und/oder dort besonders geläufig ist und darüber hinaus auch überregional verwendet wird (vgl. oben). Ob aber solche Ausdrücke wie (33) und (34) tatsächlich überregional gebräuchlich sind, dürfte fraglich sein:

(33)   **sich einen Spreißel einziehen** (südd.)
(34)   **einen im Timpen haben** (landsch.)

Nach Duden 11 ist *Spreißel* „eine landschaftliche, besonders in Süddeutschland gebräuchliche Bezeichnung für ‚Splitter‘“ (S. 720), und zu (34) wird Folgendes vermerkt: „Das norddeutsche Wort ‚Timpen‘ heißt eigentlich ‚Zipfel, Spitze‘; es steht in dieser Wendung für ‚Kopf‘“ (S. 770). Dabei kommt das letztere Wort nicht einmal in DGW3 vor.

Außer zeitlich und räumlich markierten Ausdrücken haben auch fach- und sondersprachliche Einheiten in den Duden 11 Eingang gefunden. Beispiele dafür sind u. a. folgende Phraseologismen:

(35)   **unter Tage** (Bergmannsspr.)
(36)   **backen und banken** (Seemannsspr.)
(37)   **einen Schwanz machen/bauen** (Studentenspr.)
(38)   **[mit jmdm.] Schmollis trinken** (Verbindungsw.)
(39)   **in Schönheit sterben** (Sport Jargon)
(40)   **aus jedem Dorf einen Hund haben** (Kartenspiel)

Aus der Sicht eines DaF-Lerners sind solche kulturspezifischen Ausdrücke wie (38) sicher nicht uninteressant, aber auf der anderen Seite muss man die Frage stellen, ob sie wirklich so häufig vorkommen bzw. so bekannt sind, dass man sie zu den gebräuchlichsten Phraseologismen der deutschen Gegenwartssprache zählen kann. – Zur Kritik an der Auswahl der Einträge für Duden 11 vgl. auch Korhonen (1993, 307), Steffens (1994, 276), Pilz (1995, 309ff.) und Starke (1995, 51).

4.2. Zuordnungslemma

Wo ein Phraseologismus mit einer genaueren Beschreibung im Wörterbuch zu finden ist, wird im Kapitel „Anordnung der Stichwörter und Wendungen“ (S. 21) erläutert. Es zeigt sich, dass die Verfasser an ihrem Zuordnungsprinzip, das sie in der ersten Auflage angewendet hatten, festhalten. Das heißt, dass die Phraseologismen einem Hauptstichwort zugeordnet werden, „das entweder das erste Wort oder eines der wichtigsten sinntragenden Wörter der jeweiligen Wendung ist" (ebd.). Die Hauptstichwörter wurden alphabetisch geordnet.

Die Entscheidung, der Festlegung des Hauptstichwortes einmal ein mechanisches, ein andermal ein semantisches Prinzip zugrunde zu legen, ist aus heutiger Sicht kaum noch zu verstehen (zu entsprechender Kritik vgl. Korhonen 1993, 307; Möhring/Barz 1994, 59; Földes 1995, 72f.; Pilz 1995, 312f.; Starke 1995, 51). Bereits in den Duden-Wörterbüchern der 70er und 80er Jahre des 20. Jahrhunderts ist die Zuordnungspraxis viel eindeutiger, d. h. Phraseologismen werden unter dem ersten auftretenden Substantiv aufgeführt, und wenn kein Substantiv vorhanden ist, unter dem ersten sinntragenden Wort (vgl. z. B. DGW1, s. aber auch Scholze-Stubenrecht 1988, 297). Anfang der 80er Jahre orientierte sich in HWDG die Anordnung von Phraseologismen an einer bestimmten Wortklassenhierarchie (das erste Substantiv – Adjektiv – Adverb usw.), und seitdem wird dieses Prinzip auch in der internationalen Phraseologieforschung als gängigste Verfahrensweise angesehen.

Wenn ein Phraseologismus nicht unter dem ersten bzw. ersten sinntragenden Wort eingeordnet ist, ist es zumindest für einen Nichtmuttersprachler äußerst schwierig, die Komponente auszumachen, die für die Einordnung ausschlaggebend sein könnte. Und wie soll überhaupt der Begriff „sinntragendes Wort" im Zusammenhang mit einem Phraseologismus verstanden werden? Ist es etwa ein Wort, das außerhalb der Phraseologie eine oder mehrere Bedeutungen besitzt, also ein Lexem, oder eine Komponente, die speziell für die Gesamtbedeutung eines Phraseologismus von Relevanz ist? Sollte Letzteres zutreffen, erhebt sich die Frage, ob es sich dabei um eine Komponente handelt, die in einem teilidiomatischen Phraseologismus ihre freie Bedeutung behalten hat – oder eben nicht.

Wie schwer nachvollziehbar die Zuordnung von Phraseologismen zu Hauptstichwörtern im Duden 11 ist, geht zunächst aus den folgenden Beispielen hervor (Zuordnungslemma kursiv):

(41)   eine *Fahrt* ins Blaue: *Ausflugsfahrt, bei der das Ziel vorher nicht festgelegt wurde*

(42)   Blick über den *Tellerrand* [hinaus]: *Blick über den eigenen eingeschränkten Gesichtskreis hinaus*

(43)   sich <Dativ> einen *Ast* lachen (ugs.): *heftig lachen*

(44) **von einem Ohr [bis] zum anderen** *lachen* (ugs.): *mit breit ge-*
       zogenem Mund lachen

Alle Ausdrücke sind teilidiomatisch, aber nur für zwei, d. h. (41) und
(44), wurde die Komponente, die keine Idiomatisierung erfahren hat,
als Hauptstichwort gewählt. Somit kann die Beibehaltung der freien
Bedeutung einer Komponente nicht das entscheidende Kriterium sein.
Vielmehr scheint es, dass einmal einfach das erste Wort, ein andermal
ein weiteres Wort mit eigenem lexikalischem Bedeutungspotenzial
den Ausschlag gibt, egal, welche Rolle diesem Wort bei der Konstituierung der Gesamtbedeutung des Phraseologismus zukommt. Besonders deutlich tritt die fehlende Systematik in Ausdrücken wie (43) und
(44) zutage, in denen ein und dieselbe Komponente in ihrer freien Bedeutung vorkommt.

Dass aus der Einordnungspraxis des Duden 11 zahlreiche Inkonsequenzen resultieren, lässt sich weiterhin anhand von Phraseologismen
zeigen, in denen das gleiche Substantiv, Adjektiv, Numerale oder Partizip I als Komponente erscheint, vgl. (Zuordnungslemma kursiv):

(45) **jmdm. brennt der** *Boden* **unter den Füßen; jmdm.** *wankt* **der**
       Boden unter den Füßen
(46) **der** *große* **Bruder; die große** *Welt*
(47) *klein* **anfangen; klein** *beigeben*
(48) **in** *einem* **fort; in einem** *weg*
(49) **am laufenden** *Band; laufende* **Meter/am** *laufenden* **Meter**

Da bei (48) und (49) jeweils synonyme Idiome vorliegen, hätte man
erwartet, dass sie unter demselben Lemma (*ein* bzw. *laufen*) eingeordnet worden wären. Auf diese Weise wurde nämlich oft mit komparativen Verbidiomen verfahren – wahrscheinlich, weil dadurch Platz gespart werden kann (synonyme Phraseologismen treten hier jeweils nur
unter einem Zuordnungslemma auf), vgl. z. B.:

(50) *dastehen* **wie der Ochs am/vorm Berg/**(schweiz.:) **wie der**
       Esel vorm Berg/wie die Kuh vorm neuen Tor/vorm Scheu-
       nentor/wie die Kuh, wenns donnert

Daraus ist jedoch nicht der Schluss zu ziehen, dass alle komparativen
Verbidiome jeweils unter einem Verb aufgeführt werden. Eine Zuord-
nung zu einem Verblemma erfolgt besonders dann, wenn das Verb im
Phraseologismus an erster Stelle steht. Besetzt das Verb aber die letzte

144

Position in der Struktur eines Phraseologismus, kann er unter einem Verb- oder einem Substantivlemma eingeordnet worden sein:

(51) **wie ein Stück Malheur *aussehen*; wie ein *Phönix* aus der Asche steigen; jmdm. wie ein *Schatten* folgen**

Das Anordnungsverfahren des Duden 11 hat manchmal zu einer (sicherlich unbeabsichtigten) Mehrfachlemmatisierung geführt, wobei zu einem Phraseologismus zwei vollständige Wortartikel erscheinen. Dies ist u. a. bei folgenden Idiomen der Fall:

(52) **jmdn. wie Luft *behandeln*; jmdn. wie *Luft* behandeln**
(53) **jmdn., etw. wie seinen *Augapfel* hüten; jmdn., etw. *hüten*/hegen wie seinen Augapfel**
(54) **in diese Suppe schauen mehr *Augen* hinein als heraus; in die *Suppe* schauen mehr Augen hinein als heraus**
(55) **wie vom *Erdboden* verschluckt/verschwunden sein; wie vom Erdboden *verschluckt***

Aus den Beispielen ist ersichtlich, dass die Nennform des Phraseologismus bei mehrfacher Lemmatisierung einmal identisch, zum anderen unterschiedlich sein kann. Bei (52) stimmen jeweils auch die Stil- und Bedeutungsangaben miteinander überein, wogegen der Beispiel- bzw. Belegteil Unterschiede aufweist. Auch bei (53) sind die Angaben zum Gebrauch und zur Bedeutung identisch, aber Unterschiede gibt es bei den Beispielkonstruktionen und Herkunftserklärungen. Demgegenüber weichen die Beschreibungen des Phraseologismus in (54) nicht nur bezüglich der Form, sondern auch bezüglich der Gebrauchs-, Bedeutungs- und Herkunftserläuterungen voneinander ab. Für (55) ist außer in der Form ein kleiner Unterschied im Beispielteil zu beobachten. – Da Mehrfachlemmatisierungen dieser Art in einem Wörterbuch wie Duden 11 überflüssig (und auch in sonstigen Wörterbüchern unökonomisch) sind, sollten sie in einer dritten Auflage entfernt werden. Außerdem können divergierende Beschreibungen wie oben auf einen nichtmuttersprachlichen Benutzer irritierend wirken. Auf Unachtsamkeit ist es wohl zurückzuführen, dass es bei (53) und (55) in der zweiten Auflage zu einer Mehrfachlemmatisierung gekommen ist; in der ersten Auflage wird ersteres Idiom nur unter *hüten*, letzteres nur unter *verschluckt* beschrieben. Bei (52) und (54) ist eine Mehrfachlemmatisierung auch in der Auflage von 1992 anzutreffen. – Zu Problemen einer mehrfachen Lemmatisierung von Phraseologismen vgl. z. B. auch Korhonen (1993, 307; 1995, 58f.; 2004, 239f.; 2005, 124f.; 2011a; 2011b) und Kispál (1999a, 86, 88f., 91f.).

5. Mikrostruktur
5.1. Reihenfolge von Phraseologismen mit gemeinsamem Zuordnungslemma

Wenn es zu einem Hauptstichwort mehrere Phraseologismen gibt, entsteht das Problem, wie sie in einem Wörterbuchartikel am besten angeordnet werden sollten, damit der Benutzer den gesuchten Ausdruck möglichst schnell findet. Diese Problematik betrifft vor allem Phraseologismen, in denen ein Substantiv als Basiskomponente auftritt. Im Unterschied zu einigen (allgemeinen) Wörterbüchern des Deutschen, die dieser Problematik keine Aufmerksamkeit schenken bzw. sich dazu nicht äußern, ordnet der Duden 11 solche Phraseologismen nach einem Prinzip, das sich am Kasus bzw. präpositionalen Anschluss des Substantivs orientiert. Kasuelle Substantive haben den Vorrang, wobei die Kasushierarchie so aussieht: Nominativ – Akkusativ – Dativ – Genitiv. Danach kommen Phraseologismen mit präpositionalem Substantiv in der alphabetischen Reihenfolge der einzelnen Präpositionen. Um dies zu illustrieren, werden auf S. 21 ausgewählte Phraseologismen aus dem Wörterbuchartikel *Herz* zitiert.

Nun gibt es aber im Deutschen zahlreiche Phraseologismen mit gemeinsamem Zuordnungslemma, in denen das Substantiv im gleichen Kasus steht bzw. die gleiche Präposition aufweist. Wie solche Ausdrücke jeweils intern angeordnet worden sind, wird im Duden 11 nicht expliziert. Im Falle von Phraseologismen mit Substantiv + Verb scheint manchmal die alphabetische Reihenfolge des Verbs eine Rolle zu spielen, aber oft wird man mit Anordnungen konfrontiert, für die keine klare Systematik zu ermitteln ist. So ist wohl für die Anordnung der Phraseologismen mit *Herz* im Akkusativ die Verbkomponente entscheidend, für entsprechende Ausdrücke im Nominativ kann dies aber nicht angenommen werden. Die Reihenfolge der Phraseologismen mit *Herz* im Nominativ geht aus der Zusammenstellung in (56) hervor:

(56)   Herz, was begehrst/willst du mehr?; jmdm. blutet das Herz;
        jmdm. geht das Herz auf; jmds. Herz gehört einer Sache;
        jmds. Herz hängt an jmdm., etw.; jmdm. fliegen alle/die
        Herzen zu; jmdm. dreht sich das Herz im Leibe [her]um;
        jmdm. lacht/hüpft das Herz im Leibe; jmdm. rutscht/(selte-
        ner:) fällt/sinkt das Herz in die Hose[n]; jmds. Herz schlägt
        höher; jmdm. schlägt das Herz bis zum Hals; jmdm. bleibt
        das Herz stehen; [jmdm.] ist/wird das Herz schwer; ein
        Herz und eine Seele sein; alles, was das Herz begehrt; wes
        das Herz voll ist, des geht der Mund über

Für die ersten fünf Idiome könnte man sich eine alphabetische Reihenfolge der Verben denken (*begehren, bluten, gehen* (ohne Präfix!), *gehören, hängen*), danach aber nicht mehr. Auch die zweite Substantivkomponente scheint hier keinen Anhaltspunkt zu bieten (*Leib, Hose,
Hals, Seele, Mund*).

Im Folgenden soll kurz gezeigt werden, wie man Phraseologismen
kasusintern nach genau definierten Ordnungsprinzipien auflisten
könnte (dies ist selbstverständlich nur eine Möglichkeit unter vielen).
Zugrunde liegt eine Systematik, die für die Wörterbuchartikel in Korhonen (2001) entwickelt wurde. Danach würden die Phraseologismen
in (56) wie folgt angeordnet:

(56a)   Herz, was begehrst/willst du mehr?; alles, was das Herz
        begehrt; jmdm. geht das Herz auf; jmdm. blutet das Herz;
        jmdm. bleibt das Herz stehen; jmds. Herz gehört einer Sa-
        che; jmds. Herz hängt an jmdm., etw.; jmdm. fliegen alle/
        die Herzen zu; jmdm. schlägt das Herz bis zum Hals; jmdm.
        rutscht/(seltener:) fällt/sinkt das Herz in die Hose[n]; jmdm.
        dreht sich das Herz im Leibe [her]um; jmdm. lacht/hüpft
        das Herz im Leibe; wes das Herz voll ist, des geht der Mund
        über; ein Herz und eine Seele sein; jmds. Herz schlägt hö-
        her; [jmdm.] ist/wird das Herz schwer

Am Anfang der Reihe stehen Phraseologismen, die neben *Herz* als
einziger Substantivkomponente eine Verbkomponente enthalten. Sin-
gularische Substantive gehen pluralischen Substantiven voran, und
Substantive ohne Begleiter rangieren vor denen mit Begleiter. Steht
vor dem Substantiv ein Begleiter, so hat der Artikel Vorrang vor dem
Pronomen. Bei der Anordnung der Phraseologismen, in denen das

Substantiv mit bestimmtem Artikel versehen ist, wird die Valenz als Differenzierungsmittel angewendet: Nullwertige Einheiten stehen vor ein- oder höherwertigen, einwertige vor zweiwertigen usw. Das nächste Kriterium ist die alphabetische Reihenfolge des Verbs: Bei den Phraseologismen mit *das Herz* ergibt sich die Anordnung *aufgehen, bluten, stehen bleiben*, bei denen mit *jmds. Herz* die Anordnung *gehören, hängen*. Hinter den Phraseologismen mit einem Substantiv + Verbkomponente erscheinen Phraseologismen mit zwei Substantiven, wobei die alphabetische Reihenfolge des zweiten Substantivs den Ausschlag gibt und somit dem Kriterium Vorhandensein und Art des Begleiters eines Substantivs übergeordnet ist (bei Phraseologismen mit nur einem Substantiv stehen Einheiten mit unbestimmtem Artikel vor denen mit bestimmtem Artikel). Kommt die gleiche Substantivkomponente (vgl. *das Herz im Leibe*) mehrmals vor, so entscheidet das Verb die Anordnung (*sich [her]umdrehen, lachen*). Am Ende der Hierarchie stehen Phraseologismen mit Substantiv + Adjektiv; relevant ist hier die syntaktische Funktion, und zwar in der Rangfolge attributiv, adverbial, prädikativ. – Zur Anordnung von Phraseologismen in einem Wörterbuchartikel vgl. Korhonen (1993, 307f.; 2001, 30ff., 50f.; 2002b, 366ff.; 2003, 495f.; 2004, 237f.; 2005, 120ff.) und Wotjak/Dobrovol'skij (1996, 259f.), s. aber auch Schemann (1993, XVIIIf.). Zur Kritik am diesbezüglichen Ordnungsprinzip im Duden 11 vgl. auch Pilz (1995, 314f.).

Was die Hierarchie der Kasus und die Rangordnung der Kasus und Präpositionen betrifft, so lassen sich hier und da Abweichungen von dem Grundprinzip belegen. Es kann der Nominativ hinter dem Akkusativ oder hinter Präpositionen stehen, ebenso können der Nominativ oder der Akkusativ zwischen Präpositionen auftreten:

(57) **jmdm. einen Bären aufbinden; da** o. ä. **ist der Bär los/geht der Bär ab; da** o. ä. **tanzt/steppt der Bär; wie ein Bär**

(58) **jmdn. zum Affen halten; [wie] vom wilden Affen gebissen [sein]; wie ein Affe auf dem Schleifstein sitzen**

(59) **an die große Glocke kommen; wissen, was die Glocke geschlagen hat; jmdm. einen/eins auf die Glocke geben**

(60) **jmdn. an die Kandare nehmen; jmdm. die Kandare anlegen/anziehen; jmdn. an der Kandare haben/halten**

Weitere Belege beziehen sich auf eine falsche Reihenfolge von Präpositionen oder auf eine inkonsequente Anordnung von Phraseologismen mit einer Präposition, die sowohl den Akkusativ als auch den Dativ regiert:

(61) **von Mensch zu Mensch; [et]was für den inneren/den äußeren Menschen tun**

(62) **jmdn. in die Pfanne hauen; [sie] nicht alle auf der Pfanne haben**

(63) **jmdm. ins Grab folgen; jmd. würde sich im Grabe [her]umdrehen; etw. mit ins Grab nehmen**

(64) **auf die Nase fallen; auf der Nase/(auch:) Schnauze liegen; jmdm. etw. auf die Nase binden; jmdm. auf der Nase herumtanzen**

In Fällen wie (63) und (64) könnte man die Anordnungspraxis so vereinheitlichen, dass man die Phraseologismen mit Präposition + Akkusativ denen mit Präposition + Dativ vorangehen lässt. – Mit Ausnahme von (58), (59), (61) und (62) wurden die Phraseologismen auch in der ersten Auflage so angeordnet wie oben. In diesen vier Fällen ist der jeweils letzte Phraseologismus neu, d. h. er wurde offensichtlich ohne Berücksichtigung der Struktur der übrigen Phraseologismen einfach am Ende des Wörterbuchartikels eingeordnet.

5.2. Nennform

Bei einer formalen Klassifizierung von Phraseologismen kann man zunächst eine Trennungslinie zwischen satz- und wortgruppenförmigen Einheiten ziehen. Allerdings ist es nicht immer leicht, eindeutig zu entscheiden, wann für einen Phraseologismus in einem Wörterbuch eine Satz- bzw. eine Wortgruppenform adäquat erscheint (vgl. hierzu u. a. Korhonen 1993, 308; 1995, 19ff.; 2005, 116f.). Diese Problematik lässt sich z. B. anhand der folgenden Belege aus dem Duden 11 veranschaulichen:

(65) **das ist [doch] kein Beinbruch!**

(66) **das steht auf einem anderen Blatt**

(67) **das bleibt in der Familie**

Bei (65) ist bemerkenswert, dass der Phraseologismus im betreffenden Belegteil nicht in dieser Form begegnet. In den Belegen kommt kein Ausruf vor, und die Stelle von *das* ist mit lexikalisch variablen Sachsubjekten besetzt. In solchen Fällen wären als Nennform der Satz oder der Infinitiv denkbar, aber auch in einer Nennform mit Infinitiv könnte eine Subjektmarkierung integriert sein (vgl. dazu genauer unten). Auch (66) realisiert sich im zugehörigen Beispielteil nicht in dieser Form, sondern anstelle von *das* erscheinen dort Nebensätze. Der einzige Phraseologismus, dessen Nennform und konkrete Realisation in einem Beispiel miteinander übereinstimmen, ist (67). Da aber die erste Stelle in Phraseologismen wie (65) – (67) sowohl mit *das* als auch mit einem Substantiv oder mit einem Satz besetzt werden kann, könnte wohl als entsprechende Markierung *das/etw.* (*das/etw. bleibt in der Familie* usw.) angesetzt werden.

In folgenden Fällen dagegen wurde eine infinitivische Konstruktion als Nennform gewählt:

(68) **Bände sprechen**
(69) **ein alter Hut sein**
(70) **jmdn. einen feuchten Kehricht angehen**

Hier gilt das Gleiche wie oben, d. h. die Nennform sollte am besten mit *das/etw. spricht Bände* usw. angegeben werden. – Ähnliche Probleme der Festlegung der Nennform treten bei Ausdrücken wie (71) – (73) auf:

(71) **rutsch mir den Buckel [he]runter!**
(72) **du kannst/der kann** usw. **mich gern haben** (heute **gernhaben**)
(73) **jmdm. gestohlen bleiben können**

Wie sich aus dem Beispielteil zu (71) entnehmen lässt, ist dieser Phraseologismus nicht auf die Imperativform beschränkt. In der gleichen Weise wie (72) kann er mit dem Hilfsverb *können* (oder auch mit *sollen*) verwendet werden, wobei die Subjektstelle lexikalisch so variabel ist, dass sich dafür die Markierung *jmd.* eignet (in der ersten Auflage ist die Subjektstelle von (72) nur mit einem Pronomen der dritten Person Singular besetzt). Da in der Stelle des Akkusativ- bzw. Dativobjekts neben *mich* bzw. *mir* häufig auch *uns* vorkommt, könnte diese Variante in die Nennform mit aufgenommen werden. Für (73) wiederum gilt, dass *können* in einem normalen Sprachgebrauch kaum im Infinitiv üblich ist; deshalb käme auch hier eher eine Satzkonstruktion als Nennform in Betracht. Somit würden die Nennformen wie folgt lauten: *jmd. kann/soll mir/uns den Buckel [he]runterrutschen, jmd. kann/soll mich/uns gern haben* und *jmd. kann/soll mir/uns gestohlen bleiben* (vgl. Korhonen 2001, 114, 178, 182).

Für komparative Phraseologismen mit Adjektiv + Substantiv lassen sich im Duden 11 mehrere verschiedene Nennformtypen nachweisen. Bald ist in der Nennform das Verb *sein* vorhanden, bald wurde es weggelassen, manchmal erscheint es auch in Klammern. Auch ist die Stelle von *sein* in der Nennform nicht genau festgelegt: Es kann entweder direkt hinter dem Adjektiv oder erst hinter der Substantivkomponente stehen. Als Beispiel für diese Schwankungen seien folgende Phraseologismen angeführt:

(74)   **glatt wie ein Aal sein**
(75)   **müde sein wie ein Hund**
(76)   **alt wie Methusalem**
(77)   **frech wie Oskar**
(78)   **voll wie [zehn]tausend Mann/wie ein Sack/wie eine [Strand-] haubitze [sein]**

Als primäre Realisation dürfte hier jeweils eine Form mit dem Verb *sein* gelten, weshalb es in die Nennform aufgenommen werden könnte. Die Einklammerung von *sein* in (78) bezieht sich darauf, dass der Vergleichsteil sowohl prädikativ als auch attributiv verwendbar ist. Da aber der attributive Gebrauch auf das prädikative Attribut beschränkt ist, kann eine Nennform ohne oder mit eingeklammertem *sein* einen Nichtmuttersprachler dazu verleiten, entsprechende Phraseologismen als attributives Adjektiv zu verwenden. Als Grundlage für die Gestaltung der Nennform von Phraseologismen dieses Typs könnte (75) gewählt werden: *glatt sein wie ein Aal, frech sein wie Oskar* usw. (vgl. auch Korhonen 1993, 308f.; 1995, 25f.). – Ein weiteres Problem in diesem Zusammenhang ist die Frage, wann das Substantiv sowohl im Singular als auch im Plural stehen kann, vgl. z. B.:

(79)   **hungrig wie ein Wolf/wie die Wölfe sein**

Vor einer solchen Nennform fragt sich ein ausländischer Wörterbuchbenutzer sofort, ob die Pluralbildung auch bei Phraseologismen wie

(74) und (75) möglich ist. Eventuell könnte die Nennform jeweils mit einem entsprechenden Vermerk („nur Sg.", „auch Pl." o. Ä.) versehen werden.

Eines der schwierigsten Probleme für Ausländer ist der Artikelgebrauch des Deutschen. Deshalb sollte diesem Phänomen auch in der Phraseografie gebührende Aufmerksamkeit geschenkt werden, indem die Nennformen diesbezüglich mit Sorgfalt gestaltet werden (vgl. Korhonen 2002b, 368f.). Unter anderem die folgenden Beispiele lassen erkennen, dass im Duden 11 in dieser Hinsicht keine einheitliche Praxis herrscht:

(80) **dienstbarer Geist**
(81) **barmherziger Samariter**
(82) **armer Schlucker**
(83) **ein unsicherer Kantonist**
(84) **ein langer Laban**
(85) **lange Latte**
(86) **langes Leiden**

Besonders bei (84) – (86) wirkt das Vorhandensein bzw. Fehlen des Artikels irritierend, da es sich bei den Ausdrücken um synonyme Phraseologismen handelt. Adäquate Nennformen wären (83) und (84): Sind sowohl der unbestimmte als auch der bestimmte Artikel möglich, so wird der unbestimmte Artikel gesetzt. Nennformen mit Nullartikel sind in solchen Fällen zu vermeiden, weil diese Artikelrealisation nur im Plural infrage kommt.

Eine für nichtmuttersprachliche Benutzer des Duden 11 willkommene Neuigkeit stellt eine Kasusangabe beim Reflexivpronomen *sich* dar: Kann das Reflexivpronomen flektiert werden und ist der Kasus dabei Dativ, dann wird er entsprechend vermerkt:

(87) **sich** <Dativ> **die Beine abstehen**
(88) **sich** <Dativ> **etw. von der Leber reden**

Leider geht der Duden 11 dabei jedoch nicht systematisch vor. Die Dativkennzeichnung fehlt sehr oft, vgl. u. a.:

(89) **sich etw. von der Backe putzen können**
(90) **sich etw. einrahmen lassen können**
(91) **sich etw. an beiden Händen abzählen/abfingern können**
(92) **sich die Radieschen von unten ansehen**

Glücklicherweise ist der Dativ nicht selten aus einem Beispielsatz oder einem Beleg ersichtlich, so z. B. bei (89) und (90). Häufig realisiert sich das Reflexivpronomen jedoch in den Formen *sich, uns* und *euch*, so dass ein Ausländer dann nicht weiß, welcher Kasus vorliegt; dies ist z. B. bei (91) und (92) der Fall. – Auf der anderen Seite kann eine Dativangabe überflüssig sein, und zwar dann, wenn *sich* bei einer Präposition steht, die nur den Dativ regiert:

(93) **[viel] von sich <Dativ> reden machen**
(94) **mit sich <Dativ> ins Reine kommen/im Reinen sein**

Es finden sich aber auch Belege für eine fehlende Dativangabe in entsprechenden Konstruktionen:

(95) **[etwas/nichts] von sich hören lassen**
(96) **mit sich [selbst] zu tun haben**

Wenn ein verbaler Phraseologismus eine oder mehrere valenzbedingte Ergänzungen zu sich nehmen kann, werden dafür in den Nennformen die Abkürzungen *jmd., jmdn., jmdm., jmds.* und *etw.* sowie die Form *einer Sache* verwendet. Richtig ist die Entscheidung, nicht mehr wie in der ersten Auflage eine lexikalisch frei besetzbare Ergänzung mit *etwas*, sondern mit *etw.* zu markieren (für entsprechende kritische Anmerkungen vgl. Korhonen 1993, 309; Möhring/Barz 1994, 59; Földes 1995, 76). Damit können diese von den Fällen unterschieden werden, in denen *etwas* in einem Phraseologismus eine feste Komponente darstellt, vgl. (95) und z. B. *etwas ist im Busch[e]* und *sich <Dativ> etwas zugute tun.* Es kommt jedoch vor, dass ein Phraseologismus noch die alte Kennzeichnung *etwas* anstelle der richtigen Form *etw.* aufweist:

(97) **sich <Dativ> [über etwas] den Kopf/Schädel zerbrechen/zermartern/zergrübeln**

Besonders im Hinblick auf ausländische Wörterbuchbenutzer wird in der internationalen Phraseologieforschung für die Nennform infinitivfähiger verbaler Phraseologismen schon lange eine Subjektmarkierung postuliert (vgl. z. B. Kjær 1987, 167ff.; Korhonen 1995, 28, 260). In den meisten Fällen gibt es im Duden 11 für das Subjekt keine Kennzeichnung, d. h. der Phraseologismus erscheint dann im Infinitiv. Wenn das Subjekt eine Sachbezeichnung ist, begegnet jedoch ab und zu auch eine Satzform. Die Kennzeichnung des Subjekts kann sogar bei Phraseologismen innerhalb eines Wörterbuchartikels variieren:

(98)   etw. hängt/wächst jmdm. zum Halse heraus; etw. steht jmdm. bis zum Hals; jmdm./jmdn. den Hals kosten

(99)   etw. brennt jmdm. auf der Zunge; jmdm. auf der Zunge liegen

Weitere Beispiele für das Schwanken bei der Angabe des Sachsubjekts sind die folgenden zwei Nennformen:

(100)   etw. ist kalter Kaffee
(101)   ein alter Hut sein

Die Satzform in (100) geht eventuell auf die Form *das ist [alles] kalter Kaffee* zurück, die dieser Phraseologismus in der ersten Auflage hatte. Demgegenüber entspricht der Satzform von (102) eine Infinitivkonstruktion in der ersten Auflage:

(102)   etw. sieht jmdm. ähnlich

Eine Möglichkeit, das Subjekt verbaler Phraseologismen systematisch anzugeben, wäre folgende (vgl. dazu auch Korhonen 2001, 49; 2002b, 369; 2003, 494; 2005, 117f.): Phraseologismen mit Personensubjekt erscheinen im Infinitiv und erhalten keine explizite Subjektmarkierung, während Phraseologismen mit Sachsubjekt mit der Angabe „– etw." versehen werden, vgl.:

(102a)   jmdm. ähnlich sehen – etw.

Diese Darstellungspraxis ermöglicht es, dass Phraseologismen mit Subjekt immer einheitlich in Infinitivform stehen. Lässt ein verbaler Phraseologismus beide Subjektarten zu, könnte die Markierung wie in (103) erfolgen:

(103)   jmdm. ein Begriff sein – jmd., etw.

Obligatorische Ergänzungen erscheinen im Duden 11 ohne Klammern, fakultative Ergänzungen wiederum sind eingeklammert. Mitunter ist jedoch sogar ein obligatorisches Akkusativobjekt in der Nennform vergessen worden:

(104)   wieder ins [rechte] Gleis bringen
(105)   auf Hochtouren bringen

(106) **hegen und pflegen**

Die Form in (104) geht offensichtlich auf DGW3 bzw. DUW zurück, wo dieser Phraseologismus auch ohne Akkusativobjekt erscheint. In der ersten Auflage dagegen ist das Objekt vorhanden: *etwas ins [rechte] Gleis bringen*. Bei (105) und (106) sind die Phraseologismen polysem, wobei sich eine Bedeutungsvariante mit einem Personenobjekt und die andere mit einem Sachobjekt realisiert. In solchen Fällen sollten jeweils zwei Phraseologismen angesetzt werden, also *jmdn. auf Hochtouren bringen* und *etw. auf Hochtouren bringen* bzw. *jmdn. hegen und pflegen* und *etw. hegen und pflegen*. Auch in der Auflage von 1992 ist der Phraseologismus in (105) polysem, wird aber in beiden Bedeutungen mit einem Personenobjekt verbunden und weist entsprechend eine richtige Nennform auf (*jmdn. auf Hochtouren bringen*). Der Phraseologismus in (106) wiederum weist in der ersten Auflage eine allgemeinere Bedeutung auf, die in der Neuauflage in zwei Varianten aufgeteilt wurde. Die frühere Nennform ist auch korrekt: *jmdn., etw. hegen und pflegen*.

Bei den unten zitierten Phraseologismen fehlt in der Nennform ein fakultatives Dativobjekt:

(107) **ins Auge/in die Augen springen/fallen**
(108) **in die Beine gehen**
(109) **ins Blut gehen**
(110) **ein Beispiel geben**

Mit Ausnahme von (109) ist ein Dativobjekt jeweils im Beispielteil vorhanden. In der ersten Auflage wird dieser Phraseologismus noch mit einem Anwendungsbeispiel veranschaulicht, in dem ein Dativobjekt vorkommt (allerdings weist die Nennform auch dort keinen Dativ auf). – Irreführend für einen ausländischen Wörterbuchbenutzer können Tippfehler wie in (111) sein, wenn er sich die zugehörigen Beispiele bzw. Belege nicht genauer ansieht (in diesem Falle ist der Dativ in einem Beispiel und einem Beleg eindeutig zu erkennen):

(111) **jmdn. um den Bart gehen/streichen**

Unvollständige Nennformen sind auch für Phraseologismen mit Präpositionalobjekt nachweisbar. Zu den Präpositionen, die als Teil einer Objektmarkierung nicht in die Nennform einiger Phraseologismen aufgenommen wurden, gehören vor allem *über* und *vor*, vgl.:

(112)   sich \<Dativ\> [k]einen Kopf machen
(113)   sich schwarz/grün und blau/gelb und grün ärgern
(114)   die Flagge streichen
(115)   zu Kreuze kriechen

Weitere Präpositionen, die in den Nennformen nicht vorkommen, sind u. a. *von* und *zu*:

(116)   keinen [blassen]/nicht den geringsten/leisesten Schimmer
        haben
(117)   passen wie die Faust aufs Auge

In allen oben genannten Fällen ist die in der Nennform weggelassene Präposition im Beispielteil zu finden. Zu (112) und (113) ist es die Präposition *über*, zu (114) und (115) *vor*, zu (116) *von* und zu (117) *zu*. – Bei der Markierung des Präpositionalobjekts sollte auch der Tatsache Beachtung geschenkt werden, dass die Präposition bei nicht wenigen Phraseologismen variieren kann. Unter anderem beim folgenden Phraseologismus ist die Angabe des Präpositionalobjekts mangelhaft:

(118)   viel Aufheben[s] [von etw., jmdm.] machen

Hier kann sowohl bei Personen- als auch Sachbezeichnungen neben der Präposition *von* auch *um* auftreten (vgl. außerdem die Angabe bei einem Synonym: *[ein] Gewese [von jmdm., sich, etw./um jmdn., etw.] machen*).
    Zu weiteren Ergänzungsklassen, die bei der Valenzdarstellung Mängel aufweisen, zählen das Infinitivobjekt sowie das Lokal- und das Modaladverbial. In (119) fehlt das Infinitivobjekt, und in (120) bzw. (121), wo man es mit Synonymen zu tun hat (auch in (120) stellt eine negative Form sicherlich die primäre Realisation des Phraseologismus dar, vgl. z. B. DGW3 und DUW), ist die Markierung uneinheitlich:

(119)   [keine] Anstalten machen
(120)   es über sich bekommen [etw. zu tun]
(121)   es nicht über sich bringen, etw. zu tun

Die fehlende Ergänzung in (122) ist das Lokaladverbial *irgendwo*, in (123) und (124) wiederum sollte ein Modaladverbial (*in bestimmter Weise* oder *irgendwie*) in die Nennform eingebaut werden:

(122) **[festen] Fuß fassen**
(123) **über die Bühne gehen**
(124) **zu Werke gehen**

Bei der Markierung *jmds.*, die hinter einer Präposition erscheint, wäre einem Nichtmuttersprachler mit einer Kasusangabe gut gedient. Zum Beispiel in folgenden Fällen ist ihm nicht ohne Weiteres klar, dass der richtige Kasus Akkusativ ist (in (126) ist der Kasus allerdings dem Beispielteil zu entnehmen):

(125) **die Füße unter jmds. Tisch strecken**
(126) **in jmds. Fuß[s]tapfen treten**

Die Kasusangabe könnte hier wie folgt gemacht werden: *die Füße unter jmds. Tisch* <Akkusativ> *strecken* und *in jmds. Fuß[s]tapfen* <Akkusativ> *treten.* – Auch bei Sachbezeichnungen mit *etw.* wäre eine Information über den richtigen Kasus im Zusammenhang mit Präpositionen, die den Akkusativ oder Dativ regieren, für einen DaF-Lerner von großem Nutzen (in DSW wird diese Information gegeben). Merkwürdigerweise wurde der Kasus in solchen Fällen im Duden 11 nur einige wenige Male angegeben, vgl.:

(127) **in etw.** <Dativ> **[seinen] Ausdruck finden/gewinnen**
(128) **[in etw.** <Dativ>**] zum Ausdruck kommen**
(129) **mit einem Bein in etw.** <Dativ> **stehen**

In den weitaus meisten Fällen sucht man nach einer Kasusmarkierung vergebens, vgl. etwa:

(130) **auf etw. abonniert sein**
(131) **über etw. die Akten schließen**
(132) **sich** <Dativ> **an etw. die Zähne ausbeißen**

Zu einer eindeutigen Gestaltung der Nennform wäre in (130) und (131) hinter *etw.* <Akkusativ>, in (132) <Dativ> einzufügen. – Als Markierung einer als Dativ- oder Genitivobjekt fungierenden Sachbezeichnung kommt im Duden 11 *einer Sache* vor. Wie bei Sachobjekten mit einer bestimmten Präposition wäre auch hier einem Nichtmuttersprachler eine Kasusangabe dienlich. Manchmal ist eine solche Angabe im Duden 11 auch vorhanden, vgl.:

(133) **einer Sache** <Dativ> **ins Auge sehen/blicken**

(134) einer Sache <Dativ> **Ausdruck geben/verleihen**
(135) **einer Sache <Genitiv> bar sein**

Viel häufiger geschieht es jedoch, dass die Form *einer Sache* ohne Kasusspezifikation erscheint. Betroffen sind sowohl Dativ- als auch Genitivobjekte:

(136) **einer Sache Folge leisten**
(137) **einer Sache Rechnung tragen**
(138) **[einer Sache] los und ledig sein**
(139) **einer Sache verlustig gehen**

Aus der Perspektive eines ausländischen Wörterbuchbenutzers ist eine fehlende Kasusinformation besonders dann problematisch, wenn der richtige syntaktische Gebrauch wegen einer Formengleichheit von Dativ und Genitiv aus den Beispielen nicht hervorgeht. Dies ist denn auch u. a. bei (137) der Fall; die Objektrealisationen lauten hier *der Tatsache* und *der historischen Situation*. – Im Zusammenhang mit bestimmten Präpositionen + *etw.* und der Form *einer Sache* kann auf eine Kasusangabe dann verzichtet werden, wenn neben einer Sachbezeichnung eine Personenbezeichnung als Objekt infrage kommt und diese in der Nennform entsprechend markiert ist, vgl. z. B. *ein Auge auf jmdn., etw. haben* und *jmdm., einer Sache Zügel anlegen*. – Zu Unzulänglichkeiten bei der Valenzbeschreibung von Verbidiomen in der Lexikografie und zu entsprechenden Verbesserungsvorschlägen vgl. u. a. auch Kjær (1987, 167ff.), Korhonen (1993, 309; 1995, 26ff., 54f., 95ff.; 2002b, 369f.; 2005, 117ff.; 2011a), Földes (1995, 76), Burger (1992, 35f.; 1998, 176f.; 2010, 189f.), Cheon (1998, 53f.) und Wotjak (2001, 271).

5.3. Bedeutung und Gebrauch

In formaler Hinsicht bestehen die Bedeutungserläuterungen im Duden 11 aus Wörtern, Wortgruppen und Sätzen, inhaltlich handelt es sich dabei um Paraphrasen, Synonyme und pragmatische Kommentare. Dass zu einem Phraseologismus gar keine Bedeutungserklärung erscheint, ist wohl ein Versehen:

(140) **erst die Arbeit, dann das Vergnügen:** Nun lasst mal die Schnapsflasche zu, erst die Arbeit, dann das Vergnügen.

Als eine technische Panne ist folgende unvollständige Erläuterung anzusehen:

(141) **auf und davon** (ugs.): *[schnell]*

Der weggefallene Teil ist *fort*; vgl. dazu die Paraphrase in der ersten Auflage (‚schnell fort‘) und in DGW3 (‚[schnell] fort‘).

Da Phraseologismen im Vergleich zu Einwortlexemen ein semantisch-pragmatischer Mehrwert zukommt, sollten ihre Bedeutungs- und Gebrauchsbeschreibungen entsprechend sorgfältig gestaltet werden. So wurde auch nicht selten in der Forschungsliteratur darauf aufmerksam gemacht, dass semantische und pragmatische Beschreibungen von Phraseologismen nicht nur in allgemeinen, sondern auch in phraseologischen Wörterbüchern mangelhaft sind (vgl. u. a. Kühn 1989, 134ff.; Steffens 1989, 81ff.; 1994, 276f.; Burger 1992, 38ff., 43ff.; 1998, 178ff.; 2009; 2010, 191ff.; Sternkopf 1992, 115ff.; Wolski 1993, 96; Möhring/Barz 1994, 59; Földes 1995, 73; Korhonen 1995, 29ff., 56ff.; 2004, 238f.; 2005, 122f.; 2011a; 2011b; Starke 1995, 51; Cheon 1998, 54f.; Kispál 1999b, 243ff.; Wotjak 2001, 271ff.; Wotjak/Dobrovol’skij 1996, 258f.). Diese Kritik ist den Verfassern des Duden 11 nicht entgangen, denn sie haben die Beschreibung von Phraseologismen unter semantisch-pragmatischem Aspekt für die Neuauflage in vielen Fällen verbessert. Beispiele für eine exaktere und ausführlichere Beschreibung sind u. a. (142) und (143):

(142) **jmdm. auf die Beine helfen/jmdn. [wieder] auf die Beine bringen** (ugs.): **1.** *jmdn., der gestürzt o. ä. ist, wieder aufrichten* [...] **2.** *durch moralische, wirtschaftliche o. ä. Unterstützung bewirken, dass jmd. einen Tiefpunkt überwindet, wieder vorankommt*

(143) **Äpfel mit Birnen vergleichen; Äpfel und Birnen zusammenzählen** (ugs.): *völlig verschiedene Dinge miteinander vergleichen, Unvereinbares zusammenbringen*

Im Unterschied zur ersten Auflage wurden für (142) zwei Bedeutungsvarianten angesetzt, wobei beide Bedeutungen genauer erläutert wurden (vgl. 1992: ‚jmdn. wieder aufrichten, ihm helfen, eine Schwäche o. dgl. zu überwinden‘). Bei (143) wiederum besteht die Bedeu-

tungserklärung in der ersten Auflage nur aus der zweiten Paraphrase.
– Oft wurden in die Bedeutungserläuterungen Spezifikationen wie bei
(144) und (145) eingefügt, um den richtigen Gebrauch eines Phraseologismus besser darzustellen (in der ersten Auflage lautet die Paraphrase zum ersten Phraseologismus einfach ‚sterben‘, zum zweiten
‚schon lange bekannt, uralt sein‘):

(144)   **ins Gras beißen** (ugs.): *[eines gewaltsamen Todes] sterben*
(145)   **von Adam und Eva stammen** (ugs.): *von Dingen, Anschau-
        ungen o. Ä..)* [sic!] *sehr alt, veraltet sein*

Von pragmatischen Kommentaren wird im Duden 11 besonders bei
Phraseologismen mit expliziter oder impliziter Satzstruktur häufig Gebrauch gemacht, vgl. z. B.:

(146)   **[ach] du liebes Lieschen!** (ugs.): *Ausruf der Überraschung,
        des Erschreckens*
(147)   **und das auf nüchternen Magen!** (ugs.): *Ausdruck der Verär-
        gerung, wenn einem etw. Unangenehmes ganz unvermittelt
        passiert*

Für viele Phraseologismen lässt sich eine Kombination von semantischer Erläuterung und pragmatischem Kommentar belegen. In Verbindung mit geschickt formulierten Anwendungsbeispielen entstehen
durch solche Kombinationen Beschreibungen, in denen sich die Gebrauchsbedingungen verhältnismäßig zuverlässig widerspiegeln, vgl.
u. a.:

(148)   **jmdm. aus den Augen gehen:** *sich nicht mehr bei jmdm. se-
        hen lassen (meist als Aufforderung gebraucht):* Geh mir bloß
        aus den Augen! Mit dir will ich nichts mehr zu schaffen ha-
        ben!
(149)   **aus nichts wird nichts; von nichts kommt nichts:** [...] **2.** *(als
        Erklärung für etw. Unangenehmes, das einem widerfährt) al-
        les hat seine Ursache, sodass man sich nicht zu wundern
        braucht:* Wenn sie dir gegenüber plötzlich so kühl ist, dann
        muss es dafür einen Grund geben. Von nichts kommt nichts!

Trotz der Bemühungen der Verfasser, die Phraseologismen semantisch-pragmatisch möglichst adäquat darzustellen, sind im Duden 11
jedoch Beschreibungen vorhanden, die weder aus theoretischer noch

aus praktischer Sicht ganz zufriedenstellend sind. Dazu zählen u. a. Phraseologismen, deren Bedeutung nicht genügend differenziert wurde, vgl. etwa:

(150)   **im Eimer sein** (salopp): *entzwei, verdorben, verloren sein*

Auf der Basis der Paraphrasen könnten hier drei Bedeutungsvarianten angesetzt werden, was auch durch den jeweiligen Kontext und die lexikalische Besetzung der Subjektstellen im Beispielteil bestätigt wird. – Problematisch sind weiterhin Bedeutungsbeschreibungen, die – etwa in Verbindung mit *jmdn.* – jeweils nur ein oder zwei Verben enthalten. Dies zeigt sich deutlich bei Phraseologismen, die aus einem begrifflichen Bereich wie ‚Betrug‘ oder ‚Täuschung‘ stammen:

(151)   **jmdn. hinters Licht führen:** *jmdn. täuschen*
(152)   **jmdm. Theater vormachen** (ugs.): *jmdn. täuschen*
(153)   **jmdm. ein X für ein U vormachen** (ugs.): *jmdn. täuschen*

Vor solchen Beschreibungen ist ein Ausländer geneigt anzunehmen, dass es zwischen (151) einerseits und (152) und (153) andererseits nur einen stilistischen Unterschied gibt und dass die letzten beiden Phraseologismen völlig synonym sind. So einfach dürfte es jedoch nicht sein, d. h., dass etwa zwischen (152) und (153) auch in Bezug auf konnotative Merkmale kaum eine solche Identität herrscht, dass sie in jedem Kontext austauschbar sind. Bestimmte Phraseologismen dieses begrifflichen Bereichs kommen aber immer wieder in gleichen oder ähnlichen Situationen vor, so dass für sie eigene Bedeutungsspezifikationen erwogen werden könnten, vgl. u. a.:

(154)   **jmdn. übers Ohr hauen** (ugs.): *jmdn. betrügen*
(155)   **jmdm. das Fell über die Ohren ziehen** (salopp): *jmdn. betrügen, übervorteilen*
(156)   **jmdn. auf die Matte legen** (ugs.): *jmdn. übervorteilen, täuschen*

In mehreren Quellen beziehen sich die Anwendungsbeispiele und Belege für diese Phraseologismen auf Handel (vgl. z. B. Friederich 1976, 314, 350; Schemann 1993, 189, 595; Müller 2005, 129, 403, 447; Duden 11, 215, 558; s. aber auch Fleischer 1997, 179), weshalb wohl als Teil einer Bedeutungserläuterung eine Spezifikation wie ‚bes. beim Kauf/Verkauf‘ denkbar wäre. – Oft bedient sich auch der Duden

11 solcher einfacheren bedeutungsspezifizierenden Mittel, indem er
z. B. bei Verben bestimmte Modaladverbiale einsetzt, vgl.:

(157) **auf Bauernfang ausgehen** (ugs.): *auf leicht durchschaubare Weise seine Mitmenschen zu betrügen suchen*

(158) **jmdn. über den Löffel barbieren/balbieren:** *jmdn. in plumper Form betrügen*

(159) **jmdn. zum Narren halten** (ugs.): *jmdn. [im Scherz] täuschen und veralbern*

In einschlägigen Rezensionen und Forschungsbeiträgen wurde mehrmals darauf hingewiesen, dass Phraseologismen in Wörterbüchern nicht durch synonyme Phraseologismen erläutert werden sollten, weil diese einem DaF-Lerner genauso unbekannt sein können wie die Einheit, zu der sie Rat suchen (vgl. u. a. Korhonen 1993, 309; 1995, 58; 2004, 239; 2005, 122f.; 2011a; Möhring/Barz 1994, 59; Starke 1995, 51; Burger 1998, 179; 2010, 192; Cheon 1998, 55; Wotjak 2001, 271f.; Wotjak/Dobrovol'skij 1996, 259). Die Verfasser des Duden 11 haben dies berücksichtigt und entsprechend nicht wenige idiomatische Bedeutungserläuterungen durch nichtidiomatische ersetzt. Beispiele dafür sind u. a. folgende Phraseologismen:

(160) **jmdn. auf den Arm nehmen** (ugs.): *jmdn. necken, foppen* (1992: *jmdn. zum besten haben, sich über jmdn. lustig machen*)

(161) **kein Bein auf die Erde kriegen** (ugs.): *nicht entscheidend aktiv werden können, keine Möglichkeit zum Handeln bekommen* (1992: *nicht zum Zuge kommen*)

(162) **weder Fisch noch Fleisch sein** (ugs.): *nicht zu bestimmen, nicht einzuordnen sein; nichts Eindeutiges sein* (1992: *nichts Halbes und nichts Ganzes sein*)

Diese semantische Überarbeitung hat jedoch nicht alle Phraseologismen erreicht. Nach wie vor sind im Duden 11 Belege für idiomatische Bedeutungserklärungen nachweisbar, z. B.:

(163) **zu Buch[e] schlagen** [...] **2.** *bei etw. ins Gewicht fallen*

(164) **das sei fern von mir!** (geh.): *Gott behüte!*

(165) **auf lange Sicht:** *auf die Dauer*

Besonders auffällig ist bei (164), dass ein gehobener Phraseologismus durch einen als umgangssprachlich markierten Phraseologismus umschrieben wird. Ebenso fällt ins Auge, dass die beiden Idiome *leer ausgehen* und *das Nachsehen haben* auch in der zweiten Auflage so beliebte Definitionsmittel darstellen, vgl.:

(166) **in die Luft gucken** (ugs.): *leer ausgehen*

(167) **in den Mond gucken** (ugs.): *das Nachsehen haben, leer ausgehen*

(168) **sich <Dativ> den Mund/**(derb:) **das Maul wischen können** (landsch.): *leer ausgehen*

(169) **mit langer Nase abziehen müssen** (ugs.): *das Nachsehen haben*

(170) **in die Röhre gucken** (ugs.): **1.** *leer ausgehen; das Nachsehen haben* [...]

Erhebliche Verständnisprobleme entstehen für einen Nichtmuttersprachler aber dann, wenn ein Phraseologismus mit einem polysemen Phraseologismus definiert wird oder wenn der als Erläuterung dienende Phraseologismus im Wörterbuch nicht aufgeführt ist:

(171) **jmdm. [schwer/wie Blei] im Magen liegen** (ugs.): *jmdm. sehr zu schaffen machen*

(172) **sich in Szene setzen:** *sich zur Geltung bringen* (als Idiom nicht vorh.; nur *etw. zur G. bringen*!)

Der Phraseologismus *jmdm. zu schaffen machen* wird im Duden 11 wie folgt definiert: 1. ,jmdm. Schwierigkeiten, Mühe bereiten', 2. ,jmdn. seelisch belasten, jmdm. Sorge bereiten'. Zu (172) wiederum ist zu bemerken, dass im Duden 11 unter *Geltung* nur die folgenden Phraseologismen aufgelistet sind: *jmdm., sich, einer Sache Geltung verschaffen, etw. zur Geltung bringen* und *zur Geltung kommen.* – Etwas günstiger für nichtmuttersprachliche Wörterbuchbenutzer sind Bedeutungserläuterungen, die neben einem Phraseologismus eine nichtphraseologische Paraphrase enthalten (vgl. Korhonen 1993, 309; 2005, 122f.). Der synonyme Phraseologismus kann dabei entweder an erster oder zweiter Stelle erscheinen:

(173) **auf der Hut sein:** *vorsichtig sein, sich in Acht nehmen*

(174) **aus der [kalten/freien] Lamäng** (ugs.): *unvorbereitet, auf der Stelle*

(175) **die Maske fallen lassen/von sich werfen:** *sein wahres Ge-*
sicht zeigen, seine Verstellung aufgeben

Dass eine Bedeutungserläuterung zu wünschen übrig lässt, fällt dann
nicht so schwer ins Gewicht, wenn der Beispiel- und Belegteil die
Bedeutungsbeschreibung optimal ergänzt, d. h. wenn für den Wörterbuchbenutzer über die Bedeutung und den richtigen bzw. typischen
Gebrauch des Phraseologismus keine Unklarheit herrscht. Zu einem
großen Teil sind die Beispielsätze im Duden 11 treffend formuliert
und die Belege gut gewählt, so dass ihnen sowohl relevante pragmatische als auch syntaktisch-semantische Informationen zum Gebrauch
eines Phraseologismus zu entnehmen sind. Es werden aber auch Belege zitiert, in denen ein kreativer und damit untypischer Gebrauch
eines Phraseologismus vorliegt, was einem DaF-Lerner Probleme bereiten könnte. Desgleichen gibt es einige Belege, die auf der einen
Seite wenig Aussagekraft besitzen und auf der anderen Seite etwa wegen einer spezifischen Lexik für einen Ausländer recht kompliziert
sind. Vor diesem Hintergrund könnte man wohl auch die Ansicht vertreten, dass es besser wäre, in einem vorwiegend für Deutsch Lernende gedachten phraseologischen Wörterbuch nur mit konstruierten
Beispielen zu operieren (vgl. dazu u. a. auch Földes 1995, 74f.).

Studiert man aber die Konstitution der Wörterbuchartikel genauer,
so stellt sich heraus, dass nicht jeder Phraseologismus mit einem Anwendungsbeispiel oder einem authentischen Beleg illustriert wird.
Beispiele und/oder Belege fehlen vor allem bei Sprichwörtern, so z. B.
bei *Ehrlich währt am längsten., Liebe macht blind., Liebe geht durch
den Magen., Alte Liebe rostet nicht., Eine Liebe ist der anderen wert.,
Früh übt sich, was ein Meister werden will.* und *Es ist noch kein
Meister vom Himmel gefallen.* Zu einigen Satzphraseologismen und
Sprichwörtern, die in der ersten Auflage ohne Beispiele erscheinen,
wurde in der Neuauflage ein Beispielteil hinzugefügt, vgl. etwa *Keine
Antwort ist auch eine Antwort.* und *auf einem Bein kann man nicht
stehen!.* Darüber hinaus sind im Duden 11 einige Beispiele anzutreffen, die wirklich nichtssagend sind, vgl. u. a.:

(176) **vom Bau [sein]** (ugs.): *vom Fach [sein]:* Wir sind Leute vom
Bau.

Manchmal werden so allgemein formulierte Beispiele angeführt, dass sie bei einem polysemen Phraseologismus z. B. auf zwei Bedeutungen zutreffen:

(177) **gut beisammen sein** (ugs.): **1.** *gut genährt, korpulent sein:* Seine Frau ist ganz gut beisammen. **2.** *in gutem gesundheitlichem oder geistigem Zustand sein*

Bei einigen Phraseologismen wurden Beispiele und Belege falsch eingeordnet:

(178) **tief in die Kasse greifen müssen** (ugs.): *viel zahlen müssen:* [...] haben wir tief in die Tasche greifen müssen.
(179) **sich <Dativ> über/wegen etw. [keine] Kopfschmerzen/ [kein] Kopfzerbrechen machen** (ugs.): *sich über/um etw. keine Sorgen machen:* [...] das Angebot [...] dürfte Telekom-Chef Ron Sommer einiges Kopfzerbrechen machen [...].

Eine kleine, aber doch wichtige Neuerung im Beispiel- und Belegteil stellt die Einführung eines Punktes auf mittlerer Zeilenhöhe zu einer klareren Abgrenzung konstruierter Beispiele und authentischer Belege dar. In der ersten Auflage war es tatsächlich für den Leser oft schwierig zu wissen, wo ein Anwendungsbeispiel endet und ein Beleg beginnt (dies wurde bereits u. a. von Möhring/Barz 1994, 59, Földes 1995, 75 und Pilz 1995, 318f. kritisiert). Leider ist die Systematik aber auch hier nicht vollständig – der Punkt ist relativ oft vergessen worden (u. a. bei *etw. ad absurdum führen, ein Beispiel geben* (durch Tilgung eines Beispielsatzes wurde hier der Beginn des Belegs etwas entstellt), *jmdn. für dumm verkaufen* und *etw. in den Sand setzen* (2. Bedeutung)). – Zu Beispielen und Belegen im Duden 11 allgemein vgl. auch Korhonen (1993, 309f.), Möhring/Barz (1994, 58), Steffens (1994, 277), Földes (1995, 74ff.), Pilz (1995, 317ff.) und Cheon (1998, 55f.).

5.4. Verweise

Wie in Abschnitt 3.2. gezeigt wurde, beruht die Festlegung des Hauptstichwortes eines Phraseologismus im Duden 11 auf keinem eindeutigen Prinzip. Um das Auffinden der einzelnen Phraseologismen zu erleichtern, haben die Verfasser für das Wörterbuch ein Verweissystem eingerichtet, in dem sich zwei Teile unterscheiden lassen: Verweise, die allein einen Wörterbuchartikel bilden, und Verweise, die als Teil eines Wörterbuchartikels auftreten. Laut Vorwort (S. 6) soll das Verweissystem „auch dazu anregen, weiterzublättern und Entdeckungen zu machen und damit einen der interessantesten Bereiche der deutschen Sprache besser kennen zu lernen." Zu den Wörtern, von denen auf die Stichwörter verwiesen wird, zählen vor allem Substantive, Adjektive, Adverbien, Verben, Numeralien und Interjektionen, für bestimmte Phraseologismen sogar auch Artikel, Pronomina, Präpositionen und Konjunktionen. Wie in der Makrostruktur wurden die Stichwörter, die als Verweisziel dienen, alphabetisch sortiert.

Im Vergleich zur ersten Auflage hat der Verweisteil der Neubearbeitung deutlich an Umfang verloren. Dies zeigt sich darin, dass sich die Verweise jetzt etwa im Falle besonders häufiger Verben (*gehen, haben, halten, kommen, können, lassen, machen, müssen, sein, setzen* usw.), die in zahlreichen Phraseologismen eine konstitutive Komponente darstellen, in der Regel auf zwei Einheiten beschränken, vgl. z. B.:

(180)   **gehen:** [...] **aus den Angeln gehen, vor Anker gehen** usw. s. unter Angel, Anker usw.

(181)   **haben:** [...] **[auf jmdn.] Absichten haben, einen Affen sitzen haben** usw. s. unter Absicht, Affe usw.

Eine solche Entscheidung ist in zweifacher Hinsicht bedauerlich. Erstens kann ein nichtmuttersprachlicher Wörterbuchbenutzer, der einen Phraseologismus nur unvollständig kennt, nicht über die ihm bekannten Komponenten zum gesuchten Ausdruck geführt werden. Beispiele für Phraseologismen, die sich nicht über bestimmte Komponenten ermitteln lassen, sind Einheiten mit zwei häufigen Verben, vgl. u. a. *jmdn. etw. glauben machen [wollen]* und *sich <Dativ> etw., nichts zuschulden kommen lassen*. Zweitens kann man Phraseologismen mit einer bestimmten Komponente nicht mehr zusammenhängend studieren; es ist beispielsweise nicht möglich, phraseologische Reihen aufzustellen, weil man nicht erfahren kann, an welchen Phraseologismen eine Komponente überhaupt beteiligt ist.

Leider ist die Kürzung des Verweisteils nicht der einzige Mangel, den man in diesem Zusammenhang zu kritisieren hat. So ist es nicht selten, dass ein Phraseologismus, auf den verwiesen wird, im Wörterbuch gar nicht anzutreffen ist. In (182) ist nicht einmal das Verweis-ziel als Lemma vorhanden, in (183) und (184) dagegen fehlen die Phraseologismen unter den entsprechenden Lemmata:

(182) **Charybdis: zwischen Szylla und Charybdis:** ↑ Szylla
(183) **schwer:** [...] **aller Anfang ist schwer:** ↑ Anfang
(184) **Beleidigung: eine Beleidigung für das Auge sein:** ↑ Auge

In der ersten Auflage wird der Phraseologismus von (182) unter dem Lemma *Scylla* aufgeführt (es gibt dort einen Verweis von *Szylla* auf *Scylla*, in der zweiten Auflage hingegen von *Scylla* auf *Szylla*). Der Phraseologismus von (183) fehlt auch in der Auflage von 1992, wäh-rend der von (184) dort zu finden ist, und zwar bei *das Auge beleidi-gen*. – Bei (185) und (186) hat man es mit Kreuzverweisen zu tun:

(185a) **all:** [...] **alles, was Beine hat:** ↑ Bein
(185b) **Bein:** [...] **alles, was Beine hat:** ↑ all
(186a) **böse:** [...] **eine böse Sieben:** ↑ sieben
(186b) **¹sieben:** [...] **eine böse Sieben:** ↑ böse

In der Auflage von 1992 sind die beiden oben angeführten Phraseolo-gismen vorhanden: der von (185) unter *all*, der von (186) unter *böse*.

Sehr oft geschieht es, dass ein Phraseologismus zwar unter einem bestimmten Lemma beschrieben wird, aber im Verweisteil eines ande-ren Hauptstichwortes nicht auftaucht. Hier können u. a. folgende Fälle unterschieden werden: 1. kein Verweis von einem Substantiv auf ein anderes Substantiv (z. B. *Ausnahmen bestätigen die Regel.*: kein Ver-weis unter *Regel*); 2. kein Verweis von einem Substantiv auf ein Verb (z. B. *wie drei Tage Regenwetter aussehen*: kein Verweis unter *Re-genwetter*); 3. kein Verweis von einem Adjektiv auf ein Substantiv (z. B. *den Ball flach halten*: kein Verweis unter *flach*); 4. kein Ver-weis von einem Verb auf ein Substantiv (z. B. *wie ein Phönix aus der Asche steigen*: kein Verweis unter *steigen*). – Manchmal wird ein Phraseologismus unter einem bestimmten Lemma beschrieben, aber dessen ungeachtet enthält der Verweisteil des Lemmas für den Phra-seologismus einen Verweis auf ein anderes Zuordnungslemma. Bei-spiele für solche Lapsus sind u. a. (187) und (188):

(187) **Kopf:** [...] **nicht ganz richtig im Kopf sein** (ugs.): *[ein biss-chen] verrückt sein:* [...] **nicht ganz richtig im Kopf sein:** ↑ richtig

(188)   **tanzen: nach jmds. Geige/Pfeife tanzen** (ugs.): *alles tun, was jmd. von einem verlangt, jmdm. gehorchen:* [...] **nach jmds. Geige tanzen:** ↑ Geige [...] **nach jmds. Pfeife tanzen:** ↑ Pfeife

Besonders verwirrend aus der Perspektive eines DaF-Lerners sind nicht übereinstimmende Nennformen eines durch Verweise mehrfach aufgeführten Phraseologismus. Auch dafür gibt es zahlreiche Beispiele, vgl. z. B. die Infinitiv- vs. Satzform der Phraseologismen in (189) und (190):

(189a)   **frieren:** [...] **es friert Stein und Bein**
(189b)   **Bein:** [...] **Stein und Bein frieren:** ↑ frieren
(190a)   **Kinderstube:** [...] **im Galopp durch die Kinderstube geritten sein**
(190b)   **Galopp:** [...] **jmd. ist im Galopp durch die Kinderstube geritten:** ↑ Kinderstube

In (191) bezieht sich die Unterschiedlichkeit der Formen auf morphosyntaktische, in (192) auf lexikalische Variation bei den Komponenten eines Phraseologismus und in (193) auf Fakultativität bzw. Obligatheit einer valenzbedingten Ergänzung (und auf eine Differenz in der Reihenfolge der lexikalischen Varianten):

(191a)   **gießen: es gießt wie aus Kübeln/Kannen/Eimern**
(191b)   **Kanne:** [...] **es gießt wie aus/wie mit Kannen:** ↑ gießen
(192a)   **Becher: zu tief in den Becher geguckt/geschaut haben**
(192b)   **tief: zu tief in den Becher geschaut haben:** ↑ Becher
(193a)   **Mark:** [...] **[jmdm.] durch Mark und Bein/**(ugs. scherzh.:) **Pfennig gehen/dringen/fahren**
(193b)   **Bein:** [...] **jmdm. durch Mark und Bein dringen/fahren/gehen:** ↑ Mark

Weitere Beispiele für Schwankungen bei der Gestaltung der Nennform sind u. a. bei komparativen Verbidiomen zu finden. Bald steht hier das Verb an erster, bald an letzter Stelle (*wie Milch und Blut aussehen* vs. *aussehen wie Milch und Blut* usw.). – Zu Bemerkungen zum Verweissystem des Duden 11 vgl. auch Korhonen (1993, 308), Wolski (1993, 95f.), Möhring/Barz (1994, 58), Steffens (1994, 276), Földes (1995, 77) und Pilz (1995, 315).

6. Vergleich mit zwei weiteren Duden-Wörterbüchern

Wie in Abschnitt 3.2. festgestellt wurde, weicht der Duden 11 bei der Zuordnung von Phraseologismen zu Hauptstichwörtern von einigen anderen Duden-Wörterbüchern ab. Ein näherer Vergleich mit zwei weiteren Wörterbüchern des Dudenverlags, und zwar mit DGW3 und DSW, lässt erkennen, dass die divergierende Zuordnungspraxis nicht der einzige phraseologiebezogene Unterschied zwischen den Duden-Lexika ist. Ein erster größerer Problembereich ist der linguistische bzw. phraseologische Status bestimmter Ausdrücke. Hier stellt sich zunächst heraus, dass DGW3 und DSW viele Ausdrücke, die im Duden 11 aufgeführt werden, fälschlicherweise als syntaktische Beispiele bzw. als Kollokationen zu einem bestimmten Bedeutungspunkt eines Lemmas klassifizieren. Unter anderem folgende Ausdrücke sind für DGW3 und DSW keine Phraseologismen (Nennformen nach Duden 11): *jmdm. sitzt die Angst im Nacken, jmd. würde [vor Scham] am liebsten in den/im [Erd]boden versinken/wäre [vor Scham] am liebsten in den/im [Erd]boden versunken, sich einen Korb holen, einen Korb bekommen/erhalten/kriegen, jmdm. einen Korb geben, den Laden schmeißen, mit jmdm. Tuchfühlung aufnehmen/halten, [mit jmdm.] auf Tuchfühlung gehen/kommen, jmdn. beim Wort nehmen* und *etw. in Worte kleiden*. Für die im Duden 11 in einer Nennform zusammengefassten synonymen Phraseologismen *es gießt wie aus Eimern, es gießt wie aus Kannen* und *es gießt wie aus Kübeln* wiederum ist Folgendes zu beobachten: Die ersten beiden Ausdrücke sind in DGW3 nicht als Phraseologismen markiert, wohingegen der dritte Ausdruck dort als Phraseologismus erscheint. Für DSW ist der erste Ausdruck kein Phraseologismus, der zweite Ausdruck wurde in dieses Wörterbuch gar nicht aufgenommen, und der dritte wird unter *gießen* als syntaktisches Beispiel, unter *Kübel* dagegen als Phraseologismus aufgeführt. Umgekehrt sind u. a. folgende Konstruktionen in DGW3 und DSW als Phraseologismen gekennzeichnet, während sie im Duden 11 nicht vorkommen: *jmdn. ausziehen, arm an etw. sein, zu etw. fähig sein* und *etw. gewohnt sein* (für DGW3 ist auch *reich an etw. sein* ein phraseologischer Ausdruck, für DSW aber nicht!). Der Duden 11 hat auch hier recht, denn es handelt sich jeweils um eine Kombination eines Einwortlexems und seiner valenzbedingten Umgebung (zum ersten Ausdruck ist anzumerken, dass ein Phraseologismus zumindest zwei feste lexikalische Komponenten enthalten muss, und für die anderen gilt, dass das Adjektiv nicht auf den prädikativen Gebrauch beschränkt ist, weshalb das Verb *sein* hier auch keine obligatorische Komponente darstellt). (Zu fehlerhaften Klassifizierungen der oben beschriebenen Art in DGW3 vgl. Korhonen 2005, 113f.). – Auch in Bezug auf die Kennzeichnung des phraseologischen Status bestimmter Ausdrücke stimmen die Duden-Wörterbücher nicht miteinander überein. Ein Beispiel dafür ist die Charakterisierung von Satzphraseologismen: Unter anderem *Hochmut kommt vor dem Fall.* und *Zeit ist Geld.* sind in DGW3 richtig als Sprichwörter gekennzeichnet, für Duden 11 sind sie Redensarten (DSW macht keinen Unterschied zwischen diesen phraseologischen Subklassen, sondern markiert beide mit dem gleichen Symbol).

Zweitens differieren die Nennformen der Phraseologismen in den drei Duden-Werken recht oft. Dies soll unten nur anhand einer Erscheinung, und zwar der Erfassung der morphosyntaktischen Variation, gezeigt werden. Für die quantitative Variation lässt sich beobachten, dass DGW3 im Unterschied zum Duden 11 in nicht wenigen Fällen eine Komponente als fakultativ markiert, vgl. z. B.:

(194a) **einen Affen sitzen haben** (Duden 11)
(194b) **einen Affen [sitzen] haben** (DGW3)
(195a) **auf Brautschau gehen** (Duden 11)
(195b) **auf [die] Brautschau gehen** (DGW3)
(196a) **jmdm. den Himmel auf Erden versprechen** (Duden 11)
(196b) **jmdm. den Himmel [auf Erden] versprechen** (DGW3)

DSW stimmt hier für (194) mit DGW3, für (196) dagegen mit Duden 11 überein (der Phraseologismus in (195) ist dort nicht verzeichnet). – Auch im Falle der qualitativen Variation weicht die Beschreibung in DGW3 (und DSW) nicht selten von der im Duden 11 ab. Dies betrifft u. a. die Kennzeichnung des Dativs Singular sowie die Berücksichtigung der Variation von Singular und Plural einerseits und von Präpositionen andererseits, vgl.:

(197a) **im Sande verlaufen** (Duden 11)
(197b) **im Sand[e] verlaufen** (DGW3, DSW)
(198a) **die Beine in die Hand/unter den Arm nehmen** (Duden 11)
(198b) **die Beine in die Hand/unter die Arme nehmen** (DGW3, DSW)

(199a) **vom Regen in die Traufe kommen** (Duden 11)
(199b) **aus dem/vom Regen in die Traufe kommen** (DGW3, DSW)

Drittens kann sich die Bedeutungsbeschreibung der Phraseologismen in den Duden-Wörterbüchern jeweils recht unterschiedlich gestalten. Beispielsweise ist im Duden 11 für bestimmte Phraseologismen Polysemie vorgesehen, in DGW3 und DSW dagegen nicht:

(200a) **bis über den Kopf in etw. stecken** (ugs.): **1.** *tief, rettungslos in etw. hineingeraten sein* **2.** *völlig von etw. beansprucht werden* (Duden 11)
(200b) **bis über den Kopf in etw. stecken** (ugs.; *völlig von etw. beansprucht, belastet sein*) (DGW3)
(200c) **bis über den Kopf in etw. (Dat.) stecken** (ugs.; *von etw. übermäßig beansprucht sein*) (DSW)
(201a) **ins Land gehen/ziehen** (geh.): **1.** *vergehen, verstreichen* **2.** *einsetzen, beginnen* (Duden 11)
(201b) **ins Land gehen/ziehen** (*vergehen, verstreichen, dahingehen*) (DGW3)
(201c) **ins Land gehen/ziehen** (geh.; *vergehen, verstreichen*) (DSW)

Es lassen sich aber auch Belege dafür anführen, dass in DGW3 einem Phraseologismus mehr Bedeutungsvarianten zugeordnet werden als im Duden 11 (und in DSW):

(202a) **wieder auf die Beine kommen** (ugs.): **1.** *wieder gesund werden* **2.** *sich wirtschaftlich wieder erholen* (Duden 11)
(202b) **[wieder] auf die Beine kommen** (1. *sich aufrichten, aufstehen* 2. *[wieder] gesund werden* 3. *wirtschaftlich wieder hochkommen, festen Fuß fassen*) (DGW3)
(202c) **[wieder] auf die Beine kommen** (ugs.; 1. *sich aufrichten* 2. *[wieder] gesund werden* 3. *wirtschaftlich wieder festen Fuß fassen*) (DSW)
(203a) **jmdn. in die Pfanne hauen** (salopp): **1.** *jmdn. vernichtend kritisieren oder rücksichtslos behandeln* **2.** *jmdn. verprügeln* (Duden 11)
(203b) **jmdn. in die Pfanne hauen** (salopp; 1. *jmdn. scharf, in erniedrigender Weise zurechtweisen, hart kritisieren* 2. *jmdn. vernichten, vernichtend besiegen* 3. *verprügeln*) (DGW3)

(203c) **jmdn. in die Pfanne hauen** (salopp; 1. *jmdn. scharf kritisie-*
ren 2. *jmdn. vernichtend besiegen*) (DSW)

Den Beispielen (201) und (202) ist zu entnehmen, dass mit einer differierenden Bedeutungsbeschreibung ein Unterschied in der Stilmarkie-
rung verbunden sein kann. Darüber hinaus können sich die Beschreibungen der Phraseologismen u. a. in Bezug auf die Nennform und die
Bedeutungserläuterung voneinander unterscheiden, wie aus dem folgenden Beispiel hervorgeht:

(204a) **ein rotes Tuch für jmdn. sein; wie ein rotes Tuch auf jmdn.**
wirken (ugs.): *jmdn. wütend machen* (Duden 11)
(204b) **ein rotes/das rote Tuch für jmdn. sein/wie ein rotes Tuch**
auf jmdn. wirken (ugs.; *durch sein Vorhandensein, seine Art*
von vornherein jmds. Widerwillen u. Zorn hervorrufen)
(DGW3)
(204c) **ein rotes Tuch/das rote Tuch für jmdn. sein; wie ein rotes**
Tuch auf jmdn. wirken (ugs.; *durch sein Vorhandensein, sei-*
ner [sic!] *Art von vorneherein jmds. Widerwille* [sic!] *u. Zorn*
hervorrufen) (DSW)

Indem sie die Variationsmöglichkeit des Artikels berücksichtigen und
die Bedeutung genauer paraphrasieren, liefern DGW3 und DSW für
diesen Phraseologismus eine adäquatere Beschreibung als der Duden
11. Allerdings mag ein ausländischer Wörterbuchbenutzer die beiden
Lapsus in der Bedeutungserklärung von DSW etwas befremdend finden. – Zu einer vergleichenden Betrachtung des Duden 11 und weiterer Duden-Lexika vgl. auch Korhonen (1993, 310), Földes (1995,
67ff.) und Burger (1998, 175ff.; 2009, 24ff.; 2010, 188ff.).

7. Schlussbemerkungen

Als der Duden 11 zum ersten Mal im Jahr 1992 auf den Markt kam,
wurde er in einschlägigen Kreisen als eine wichtige Neuerscheinung
begrüßt – schon lange hatte man in der internationalen Phraseologieforschung auf ein umfangreicheres und moderneres Lexikon der festen
Wendungen der deutschen Gegenwartssprache gewartet. Dem Wörterbuch wurden in Rezensionen mehrere praxisbezogene Vorteile be-
scheinigt: Es sei eine materialreiche Informationsquelle sowie ein

172

vielseitiges und handliches Hilfsmittel, das sowohl beim mutter- als auch fremdsprachlichen Unterricht mit Gewinn benutzt werden könne (vgl. Debus 1993, 558; Korhonen 1993, 310; Wolski 1993, 96; Möhring/Barz 1994, 58; Steffens 1994, 277; Földes 1995, 77; Pilz 1995, 306). Zugleich wurde aber auch darauf hingewiesen, dass nicht alle Wünsche erfüllt worden seien: Es wurde vor allem hervorgehoben, dass eine stärkere Berücksichtigung der Ansprüche der phraseologischen Metalexikografie für die Darstellung der aufgeführten Phraseologismen von Vorteil gewesen wäre (vgl. Korhonen 1993, 310; Möhring/Barz 1994, 58f.; Steffens 1994, 277; Földes 1995, 77; Pilz 1995, 307ff.).

Inzwischen hat sich nun der Phraseologie-Duden in der Praxis sicherlich als nützliches Nachschlagewerk bewährt und damit nicht nur in der Dudenreihe, sondern auch neben weiteren phraseologischen Wörterbüchern seinen Platz gesichert; darauf deutet allein schon die Tatsache hin, dass der Band jetzt in zweiter Auflage erschienen ist. Die Neubearbeitung wird die Stellung des Duden 11 in der Phraseografie weiterhin befestigen, wurde hier doch auf mehrere Vorschläge eingegangen, die in Rezensionen zu diesem Lexikon und in der Forschungsliteratur zu einer adäquaten Beschreibung von Phraseologismen in Wörterbüchern gemacht worden sind. So haben nicht wenige phraseologische Ausdrücke durch Korrekturen, Präzisierungen und Ergänzungen eine verbesserte lexikografische Darstellung erfahren. Eine wichtige Neuerung, auch aus Sicht ausländischer Wörterbuchbenutzer, stellt die stärkere Einbeziehung österreichischer und schweizerischer Phraseologismen dar, denn auf diese Weise werden auch DaF-Lerner darauf aufmerksam gemacht, dass es in der deutschsprachigen Phraseologie nationale Varianten gibt. Ebenso sei erwähnt, dass zu vielen Phraseologismen eine Herkunftserklärung neu hinzugekommen ist, wenn auch der sprach- und kulturgeschichtliche Hintergrund phraseologischer Einheiten für Deutsch Lernende nicht so zentral ist wie die im Vorhergehenden besprochenen Aspekte (deshalb wurde er in diesem Beitrag nicht genauer dargelegt).

Wie die Ausführungen weiter oben aber gezeigt haben, gibt es im Duden 11 noch mehrere Teilbereiche und Einzelerscheinungen, deren Überarbeitung in einer dritten Auflage aus der DaF-Perspektive wünschenswert erscheint. Besondere Aufmerksamkeit sollte auf folgende Fragen gerichtet werden:

1. Festigung der phraseologischen Terminologie.
2. Festlegung des Hauptstichwortes.
3. Anordnung von Phraseologismen mit gemeinsamem Zuordnungslemma.
4. Gestaltung der Nennform (u. a. Subjektangabe und Informationen
   zum Kasus bei bestimmten Präpositionen).
5. Beschreibung von Bedeutung und Gebrauch (u. a. Ersetzung phraseologischer Synonyme durch nichtphraseologische Paraphrasen in
   Bedeutungserläuterungen).
6. Überprüfung der Verweise.

Bei allen Punkten sollten Inkonsequenzen beseitigt werden, und darüber hinaus wäre noch die Beschreibung von Synonymen zu vereinheitlichen (auch dieses Problem konnte oben nicht eingehend behandelt werden). Wenn entsprechende Operationen sorgfältig durchge-
führt würden und dazu noch die Duden-Wörterbücher die Phraseologie übereinstimmend darstellten, könnte man sagen, dass der phraseologisch interessierte Deutsch Lernende mit der Duden-Lexikografie in
seinen Erwartungen völlig zufriedengestellt würde, dass er damit voll
auf seine Kosten käme.

8.   Literatur
8.1. Primärliteratur

Duden. Redewendungen und sprichwörtliche Redensarten (1992).
    Wörterbuch der deutschen Idiomatik. Bearb. von Günther Dros-
    dowski/Werner Scholze-Stubenrecht. Mannheim u. a.
Duden. Redewendungen (2002). Wörterbuch der deutschen Idiomatik.
    2., neu bearb. und aktualis. Aufl. Hg. von der Dudenredaktion.
    Mannheim u. a.

8.2. Sekundärliteratur

Burger, Harald (1992): Phraseologie im Wörterbuch. Überlegungen
    aus germanistischer Perspektive. In: Wolfgang Eismann/Jürgen Pe-
    termann (Hg.): Studia phraseologica et alia. Festschrift für Josip
    Matešić zum 65. Geburtstag. München (= Specimina Philologiae
    Slavicae. Supplementbd. 31), S. 33–51.

Burger, Harald (1998): Phraseologie. Eine Einführung am Beispiel des Deutschen. Berlin (= Grundlagen der Germanistik 36).

Burger, Harald (2009): Semantische Aspekte der deutschen Phraseografie: die aktuelle Praxis – allgemeine und phraseologische Wörterbücher im Vergleich. In: Carmen Mellado Blanco (Hg.): Theorie und Praxis der idiomatischen Wörterbücher. Tübingen (= Lexicographica. Series Maior 135), S. 23–44.

Burger, Harald (2010): Phraseologie. Eine Einführung am Beispiel des Deutschen. 4., neu bearb. Aufl. Berlin (= Grundlagen der Germanistik 36).

Cheon, Mi-Ae (1998): Zur Konzeption eines phraseologischen Wörterbuchs für den Fremdsprachler. Am Beispiel Deutsch-Koreanisch. Tübingen (= Lexicographica. Series Maior 89).

Debus, Friedhelm (1993): Rezension zu Duden 11. In: Germanistik 34, S. 557–558.

DGW1 = Duden. Das große Wörterbuch der deutschen Sprache in sechs Bänden (1976–1981). Hg. und bearb. vom Wissenschaftlichen Rat und den Mitarbeitern der Dudenredaktion unter Leitung von Günther Drosdowski. Mannheim/Wien/Zürich.

DGW3 = Duden. Das große Wörterbuch der deutschen Sprache in zehn Bänden (1999). 3., völlig neu bearb. und erw. Aufl. Hg. vom Wissenschaftlichen Rat der Dudenredaktion. Mannheim u. a.

DSW = Duden. Das Stilwörterbuch (2001). 8., völlig neu bearb. Aufl. Hg. von der Dudenredaktion. Mannheim u. a.

DUW = Duden. Deutsches Universalwörterbuch (2001). 4., neu bearb. und erw. Aufl. Hg. von der Dudenredaktion. Mannheim u. a.

Fleischer, Wolfgang (1997): Phraseologie der deutschen Gegenwartssprache. 2., durchges. und erg. Aufl. Tübingen.

Földes, Csaba (1995): Überlegungen zum lexikographischen Konzept eines phraseologischen Wörterbuchs. In: Muttersprache 105, S. 66–78.

Friederich, Wolf (1976): Moderne deutsche Idiomatik. Alphabetisches Wörterbuch mit Definitionen und Beispielen. 2., neu bearb. Aufl. München.

HWDG = Handwörterbuch der deutschen Gegenwartssprache (1984). In zwei Bänden. Von einem Autorenkollektiv unter der Leitung von Günter Kempcke. Berlin.

Kispál, Tamás (1999a): Sprichwörter im allgemeinen einsprachigen Wörterbuch. In: Peter Bassola/Christian Oberwagner/Guido Schnieders (Hg.): Schnittstelle Deutsch. Linguistische Studien aus Szeged. Festschrift für Pavica Mrazović. Szeged (= Acta Germanica 8), S. 85–97.

Kispál, Tamás (1999b): Sprichwörter unter dem Aspekt des Fremdsprachenlerners. In: Rupprecht S. Baur/Christoph Chlosta/Elisabeth Piirainen (Hg.): Wörter in Bildern – Bilder in Wörtern. Beiträge zur Phraseologie und Sprichwortforschung aus dem Westfälischen Arbeitskreis. Baltmannsweiler (= Phraseologie und Parömiologie 1), S. 239–248.

Kjær, Anne Lise (1987): Zur Darbietung von Phraseologismen in einsprachigen Wörterbüchern des Deutschen aus der Sicht ausländischer Textproduzenten. In: Jarmo Korhonen (Hg.): Beiträge zur allgemeinen und germanistischen Phraseologieforschung. Internationales Symposium in Oulu 13.–15. Juni 1986. Oulu (= Veröffentlichungen des Germanistischen Instituts der Universität Oulu 7), S. 165–181.

Korhonen, Jarmo (1993): Rezension zu Duden 11. In: Der Ginkgo-Baum. Germanistisches Jahrbuch für Nordeuropa, Estland, Lettland und Litauen. 12. Folge. Helsinki, S. 306–310.

Korhonen, Jarmo (1995): Studien zur Phraseologie des Deutschen und des Finnischen I. Bochum (= Studien zur Phraseologie und Parömiologie 7).

Korhonen, Jarmo (2001): Alles im Griff. Homma hanskassa. Saksa–suomi-idiomisanakirja. Idiomwörterbuch Deutsch-Finnisch. Unter Mitarb. von Kaija Menger und der Arbeitsgruppe Deutsch-Finnische Phraseologie. Helsinki.

Korhonen, Jarmo (2002a): Typologien der Phraseologismen: Ein Überblick. In: D. Alan Cruse u. a. (Hg.): Lexikologie. Ein internationales Handbuch zur Natur und Struktur von Wörtern und Wortschätzen. 1. Halbbd. Berlin/New York (= Handbücher zur Sprach- und Kommunikationswissenschaft 21.1), S. 402–407.

Korhonen, Jarmo (2002b): Zur Einrichtung der Phraseologiekomponente von Wortartikeln in einsprachigen Wörterbüchern des Deutschen. In: Peter Wiesinger unter Mitarb. von Hans Derkits (Hg.): Akten des X. Internationalen Germanistenkongresses Wien 2000. »Zeitenwende – Die Germanistik auf dem Weg vom 20. ins 21.

Jahrhundert«. Bd. 2. Bern u. a. (= Jahrbuch für Internationale Germanistik A/54), S. 365–371.

Korhonen, Jarmo (2003): Deutsch-finnische Phraseologie in neuerer lexikografischer Anwendung. In: Harald Burger/Annelies Häcki Buhofer/Gertrud Gréciano (Hg.): Flut von Texten – Vielfalt der Kulturen. Ascona 2001 zur Methodologie und Kulturspezifik der Phraseologie. Baltmannsweiler (= Phraseologie und Parömiologie 14), S. 491–501.

Korhonen, Jarmo (2004): Zur lexikografischen Erfassung von Sprichwörtern in einsprachigen deutschen Wörterbüchern. In: Christine Palm-Meister (Hg.): EUROPHRAS 2000. Internationale Tagung zur Phraseologie vom 15.–18. Juni 2000 in Aske/Schweden. Tübingen, S. 233–244.

Korhonen, Jarmo (2005): Phraseologismen im GWDS. In: Herbert Ernst Wiegand (Hg.): Untersuchungen zur kommerziellen Lexikographie der deutschen Gegenwartssprache II.»Duden. Das große Wörterbuch der deutschen Sprache in zehn Bänden«. Print- und CD-ROM-Version. Bd. 2. Tübingen (= Lexicographica. Series Maior 121), S. 109–128.

Korhonen, Jarmo (2011a): Zur Darstellung von Idiomen und Sprichwörtern in PONS Großwörterbuch Deutsch als Fremdsprache. In: Christine Schowalter/Patrick Schäfer (Hg.): Festschrift für Helmut Lüger zum 65. Geburtstag. Landau [im Druck].

Korhonen, Jarmo (2011b): Zur lexikografischen Beschreibung von Bedeutung und Gebrauch von Sprichwörtern. In: Akten der Konferenz „EUROPHRAS 2010" in Granada vom 30.6. bis 2.7.2010 [im Druck].

Korhonen, Jarmo/Wotjak, Barbara (2001): Kontrastivität in der Phraseologie. In: Gerhard Helbig u. a. (Hg.): Deutsch als Fremdsprache. Ein internationales Handbuch. 1. Halbbd. Berlin/New York (= Handbücher zur Sprach- und Kommunikationswissenschaft 19.1), S. 224–235.

Kühn, Peter (1989): Phraseologie und Lexikographie: Zur semantischen Kommentierung phraseologischer Einheiten im Wörterbuch. In: Herbert Ernst Wiegand (Hg.): Wörterbücher in der Diskussion. Vorträge aus dem Heidelberger Lexikographischen Kolloquium. Tübingen (= Lexicographica. Series Maior 27), S. 133–154.

Möhring, Jörg/Barz, Irmhild (1994): Rezension zu Duden 11. In: Deutsch als Fremdsprache 31, S. 58–59.

Müller, Klaus (2005): Lexikon der Redensarten. Herkunft und Bedeutung deutscher Redewendungen. München.

Pilz, Klaus Dieter (1995): Duden 11. Redewendungen (...) – Das anhaltende Elend mit den phraseologischen Wörterbüchern (Phraseolexika). In: Rupprecht S. Baur/Christoph Chlosta (Hg.): Von der Einwortmetapher zur Satzmetapher. Akten des Westfälischen Arbeitskreises Phraseologie/Parömiologie. Bochum (= Studien zur Phraseologie und Parömiologie 6), S. 305–320.

Schemann, Hans (1993): Deutsche Idiomatik. Die deutschen Redewendungen im Kontext. Stuttgart/Dresden.

Scholze-Stubenrecht, Werner (1988): Phraseologismen im Wörterbuch. In: Gisela Harras (Hg.): Das Wörterbuch. Artikel und Verweisstrukturen. Jahrbuch 1987 des Instituts für deutsche Sprache. Düsseldorf (= Sprache der Gegenwart 74), S. 284–302.

Steffens, Doris (1989): Untersuchung zur Phraseologie der deutschen Gegenwartssprache unter lexikographischem Aspekt. In: Beiträge zur Erforschung der deutschen Sprache 9, S. 79–93.

Steffens, Doris (1994): Rezension zu Duden 11. In: Muttersprache 104, S. 276–277.

Sternkopf, Jochen (1992): Überlegungen zur Darstellung der phraseologischen Bedeutung im Wörterbuch. In: Lexicographica 7, S. 115–124.

Wolski, Werner (1993): Zwei neue phraseologische Wörterbücher. In: Der Deutschunterricht 45, S. 94–96.

Wotjak, Barbara (2001): Phraseologismen im Lernerwörterbuch – Aspekte der Phraseologiedarstellung im de Gruyter-Wörterbuch Deutsch als Fremdsprache. In: Annelies Häcki Buhofer/Harald Burger/Laurent Gautier (Hg.): Phraseologiae Amor. Aspekte europäischer Phraseologie. Festschrift für Gertrud Gréciano zum 60. Geburtstag. Baltmannsweiler (= Phraseologie und Parömiologie 8), S. 263–279.

Wotjak, Barbara/Dobrovol'skij, Dmitrij (1996): Phraseologismen im Lernerwörterbuch. In: Irmhild Barz/Marianne Schröder (Hg.): Das Lernerwörterbuch Deutsch als Fremdsprache in der Diskussion. Heidelberg (= Sprache – Literatur und Geschichte. Studien zur Linguistik/Germanistik 12), S. 243–264.

VII.

Zur Überarbeitung der Phraseologie im Duden 11
Zweite und dritte Auflage im Vergleich[*]

1. Einleitende Bemerkungen

Der „Duden. Redewendungen" (Duden 11) erschien erstmals im Jahr
1992, sechs Jahre später folgte ein nach den Regeln der neuen deutschen Rechtschreibung überarbeiteter Nachdruck der ersten Auflage.
Eine zweite, neu bearbeitete und aktualisierte Auflage wurde im Jahr
2002 herausgegeben, und seit 2008 liegt eine dritte, überarbeitete und
aktualisierte Auflage vor. Der vorliegende Beitrag setzt sich zum Ziel,
die zweite und dritte Auflage in Bezug auf einige zentrale Aspekte der
Phraseografie miteinander zu vergleichen (in einigen Fällen wird auch
die erste Auflage in den Vergleich mit einbezogen). Es soll ermittelt
werden, ob die Überarbeitung der Phraseologie in der dritten Auflage
des Duden 11 einen Erkenntnisfortschritt bedeutet oder ob die Phraseologiedarstellung in diesem Wörterbuch eher auf der Stelle tritt. Die
unten berücksichtigten Aspekte betreffen den Begriff „Redewendung"
und die entsprechende Terminologie, die Auswahl der Einträge, die
Bestimmung des Zuordnungslemmas von Phraseologismen und die
Reihenfolge von Phraseologismen mit gemeinsamem Zuordnungslemma, die Nennform von Phraseologismen, die Informationen zur Bedeutung und zum Gebrauch sowie schließlich das Verweissystem des
Wörterbuchs. Die Darstellung der deutschen Phraseologie im Duden
11 wird im Folgenden vor allem aus Sicht von Nichtmuttersprachlern
betrachtet. Im Vordergrund steht somit die Perspektive des Deutschen
als Fremdsprache, eines wichtigen Teilbereichs der Germanistik, um
dessen Belange sich Helmut Glück schon seit Langem besonders ver-
dienstvoll kümmert.

---

[*] Zuerst erschienen in: Wieland Eins/Friederike Schmöe (Hg.) (2009): Wie wir sprechen und schreiben. Festschrift für Helmut Glück zum 60. Geburtstag. Wiesbaden,
S. 131–143.

2. Begriff der Redewendung und Terminologie

Laut Duden 11 wird eine Redewendung durch Polylexikalität und eine mehr oder weniger starke Idiomatizität gekennzeichnet (2008, 9). Am ersten Kriterium wird durchgehend konsequent festgehalten, am zweiten jedoch nicht, insofern ins Wörterverzeichnis u. a. auch Ausdrücke wie *Anwendung finden* (2008, 53f.) und *eine Zahlung leisten* (2008, 893) aufgenommen wurden. Es handelt sich hier um einen Typus von Funktionsverbgefügen, bei dem kaum eine Idiomatisierung vorliegt (vgl. dazu auch Korhonen 1993, 306; 2004, 361f. und Starke 1995, 50). Das sieht man auch daran, dass z. B. *eine Zahlung leisten* in DUW (2007, 1958) und LGDaF (2008, 1245) unter den Beispielen zu *Zahlung* ohne Bedeutungserläuterung aufgeführt wird. Ebenso sind *kleingeschrieben werden* und *jmdm. etw. zukommen lassen* keine idiomatisierten Redewendungen – sie sind überhaupt keine Phraseologismen, sondern typische syntaktische Verbindungen bestimmter Bedeutungsvarianten von *kleinschreiben* bzw. *zukommen* (so werden sie auch etwa in DUW 2007, 963 bzw. 1991 und LGDaF 2008, 619 bzw. 1266 beschrieben).

Außer dem Terminus „Redewendung" werden in der Einleitung des Duden 11 (2008, 9) viele weitere Termini erwähnt: Redensart, feste Wendung, idiomatische Wendung, feste Verbindung, idiomatische Verbindung, Idiom, Wortgruppenlexem, Phraseologismus und Phraseolexem. Dazu ist anzumerken, dass diese Termini keine Synonyme sind: Beispielsweise wird „Phraseologismus" in der einschlägigen Forschungsliteratur schon lange als Oberbegriff fester syntaktischer Verbindungen verstanden. Besonders irritierend ist, dass in den Herkunftserläuterungen einzelner Phraseologismen noch weitere Bezeichnungen verwendet werden, vgl. etwa „Ausdruck" (*ägyptische Finsternis*), „bildlicher Ausdruck" (*Morpheus' Arme*), „idiomatischer Ausdruck" (*das Auge des Gesetzes*) und „Fügung" (*der alte Adam; ein unsicherer Kantonist*). Der problematischste Terminus ist jedoch „Redensart". In der Einleitung (2008, 13) heißt es, dass Redensarten „in der Regel" eine Satzform aufwiesen (z. B. *das ist/war der Anfang vom Ende*). Unter den Einträgen finden sich aber mehrere Beispiele dafür, dass ein Verbidiom, d. h. ein infinitivfähiger voll- oder teilidiomatischer Phraseologismus, zu den Redensarten gezählt wird (z. B. *das Angenehme mit dem Nützlichen verbinden; eine ruhige Kugel schie-*

ben). Folgende Ausdrücke sind zwar satzwertig, aber entgegen der Klassifizierung des Duden 11 keine Redensarten, sondern Sprichwörter: *aufgeschoben ist nicht aufgehoben; Zeit ist Geld.* „Sprichwörtliche Redensarten" wiederum seien u. a. der *Appetit kommt beim/mit dem Essen* und *Arbeit schändet nicht.* Auch diese Ausdrücke sind eindeutig als Sprichwörter einzustufen, genauso wie *nach getaner Arbeit ist gut ruhn* und *wer zuerst kommt, mahlt zuerst,* die im Duden 11 eine richtige Klassenzuordnung erfahren.

Ein Vergleich mit der zweiten Auflage zeigt, dass das Konzept des Begriffs der Redewendung und die entsprechenden Termini praktisch unverändert auf die dritte Auflage übertragen wurden. Somit ist eine begriffliche und terminologische Festigung, die durchaus erforderlich gewesen wäre, ausgeblieben. – Zur Kritik an der phraseologischen Terminologie im Duden 11 vgl. auch Korhonen (1993, 306; 2004, 362ff.), Földes (1995, 70), Pilz (1995, 307ff.) und Starke (1995, 50).

3. Auswahl der Einträge

Stellt man den Phraseologismenbestand der zweiten Auflage dem der dritten Auflage gegenüber, so stellt sich zunächst heraus, dass einerseits mehrere Einheiten getilgt wurden und andererseits zahlreiche neue Einheiten ins Wörterverzeichnis Eingang fanden. Die Tilgung hängt nicht selten mit der Orthografiereform zusammen: Was im Jahr 2002 wegen der Getrenntschreibung noch als Phraseologismus galt, gilt seit 2006 als zusammengesetztes Verb (der Phraseologismenstatus ist also verloren gegangen), vgl. etwa:

> *[jmdm.] abhanden kommen* (jetzt *abhandenkommen*); *klar sehen* (jetzt *klarsehen*); *Kopf stehen* (jetzt *kopfstehen*); *sich mit etw. zufrieden geben* (jetzt *zufriedengeben*); *jmdm. zuteil werden* (jetzt *zuteilwerden*)

Auch der Eintrag *etw. sieht jmdm. ähnlich* hätte getilgt werden sollen, weil das Adjektiv heute mit dem Verb zusammengeschrieben wird. Bei der Anwendung der neuen Rechtschreibregeln auf die Einträge wurde die Kombination Objekt + zusammengesetztes Verb an einigen Stellen offensichtlich aus Versehen als Phraseologismus deklariert: *[jmdm.] etw. krummnehmen; jmdn., etw. schlechtmachen.* Weitere Tilgungen beziehen sich besonders auf Phraseologismen, die in der zweiten Auflage als veraltend bzw. veraltet gekennzeichnet waren, z. B.:

> *auf zwei Augen stehen/ruhen* (2. Aufl.: veraltend); *jmdm. auf dem Leder knien* (2. Aufl.: veraltend); *den bunten Rock anziehen* (2. Aufl.: veraltet); *krauses Haar, krauser Sinn* (2. Aufl.: veraltet)

Desgleichen wurden einige stilistisch neutrale und umgangssprachliche Phraseologismen gestrichen, vgl. etwa: *sich an etw. nicht kehren* (2. Aufl.: ohne Kennzeichnung, d. h. neutral); *anhänglich wie Rheumatismus sein* (2. Aufl.: ugs.). Der Phraseologismus *in die/diese Suppe schauen mehr Augen hinein als heraus* wurde unter *Auge* wohl deshalb getilgt, weil er in der zweiten Auflage mehrfach (unter *Auge* (mit *diese*) und *Suppe* (mit *die*)) lemmatisiert war.

Die neu hinzugekommenen Phraseologismen sind mehrheitlich umgangssprachliche Einheiten, vgl. u. a.:

> *ab dafür; sich zum Affen machen; Augen zu und durch; knietief im Dispo sein/stecken; [die] klare Kante zeigen; neben der Kappe sein; das/es ist zum Kinderkriegen; alles im Lack; ab geht die Luzie; Mund abputzen [und weitermachen]; wie ein Schluck Wasser in der Kurve; den Schuh ziehe ich mir nicht an; ein Schuss ins Knie; mit allem Zipp und Zapp.*

Zu den stilistisch neutralen neuen Phraseologismen zählen z. B.:

> *ein Ass aus dem Ärmel ziehen; einen langen Atem brauchen; nicht alle Eier in einen Korb legen; aufrechter Gang; die Hand nicht vor Augen sehen [können]; totes Kapital; einen Keil zwischen jmdn. [und jmdn.] treiben; der kleinste gemeinsame Nenner; der Weg ist das Ziel.*

Ein Teil der neuen Einträge besteht sicherlich aus phraseologischen Neologismen des ersten Jahrzehnts des 21. Jahrhunderts, aber einige Phraseologismen, die in der zweiten Auflage noch fehlten, waren bereits in den 1990er Jahren in Gebrauch, wofür Belege selbst im Duden 11 den Nachweis liefern, vgl. etwa: *im falschen Film sein/sitzen* (1999); *auf gepackten Koffern sitzen* (1999); *mit erhobenem Zeigefinger* (1996). Vielleicht gab es dafür im Hinblick auf die Aufnahme der Einträge in die zweite Auflage im Duden-Korpus noch nicht genügend

Belege, oder der Phraseologismenstatus eines Ausdrucks war den Bearbeitern damals noch nicht klar (vgl. u. a. das Beispiel *in seinen Stücken spürt man zu sehr den erhobenen Zeigefinger* in DUW 2007, 1964; der Satz steht hinter der Abkürzung Ü, stellt also ein Beispiel für übertragenen Gebrauch von *Zeigefinger* dar).

Mitunter hat die Aufnahme eines neuen Eintrags zu einer Mehrfachlemmatisierung eines bestimmten Phraseologismus geführt, was sicher nicht Absicht war (es gibt im Duden 11 nur ganz wenige Belege für Mehrfachlemmatisierung, die wohl alle auf Unachtsamkeit beruhen), vgl. *mit Kind und Kegel* (2. Aufl.: nur unter *Kind*); *kalter/Kalter Krieg* (2. Aufl.: nur unter *kalt*); *die Schwarze Kunst* (2. Aufl.: nur unter *schwarz*); *seine Rolle ausgespielt haben* (2. Aufl.: nur unter *Rolle*). Glücklicherweise stimmen die Beschreibungen der Phraseologismen unter den verschiedenen Zuordnungslemmata jeweils miteinander überein – aus der DaF-Perspektive wären voneinander abweichende Beschreibungen ein Problemfall.

Obwohl mehrere veraltende und veraltete Phraseologismen für die dritte Auflage gestrichen wurden, erstreckte sich dieses Verfahren nicht auf alle Einheiten mit solchen Markierungen. An veraltenden bzw. veralteten Phraseologismen sind in der dritten Auflage u. a. die folgenden weiterhin vorhanden:

Arm und Reich (veraltend); *leichten Kaufs* (geh. veraltend); *etw. an/bei allen vier Zipfeln haben* (ugs. veraltend); *eine Frucht der Liebe* (geh. veraltet); *jmdn. an Kindes statt [an]nehmen* (Amtsspr. veraltet); *jmdm. etw. kund und zu wissen tun* (veraltet).

Unter den Phraseologismen finden sich sogar solche, die mit der Markierung „selten" versehen sind (z. B. *nach jmds. Rechnung*), was natürlich zu der Feststellung, der Duden 11 dokumentiere „die gebräuchlichsten festen Wendungen der deutschen Gegenwartssprache" (2008, 15) in krassem Widerspruch steht und sowohl muttersprachliche als auch ausländische Benutzer des Wörterbuchs überraschen muss. – Zur Kritik an der Auswahl der Phraseologismen für Duden 11 vgl. auch Korhonen (1993, 307; 2004, 364f.), Steffens (1994, 276), Pilz (1995, 309ff.) und Starke (1995, 51).

4. Zuordnungslemma und Reihenfolge der dazugehörigen Phraseologismen

Bei der Zuordnung von Phraseologismen zu Hauptstichwörtern wird in der Phraseografie bereits seit Anfang der 80er Jahre des 20. Jahrhunderts von einem Prinzip, das sich an einer bestimmten Wortklassenhierarchie orientiert, Gebrauch gemacht. Dieses Prinzip besagt, dass als Zuordnungslemma das erste Substantiv – Adjektiv – Adverb usw. gewählt wird, und daran sind auch DaF-Lerner schon längst gewöhnt. Im Duden 11 wird aber seit der ersten Auflage eine Praxis angewendet, nach der ein Phraseologismus einem Hauptstichwort, „das entweder das erste Wort oder eines der wichtigsten sinntragenden Wörter der jeweiligen Wendung ist" (2008, 21), zugeordnet wird. Mit diesem einerseits mechanischen und andererseits semantischen Verfahren unterscheidet sich der Duden 11 von den meisten modernen Wörterbüchern des heutigen Deutsch, ja sogar von anderen Duden-Wörterbüchern (vgl. etwa DGW 1976, 19: „Idiomatische Ausdrücke werden […] gewöhnlich nur unter dem ersten Substantiv aufgeführt, wenn keins vorhanden ist, unter dem ersten sinntragenden Wort […]).

Zumindest für einen Nichtmuttersprachler ist es sehr schwierig, das Zuordnungslemma auszumachen, falls es nicht das erste Substantiv, Adjektiv usw. ist. Man fragt sich z. B., ob das Hauptstichwort eine Komponente ist, die im Phraseologismus ihre freie Bedeutung beibehalten hat oder ob es wiederum eine solche Komponente ist, die für die Konstituierung der Gesamtbedeutung eines Phraseologismus relevant ist. In folgenden Beispielen stellt einmal die nichtidiomatische, ein andermal die idiomatisierte Komponente das Zuordnungslemma (im Folgenden fett gedruckt) dar: *sich künstlich **aufregen**; sich <Dativ> einen **Ast** lachen*. Bei einer genaueren Betrachtung der Festlegung des Zuordnungslemmas werden zahlreiche Inkonsequenzen sichtbar. Enthält ein Phraseologismus zwei Substantive, kann er im Duden 11 unter dem ersten oder dem zweiten Substantiv zu finden sein: *mit einem **Fuß** im Grabe stehen; es ist noch nicht aller Tage **Abend***. Wenn ein Phraseologismus aus einem Adjektiv und einem Substantiv besteht, kann das Zuordnungslemma ein Adjektiv oder ein Substantiv sein: *attisches **Salz**; **aufrechter** Gang*. Das Gleiche gilt für Phraseologismen mit Adjektiv und Verb: *dick **auftragen**; **alt** aussehen*. Besonders deutlich wird die fehlende Systematik bei Phraseologismen mit

184

gleichen Komponenten, vgl. z. B. *nicht die Welt* **kosten***; was kostet die* **Welt**? – Das alte Prinzip der Zuordnung von Phraseologismen zu Hauptstichwörtern wurde in der dritten Auflage von ganz wenigen Ausnahmen abgesehen beibehalten. Als ein Schritt in Richtung Systematisierung kann die Einordnung des Komplexes *mit vielem Ach und Weh; mit/unter Weh und Ach* unter *Ach* angesehen werden. In der zweiten Auflage wurden die beiden Idiome unter *Weh* aufgeführt.

Zur Anordnung von Phraseologismen mit gleichem Zuordnungslemma wird im Duden 11 Folgendes festgehalten:

> Handelt es sich dabei um Substantive, so stehen die zugehörigen Wendungen untereinander in einer Reihenfolge, die vom Kasus des Substantivs in der Grundform der Wendung bestimmt ist: Nominativ vor Akkusativ vor Dativ vor Genitiv. Nach dem Stichwort im Genitiv folgt das Stichwort mit vorangestellter Präposition in der alphabetischen Folge der einzelnen Präpositionen. (2008, 21)

Aus Unachtsamkeit wird von diesem Grundprinzip jedoch an manchen Stellen abgewichen. So steht z. B. *Ach und Weh schreien* hinter *mit Ach und Krach* und *Arbeit und Brot* hinter *von seiner Hände Arbeit leben*. Hier und da wurde eine falsche Anordnung der zweiten Auflage korrigiert: *jmdn., etw. auf dem Altar der Freundschaft/der Liebe/des Vaterlandes o. Ä. opfern* vor *jmdn. zum Altar führen* (2. Aufl.: umgekehrt); *das ist so sicher wie das Amen in der Kirche/* (österr.:) *im Gebet* vor *sein Amen zu etw. geben* (2. Aufl.: umgekehrt). Es lassen sich aber auch Beispiele für die entgegengesetzte Entwicklung anführen: *jmdm. die Krallen zeigen* steht hinter *jmdn., etw. in/ zwischen die Krallen bekommen* und *jmdm. hängt die Zunge zum Hals[e] heraus* hinter *seine Zunge an etw. wetzen*. In der zweiten Auflage waren die Idiome jeweils richtig angeordnet. – Zur Kritik an den oben besprochenen Aspekten vgl. auch Korhonen (1993, 307; 2004, 366ff.), Möhring/Barz (1994, 59), Földes (1995, 72f.), Pilz (1995, 312ff.) und Starke (1995, 51).

5. Nennform

Die neueste Version der Orthografiereform hat auch für die Gestaltung der Nennform von Phraseologismen gewisse Konsequenzen gehabt. So werden bestimmte Verbindungen von Adjektiv bzw. Adverb und Verb heutzutage zusammengeschrieben: *sich <Dativ> den Kanal volllaufen lassen* (2. Aufl.: *voll laufen*); *die Zähne nicht auseinanderbekommen* (2. Aufl.: *auseinander bekommen*). Auffällig ist, dass sich der Duden 11 in Fällen, wo heute sowohl eine Klein- als auch eine Großschreibung zugelassen sind, nur für die Großschreibung entschieden hat: *die Schwarze Kunst* (2. Aufl.: *schwarze*; jetzt *Schwarze/schwarze*); *binnen Kurzem; seit Kurzem; vor Kurzem* (2. Aufl.: *kurzem*; jetzt *Kurzem/kurzem*).

In einigen Phraseologismen wurde die Nennform geändert, indem eine Komponente gegen eine andere ausgetauscht wurde: *da geht die Post ab* (2. Aufl.: *irgendwo*); *etw. wie sauer/saures Bier anbieten* (2. Aufl.: *ausbieten*). Beim ersten Phraseologismus wäre die alte Form adäquater gewesen, weil anstelle von *da* verschiedene Lokalbestimmungen erscheinen können, wie aus dem Belegteil hervorgeht. Ein Beispiel für die Reduzierung der Nennform ist der Phraseologismus *auf hohem Kothurn*, der in der zweiten Auflage die Form *auf hohem Kothurn einherschreiten* hatte; die Änderung ist insofern begründet, als sich der Gebrauch von *auf hohem Kothurn* nicht auf das Verb *einherschreiten* beschränkt. Im Hinblick auf Varianten lässt sich beobachten, dass bei einem Phraseologismus eine Variante hinzugekommen oder getilgt worden ist, z. B.: *einen/den Abgang machen* (2. Aufl.: *einen*); *sich <Dativ> etw. an beiden Händen abzählen können* (2. Aufl.: *abzählen/abfingern*). Durch Hinzufügung einer Komponente sind manchmal Synonyme entstanden, vgl.: *Aftersausen/Muffensausen haben* (2. Aufl.: *Muffensausen* nicht vorhanden). Auf der anderen Seite werden synonyme Phraseologismen im Duden 11 auch unter eigenen Zuordnungslemmata aufgeführt (vgl. z. B.: *etw. auf die leichte Achsel nehmen; etw. auf die leichte Schulter nehmen*), was eine adäquatere Darstellungsart ist.

Aus Sicht ausländischer Benutzer deutscher Wörterbücher wäre es von Vorteil, wenn die Beschreibungen der Lemmata auch möglichst detaillierte syntaktische Informationen enthielten. Für die Nennform von Phraseologismen hieße das u. a., dass im Zusammenhang mit den hinter einer Präposition erscheinenden Markierungen *jmds.* und *etw.* der richtige Kasus angegeben würde. Obwohl ein entsprechender Wunsch bereits ausdrücklich im Hinblick auf die Nennformen von Phraseologismen in der dritten Auflage des Duden 11 geäußert wurde, weisen die Nennformen in dieser Hinsicht die gleiche Gestalt auf wie in der zweiten Auflage, vgl. z. B.: *in jmds. Art schlagen; Licht in etw. bringen.* Da der Kasus nicht immer aus dem Beispiel- und Belegteil zu entnehmen ist, sollten die Nennformen wie folgt gestaltet werden: *in jmds. Art <Akkusativ> schlagen; Licht in etw. <Akkusativ> bringen* (in äußerst wenigen Fällen ist eine explizite Kasusangabe vorhanden, vgl.: *mit einem Bein in etw. <Dativ> stehen*). Ähnliches gilt für die Form *einer Sache*, die im Duden 11 das Dativ- und das Genitivobjekt kennzeichnet. Gelegentlich findet man eine Kasusspezifikation, aber meistens nicht: *einer Sache <Dativ> Eintrag tun* vs. *einer Sache Bahn brechen; [einer Sache] gewärtig sein.*

In Bezug auf das Reflexivpronomen *sich* war in der zweiten Auflage des Duden 11 eine für ausländische Benutzer wichtige Neuigkeit eingeführt worden: Wenn das Pronomen flektiert werden kann und der Kasus dabei Dativ ist, wird er entsprechend vermerkt. Die Angabe des Kasus erfolgte aber nicht systematisch, und so verhält es sich auch mit der dritten Auflage, vgl.: *sich <Dativ> einen schlanken Fuß machen; sich <Dativ> eine goldene Nase verdienen* vs. *sich die Nase begießen; [sich] die [größten] Rosinen [aus dem Kuchen] [heraus]picken/[heraus]klauben.* Es lassen sich sogar Belege dafür anführen, dass eine Dativangabe in der dritten Auflage getilgt wurde, obwohl sie in der zweiten Auflage vorhanden war: *sich kein Bein ausreißen; sich den Kopf verkeilen.* Auf der anderen Seite finden sich auch Belege für eine überflüssige Dativangabe: *mit sich <Dativ> zurate gehen* (*mit* regiert nur den Dativ) vs. *mit sich [selbst] zu tun haben.* Die Dativangabe kann auch an falscher Stelle stehen (vgl. *sich etw. <Dativ> auf der Zunge zergehen lassen müssen*), und in den folgenden Beispielen wurden die Angaben <Dativ> und <Dativ od. Akkusativ> verwechselt: *außer sich <Dativ od. Akkusativ> sein* (2. Aufl.: <Dativ>); *außer sich <Dativ> geraten* (2. Aufl.: <Dativ oder Akkusativ>).

Zur Erfassung valenzbedingter Ergänzungen von Verbidiomen ist festzustellen, dass nichtmuttersprachliche Wörterbuchbenutzer es begrüßen würden, wenn die entsprechenden Angaben möglichst vollständig gemacht würden. So sollte zunächst für das Subjekt angegeben werden, ob es sich um eine Personen- oder Sachbezeichnung handelt (zur Subjektmarkierung vgl. beispielsweise Korhonen 2001, 49; 2004, 374f.; 2008, 140). Ist das Subjekt eine Sachbezeichnung, so wird es im Duden 11 bei einigen (allerdings ganz wenigen) Phraseologismen vermerkt, vgl.: *etw. ist aller Ehren wert; etw. hat es in sich*. In den meisten Fällen stehen Phraseologismen mit Sachsubjekt jedoch im Infinitiv: *im Argen liegen; für die Katz sein; kein Kinderspiel sein*. Eine Analyse der Objektmarkierung wiederum ergibt, dass ab und zu das Kasus-, Präpositional- und Infinitivobjekt in den Nennformen vergessen wurden:

> *wieder ins [rechte] Gleis bringen; zwischen den Zeilen lesen* (es fehlt *etw.*); *ins Auge/in die Augen springen/fallen; zum einen Ohr hinein-, zum anderen wieder hinausgehen* (es fehlt *jmdm.*); *sich kringelig lachen* (es fehlt *über jmdn., etw.*); *seinen Kropf leeren* (es fehlt *bei jmdm.*); *jmd. hat es gerade nötig; auf dem besten Wege sein* (es fehlt *, etw. zu tun*).

Abgesehen von zwei Belegen zum dritten Phraseologismus, bei dem das Dativobjekt fakultativ ist, kommen die Objekte im Beispiel- bzw. Belegteil der betreffenden Einträge vor. Nichtsdestoweniger sollten – sowohl aus theoretischer als auch praktischer Sicht – alle valenzbedingten Ergänzungen ohne Ausnahme in den Nennformen von Verbidiomen aufgeführt werden. – Zur Kritik an der Gestaltung der Nennform von Phraseologismen im Duden 11 vgl. auch Korhonen (1993, 308f.; 2004, 371ff.) und Földes (1995, 76).

6. Bedeutung und Gebrauch

Zur Angabe der Bedeutung von Phraseologismen werden im Duden 11 Paraphrasen, Synonyme und pragmatische Kommentare verwendet. Falls in der zweiten Auflage eine Bedeutungserläuterung aus Versehen fehlte, wurde sie in der dritten Auflage ergänzt, vgl. das Sprichwort *erst die Arbeit, dann das Vergnügen*, das jetzt mit der Paraphrase ‚die Erledigung der anstehenden Arbeit hat Vorrang‘ versehen ist. War in der zweiten Auflage eine Paraphrase infolge einer technischen Panne unvollständig, so wurde sie korrigiert: Die Paraphrase von *auf und davon* lautet jetzt ‚[schnell] fort‘ (2. Aufl.: ohne *fort*). Ein Beispiel für die Erweiterung der Paraphrase ist *alt aussehen*, das in der zweiten Auflage mit ‚einen schwachen, schlechten Eindruck machen (bes. im Sport)‘, in der dritten mit ‚einen schwachen, schlechten Eindruck machen; im Nachteil sein‘ umschrieben wird, wobei zu überlegen ist, ob es zutreffender wäre, die Paraphrase in zwei selbstständige Bedeutungsvarianten mit Nummerierung aufzuteilen. Eine Bedeutungserweiterung im Sinne von Polysemie haben u. a. die folgenden Phraseologismen erfahren: *ein Auge auf jmdn., etw. werfen* und *auf der Kippe stehen*. Die Paraphrasen zum ersten Phraseologismus lauten 1. ‚sich für jmdn., etw. zu interessieren beginnen‘ und 2. ‚sich jmdn., etw. ansehen‘ (2. Aufl.: nur 1.), zum zweiten 1. ‚gefährdet sein, sich in einer kritischen Lage, in einem kritischen Zustand befinden‘ und 2. ‚noch unsicher, noch nicht entschieden sein‘ (2. Aufl.: ‚ungewiss, gefährdet sein, sich in einer kritischen Lage, in einem kritischen Zustand befinden‘). Im Licht der betreffenden Beispiele und Belege erscheint die Polysemie durchaus begründet.

Wird die Bedeutung eines Phraseologismus durch einen synonymen Phraseologismus erläutert, entsteht für einen Nichtmuttersprachler oft eine Situation, dass er die Bedeutung des Synonyms nicht versteht und deshalb dieses im Wörterbuch zusätzlich nachschlagen muss. Obwohl die Bearbeiter des Duden 11 für die zweite Auflage idiomatische Bedeutungserläuterungen der ersten Auflage durch nichtidiomatische ersetzt hatten, waren dort mehrere Einträge stehengeblieben, in denen ein Idiom als Bedeutungserläuterung auftaucht. Solche Beschreibungen sind auch noch in der dritten Auflage anzutreffen, vgl. etwa: *auf Spitz und Knopf/Spitz auf Knopf stehen* ‚auf Messers Schneide stehen‘; *sich <Dativ> [k]einen Kopf machen* ‚sich [keine] Gedanken machen‘. Werden in einem phraseologischen Wörterbuch synonyme Phraseologismen als Bedeutungserläuterung verwendet, sollten sie durch Paraphrasen ergänzt werden. Beispiele dafür im Duden 11 sind die Phraseologismen *jmdm. über den Mund [...] fahren* und *eine Nummer abziehen*. Zum ersten Phraseologismus lautet die Bedeutungserläuterung ‚jmdm. das Wort abschneiden; jmdm. scharf antworten‘, zum zweiten ‚sich in Szene setzen; sich aufspielen‘.

Im Vorwort des Duden 11 (2008, 6) heißt es, dass das Wörterbuch den Gebrauch der Phraseologismen „mit Beispielen und einer Vielzahl von Zeitungs- und Literaturbelegen" illustriere. Dies erweckt den Eindruck, als gäbe es zu jedem Phraseologismus einen Beispiel- und/oder

Belegteil. In Wirklichkeit ist dem aber nicht so – vor allem bei Sprichwörtern können Beispiele bzw. Belege fehlen, vgl. z. B. *ein Küsschen in Ehren kann niemand verwehren; wenn zwei dasselbe tun, so ist es nicht dasselbe.* Zumindest zum folgenden Sprichwort wurde in der dritten Auflage ein Belegteil hinzugefügt (in der zweiten Auflage gab es auch kein Beispiel dafür): *der Krug geht so lange zum Brunnen/zu Wasser, bis er bricht.* Oft wurde ein Beispielsatz entweder etwas erweitert oder gekürzt, vgl. u. a.: *eine feuchte Aussprache haben; mit offenen/mit verdeckten Karten spielen* (Erweiterung); *klein, aber mein* (Kürzung). Zu einer adäquateren Darstellung des Verwendungskontextes von Phraseologismen wurden einige Beispiele durch neue ersetzt, so z. B. bei *jmdm. etw. aufs Auge drücken.* Desgleichen wurden Beispiele, in denen veraltende oder veraltete Begriffe erscheinen, gegen aktuellere ausgetauscht, vgl. etwa: *klein, aber oho; mit/ohne Zukunft.* Seltener sind dagegen Fälle, in denen ein Beispielsatz zu den bereits existierenden Belegen hinzugefügt wurde, vgl. beispielsweise: *etw. ausbaden müssen.*

Sehr zahlreich sind Änderungen, die am Belegteil der Einträge vorgenommen wurden. In der zweiten Auflage war zu einer deutlicheren Abgrenzung authentischer Belege von konstruierten Beispielen ein Punkt auf mittlerer Zeilenhöhe eingeführt worden, doch der Punkt wurde oft vergessen. In der Neuauflage wurde der Punkt nun an mehreren Stellen hinzugefügt, vgl. u. a.: *jmdm. in den Arm fallen; aus voller Kehle; kein Kostverächter sein.* Die meisten Änderungen beziehen sich aber darauf, dass ältere Zeitungs- und Zeitschriftenbelege, die mit einer Jahreszahl versehen sind, durch neuere ersetzt wurden. Betroffen sind hier insbesondere Belege, die aus den 50er, 60er, 70er und den frühen 80er Jahren des vorigen Jahrhunderts stammen, vgl. z. B.: *[wie] vom wilden Affen gebissen [sein]; die Ärmel aufkrempeln/hochkrempeln; jmdm. einen Korb geben; das Zeitliche segnen.* Allerdings ist nicht jede Ersetzung eines älteren Belegs durch einen neueren als gelungen anzusehen – der neue Beleg ist beispielsweise nicht spezifisch genug, vgl.: *im Argen liegen.* Die Überarbeitung des Belegteils im Sinne einer Aktualisierung erstreckte sich jedoch nicht systematisch auf alle älteren Belege. So finden sich noch bei mehreren Phraseologismen Belege etwa aus den 60er Jahren, vgl. u. a.: *bei jmdm. hakt es aus; ausgestanden sein; die Zähne zusammenbeißen.* Weiterhin fällt ins Auge, dass Belege aus der Belletristik und Fachprosa der

190

ersten Jahrzehnte des 20. Jahrhunderts nicht beseitigt wurden, und zwar angefangen bei den „Buddenbrooks" von Thomas Mann aus dem Jahr 1901 (diese Belege erscheinen in den Wörterbuchartikeln ohne Jahreszahl). Außerdem sei erwähnt, dass ein Beleg unter einem falschen Phraseologismus eingeordnet sein kann, vgl. *sich <Dativ> über/ wegen etw. [keine] Kopfschmerzen/[kein] Kopfzerbrechen machen* (der richtige Phraseologismus für den zweiten Beleg ist *jmdm. Kopfschmerzen/Kopfzerbrechen machen/bereiten*). – Zu kritischen Bemerkungen zur Beschreibung von Bedeutung und Gebrauch von Phraseologismen im Duden 11 vgl. auch Korhonen (1993, 309f.; 2004, 378ff.), Möhring/Barz (1994, 58f.), Steffens (1994, 276f.), Földes (1995, 73ff.), Pilz (1995, 317ff.) und Starke (1995, 51).

7. Verweise

Da die Festlegung des Zuordnungslemmas im Duden 11 ohne deutlich erkennbare Systematik erfolgt, ist der Leser beim Auffinden des gesuchten Phraseologismus auf das Verweissystem des Wörterbuchs sehr stark angewiesen. Der Verweisteil des Duden 11 ist denn auch relativ ausführlich, wenn auch seit der zweiten Auflage nicht mehr so vielseitig wie in der ersten Auflage. In der zweiten Auflage war der Verweisteil auch nicht besonders sorgfältig gestaltet – es gab dort mehrere Mängel verschiedener Art. Für die dritte Auflage haben die Verweise eine ziemlich gründliche Überarbeitung erfahren, wobei vor allem Verweise, die früher ins Leere führten, getilgt worden sind, vgl. etwa: *jmdm. den Hals abdrehen; wie Musik in jmds. Ohren klingen; jmdm. die Palme zuerkennen; ein Pfund ohne Knochen.* In der Neuauflage sind diese und viele andere Phraseologismen also weder als Verweise noch als Wörterbuchartikel vorhanden, wohingegen dies in der ersten Auflage der Fall war. Trotz der Überarbeitung tauchen aber auch in der dritten Auflage Verweise auf, für die im Wörterbuch kein Verweisziel existiert, vgl. u. a.: *dumm aus dem Anzug gucken/kucken; das Maul aufreißen.* Beim erstgenannten Phraseologismus gibt es (wie in der zweiten Auflage auch) einen Verweis von *Anzug* und *dumm* auf *gucken*, aber unter diesem Lemma ist nur das synonyme *dumm/dämlich/blöd* o. ä. *aus der Wäsche gucken/schauen* vorhanden. Beim letztgenannten Phraseologismus ist die Beschreibung in der zweiten Auflage richtig, in der dritten jedoch nicht: Es wird von *aufreißen* auf *Maul* verwiesen, der Phraseologismus ist aber unter dem Lemma *Mund* zu finden. – Auf der anderen Seite wurden Korrekturen vorgenommen, bei denen ein Verweis stehengelassen und der fehlende Phraseologismus unter dem Verweisziel hinzugefügt wurde. Beispiele dafür sind etwa (Zuordnungslemma fett gedruckt): *am **Abend** wird der Faule fleißig* (allerdings wird von *fleißig* fälschlicherweise auf *faul* verwiesen); *eine **Karte** oder ein Scheit Holz; mit seiner **Kunst** am Ende sein.*

Das Verweissystem des Duden 11 ist auch insofern mangelhaft, als nicht von jeder Komponente, auch wenn sie Wortarten wie Substantiven, Adjektiven, Adverbien und Verben angehören, auf das Zuordnungslemma verwiesen wird, vgl. z. B.: *angeben wie ein Wald voll Affen/wie eine Tüte Mücken* o. Ä.; *aus dem Anzug springen.* Der erste Phraseologismus wird unter *angeben* aufgeführt, aber es fehlen Verweise von *Wald, voll* und *Affe* auf das Zuordnungslemma (dagegen wird von *Tüte* und *Mücke* auf *angeben* verwiesen). Der zweite Phraseologismus wurde dem Substantiv *Anzug* zugeordnet, ohne dass von *springen* darauf verwiesen wird. Während die Verweise bei diesen beiden Phraseologismen auch in der zweiten Auflage fehlten, wurde z. B. für den folgenden Phraseologismus unter dem zweiten Substantiv ein neuer Verweis auf das erste Substantiv eingeführt: *jmdm. wird es Nacht vor den Augen.* In der zweiten Auflage lautete der Verweis wie folgt: *jmdm. wird [es] schwarz/Nacht vor [den] Augen*: ↑ schwarz, ↑ Nacht, d. h. es waren zwei Synonyme in einer Nennform zusammengefasst worden, wobei die Gestaltung der Nennform irreführend war: Der Phraseologismus unter *Nacht* hatte die oben angegebene Form, derjenige unter *schwarz* die Form *jmdm. wird [es] schwarz vor [den] Augen* (die Komponenten *es* und *den* wurden also nur für den letztgenannten Phraseologismus als fakultativ angegeben).

Aus der DaF-Perspektive ist es sehr verwirrend, wenn die Nennformen eines Phraseologismus unter dem Zuordnungslemma und dem Ausgangspunkt eines Verweises nicht miteinander übereinstimmen. In einigen Fällen wurden die Nennformen vereinheitlicht, vgl. z. B.: *wie ein Stück Malheur aussehen* (so unter *aussehen*); unter *Malheur* und *Stück* lautete die Nennform *aussehen wie ein Stück Malheur*. Sehr häufig kommt es jedoch vor, dass die nicht übereinstimmenden Formen der zweiten Auflage unverändert in die Neuauflage übernommen wurden, vgl. u. a. (Zuordnungslemma fett gedruckt):

> ein **Anblick** *für Götter; ein* **Bild**/ (auch:) *Anblick für die Götter sein; die* **Augen** *auf null stellen/drehen; die Augen auf* **null** *gestellt haben; [sich] die [größten]* **Rosinen** *[aus dem Kuchen] [heraus]picken/[heraus]klauben; sich die [größten] Rosinen aus dem* **Kuchen** *picken.*

Bei solchen Unterschieden erheben sich für einen Nichtmuttersprachler u. a. folgende Fragen: Handelt es sich bei der ersten und zweiten Nennform um einen substantivischen oder verbalen Phraseologismus? Wird der Phraseologismus mit *Augen* nur in den Vergangenheitsformen verwendet, oder sind auch Präsens und Futur möglich? Warum sind bestimmte Komponenten in der fünften Nennform eingeklammert und in der sechsten nicht (vgl. auch *Götter* und *die Götter* in den ersten beiden Nennformen)? – Zur Kritik am Verweissystem des Duden 11 vgl. auch Korhonen (1993, 308; 2004, 384ff.) und Pilz (1995, 315).

8. Fazit

Aus der oben durchgeführten kritischen Sichtung der Darstellung der Phraseologie in der Neuauflage des Duden 11 ergibt sich, dass die Bearbeiter die meiste Energie auf die Aufnahme neuer Einträge, die Aktualisierung der Belege und die Überprüfung der Verweise verwendet haben. Dabei können besonders die Neuaufnahmen zu den phraseografischen Errungenschaften gezählt werden, die den deutlichsten Erkenntnisfortschritt in diesem Wörterbuch bedeuten, und ebenso sind die Bestrebungen zur Systematisierung der Verweise als positiv zu bewerten. Darüber hinaus sind kleinere Fortschritte bei der Anordnung von Phraseologismen mit gleichem Zuordnungslemma und der Bedeutungsbeschreibung etlicher Phraseologismen zu verzeichnen.

Im Ganzen fördert aber die Untersuchung der Erfassung von Phraseologismen in diesem neuen Duden-Band aus der Perspektive nichtmuttersprachlicher Benutzer ein recht ernüchterndes Ergebnis zutage. Praktisch zu jedem oben behandelten Aspekt ist auch Negatives anzumerken, ganz besonders zum Begriff der Redewendung und zur

Terminologie, zur Festlegung des Zuordnungslemmas sowie zu einzelnen Fragen der Gestaltung der Nennform von Phraseologismen. Durch Unachtsamkeit und Flüchtigkeitsfehler ist die Darstellung der Phraseologie in einigen Punkten in der dritten Auflage sogar hinter die in der zweiten Auflage zurückgefallen.

Dadurch, dass die Bearbeiter der zweiten Auflage des Duden 11 auf mehrere Vorschläge eingegangen waren, die die Rezensenten der ersten Auflage gemacht hatten, waren die Erwartungen auch ausländischer Benutzer bezüglich der dritten Auflage recht hoch. Diese Erwartungen wurden aber in vieler Hinsicht nicht erfüllt. Dass die Bearbeiter der Neuauflage die Belange der DaF-Lerner kaum berücksichtigt haben, ist sehr bedauerlich. Dies darf uns aber nicht entmutigen, sondern wir sollten den Dialog mit Wörterbuchverfassern unermüdlich so lange weiterführen, bis die Wünsche und Appelle nichtmuttersprachlicher Wörterbuchbenutzer endlich auch in der deutschen Lexikografie und Phraseografie ernst genommen werden.

9.   Literatur
9.1. Primärliteratur

Duden. Redewendungen und sprichwörtliche Redensarten (1992). Wörterbuch der deutschen Idiomatik. Bearb. von Günther Drosdowski/Werner Scholze-Stubenrecht. Mannheim u. a.

Duden. Redewendungen (2002). Wörterbuch der deutschen Idiomatik. 2., neu bearb. und aktualis. Aufl. Hg. von der Dudenredaktion. Mannheim u. a.

Duden. Redewendungen (2008). Wörterbuch der deutschen Idiomatik. 3., überarb. und aktualis. Aufl. Hg. von der Dudenredaktion. Mannheim u. a.

9.2. Sekundärliteratur

DGW = Duden. Das große Wörterbuch der deutschen Sprache in sechs Bänden (1976–1981). Hg. und bearb. vom Wissenschaftlichen Rat und den Mitarbeitern der Dudenredaktion unter Leitung von Günther Drosdowski. Mannheim/Wien/Zürich.

DUW = Duden. Deutsches Universalwörterbuch (2007). 6., überarb. und erw. Aufl. Hg. von der Dudenredaktion. Mannheim u. a.

Földes, Csaba (1995): Überlegungen zum lexikographischen Konzept eines phraseologischen Wörterbuchs. In: Muttersprache 105, S. 66–78.

Korhonen, Jarmo (1993): Rezension zu Duden 11. In: Der Ginkgo-Baum. Germanistisches Jahrbuch für Nordeuropa, Estland, Lettland und Litauen. 12. Folge. Helsinki, S. 306–310.

Korhonen, Jarmo (2001): Alles im Griff. Homma hanskassa. Saksa–suomi-idiomisanakirja. Idiomwörterbuch Deutsch-Finnisch. Unter Mitarb. von Kaija Menger und der Arbeitsgruppe Deutsch-Finnische Phraseologie. Helsinki.

Korhonen, Jarmo (2004): Duden 11 – Nutzungserfahrungen aus der DaF-Perspektive. In: Kathrin Steyer (Hg.): Wortverbindungen – mehr oder weniger fest. Berlin/New York (= Institut für Deutsche Sprache. Jahrbuch 2003), S. 360–393.

Korhonen, Jarmo (päätoim./Hg.) (2008): Saksa–suomi-suursanakirja. Großwörterbuch Deutsch-Finnisch. Helsinki.

LGDaF = Langenscheidt. Großwörterbuch Deutsch als Fremdsprache (2008). Das einsprachige Wörterbuch für alle, die Deutsch lernen. Neubearbeitung. Hg. von Dieter Götz/Günther Haensch/Hans Wellmann in Zusammenarb. mit der Langenscheidt-Redaktion. Berlin u. a.

Möhring, Jörg/Barz, Irmhild (1994): Rezension zu Duden 11. In: Deutsch als Fremdsprache 31, S. 58–59.

Pilz, Klaus Dieter (1995): Duden 11. Redewendungen (...) – Das anhaltende Elend mit den phraseologischen Wörterbüchern (Phraseolexika). In: Rupprecht S. Baur/Christoph Chlosta (Hg.): Von der Einwortmetapher zur Satzmetapher. Akten des Westfälischen Arbeitskreises Phraseologie/Parömiologie. Bochum (= Studien zur Phraseologie und Parömiologie 6), S. 305–320.

Starke, Günter (1995): Rezension zu Duden 11. In: Deutschunterricht 48, S. 49–51.

Steffens, Doris (1994): Rezension zu Duden 11. In: Muttersprache 104, S. 276–277.

VIII.
Zur Beschreibung der Valenz von Verbidiomen in neueren DaF-Wörterbüchern[*]

1. Einleitende Bemerkungen

Albrecht Greule gehört zu den Wegbereitern auf dem Gebiet der historischen Valenzforschung. Bereits in der ersten Hälfte der 70er Jahre des 20. Jahrhunderts legte er seine ersten valenzspezifischen Arbeiten vor; hier wurde eine ausführliche Untersuchung der Valenz von Verben im Evangelienbuch Otfrids von Weißenburg angekündigt (vgl. Greule 1973; 1975). Diese Untersuchung mit ihren wichtigen theoretischen Prämissen und Erkenntnissen führte Albrecht Greule dann für seine Habilitationsschrift (vgl. Greule 1982a) durch, ebenso gab er Anfang der 80er Jahre einen Sammelband heraus, der die Anwendung der Valenztheorie auf die Erforschung der Syntax historischer Texte des Deutschen als Thema hatte (vgl. Greule 1982b). Ende der 90er Jahre veröffentlichte Albrecht Greule ein syntaktisches Verbwörterbuch zu den althochdeutschen Texten des 9. Jahrhunderts (vgl. Greule 1999), und seit einigen Jahren hat er ein mittelhochdeutsches Verbvalenzwörterbuch in Planung (vgl. Greule 2005; Greule/Lénárd 2004). Außerdem hat er die althochdeutsche und die mittelhochdeutsche Verbvalenz kontrastiv untersucht und dabei auch den Valenzwandel im Allgemeinen betrachtet (vgl. Greule/Lénárd 2005).

Der vorliegende Beitrag knüpft an die valenzbezogenen Forschungsinteressen von Albrecht Greule an, indem er der Beschreibung der Valenz in vier neueren einsprachigen Wörterbüchern des Deutschen nachgeht. Als Valenzträgerklasse wurden die Verbidiome gewählt, und die untersuchten Wörterbücher sind aus der Sicht der Auslandsgermanistik, für deren Belange sich Albrecht Greule stets interessiert hat, besonders relevant. Die Ausführungen sind generell dem in der einschlägigen Literatur der letzten Jahre mehrfach fokussierten Problembereich Phraseologie und neuere Lexikographie zuzuordnen. Es

---

[*] Zuerst erschienen in: Sandra Reimann/Katja Kessel (Hg.) (2007): Wissenschaften im Kontakt. Kooperationsfelder der Deutschen Sprachwissenschaft. Tübingen, S. 109–122.

wurden u. a. folgende Subklassen von Phraseologismen unter lexikografischem Aspekt untersucht (die betreffenden Arbeiten beziehen sich sowohl auf die allgemeine einsprachige Lexikografie als auch auf die Lernerlexikografie): Kollokationen (z. B. Lehr 1998; Köster/Neubauer 2002; Schafroth 2003; Markus/Korhonen 2005), Funktionsverbgefüge (z. B. Heine 2005; 2006), Idiome (z. B. Korhonen 1995, 13–42, 49–66; Dobrovol'skij 2002; Kühn 2003; Hyvärinen 2005), Routineformeln (z. B. Wotjak 2005; Hahn 2006) und Sprichwörter (z. B. Kispál 1999; 2000; Mieder 2003; Korhonen 2004b). Darüber hinaus sind Arbeiten zu nennen, in denen die lexikografische Erfassung mehrerer phraseologischer Subklassen berücksichtigt wurde (z. B. Wotjak 2001; Wotjak/Dobrovol'skij 1996; Korhonen 2002b; 2004a; 2005; Stantcheva 2003). Dabei wurde in mehreren Arbeiten im Zusammenhang mit der Untersuchung der Nennform von Phraseologismen auch, allerdings meistens relativ kurz, auf die Valenz eingegangen (z. B. Korhonen 1995, 26ff., 54ff.; 2002b, 369; 2004a, 374ff.; 2005, 117ff.; Wotjak 2001, 271; Kühn 2003, 104ff.; Stantcheva 2003, 151f., 167f.).

Verbidiome sind voll- oder teilidiomatische Konstruktionen, die sich aus einer Verbkomponente und deren valenzbedingten Ergänzungen zusammensetzen. Die Verbkomponente umfasst ein konjugierbares Verb und weitere, verbale oder nichtverbale Komponenten. Das Verb kann entweder im Infinitiv oder in verschiedenen finiten Formen vorkommen (z. B. *jmdm. Beine machen* bzw. *jmd. macht jmdm. Beine*), oder an eine bestimmte nichtinfinitivische Form gebunden sein (z. B. *jmdn. sticht der Hafer*). Bei Verbidiomen sind lexikalische und/oder syntaktische Variationen möglich, nämlich dass sich etwa eine Komponente unterschiedlich besetzen lässt oder die Reihenfolge der Komponenten geändert werden kann. Damit unterscheiden sie sich von Satzidiomen, bei denen an der lexikalischen und syntaktischen Struktur kaum bzw. nur wenige Änderungen durchführbar sind (vgl. z. B. *[Ach] du kriegst die Motten!* und *Da/Jetzt haben wir den Salat!*) (zur Charakterisierung von Verbidiomen und zur Abgrenzung von Verb- und Satzidiomen vgl. genauer Korhonen 1995, 19ff., 43ff.; 2002a, 403f.; Korhonen/Wotjak 2001, 225f.).

Die vier Wörterbücher, die unten als lexikografische Primärquellen dienen sollen, sind: *Duden. Standardwörterbuch Deutsch als Fremdsprache* (2002) (= D), *de Gruyter Wörterbuch Deutsch als Fremdsprache* (2000) (= G), *Langenscheidt. Großwörterbuch Deutsch als*

Fremdsprache (2008) (= L) und *PONS. Großwörterbuch Deutsch als Fremdsprache* (2006) (= P). Während G, L und P die Bezeichnung „Lernerwörterbuch" verdienen, trifft dies auf D nicht zu, denn es handelt sich bei diesem Werk weitestgehend um eine umgetaufte Ausgabe des Duden Bedeutungswörterbuchs, das auch im Jahr 2002 erschienen ist (vgl. dazu Hyvärinen 2005, 93f.). Die Repräsentation der Verbidiome ist in G, L und P relativ gut, wohingegen D im eigentlichen Wörterbuchteil arm an Idiomatik ist (die im Kapitel „Idiomatik der Körperteile" des Nachspanns aufgelisteten Verbidiome wurden außer Acht gelassen, weil hier keine echte lexikografische Darstellung vorliegt; vgl. auch Hyvärinen 2005, 101ff.); dazu gibt es in D zahlreiche Ausdrücke, die irrtümlich als Idiome gekennzeichnet wurden (*sich mit jmdm. anlegen, angerannt kommen* u. v. a. m.). Weiterhin unterscheidet sich D von den anderen DaF-Wörterbüchern darin, dass dort im Vorspann nicht über die lexikografische Beschreibung von Idiomen berichtet wird und dass Idiome in den Wörterbuchartikeln jeweils im Anschluss an die betreffende Bedeutungsvariante des Zuordnungslemmas eingeordnet werden (in G, L und in den meisten Fällen auch in P werden Idiome außerhalb der Bedeutungsstruktur am Ende des Wörterbuchartikels abgehandelt). Demgegenüber werden Idiome in allen Wörterbüchern durch bestimmte grafische Mittel hervorgehoben, und manchmal wird das syntaktische Verhalten eines Verbidioms auch durch ein Beispiel veranschaulicht.

Die valenzbedingten Ergänzungen, deren Repräsentation unten näher untersucht werden soll, vertreten die Satzglieder Subjekt, Objekt und Adverbial. Da das Objekt und das Adverbial sowohl obligatorisch als auch fakultativ auftreten können, soll diesem Aspekt besondere Aufmerksamkeit geschenkt werden. Im Falle des Präpositionalobjekts sind bestimmte kasusbezogene Informationen für DaF-Lerner wichtig, weshalb sie unten auch berücksichtigt werden sollen. Ein weiterer zentraler Aspekt ist die formale Polyvalenz beim Objekt, genauer gesagt eine morphosyntaktische Variation beim Anschluss des Objekts an den Valenzträger (an die Verbkomponente). Dagegen kann hier die inhaltliche Polyvalenz, d. h. die Variation der semantischen Klasse von Ergänzungen, nur am Rande (in Kap. 2) behandelt werden.

2. Subjekt

Infinitivfähige Verbidiome können entweder ein Personen- oder ein Sachsubjekt oder beide als obligatorische Ergänzung zu sich nehmen. Besonders für ausländische Wörterbuchbenutzer wäre es ein großer Vorteil, wenn es für die Markierung des Subjekts eine einheitliche Praxis gäbe. Für die untersuchten Wörterbücher lässt sich eine derartige Praxis jedoch nicht nachweisen; die Art und Weise, eine bestimmte inhaltliche Subjektklasse zu markieren, kann sogar in ein und demselben Wörterbuch variieren. In D wird das Personensubjekt nicht markiert, und auch in L und P erscheint ein Verbidiom in den meisten Fällen ohne Personensubjekt, vgl.:

(1)   *Abschied nehmen* (D 61); *j-n hinters Licht führen* (L 689); *an etwas Geschmack finden* (P 537)

Dass das Personensubjekt in der Nennform eines Verbidioms in L und P auftaucht, ist wohl auf Unachtsamkeit zurückzuführen, vgl.:

(2)   *j-d ist in seinem Element* (L 324); *j-d fällt vom Fleisch* (L 392); *jemand läuft Gefahr, etwas zu tun* (P 508)

Zum Beispiel in folgenden Fällen schwankt die Markierung des Subjekts bei Verbidiomen innerhalb eines Wörterbuchartikels:

(3)   *sein Geld arbeiten lassen; j-d sitzt auf dem/seinem Geld* (L 443); *Feuer und Flamme für etwas sein; jemand spielt mit dem Feuer* (P 446)

Im Unterschied zu D, L und P wird das Subjekt in G immer angegeben. Dabei steht das Verbidiom im Infinitiv, und für das Personensubjekt erscheinen vor der Nennform Markierungen wie /jmd./, /jmd., Gruppe/, /jmd., Institution/ und /Frau, auch Mann/, vgl.:

(4)   /jmd./ *Augen haben wie ein Luchs* (G 73); /jmd., Gruppe/ *jmdn. in Acht und Bann tun* (G 18); /jmd., Institution/ *Alarm schlagen* (G 21)

Auch hier ist die Markierungspraxis jedoch nicht immer ganz systematisch. Beim folgenden Idiom beispielsweise wurde das Subjekt in die Nennform integriert, so dass das Idiom eine satzförmige Repräsentation aufweist:

(5)   *jmd. ist kein großes Licht* (G 626)

Wie das Personensubjekt, wird auch das Sachsubjekt in D nicht in der Nennform angegeben. Das Gleiche gilt oft auch für P, vgl.:

(6)   *in Arbeit sein* (D 112); *ins Gewicht fallen* (P 546); *wie warme Semmeln weggehen* (P 1234)

In G und L dagegen ist im Falle eines Sachsubjekts eine entsprechende Information immer vorhanden. Auch hier macht G von spezifischen Charakterisierungen Gebrauch (/etw., bes. Geschenk/, /Ort/ usw.). Dass ein Sachsubjekt manchmal auch in P bei Verbidiomen vorkommt, ist ein Zeichen für mangelnde Konsequenz, vgl.:

(7)   /etw./ *im Argen liegen* (G 52); /etw., bes. Geschenk/ *von Herzen kommen* (G 474); /Ort/ *ein teures Pflaster sein* (G 748); *etw. geht in die Annalen ein* (L 84); *etwas steht auf schwachen Beinen* (P 156)

Ab und zu wurde auch das Sachsubjekt in G in die Nennform aufgenommen, vgl.:

(8)   *etw. liegt in der Luft* (G 639)

Wenn ein Verbidiom sowohl mit einem Personen- als auch mit einem Sachsubjekt verbunden werden kann, wird in den Wörterbüchern wie folgt verfahren: D verzichtet auch hier auf eine Markierung, G und L führen das Subjekt in der Regel an, und P lässt eine schwankende Praxis erkennen, vgl.:

(9)   *Anstoß erregen* (D 106); /jmd., etw./ *es jmdm. angetan haben* (G 47); *j-d/etw. ist (nicht) j-s Fall* (L 369); *jemanden/etwas Lügen strafen* (P 872); *jemand/etwas bringt jemanden/etwas in Misskredit* (P 923)

Für einen DaF-Lerner ist die Praxis der Markierung des Subjekts in G am günstigsten. Sie könnte jedoch folgendermaßen vereinfacht werden: Verbidiome mit Personensubjekt erhalten keine explizite Subjektmarkierung, während Verbidiome mit Sachsubjekt mit der Angabe „etw." und solche mit Personen- und Sachsubjekt mit der Angabe „jmd., etw." versehen werden, vgl.: *ins Wasser fallen – etw.* und *ins Zwielicht geraten/kommen – jmd., etw.* (vgl. dazu auch Korhonen 2001, 49; 2004a, 375; 2005, 117f.).

Es ist nicht immer leicht, zwischen Verb- und Satzidiomen eine deutliche Trennungslinie zu ziehen. Das bezieht sich erstens auf Fälle, in denen die Stelle des Sachsubjekts zwar grundsätzlich lexikalisch variabel, in der Praxis aber oft mit dem Pronomen *das* besetzt ist. Diese Problematik lässt sich anhand der folgenden Einträge illustrieren:

(10) *etw.* <bes. *das> steht auf einem anderen Blatt* (G 171); mst *Das steht auf e-m anderen Blatt* (L 213); *etwas steht auf einem (ganz) anderen Blatt* (P 207)

(11) /in der kommunikativen Wendung/ umg. *das spricht Bände* (G 100); mst *Das spricht Bände* (L 153); *etwas spricht Bände* (P 132)

In P wird die häufige Besetzung durch *das* nicht berücksichtigt, während G und L mit Hilfe eines Kommentars darauf aufmerksam machen. In solchen Fällen könnten die Nennformen wie folgt gestaltet werden: *das/etw. steht auf einem anderen Blatt* bzw. *das/etw. spricht Bände*, d. h., es würde sich um ein „Mittelding" zwischen Verb- und Satzidiom handeln (vgl. auch Korhonen 2004a, 371f.).

Zweitens gibt es satzförmige Idiome, die häufig im Imperativ oder mit *der/die* bzw. *er/sie* als Subjekt realisiert werden, vgl.:

(12) /in der kommunikativen Wendung/ *rutsch mir doch den Buckel runter/der kann mir den Buckel runterrutschen* (G 193); mst *Rutsch mir doch den Buckel runter!* (L 233); *Er/sie ... kann mir den Buckel herunterrutschen!* (P 240f.)

(13) *der, die kann mich mal gern haben* (G 401); *Du kannst/Der/Die kann mich (mal) gernhaben!* (L 454); *der kann/die kann/du kannst mich gernhaben* (P 530)

Da diese Ausdrücke nicht auf die Imperativform beschränkt sind, als Hilfsverb außer *können* auch *sollen* möglich ist, die Subjektstelle lexikalisch unterschiedlich besetzt werden kann und in der Position des Dativ- bzw. Akkusativobjekts neben *mir* bzw. *mich* häufig auch *uns* auftaucht, würden folgende Formulierungen als adäquate Nennformen erscheinen: *jmd. kann/soll mir/uns den Buckel [he]runterrutschen* und *jmd. kann/soll mich/uns gernhaben* (vgl. auch Korhonen 2004a, 372).

3. Objekte und Adverbiale

Aus den oben angeführten Beispielen geht bereits hervor, dass in den Nennformen von Verbidiomen zur Kennzeichnung von Ergänzungen pronominale Abkürzungen wie *jmd., jmdm.* und *etw.* verwendet werden. In P werden solche Stellvertreter der Ergänzungen jedoch ausgeschrieben, und auch in D wird *etwas* nicht abgekürzt. Dies ist insofern problematisch, als es Verbidiome gibt, in denen *etwas* eine feste Komponente darstellt, vgl. *sich* <Dat.> *etwas antun* (in G 47 steht anstelle von *etwas* die Abkürzung *etw.*, was auch irreführend ist). Eindeutiger wäre es also, eine lexikalisch frei besetzbare Ergänzung mit *etw.* zu markieren und im Falle von Dativ und Genitiv mit einer metasprachlichen Angabe wie <Dat.> bzw. <Gen.> zu ergänzen (so wird in G und L verfahren). Wird in solchen Fällen anstelle von *etw.* die Form *einer Sache* verwendet, sollte sie entsprechend spezifiziert werden (in D und P gibt es jedoch viele Verbidiome, in denen dies nicht geschieht).

Es ist in der Lexikografie schon lange üblich, Verbidiome in ihrer Ganzheit, d. h. mit Verbkomponente und deren valenzbedingten Ergänzungen, in den Wörterbuchartikeln aufzuführen. In den untersuchten Wörterbüchern sind unvollständige Nennformen von Verbidiomen jedoch relativ oft anzutreffen. In (14) wurde das Akkusativ-, in (15) das Dativobjekt weggelassen:

(14) *in Anspruch nehmen* (P 75); *aus dem Gleis bringen/werfen* (P 554)

(15) /etw./ *ins Auge fallen* (G 73); *etw. fällt/springt/sticht ins Auge* (L 124); *ins Auge fallen* (P 104)

Im ersten Idiom in (14) fehlt *jmdn., etw.*, im zweiten *jmdn.* (der Eintrag könnte auch als Lapsus betrachtet werden, weil die Bedeutungserläuterung ‚aus dem gewohnten Lebensrhythmus geraten‘ lautet). In (15) gehört auch *jmdm.* zur Nennform des Idioms.

Es kommt auch vor, dass in der Nennform zwei Objekte fehlen, vgl.:

(16) *in Aussicht stellen; in Aussicht nehmen* (D 162)

Die im ersten Idiom weggelassenen Ergänzungen sind *jmdm.* und *etw.*, d. h. es fehlen ein Akkusativ- und ein Dativobjekt. Im zweiten Idiom vermisst man ein Akkusativ- und ein Präpositionalobjekt; die vollständige Nennform würde *jmdn., etw. für etw. in Aussicht nehmen* lauten. Zu beiden Idiomen wird in D zwar ein Beispielsatz angeführt, aber das gesamte Ergänzungspotenzial wird hier nicht ausgeschöpft.

Für ein fehlendes Präpositionalobjekt lassen sich im untersuchten Material mehrere Belege nachweisen, vgl. u. a. (die unten zitierten Idiome sind in D nicht verzeichnet):

(17) /jmd./ *zu Kreuze kriechen* (G 588); *zu Kreuze kriechen* (L 652, P 789)

(18   /jmd./ *jmdn. auf dem Laufenden halten* (G 611); *j-n auf dem Laufenden halten* (L 675); *jemanden auf dem Laufenden halten* (P 830)

In (17) sollte *vor jmdm.*, in (18) *über etw.* <Akk.> in die Nennform aufgenommen werden. – Auf der anderen Seite ist die Fakultativität eines Präpositionalobjekts bei vielen Idiomen korrekt angegeben. Es gibt jedoch dabei Differenzen zwischen den einzelnen Wörterbüchern, vgl.:

(19) *(über j-n/etw.) im Bilde sein* (L 207); /jmd./ *über etw., jmdn. im Bilde sein* (G 164); *über etwas im Bilde sein* (P 198)

Da das Präpositionalobjekt in G und P nicht eingeklammert ist, stellt es für diese Wörterbücher wohl eine obligatorische Ergänzung dar. Anders verhält es sich mit den Beschreibungen in (20) und (21):

(20) *(bei j-m) ins Fettnäpfchen treten* (L 385); /jmd./ *ins Fettnäpfchen treten* (G 331); *ins Fettnäpfchen treten* (P 446)

(21) *bei j-m (mit etw.) auf Granit beißen* (L 479); /jmd./ *bei jmdm. auf Granit beißen* (G 425); *bei jemandem auf Granit beißen* (P 562)

Im ersten Fall wird das Präpositionalobjekt in G und P, indem es nicht in die Nennform aufgenommen wurde, nicht als Ergänzung eingestuft. Interessant ist aber, dass für (20) in G und für (21) in P jeweils ein Beispielsatz angeführt wird, in dem eine Präpositionalgruppe mit der betreffenden Präposition vorkommt (in G ist im Beispielsatz für (20) die Präpositionalgruppe eingeklammert). Eine wiederum andere Konstellation liegt bei (22) vor:

(22) *keinen blassen Dunst (von etw.) haben* (L 284); /jmd./ *keinen (blassen) Dunst von etw. haben* (G 238); *keinen blassen Dunst haben* (P 320)

Hier treten alle Möglichkeiten der valenzbezogenen Klassifizierung eines Ausdrucks auf. Während L *von etw.* richtig als fakultatives Objekt beschreibt, ist es für G eine obligatorische und für P keine Ergänzung. Denkbar ist allerdings auch, dass das Objekt in P einfach vergessen wurde, denn bei einem synonymen Idiom kommt es in der Nennform vor: *keinen blassen Schimmer von etwas haben* (P 1188).

Bei Sachbezeichnungen mit *etw.* wäre eine kasusbezogene Information im Zusammenhang mit Präpositionen, die den Akkusativ und Dativ regieren, für Nichtmuttersprachler von besonderem Nutzen. Oft ist eine solche Information in den DaF-Wörterbüchern auch vorhanden, vgl.:

(23) *sich* (Dativ) *den Kopf [über etwas* (Akk.)*] zerbrechen* (D 550); /jmd., Institution/ *an etw.* <Dat.> *zu knabbern haben* (G 560); *an etw.* (Dat) *Geschmack finden* (L 458)

In P ist eine Kasusangabe in solchen Fällen in der Regel nicht zu finden (vgl. z. B. *an etwas Geschmack finden* (P 537)), in G dagegen fehlt sie beim letzten Idiom deshalb, weil der Kasus aus der Abkürzung für das Personenobjekt hervorgeht (vgl. /jmd./ *an etw., jmdm. Geschmack finden* (G 405)). Dass die Wörterbücher auch hier nicht systematisch vorgehen, lässt sich folgendem Beispiel entnehmen:

(24) *an etwas Anstoß nehmen* (D 106); /jmd./ *sich* <Dat.> *über etw. im Klaren sein* (G 552)

Beim ersten Idiom wäre hinter *etwas* „(Dativ)", beim zweiten hinter *etw.* „<Akk.>" zu ergänzen. Umgekehrt kann eine Kasusangabe auch überflüssig sein, vgl. (*aus* regiert nur den Dativ):

(25) /jmd./ *aus etw.* <Dat.> *nicht klug werden* (G 560)

Auch in Fällen, in denen die Abkürzung *jmds.* hinter einer Präposition steht, die sowohl den Akkusativ als auch den Dativ regiert, sollte der Kasus für nichtmuttersprachliche Wörterbuchbenutzer angegeben werden. Zum Beispiel bei folgenden Idiomen ist ihnen nicht ohne Weiteres klar, welcher der richtige Kasus ist:

(26) *sich an j-s Fersen heften* (L 382); */jmd./ sich an jmds. Fersen heften* (G 328); *sich an jemandes Fersen heften* (P 442)

(27) *in j-s Fußstapfen treten* (L 421); *in jemandes Fußstapfen treten* (P 491)

Beim Idiom in (27) ist der Kasus aus dem Beispielsatz zu erschließen, der sich in P an die Nennform anschließt. Eindeutig wären die Nennformen in (26) und (27) in folgender Formulierung: *sich an jmds. Fersen* <Akk.> *heften* bzw. *in jmds. Fußstapfen* <Akk.> *treten*.

Eine Objektklasse, der besonders in D (z. T. aber auch in P) nicht genügend Beachtung geschenkt wurde, ist das Infinitivobjekt, vgl.:

(28) *[keine] Anstalten machen* (D 105); *(keine) Anstalten machen* (P 75); *im Begriff sein/stehen* (D 186); *Gefahr laufen* (D 400)

Allerdings wird hier an jedes Idiom jeweils ein Beispielsatz angeschlossen, in dem ein Infinitiv oder eine Infinitivkonstruktion vorkommt. Da es aber aus Raumgründen nicht immer möglich ist, den Gebrauch eines Verbidioms durch Beispiele zu veranschaulichen, wäre es einfacher (und im Sinne einer systematischen Darstellung auch adäquat), die Nennformen so zu gestalten, dass sich an ihnen das syntaktische Verhalten der Idiome direkt ablesen lässt. – Eine häufig verwendete Form des Infinitivobjekts ist *etw. zu tun* (so z. B. in G, in L dagegen findet sich die Markierung „+ zu + Infinitiv"). In G und L enthalten die Nennformen der in (28) zitierten Verbidiome ein Infinitivobjekt, außerdem trifft das in P auf das zweite und dritte Idiom zu, was von einer uneinheitlichen Praxis in diesem Wörterbuch zeugt. Aber auch in D schwankt die Notation, d. h., die Nennform eines Verbidioms kann auch ein Infinitivobjekt aufweisen, vgl. (die unten stehende Nennform begegnet auch in P 309):

(29) *drauf und dran sein, etwas zu tun* (D 272)

Dass es im Deutschen Verbidiome gibt, die ein Adverbial als valenzbedingte Ergänzung verlangen, wurde mit Ausnahme von D in den DaF-Wörterbüchern für die Nennformen registriert, wenn auch die einzelnen Idiombeschreibungen wieder mehr oder weniger stark voneinander abweichen können. Beispiele für Verbidiome mit Lokaladverbial sind die in (30) und (31) angeführten Ausdrücke:

(30)   *(irgendwo) (festen) Fuß fassen* (L 420); /jmd./ *festen Fuß fassen* (G 367); *irgendwo Fuß fassen* (P 490)

(31)   /jmd./ *seine Zelte irgendwo aufschlagen* (G 1254); *die/seine Zelte irgendwo aufschlagen* (L 1251); *seine Zelte (irgendwo) aufschlagen* (P 1620)

Das Lokaladverbial in (30) ist für L eine fakultative und für P eine obligatorische Ergänzung, während es in G gar nicht zu den Ergänzungen gezählt wird. In (31) wiederum wird *irgendwo* in G und L für eine obligatorische, in P aber für eine fakultative Ergänzung gehalten.

Zum Beispiel im folgenden Fall gehört ein Modaladverbial zur valenzbedingten Umgebung eines Verbidioms:

(32)   *jmdm. ist/wird (es) irgendwie zumute/auch zu Mute* (G 1271); *j-m ist irgendwie zumute, zu Mute* (L 1267); *jemandem ist irgendwie zumute/zu Mute* (P 1645)

Hinsichtlich des Status des Adverbials sind die Beschreibungen in den Wörterbüchern identisch (in D ist das Idiom nicht vorhanden).

4.   Formale Polyvalenz

Ähnlich wie bei Verben, lässt sich formale Polyvalenz auch bei Verbidiomen beobachten. Mit diesem Begriff ist hier die Tatsache gemeint, dass eine Ergänzung in morphosyntaktisch unterschiedlicher Art und Weise an den Valenzträger angeschlossen werden kann. Am häufigsten kommt formale Polyvalenz beim Präpositionalobjekt vor, wobei ein Wechsel von drei Präpositionen möglich ist. In solchen Fällen werden in den Wörterbüchern jedoch meistens nur zwei Präpositionen angegeben, vgl.:

(33)   /jmd./ *sich <Dat.> über/wegen etw., jmds. wegen keine grauen Haare wachsen lassen* (G 438); *sich (Dat) wegen e-r Person (Gen, gespr auch Dat)/etw., über etw. (Akk) keine grauen Haare wachsen lassen* (L 494); *sich über etwas keine grauen Haare wachsen lassen* (P 578)

Während P für das Idiom in (33) keine formale Polyvalenz vorsieht, können hier nach G und L *über* und *wegen* miteinander wechseln. In einigen anderen Wörterbüchern wird aber auch *um* als weitere Anschlussmöglichkeit genannt (vgl. u. a. DUW 737; Korhonen 2001, 196). Verbidiome mit zwei Präpositionen beim Präpositionalobjekt sind z. B. die beiden in (34) und (35) zitierten phraseologischen Ausdrücke:

(34) *ernste Absichten (auf j-n/mit j-m) haben* (L 46); *jmd. hat ernste Absichten* [sic!] (G 12); *ernste Absichten (auf jemanden) haben* (P 25)

(35) /jmd./ *den Grundstein für/zu etw. legen* (G 433); *den Grundstein für/zu etw. legen* (L 488); *den Grundstein zu etwas legen* (P 572)

In (34) notiert nur L die Möglichkeit des Präpositionswechsels (für G ist der präpositionale Ausdruck keine Ergänzung). In (35) dagegen können die Präpositionen nur nach G und L wechseln, P seinerseits vertritt auch hier eine engere Auffassung von den Anschlussmöglichkeiten des Präpositionalobjekts.

Ein Wechsel von Dativ- und Präpositionalobjekt ist in der valenzbedingten Umgebung von Verbidiomen auch keine Seltenheit. Ihm wird in den DaF-Wörterbüchern jedoch nicht immer Rechnung getragen, vgl.:

(36) /etw./ *jmdm./für jmdn. ein Buch mit sieben Siegeln sein* (G 192); *j-d/etw. ist j-m ein Buch mit sieben Siegeln* (L 232); *etwas ist jemandem ein Buch mit sieben Siegeln* (P 239)

(37) *etw. ist j-m/für j-n zu hoch* (L 550); *etw. ist jmdm. zu hoch* (G 487); *jemandem zu hoch sein* (P 634)

Die formale Polyvalenz wird hier nur in G und L (wenn auch nicht für das gleiche Verbidiom) berücksichtigt, während sie in P wieder außer Acht gelassen wird.

Schließlich kann sich die formale Polyvalenz auch auf einen Kasuswechsel beziehen. Beispiele dafür sind die in (38) und (39) angeführten Verbidiome, die einen Wechsel von Akkusativ- und Dativobjekt zulassen:

(38) *j-m/j-n in den Hintern treten* (L 545); *jemandem/jemanden in den Hintern treten* (P 631)

(39) *etw. kostet j-n/j-m den Hals* (L 499)

Es konnten hier keine weiteren Belege angeführt werden, weil das erste Idiom nicht in D und G und Letzteres nicht in D, G und P begegnet.

5. Fazit

In bisherigen Untersuchungen zur Darstellung der Phraseologie in allgemeinen einsprachigen Wörterbüchern und Lernerwörterbüchern des Deutschen wurden Unzulänglichkeiten, Mängel und Inkonsequenzen verschiedener Art (auch hinsichtlich der Valenz) festgestellt (zu entsprechenden Literaturangaben vgl. Kap. 1). Auch die oben durchgeführte vergleichende Analyse hat gezeigt, dass es noch mehrere Punkte gibt, die bei der Erfassung der Valenz von Verbidiomen in DaF-Wörterbüchern verbessert und systematisiert werden sollten. Was einen ausländischen Wörterbuchbenutzer schnell verunsichert, ist der Umstand, dass die Beschreibung der valenzbedingten Umgebung von Verbidiomen nicht nur innerhalb eines Wörterbuchs uneinheitlich ist, sondern dass sie auch in verschiedenen Wörterbüchern differiert. Von den vier Wörterbüchern, die hier im Hinblick auf die Valenz in Augenschein genommen wurden, erweisen sich G und L eindeutig als am konsequentesten und zuverlässigsten. Verbesserungsbedürftig ist vor allem D, in mancher Hinsicht aber auch P.

Lernerwörterbücher stellen besonders beim selbst gesteuerten Erlernen einer Fremdsprache praktisch unverzichtbare Hilfsmittel dar. Sie werden nicht nur zur Textrezeption, sondern auch zur Textproduktion herangezogen, und gerade für die Gestaltung grammatisch einwandfreier Sätze sind ausführliche und korrekte Valenzangaben erstrangig wichtig. Für die Bearbeitung weiterer Auflagen der bereits existierenden und auch für die Erstellung ganz neuer DaF-Wörterbücher wäre es von Vorteil, wenn im Verfasserteam außer Muttersprachlern auch Nichtmuttersprachler mitwirken würden. Die Letztgenannten sind nicht selten in der Lage, Muttersprachler besser für Aspekte zu sensibilisieren, die DaF-Lernern spezielle Probleme, beispielsweise im Zusammenhang mit der Valenz, bereiten.

6. Literatur
6.1. Primärliteratur

D = Duden. Standardwörterbuch Deutsch als Fremdsprache (2002). Hg. von der Dudenredaktion. Mannheim u. a.

G = Kempcke, Günter u. a. (2000): Wörterbuch Deutsch als Fremdsprache. Berlin/New York.

L = Langenscheidt. Großwörterbuch Deutsch als Fremdsprache (2008). Das einsprachige Wörterbuch für alle, die Deutsch lernen. Neubearbeitung. Hg. von Dieter Götz/Günther Haensch/Hans Wellmann in Zusammenarb. mit der Langenscheidt-Redaktion. Berlin u. a.

P = PONS. Großwörterbuch Deutsch als Fremdsprache (2006). Bearb. von Andreas Cyffka u. a. Barcelona u. a.

6.2. Sekundärliteratur

Barz, Irmhild/Bergenholtz, Henning/Korhonen, Jarmo (Hg.) (2005): Schreiben, Verstehen, Übersetzen, Lernen. Zu ein- und zweisprachigen Wörterbüchern mit Deutsch. Frankfurt a. M. u. a. (= Finnische Beiträge zur Germanistik 14).

Dobrovol'skij, Dmitrij (2002): Phraseologismen im de Gruyter Wörterbuch Deutsch als Fremdsprache. In: Herbert Ernst Wiegand (Hg.): Perspektiven der pädagogischen Lexikographie des Deutschen II. Untersuchungen anhand des „de Gruyter Wörterbuchs Deutsch als Fremdsprache". Tübingen (= Lexicographica. Series Maior 110), S. 363–374.

Duden. Bedeutungswörterbuch (2002). 3., neu bearb. und erw. Aufl. Hg. von der Dudenredaktion. Mannheim u. a.

DUW = Duden. Deutsches Universalwörterbuch (2007). 6., überarb. und erw. Aufl. Hg. von der Dudenredaktion. Mannheim u. a.

Greule, Albrecht (1973): Valenz und historische Grammatik. In: Zeitschrift für germanistische Linguistik 1, S. 284–294.

Greule, Albrecht (1975): Vorüberlegungen zu einer neuen Otfrid-Grammatik. In: Zeitschrift für Dialektologie und Linguistik 42, S. 146–169.

Greule, Albrecht (1982a): Valenz, Satz und Text. Syntaktische Untersuchungen zum Evangelienbuch Otfrids von Weißenburg auf der Grundlage des Codex Vindobonensis. München.

Greule, Albrecht (Hg.) (1982b): Valenztheorie und historische Sprachwissenschaft. Beiträge zur sprachgeschichtlichen Beschreibung des Deutschen. Tübingen (= Reihe germanistische Linguistik 42).

Greule, Albrecht (1999): Syntaktisches Verbwörterbuch zu den althochdeutschen Texten des 9. Jahrhunderts. Frankfurt a. M. u. a. (= Regensburger Beiträge zur deutschen Sprach- und Literaturwissenschaft B/73).

Greule, Albrecht (2005): Das Mittelhochdeutsche syntaktische Verbwörterbuch. In: Ewald Reuter/Tiina Sorvali (Hg.): Satz – Text – Kulturkontrast. Festschrift für Marja-Leena Piitulainen zum 60. Geburtstag. Frankfurt a. M. u. a. (= Finnische Beiträge zur Germanistik 13), S. 51–61.

Greule, Albrecht/Lénárd, Tibor (2004): Ein mittelhochdeutsches Verbvalenzwörterbuch auf der Grundlage des „Bochumer Korpus". In: Studia Germanica Universitatis Vesprimiensis 8, S. 23–45.

Greule, Albrecht/Lénárd, Tibor (2005): Die Verbvalenz im Althochdeutschen und Mittelhochdeutschen – eine Gegenüberstellung. Mit einem Exkurs zum Gotischen und einem Ausblick auf den Valenzwandel. In: Franz Simmler (Hg.): Syntax. Althochdeutsch – Mittelhochdeutsch. Eine Gegenüberstellung von Metrik und Prosa. Berlin, S. 243–270.

Hahn, Marion (2006): Kommunikative Routineformeln in lexikografischer Hinsicht. In: Ulrich Breuer/Irma Hyvärinen (Hg.): Wörter – Verbindungen. Festschrift für Jarmo Korhonen zum 60. Geburtstag. Frankfurt a. M. u. a., S. 153–164.

Heine, Antje (2005): Funktionsverbgefüge im Lernerwörterbuch. Ein Vergleich von „Langenscheidt Großwörterbuch Deutsch als Fremdsprache" (2003) und „De Gruyter Wörterbuch Deutsch als Fremdsprache" (2000). In: Irmhild Barz/Henning Bergenholtz/Jarmo Korhonen (Hg.) (2005), S. 345–356.

Heine, Antje (2006): Funktionsverbgefüge in System, Text und korpusbasierter (Lerner-)Lexikographie. Frankfurt a. M. u. a. (= Finnische Beiträge zur Germanistik 18).

Hyvärinen, Irma (2005): Zum phraseologischen Angebot im „Duden Standardwörterbuch Deutsch als Fremdsprache (2002)" und „Duden Wörterbuch Deutsch als Fremdsprache" (2003). In: Ewald Reuter/Tiina Sorvali (Hg.): Satz – Text – Kulturkontrast. Festschrift für Marja-Leena Piitulainen zum 60. Geburtstag. Frankfurt a. M. u. a. (= Finnische Beiträge zur Germanistik 13), S. 91–129.

Kispál, Tamás (1999): Sprichwörter im allgemeinen einsprachigen Wörterbuch. In: Peter Bassola/Christian Oberwagner/Guido Schnieders (Hg.): Schnittstelle Deutsch. Linguistische Studien aus Szeged. Festschrift für Pavica Mrazović. Szeged (= Acta Germanica 8), S. 85–97.

Kispál, Tamás (2000): Sprichwörter in einem phraseologischen Wörterbuch. In: Info DaF 27, S. 367–375.

Korhonen, Jarmo (1995): Studien zur Phraseologie des Deutschen und des Finnischen I. Bochum (= Studien zur Phraseologie und Parömiologie 7).

Korhonen, Jarmo (2001): Alles im Griff. Homma hanskassa. Saksa–suomi-idiomisanakirja. Idiomwörterbuch Deutsch-Finnisch. Unter Mitarb. von Kaija Menger und der Arbeitsgruppe Deutsch-Finnische Phraseologie. Helsinki.

Korhonen, Jarmo (2002a): Typologien der Phraseologismen: Ein Überblick. In: D. Alan Cruse u. a. (Hg.): Lexikologie. Ein internationales Handbuch zur Natur und Struktur von Wörtern und Wortschätzen. 1. Halbbd. Berlin/New York (= Handbücher zur Sprach- und Kommunikationswissenschaft 21.1), S. 402–407.

Korhonen, Jarmo (2002b): Zur Einrichtung der Phraseologiekomponente von Wortartikeln in einsprachigen Wörterbüchern des Deutschen. In: Peter Wiesinger unter Mitarb. von Hans Derkits (Hg.): Akten des X. Internationalen Germanistenkongresses Wien 2000. »Zeitenwende – Die Germanistik auf dem Weg vom 20. ins 21. Jahrhundert«. Bd. 2. Bern u. a. (= Jahrbuch für Internationale Germanistik A/54), S. 365–371.

Korhonen, Jarmo (2004a): Duden 11 – Nutzungserfahrungen aus der DaF-Perspektive. In: Kathrin Steyer (Hg.): Wortverbindungen – mehr oder weniger fest. Berlin/New York (= Institut für Deutsche Sprache. Jahrbuch 2003), S. 360–393.

Korhonen, Jarmo (2004b): Zur lexikografischen Erfassung von Sprichwörtern in einsprachigen deutschen Wörterbüchern. In:

Christine Palm-Meister (Hg.): EUROPHRAS 2000. Internationale Tagung zur Phraseologie vom 15.–18. Juni 2000 in Aske/Schweden. Tübingen, S. 233–244.

Korhonen, Jarmo (2005): Phraseologismen im GWDS. In: Herbert Ernst Wiegand (Hg.): Untersuchungen zur kommerziellen Lexikographie der deutschen Gegenwartssprache II. »Duden. Das große Wörterbuch der deutschen Sprache in zehn Bänden«. Print- und CD-ROM-Version. Bd. 2. Tübingen (= Lexicographica. Series Maior 121), S. 109–128.

Korhonen, Jarmo/Wotjak, Barbara (2001): Kontrastivität in der Phraseologie. In: Gerhard Helbig u. a. (Hg.): Deutsch als Fremdsprache. Ein internationales Handbuch. 1. Halbbd. Berlin/New York (= Handbücher zur Sprach- und Kommunikationswissenschaft 19.1), S. 224–235.

Köster, Lutz/Neubauer, Fritz (2002): Kollokationen und Kompetenzbeispiele im de Gruyter Wörterbuch Deutsch als Fremdsprache. In: Herbert Ernst Wiegand (Hg.): Perspektiven der pädagogischen Lexikographie des Deutschen II. Untersuchungen anhand des „de Gruyter Wörterbuchs Deutsch als Fremdsprache". Tübingen (= Lexicographica. Series Maior 110), S. 283–310.

Kühn, Peter (2003): Phraseme im Lexikographie-Check: Erfassung und Beschreibung von Phrasemen im einsprachigen Lernerwörterbuch. In: Lexicographica 19, S. 97–118.

Lehr, Andrea (1998): Kollokationen in Langenscheidts Großwörterbuch Deutsch als Fremdsprache. In: Herbert Ernst Wiegand (Hg.): Perspektiven der pädagogischen Lexikographie des Deutschen. Untersuchungen anhand von „Langenscheidts Großwörterbuch Deutsch als Fremdsprache". Tübingen (= Lexicographica. Series Maior 86), S. 256–281.

Markus, Tuulikki/Korhonen, Jarmo (2005): Kollokationen in der deutschen Lernerlexikographie und in deutsch-finnischen Wörterbüchern. In: Irmhild Barz/Henning Bergenholtz/Jarmo Korhonen (Hg.) (2005), S. 327–343.

Mieder, Wolfgang (2003): Sprichwörter im GWDS. In: Herbert Ernst Wiegand (Hg.): Untersuchungen zur kommerziellen Lexikographie der deutschen Gegenwartssprache I. »Duden. Das große Wörterbuch der deutschen Sprache in zehn Bänden«. Print- und CD-

ROM-Version. Tübingen (= Lexicographica. Series Maior 113), S. 413–436.

Schafroth, Elmar (2003): Kollokationen im GWDS. In: Herbert Ernst Wiegand (Hg.): Untersuchungen zur kommerziellen Lexikographie der deutschen Gegenwartssprache I. »Duden. Das große Wörterbuch der deutschen Sprache in zehn Bänden«. Print- und CD-ROM-Version. Tübingen (= Lexicographica. Series Maior 113), S. 397–412.

Stantcheva, Diana (2003): Phraseologismen in deutschen Wörterbüchern. Ein Beitrag zur Geschichte der lexikographischen Behandlung von Phraseologismen im allgemeinen einsprachigen Wörterbuch von Adelung bis zur Gegenwart. Hamburg (= Philologia. Sprachwissenschaftliche Forschungsergebnisse 53).

Wotjak, Barbara (2001): Phraseologismen im Lernerwörterbuch – Aspekte der Phraseologiedarstellung im de Gruyter Wörterbuch Deutsch als Fremdsprache. In: Annelies Häcki Buhofer/Harald Burger/Laurent Gautier (Hg.): Phraseologiae Amor. Aspekte europäischer Phraseologie. Festschrift für Gertrud Gréciano zum 60. Geburtstag. Baltmannsweiler (= Phraseologie und Parömiologie 8), S. 263–279.

Wotjak, Barbara (2005): Routineformeln im Lernerwörterbuch. In: Irmhild Barz/Henning Bergenholtz/Jarmo Korhonen (Hg.) (2005), S. 371–387.

Wotjak, Barbara/Dobrovol'skij, Dmitrij (1996): Phraseologismen im Lernerwörterbuch. In: Irmhild Barz/Marianne Schröder (Hg.): Das Lernerwörterbuch Deutsch als Fremdsprache in der Diskussion. Heidelberg (= Sprache – Literatur und Geschichte. Studien zur Linguistik/Germanistik 12), S. 243–264.

IX.
Phraseologismen in neuerer deutsch-finnischer Lexikografie[*]

1. Einleitung

Den Hintergrund für den vorliegenden Beitrag bilden das Erscheinen von vier allgemeinen deutsch-finnischen Wörterbüchern während der letzten zehn Jahre sowie theoretisch und praktisch orientierte Projektarbeiten zur Phraseologie des Deutschen und Finnischen einerseits und zur deutsch-finnischen Lexikografie andererseits. Die Darstellung von Phraseologismen in der neueren deutsch-finnischen Lexikografie soll in drei Kapiteln abgehandelt werden. Zuerst wird die lexikografische Erfassung phraseologischer Ausdrücke in drei allgemeinen Handwörterbüchern kritisch betrachtet. Danach wird gezeigt, wie Phraseologismen eines bestimmten Typs in einem einschlägigen deutsch-finnischen Spezialwörterbuch beschrieben wurden, und zum Schluss wird die Darstellungsweise der Phraseologie in einem neuen deutsch-finnischen Großwörterbuch vorgestellt.

Der erste Aspekt, der für die allgemeinen deutsch-finnischen Handwörterbücher besprochen wird, sind Informationen zur Phraseologie in den Texten, die dem Wörterverzeichnis vorangehen. Danach wird auf die äußere Selektion, d. h. auf die Auswahl der phraseologischen Einheiten, auf die Kennzeichnung, die Bestimmung des Zuordnungslemmas (des Stichwortes, unter dem ein Phraseologismus eine genauere Beschreibung erfährt), die Anordnung von Phraseologismen in einem Wörterbuchartikel, die Gestaltung der Nennform der Einheiten sowie auf die semantisch-pragmatische Äquivalenz der deutschen Phraseologismen und ihrer finnischen Entsprechungen eingegangen. Die letzte Frage, die in diesem Zusammenhang überprüft werden soll, ist die Mehrfachlemmatisierung.

Die beiden Subklassen der Phraseologismen, die in diesem Beitrag zum Untersuchungsgegenstand gemacht werden, sind Idiome und Sprichwörter, wobei der Schwerpunkt auf die Idiome gelegt wird. Der

---

[*] Zuerst erschienen in: Lexicographica 19 (2003), S. 73–96.

Zweck der Darlegungen ist es, darauf aufmerksam zu machen, was alles bei der lexikografischen Darstellung von Phraseologismen in deutsch-finnischen Wörterbüchern berücksichtigt werden sollte, vorhandene Defizite aufzuzeigen und entsprechende Verbesserungsvorschläge zu präsentieren. – Zur Diskussion um die Darstellung der Phraseologie in zweisprachigen Wörterbüchern vgl. u. a. Toomar (1994), Worbs (1994), Korhonen (1995, 241ff.; 2000; 2001c, 122ff.; 2003; 2009), Albertsson/Korhonen (2004), Markus/Korhonen (2005), Cheon (1996), Czochralski/Ludwig (1996), Iker (1996), Hessky/Iker (1998), Dobrovol'skij (1999; 2009), Dobrovol'skij/Filipenko/Šarandin (2010), Kispál (1999), Mieder (1999), Palm Meister (2000), Schemann (2000), Martín (2001), Filipenko (2009), Glenk (2009), Hallsteinsdóttir (2009), Heine (2008; 2009) und Ďurčo (2010).

2. Allgemeine deutsch-finnische Handwörterbücher
2.1. Konzeption und Informationen zur Phraseologie im Vorspann

Die drei lexikografischen Nachschlagewerke, die im Folgenden genauer in Augenschein genommen werden sollen, sind die deutsch-finnischen Wörterbücher von Paul Kostera (= PK), Ilkka Rekiaro (= IR) und Aino Kärnä (= AK). Das Wörterbuch von Kostera, das aus einem deutsch-finnischen und finnisch-deutschen Teil besteht, erschien 1991 in erster Auflage und umfasste im deutsch-finnischen Teil ca. 30 000 Lemmata. Für die zweite Auflage, die es seit 2000 gibt, wurde die Zahl der Lemmata auf ca. 50 000 erhöht. Die wichtigste Quelle der Konstruktionen und Anwendungsbeispiele war für die erste Auflage DUW (1983), für die zweite DUW (1996). Im Jahr 1992 erschien die erste Auflage des Wörterbuchs von Rekiaro, das wie PK neben einem deutsch-finnischen einen finnisch-deutschen Teil enthält. Die Zahl der Lemmata und sonstigen Konstruktionen belief sich hier auf ca. 30 000, in der zweiten Auflage, die 2008 herausgegeben wurde, ist die entsprechende Zahl ca. 40 000. Weder in der ersten noch in der zweiten Auflage erfährt man, auf welchen Quellen der deutsch-finnische Lemmateil basiert. Das dritte Werk, das deutsch-finnische Wörterbuch von Kärnä, kam 1995 in erster Auflage in einem Umfang von ca. 43 000 Lemmata und sonstigen Konstruktionen auf den Markt.

Später wurde das Wörterbuch in durchgesehenen Ausgaben in gleichem Umfang in ein finnisch-deutsch-finnisches Handwörterbuch mit mehreren Verfassern integriert; die letzte Ausgabe stammt aus dem Jahr 2008. Aus den Benutzungshinweisen von AK (1995) geht hervor, dass als Quellen u. a. Wörterbücher, Lexika und Nachschlagewerke verschiedener Fachgebiete dienten (in der Ausgabe von 2008 fehlen entsprechende Informationen). Studiert man die Gestaltung der Wörterbuchartikel näher, so stellt sich heraus, dass hier DUW eine mehr oder weniger zentrale Rolle gespielt hat.

Die beiden Wörterbücher, die jeweils im Vorspann auf die Darstellung der Phraseologie kurz hinweisen, sind AK (1995) und PK (1991; 2000). AK (1995, 7) nennt in den Benutzungshinweisen nur Idiome bzw. feste Wortverbindungen und Wendungen und definiert sie als Ausdrücke, deren Bedeutung eine andere sei als die Summe ihrer Komponenten. Idiome des Deutschen hätten im Finnischen oft genaue Entsprechungen, manchmal hätten Idiome sowohl im Deutschen als auch im Finnischen mehrere Repräsentationsformen. Im Wörterbuch seien jedoch nicht immer alle Formen verzeichnet, vielmehr beschränke es sich auf einige charakteristische Beispiele (ebd.). In PK (1991, 12) wiederum wird festgestellt, dass sich an die Lemmata zahlreiche Anwendungsbeispiele (Wortverbindungen und Sätze) sowie eigentliche Phraseologie, d. h. feste Wendungen ('Phrasen und Idiome'), anschließen. PK (1991, 21) ist bemüht, für die Lemmata und Wendungen jeweils nur die wichtigsten und treffendsten finnischen Entsprechungen anzugeben. Wortverbindungen, Wendungen und Sätze seien meistens einem semantisch relevanten Lemma zugeordnet, in einigen Fällen werde von Verweisen Gebrauch gemacht, und nur selten sei eine Wendung unter mehreren Lemmata anzutreffen (PK 1991, 21). Dem Vorwort der zweiten Auflage ist weiterhin zu entnehmen, dass hier nicht nur die Zahl der Lemmata, sondern auch der Anteil der Phraseologie vermehrt wurde (vgl. PK 2000, 17). – Im Unterschied zu AK und PK wird im Vorspann von IR keine Auskunft über Phraseologie gegeben. In der zweiten Auflage dieses Wörterbuchs wird nicht einmal im Abkürzungsverzeichnis eine Abkürzung aufgeführt, die auf das Vorhandensein von Phraseologismen im Lemmateil hinweist (im Abkürzungsverzeichnis der ersten Auflage taucht eine entsprechende Markierung mit „fr" für ‚Phrasen' auf). – Zu den deutsch-finnischen Handwörterbüchern und ihren phraseologiespezifischen Informationen in den Benutzungshinweisen vgl. auch Korhonen (2000, 569f.; 2001b, 289ff.; 2001c, 110; 2003, 491f.; 2009, 538). (Vgl. zur Zitierweise unten: Wenn hinter AK, IR und PK keine Jahreszahl erscheint, ist jeweils die neueste Ausgabe der Wörterbücher gemeint.)

2.2. Äußere Selektion

Da es im heutigen Deutsch Tausende von Phraseologismen gibt und diese aufgrund ihrer mehr oder weniger komplexen Struktur in einem Wörterbuch relativ viel Platz beanspruchen, muss man als Verfasser eines zweisprachigen Handwörterbuchs mit Deutsch als Ausgangssprache genau überlegen, welche Einheiten in die Wörterbuchartikel aufgenommen werden und welche nicht. Es dürfte eine Selbstverständlichkeit sein, dass die geläufigsten deutschen Phraseologismen auch in ein deutsch-finnisches Handwörterbuch gehören, ebenso würde man aus der Sicht der kontrastiven Phraseologie erwarten, dass Ausdrücke aufgenommen werden, die für eine Gegenüberstellung des Deutschen und Finnischen unter dem Gesichtspunkt der Äquivalenz relevant erscheinen. Vor diesem Hintergrund ist es recht überraschend, dass Wortgruppenidiome wie *das Brett bohren, wo es am dünnsten ist, sich an die Brust schlagen* und *sich/einander gleichen wie ein Ei dem ander[e]n* in allen drei Wörterbüchern fehlen. Das erste und dritte Idiom haben im Finnischen idiomatische Äquivalente, die allerdings jeweils auf einem anderen Bild beruhen, und zum zweiten Idiom gibt es im Finnischen einen falschen Freund. In AK und IR vermisst man u. a. die Idiome *die Beine in die Hand/unter den Arm/unter die Arme nehmen, den Braten riechen/schmecken, bei jmdm. auf den Busch klopfen, mit jmdm. unter einer Decke stecken* und *Dreck am Stecken haben*, in AK und PK u. a. *am Ball bleiben, am Ball sein, sich in die Brust werfen* und *weg vom Fenster sein*. In IR und PK wiederum sind u. a. folgende Wortgruppenidiome nicht zu finden: *[sich] etw. aus dem Ärmel/aus den Ärmeln schütteln, in einem/im gleichen/selben Boot sitzen, jmdm. fällt die Decke auf den Kopf, jmdn. an der Nase herumführen* und *Perlen vor die Säue werfen*. Idiome, nach denen man jeweils in einem Wörterbuch vergebens sucht, sind z. B. *auf großem Fuß[e] leben* und *eine grüne Hand haben* (AK), *in den sauren Apfel beißen [müssen], [sich] kein Blatt vor den Mund nehmen, jmdm./für jmdn. böhmische Dörfer sein* und *Eulen nach Athen tragen* (IR) sowie *jmdm./für jmdn. den/die Daumen halten/drücken, etw. auf Eis legen* und *wie Pilze aus dem Boden/aus der Erde schießen* (PK). Auch sind viele gebräuchliche Satzidiome und Sprichwörter in den deutsch-finnischen Wörterbüchern nicht verzeichnet, vgl. etwa *es ist noch/noch ist nicht aller Tage Abend* (AK, IR), *da hört [sich] doch alles auf!* (IR, PK), *da liegt der Hund begraben, da/jetzt haben wir den Salat!* und *abwarten und Tee trinken!* (IR) sowie *Aller Anfang ist schwer.* und *Die Zeit heilt [alle] Wunden.* (AK, IR, PK), *Der Apfel fällt nicht weit vom Stamm., Einem geschenkten Gaul schaut/sieht/guckt man nicht ins Maul., Hunde, die [viel] bellen, beißen nicht.* und *Morgenstunde hat Gold im Munde.* (AK, IR), *Übung macht den Meister.* (AK, PK), *Kleider machen Leute., Viele Köche verderben den Brei.* und *Lügen haben kurze Beine.* (IR, PK), *Ausnahmen bestätigen die Regel., In der Kürze liegt die Würze.* und *Andere Länder, andere Sitten.* (AK), *Ende gut, alles gut., Es ist noch kein Meister vom Himmel gefallen.* und *Scherben bringen Glück.* (IR) und *Es ist nicht alles Gold, was glänzt.* (PK).

In einem deutsch-finnischen Wörterbuch kann auf der anderen Seite aber auch ein ganz ungebräuchliches Idiom auftauchen, vgl. z. B.:

(1)   *auf dem Baum sein* (AK 669)

(2)   *sich die Kanten abstoßen* (AK 817)

Dass das Idiom in (1) im heutigen Deutsch nicht geläufig ist, spiegelt sich in der lexikografischen Kodifizierung wider: Das einzige Wörterbuch, in dem das Idiom aufgeführt wird, ist Küpper (310). Die Quelle für das Idiom in (2) wiederum dürfte Miettinen (318) sein – es ist offensichtlich, dass AK dieses Wörterbuch als Hilfsmittel benutzt hat. Dort lauten die Realisationsformen aber *sich (dat) die Kanten abschleifen* und *sich die Ecken und Kanten abstoßen.* Vgl. dazu auch die beiden Formen *sich die Ecken und Kanten seines Wesens abstoßen* und *die Ecken und Kanten seines Wesens abstoßen* in DUS (1956, 304) bzw. WDG (2034).

Weiterhin könnte die äußere Selektion etwa unter dem Aspekt der Stilebene kritisiert werden: Einerseits fehlen in den Wörterbüchern viele standard- und umgangssprachliche Phraseologismen, und andererseits können dort u. a. derbe Ausdrücke begegnen, z. B.:

(3)   *jemandem auf die Eier gehen* (IR 1260)

Auffällig ist der Beleg nicht zuletzt deshalb, weil das Idiom der einzige Phraseologismus ist, der im Wörterbuchartikel *Ei* vorkommt. – Zur Auswahl des phraseologischen Materials in deutsch-finnischen (und finnisch-deutschen) Wörterbüchern vgl. auch Korhonen (1995, 244ff.; 2000, 570).

2.3. Kennzeichnung

Wenn man den Status phraseologischer Einheiten zum Ausdruck bringen möchte und sie nicht – wie heutzutage in der Lexikografie bereits relativ üblich – am Ende eines Wörterbuchartikels bzw. von den nicht-phraseologischen Anwendungsbeispielen abgetrennt darstellt, muss man sie irgendwie kenntlich machen. In den drei deutsch-finnischen Wörterbüchern werden folgende Markierungen verwendet: „ilmauksissa" (‚in den Ausdrücken'), „kuv" (‚bildlich') und „san" (‚Idiom, Redewendung; Redensart') in AK, „fr" bzw. „(fr)" (‚Phrase'), „idiomaattisissa ilmauksissa" (‚in idiomatischen Ausdrücken') und „kuv" (‚bildlich') in IR sowie „idiom" (‚Idiom'), „kuv" (‚bildlich') und „sananl" (‚Sprichwort oder Redensart') in PK. Daraus ist zunächst ersichtlich, dass Sprichwörter nicht gesondert markiert werden, sondern entweder explizit (vgl. PK) oder implizit (vgl. AK und IR) mit Satzidiomen („Redensarten") zusammengefasst werden. Es gibt aber eine Vielzahl von Idiomen und Sprichwörtern, die in den Wörterbüchern ohne jede phraseologiespezifische Kennzeichnung erscheinen, so z. B. *bei jmdm. nicht landen können, etw. in der Mache haben* und *einer Sache zum Opfer fallen* in AK (841, 854, 882), *auf dem Absatz kehrtmachen, etw. aus den Angeln heben, Es ist nicht alles Gold, was glänzt., etw. aus dem Handgelenk schütteln* und *Übung macht den Meister.* in IR (1078, 1102, 1387, 1403, 1807) sowie *ab und zu/an, von etw. Abstand nehmen, Dampf hinter etw. machen* und *jmdn. durch den Kakao ziehen* in PK (72, 88, 249, 517).

Werden unter einem Lemma mehrere Phraseologismen aufgeführt, so können einige entsprechend gekennzeichnet sein, andere dagegen nicht. Beispielsweise sind im Wörterbuchartikel *Auge* in AK (656) insgesamt sieben Idiome verzeichnet, von denen jedoch nur vier mit „san" markiert sind; von den elf Idiomen unter dem Lemma *Finger* wiederum bleiben drei ohne Kennzeichnung (vgl. AK 742). Im Wörterbuchartikel *Bein* erhalten von den insgesamt vier Idiomen zwei die Kennzeichnung „kuv", die restlichen zwei sind nicht markiert (vgl. AK 672f.). Eine weitere Kennzeichnungsart lässt sich in AK (831f.) u. a. für den Wörterbuchartikel *Kopf* belegen: Der Artikel enthält zwanzig Idiome, von denen vierzehn unmarkiert und sechs einem eigenen Untergliederungspunkt mit der Markierung „ilmauksissa" zugeordnet sind. Ebenso können Phraseologismen in einem Wörterbuchartikel in zweierlei Weise markiert sein, vgl. z. B. die Idiome *ein fetter Bissen* und *jmdm. bleibt der Bissen im Halse stecken* in AK (682); die Unsicherheit bei der Charakterisierung idiomatischer Ausdrücke manifestiert sich hier in den beiden Markierungen „kuv" bzw. „san". Ähnliches gilt für PK, wo z. B. dem Idiom *bei etw. die Hand/seine Hände [mit] im Spiel haben* die Markierung „idiom", den Idiomen *die Hände in den Schoß legen* und *freie Hand haben* hingegen die Markierung „kuv" zugeordnet wird (PK 454, Lemma *Hand*). Dass der Verwendung der Markierungen „kuv" und „idiom" bzw. „san" keine Systematik zugrunde liegt, zeigt sich u. a. an den beiden Idiomen mit *Bissen* in AK (682) (vgl. oben): Angenommen, dass immer dann, wenn ein Ausdruck über eine wörtliche und eine idiomatische Lesart verfügt, für die letztere Lesart „kuv" verwendet wird (was doch naheliegt), hätten sowohl *ein fetter Bissen* als auch *jmdm. bleibt der Bissen im Halse stecken* mit dieser Kennzeichnung versehen werden müssen. Entsprechend hätte man erwartet, dass in PK (608) bei den Ausdrücken *der Mann auf der Straße* und *der kleine Mann* „kuv" und nicht „idiom" als Kennzeichnung erscheinen würde. Auf der anderen Seite kann aber auch ein Idiom (oder ein Beispielsatz mit einem Idiom), bei dem eine wörtliche Lesart ausgeschlossen ist, die Kennzeichnung „kuv" erhalten, vgl. z. B. *unter dem Pantoffel stehen* (PK 681) und *Das Unternehmen* t [= *tai* ‚oder'] *Die geplante Reise ist ins Wasser gefallen* (PK 1029).

Inkonsequenzen, auf die oben anhand des Vorkommens von mehreren Phraseologismen unter einem Lemma und der Kennzeichnung mit „kuv" und „san" bzw. „idiom" hingewiesen wurde, sind auch für IR nachweisbar. Dazu kommen aber auch weitere Schwächen, so z. B. eine mangelnde Fähigkeit, zwischen idiomatischen und nichtidiomatischen Ausdrücken zu unterscheiden. Ein Beispiel dafür ist die Klassifizierung einer Konstruktion wie *auf jmdn., etw. neidisch sein* als

‚idiomatischer Ausdruck' (IR 1123). Die Stelle der Markierung „fr" ist nicht genau festgelegt, d. h. sie kann sowohl vor als auch hinter einem Phraseologismus stehen, vgl. z. B. *bitten und betteln* (fr) und (fr) *das Blaue vom Himmel herunterlügen* (IR 1205f.). Manchmal ist nicht klar, ob sich „fr" auf alle Ausdrücke oder nur auf den unmittelbar folgenden Phraseologismus bezieht. So erscheint diese Kennzeichnung im Wörterbuchartikel *Bein* nur vor dem ersten Idiom (*wieder auf die Beine kommen*; der Artikel enthält insgesamt sechs Idiome), unter dem Lemma *Blut* dagegen ist sie vor jedem der vier Idiome zu finden (IR 1175, 1208). Nicht selten lassen sich sogar Doppelmarkierungen mit „fr kuv" bzw. „kuv fr" belegen, vgl. u. a. (fr kuv) *er ist auf den Bauch gefallen* und (kuv fr) *wir sind schon über den Berg* (IR 1160, 1184). Darüber hinaus ist die Beschreibungspraxis in IR insofern eigentümlich, als dort Idiome oder Teile von Idiomen mit zwei oder mehr Komponenten auch als Lemmata erscheinen können. Als Lemmata werden vor allem Idiome angesetzt, in denen z. B. ein Substantiv, ein Adjektiv, ein Adverb oder ein Verb die erste Stelle besetzt. Meistens erhalten die Idiomlemmata eine Kennzeichnung, vgl. etwa *Auferstehung feiern* und *Hab und Gut* mit „fr" und *Bahn brechen* mit „kuv" (IR 1125, 1399, 1155); Ausnahmen sind u. a. *Bescheid stoßen* und *Bohnen in den Ohren haben* (IR 1187, 1210). Steht aber ein Idiomteil als Lemma, dann wird in der Regel auf eine Markierung verzichtet, vgl. z. B. *Ackerbau und Viehzucht, ad acta, beleidigte Leberwurst* und *Rast und Ruh* (IR 1087, 1179, 1656). Allerdings lassen sich auch hier einige Gegenbeispiele anführen, u. a. *beieinander haben* mit „fr" (IR 1174). – Zum Problem der Kennzeichnung von Phraseologismen in deutsch-finnischen Wörterbüchern vgl. auch Korhonen (2000, 571; 2009, 540). Zur Markierung von Idiomen in IR s. außerdem Toomar (1994, 275f.).

2.4. Zuordnungslemma

Für die Einordnung von Idiomen und Sprichwörtern unter Lemmata wurde in der neueren lexikografiebezogenen Phraseologieforschung eine Wortklassenhierarchie entwickelt, nach der das erste Substantiv des Ausdrucks den Ausschlag geben soll. Ist kein Substantiv vorhanden, wird das erste Adjektiv, Adverb usw. als Zuordnungslemma gewählt. (Vgl. dazu z. B. Korhonen 2004, 366) Dieses Prinzip hat sich in den deutsch-finnischen Handwörterbüchern jedoch noch nicht ganz eingebürgert, d. h., es kann – wie in der älteren lexikografischen Praxis im Sinne eines weiteren sinntragenden bzw. semantisch relevanten Wortes – auch eine andere Komponente als das erste Substantiv usw. als Zuordnungslemma fungieren. Zu solchen Komponenten gehört vor allem ein zweites Substantiv, vgl.:

(4) *mit Kind und **Kegel*** (AK 820)
(5) *andere Länder, andere **Sitten*** (PK 824)
(6) *vom Regen in die **Traufe** kommen* (IR 1793)
(7) *ein Stein des **Anstoßes*** (AK 648)

In folgenden Fällen wurden Phraseologismen, die in ihrer Struktur neben einem Substantiv ein Adjektiv aufweisen, einem adjektivischen Lemma zugeordnet:

(8) *etwas für **bare** Münze nehmen* (IR 1158)
(9) *es **faustdick** hinter den Ohren haben* (AK 737)

Wie das nächste Beispiel zeigt, kann ein Phraseologismus mit zwei Adjektiven unter dem zweiten Adjektiv eingeordnet sein:

(10) *kurz und **bündig*** (AK 688)

Im Falle von Phraseologismen mit einer substantivischen Komponente wird auch ein Verb häufig als Zuordnungslemma festgelegt:

(11) *jmdm unter die Arme **greifen*** (AK 778)
(12) *etw. **springt** ins Auge* (AK 947)
(13) *Farbe **bekennen*** (IR 1177)
(14) *etwas aufs Papier **werfen*** (IR 1885)

Besonders in IR zeichnet sich eine Tendenz ab, Verbidiome mit einer Substantivkomponente unter einem Verblemma einzuordnen. Im Wörterbuchartikel *nehmen* (Bedeutungspunkt 5) heißt es sogar explizit, dass dieses Verb in verschiedenen Konstruktionen vorkomme, in denen die Bedeutung von einem Substantiv bestimmt werde. Unter den Beispielen finden sich aber auch vollidiomatische Phraseologismen, bei denen von einer zentralen semantischen Rolle des Substantivs keine Rede sein kann, vgl. z. B.:

(15) *jemanden auf den Arm nehmen* (IR 1592)

Die Formulierung von IR bezieht sich auf Funktionsverbgefüge, für die es aber im oben genannten Wörterbuchartikel nur sehr wenige richtige Beispiele gibt.

Bei der Zuordnung von Phraseologismen zu Lemmata wird in PK manchmal auch von Verweisen Gebrauch gemacht. Wenn z. B. ein Phraseologismus mit einer substantivischen Komponente nicht unter dem ersten Substantiv steht, wird von diesem Substantiv auf das Zuordnungslemma verwiesen. Dieses Lemma kann u. a. ein zweites Substantiv, ein Adjektiv oder ein Verb sein, vgl.:

(16) **Kürze** [...] ↑ Würze (PK 568)
(17) **Auge** [...] ↑ blau (PK 149)
(18) **Fäustchen** *n* ↑ lachen (PK 346)

Die Phraseologismen, denen die Verweise gelten, sind *In der Kürze liegt die Würze.*, *mit einem blauen Auge davonkommen* und *sich ins Fäustchen lachen*. Im folgenden Beispiel wird von einem Adjektiv auf ein Verb verwiesen (es geht um die Einordnung des Verbidioms *mit heiler Haut davonkommen*):

(19) **heil** [...]↑ davonkommen (PK 464)

Ein weiterer Verweistyp, der sich in PK belegen lässt, bezieht sich auf phraseologische Synonyme. Dabei kann der Ausgangspunkt des Verweises entweder ein Lemma oder ein Phraseologismus sein, und am Ziel des Verweises werden deutlichkeitshalber beide Synonyme angeführt, vgl.:

(20a) **Affe** [...] **d** ↑ Narr (PK 95)
(20b) **Narr** [...] **mich zum ~en haben** *t ark* [,ugs.'] **zum Affen halten** (PK 653)
(21a) **Bau** [...] **vom ~ sein** *ark* ↑ Fach (PK 176)
(21b) **Fach** [...] **Er ist ein Mann vom ~** *t ark* **vom Bau.** (PK 337)

Warum die deutsch-finnischen Wörterbücher, besonders AK und IR, mit ihrer Einordnungspraxis etwa von DUW abweichen, leuchtet nicht ein, denn man wird als Wörterbuchbenutzer doch bald frustriert, wenn man nie weiß, unter welchem Lemma man einen phraseologischen Ausdruck zuerst suchen soll. PK wiederum lehnt sich bezüglich seines Verweisverfahrens an DUW an, vgl. **jmdn. zum Affen halten** (ugs.; ↑ Narr 2) (DUW 1996, 82). Allerdings lässt auch DUW für die Darstellung von Verweisen zwischen synonymen Phraseologismen keine bestimmte Systematik erkennen. – Zur Bestimmung des Zuordnungslemmas von Phraseologismen in deutsch-finnischen Handwörterbüchern vgl. auch Korhonen (2000, 571 f.; 2009, 541).

2.5. Anordnung von Phraseologismen in einem Wörterbuchartikel

Am Anfang von Abschnitt 2.3. wurde bereits angedeutet, dass in den drei deutsch-finnischen Wörterbüchern im Unterschied zur neueren einsprachigen Lexikografie des Deutschen für Phraseologismen in Wörterbuchartikeln kein eigener, deutlich markierter Platz vorgesehen ist. Idiome und Sprichwörter bilden zwar oft einen zusammenhängenden Block von mehreren Einheiten, aber häufig sind auch Fälle, in denen z. B. ein nichtphraseologisches Anwendungsbeispiel von Phraseologismen umgeben ist, vgl.:

(22) **Zeit** [...] *kommt ~, kommt Rat* [...]; *in letzter ~* [...]; *mit der ~* [...]; *jmd hat keine Zeit* [sic!], *etw. zu tun* [...]; *sich für etw. ~ nehmen* [...] (AK 1025)

Die beiden nichtphraseologischen Konstruktionen, die hier zwischen Phraseologismen eingestreut wurden, sind *in letzter Zeit* und *jmd. hat keine Zeit, etw. zu tun.*

Sind in einem Wörterbuchartikel mehrere Phraseologismen enthalten, sollten sie nach einer bestimmten Systematik angeordnet sein, damit der Wörterbuchbenutzer möglichst schnell zum gesuchten Ausdruck kommt. Dieser Frage wurde in der theoretischen und praktischen Lexikografie bislang relativ wenig Aufmerksamkeit geschenkt, doch kann hier wieder auf DUW hingewiesen werden, wo Idiome, in deren Struktur eine Substantivkomponente vorkommt, wie folgt angeordnet sind: Am Anfang stehen Idiome mit einem Substantiv in einem bestimmten Kasus, und zwar in der hierarchischen Ordnung Nominativ – Akkusativ – Dativ – Genitiv, und dann folgen Idiome mit Präposition, wobei sich die Anordnung an der alphabetischen Reihenfolge der einzelnen Präpositionen orientiert. Leider wurde aber auch dieses Beschreibungsprinzip nicht in die deutsch-finnischen Handwörterbücher übernommen, weshalb die Wörterbuchartikel dort im Hinblick

auf die Anordnung von Phraseologismen denn auch recht unüber-
sichtlich sind. Was zunächst die Kasushierarchie betrifft, so steht im
folgenden Beispiel der Genitiv vor dem Akkusativ:

(23) **Fuß** [...] *ihm brennt der Boden unter den Füßen* [...]; *stehenden
      Fußes* [...]; *kalte Füße bekommen* [...] (IR 1344)

Dass die Präpositionen nicht immer alphabetisch angeordnet wurden,
zeigt u. a. ein Ausschnitt aus dem Wörterbuchartikel *Kopf* in PK:

(24) **Kopf** [...] **wie vor den ~ geschlagen sein** [...]; **Immer will er
      mit dem ~ durch die Wand.** [...]; **Du bist doch nicht auf den
      ~ gefallen!** (PK 552)

In (25) herrscht ein noch größeres Durcheinander, d. h. die Präpositionen stehen nicht in alphabetischer Reihenfolge, und zwischen Idiomen
mit Präposition können Idiome mit einem Substantiv in einem bestimmten Kasus auftauchen:

(25) **Herz** [...] *von ~en gern* [...]; *jmd hat nicht das ~* [...]; *jmd
      bringt es nicht übers ~* [...]; *sein ~ ausschütten* [...]; *das ~ auf
      der Zunge tragen* [...]; *das ~ in die Hände nehmen, sich ein ~
      fassen* [...]; *jmdn t. etw. auf ~ und Nieren prüfen* (AK 795)

Weitere Beispiele für eine mangelnde Systematik bei der Anordnung
von Phraseologismen sind u. a. die Wörterbuchartikel *Bein, Haar* und
Hand in AK (672f., 783, 786), die Artikel *Auge, Bein* und *Hand* in IR
(1135, 1175, 1403) und die Artikel *Arm, Bein* und *Fuß* in PK (134,
189f., 388). – Zur Anordnung von Phraseologismen in Wörterbuchartikeln in der deutsch-finnischen Lexikografie vgl. auch Korhonen
(2000, 572f.).

2.6. Nennform

In der neueren Lexikografie wird z. B. bei der Darstellung von Verbidiomen in der Regel so verfahren, dass diese in abstrakter Grundform
und nicht in einen Satz eingebettet eingeführt werden. Für infinitivfähige Verbidiome heißt das, dass im Idiomkern ein Verb im Infinitiv
erscheint. Wie aber beispielsweise aus (24) hervorgeht, kann die einzige Realisation eines Verbidioms in einem deutsch-finnischen Wör-

226

terbuch eine konkrete Satzform sein. In IR und PK ist dies sehr oft, in AK seltener der Fall, vgl.:

(26) *wir sind jetzt über den Berg* (AK 675)
(27) *die Aufgabe ist ihm wie auf den Leib geschrieben* (IR 1527)
(28) *Als er das hörte, fiel er aus allen Wolken.* (PK 1063)

Vor allem in AK werden Idiome aber häufig in einer Satzform angeführt, die aus einem Idiomkern und einer Angabe des Subjekts mit „jmd" bzw. „etw." besteht, vgl. (12) und außerdem z. B.:

(29) *jmd findet ein offenes Ohr bei jmdm* [...]; *jmd hat viel um die Ohren* (AK 881)
(30) *etw. liegt auf der Hand* (AK 786)

Beispiele für Verbidiome ohne Subjektmarkierung sind u. a. die folgenden drei Nennformen:

(31) *ganz Ohr sein* [...]; *jmdm sein Ohr leihen* (AK 881)
(32) *in die Binsen gehen* (AK 681)

Es versteht sich von selbst, dass Idiombeschreibungen in einem Wörterbuch für DaF-Lerner solche Schwankungen nicht aufweisen sollten. Ebenso klar ist es, dass Nennformen mit Subjektmarkierung den richtigen Sprachgebrauch widerspiegeln sollten, vgl.:

(33) *das ist bekannt wie ein bunter Hund* (AK 802)

Die korrekte Subjektangabe wäre hier *jmd*. – Nicht unbedingt inkorrekt, aber doch ganz unüblich sind Mischformen, in denen anstelle der Indefinitpronomina *jemand* und *etwas* ein Personalpronomen bzw. das Demonstrativpronomen *das* erscheint. Diese Art der Angabe des Personen- bzw. Sachobjekts begegnet in PK, vgl.:

(34) *ihm das Fell über die Ohren ziehen* (PK 349)
(35) *das ihm aus der Nase ziehen* (PK 653)

Wahrscheinlich hat sich PK für diese Praxis deshalb entschieden, weil dadurch im Vergleich zu Formen wie *jemanden* und *jemandem* bzw. *jmdn.* und *jmdm.* etwas Platz gespart werden kann. Manchmal finden sich in PK aber auch Markierungen, in denen die freie lexikalische Besetzbarkeit der Objektstelle deutlicher zum Ausdruck kommt:

(36) *mir* etc *Steine in den Weg legen* (PK 855)

(37) *jemandem ein Klotz am Bein sein* (PK 536)

Problematischer als uneinheitliche Angaben der oben dargestellten Art sind Nennformen, in denen sogar obligatorische Ergänzungen von Verbidiomen fehlen. Im Falle des Akkusativobjekts können je nach Idiom eine Personen- oder Sachbezeichnung oder beide weggelassen worden sein:

(38) *in Atem halten* (PK 137)
(39) *unter den Tisch fallen lassen* (IR 1786)
(40) *zum alten Eisen werfen* (AK 718, PK 304)

Die fehlenden Angaben sind *jmdn.* in (38), *etw.* in (39) und *jmdn., etw.* in (40). Auch Nennformen ohne Dativobjekt sind keine Seltenheit (in (41) fehlt eine Personenbezeichnung, in (42) eine Sachbezeichnung und in (43) eine Kombination von Personen- und Sachbezeichnung):

(41) *in Fleisch und Blut übergehen* (IR 1327)
(42) *Bahn brechen* (AK 666, IR 1155)
(43) *Einhalt gebieten* (IR 1266)

Eine weitere Objektklasse, die bei der Gestaltung von Nennformen von Verbidiomen nicht genügend berücksichtigt wurde, ist das Präpositionalobjekt. Die Nennformen der unten stehenden Idiome wären vollständig, wenn in (44) *zu etw.*, in (45) *bei jmdm.* und in (46) *vor jmdm.* hinzugefügt würde:

(44) *sein Amen geben* (IR 1096)
(45) *ins Fettnäpfchen treten* (IR 1321)
(46) *zu Kreuze kriechen* (AK 835)

Ähnlich wie Objekte sollten auch valenzbedingte Adverbiale in der Nennform von Verbidiomen erscheinen. In (47) vermisst man ein Modal-, in (48) ein Lokaladverbial (entsprechende Kennzeichnungen könnten *in bestimmter Weise* oder *irgendwie* bzw. *irgendwo* sein):

(47) *über die Bühne gehen* (AK 688)
(48) *seine Zelte aufschlagen* (AK 1026)

Bei der Markierung von Objekten wären in bestimmten Fällen für Deutsch Lernende Angaben zum Kasus nützlich. Dies gilt einmal für Sachbezeichnungen mit *etw.* in Verbindung mit Präpositionen, die den Akkusativ oder Dativ regieren, und zum anderen für die Form *einer*

Sache, die für ein Dativ- oder Genitivobjekt steht. Entsprechende Informationen sind in den deutsch-finnischen Handwörterbüchern sehr oft nicht vorhanden, vgl.:

(49) *auf etwas den Daumen halten* (IR 1232)
(50) *an etw. Anstoß nehmen* (AK 648)
(51) *einer Sache Folge leisten* (IR 1330)
(52) *einer Sache habhaft werden* (IR 1399)

Der Kasus könnte hier jeweils in Form einer Abkürzung angegeben werden, d. h. in (49) würde hinter *etwas* „akk", in (50) hinter *etw.* „dat", in (51) hinter *Sache* „dat" und in (52) hinter *Sache* „gen" erscheinen.

Im Bereich des Idiomkerns wäre eine Kasusangabe beim Reflexivpronomen *sich* einem DaF-Lerner dienlich. In PK taucht im Falle eines dativischen *sich* in der Regel eine entsprechende Abkürzung auf, in IR dagegen wird zu *sich* keine Angabe gemacht, und in AK findet man Nennformen mit und ohne Dativkennzeichnung, vgl.:

(53) *sich* (dat) *die Adern öffnen* (AK 637)
(54) *sich etw. nicht nehmen lassen* (AK 873)

Die diesbezügliche Markierungspraxis kann in AK sogar in ein und demselben Wörterbuchartikel variieren, vgl. z. B.:

(55a) *sich die Finger verbrennen* (AK 742)
(55b) *sich* (dat) *etw. aus den Fingern saugen* (AK 742)

Bei der Beschreibung von Substantividiomen wurde dem Artikelgebrauch in der Lexikografie bislang nicht genügend Beachtung geschenkt. Hier könnte man sich vielleicht auf folgende Praxis einigen: Wenn sowohl der unbestimmte als auch der bestimmte Artikel möglich sind, wird der unbestimmte Artikel gesetzt. Nennformen mit Nullartikel wären in solchen Fällen inadäquat, weil sich diese Artikelrealisation nur auf den Plural beschränkt. (Vgl. hierzu u. a. Korhonen 2004, 373) Wie in der einsprachigen Lexikografie des Deutschen sind auch in deutsch-finnischen Wörterbüchern artikellose Substantividiome relativ häufig:

(56) *halbe Portion* (AK 893)
(57) *armer Schlucker* (AK 928, PK 787)

Ein weiteres Beispiel für eine verbesserungsbedürftige Nennform eines Substantividioms ist (58):

(58)   *dicker* t *großer Onkel* (PK 674)

Da hier der bestimmte Artikel weitaus üblicher ist als der unbestimmte, sollte er in der Nennform entsprechend in Erscheinung treten.

Hat man es bei den bislang zitierten Beispielen mit uneinheitlichen, mangelhaften und inadäquaten Nennformen zu tun, so handelt es sich unten um Formen, die eindeutig fehlerhaft sind und damit besonders dringend einer Korrektur bedürfen. Die ersten Belege beziehen sich auf einen falschen Kasus des Personenobjekts (in (59) und (60) richtig mit Akkusativ, in (61) mit Dativ):

(59)   *jemandem zum Altar führen* (IR 1094)
(60)   *jemandem beim Wort nehmen* (IR 1592)
(61)   *jmdn auf die Finger sehen* (AK 742)

Die fehlerhaften Formen in (59) und (60) erklären sich wohl aus Nachlässigkeit, in (61) könnte der Akkusativ auch auf eine mangelnde Sprachkompetenz der Verfasserin zurückgehen. In (62) und (63) weisen die Nennformen jeweils einen kleineren flexionsbezogenen Fehler auf:

(62)   *im Dunklen tappen* (AK 962)
(63)   *Mund und Nasen aufreißen* (IR 1576)

Die korrekten Formen der Substantivkomponente sind hier *Dunkeln* bzw. *Mund und Nase*. – In den nächsten beiden Beispielen ist der Numerus des Substantivs nicht richtig; in (64) sollte der Numerus Singular, in (65) Plural sein:

(64)   *etw. wie seine Hosentaschen kennen* (AK 801)
(65)   *die Tapete wechseln* (IR 1776)

Eine fehlerhafte Nennform kann weiterhin dadurch entstanden sein, dass in der Substantivkomponente eines Verbidioms der bestimmte Artikel vergessen worden ist:

(66)   *aus etw. Konsequenzen ziehen* (AK 830)

Einen eigenen Fehlertyp bilden Nennformen, in denen eine Präposition der Substantivkomponente falsch ist:

(67) *Knöpfe um die Augen haben* [...]; *Knöpfe um die Ohren haben* (IR 1483)
(68) *mir* etc *(einen) Knüppel in die Beine werfen* (PK 539)

Das erste Idiom in (67) lautet richtig *Knöpfe auf den Augen haben*, das zweite *Knöpfe auf/in den Ohren haben*. In (68) wiederum ist die richtige Präposition *zwischen* und nicht *in*.

Die Nennformen in (69) und (70) enthalten jeweils ein Substantiv, das es im Deutschen gar nicht gibt, und in (71) wurden zwei Substantive (*Siele* und *Stiefel*) miteinander verwechselt (das Idiom wird unter *sterben* aufgeführt):

(69) *Muffelnsausen haben* (AK 867)
(70) *wie auf dem Präsentteller* (AK 894)
(71) *in den Stiefeln sterben* (IR 1759)

Zu (70) kann außerdem angemerkt werden, dass eine adäquate Nennform *[wie] auf dem Präsentierteller sitzen/stehen* lauten würde.

Wie aus den unten stehenden Beispielen ersichtlich ist, können Phraseologismen auch hinsichtlich der Verb- und Adjektivkomponente fehlerhaft sein:

(72) *jmd lässt sich nicht für dumm verkaufen lassen* (AK 703)
(73) *Gnade vor Recht gehen lassen* (AK 775)
(74) *sich kenntlich zeigen* (AK 820)

In (72) ist die Infinitivkomponente *lassen* überflüssig, wohingegen in den letzten beiden Beispielen ein Präfix fehlt: Die richtigen Formen der betreffenden Komponenten lauten *ergehen* bzw. *erkenntlich* (dass die Form in (74) kein Flüchtigkeitsfehler ist, zeigt sich darin, dass sie unter dem Lemma *kenntlich* begegnet).

Schließlich lassen sich in den deutsch-finnischen Wörterbüchern Nennformen nachweisen, die wie in (75) in zweifacher Hinsicht kritisiert werden können: Erstens handelt es sich hier nicht um eine Substantivierung von *gelb* (die Form wird unter dem Adjektiv *gelb* aufgeführt), sondern um das Substantiv *das Gelbe*, und zweitens liegt ein Ausdruck vor, der primär in Verbindung mit einer Negation verwendet wird:

(75)   *das ist das Gelb vom Ei* (AK 763)

Als adäquate Nennform wäre – in Abweichung von DUW – *[auch]
nicht [gerade] das Gelbe vom Ei sein* anzusetzen. – Zur Gestaltung
der Nennform von Phraseologismen in deutsch-finnischen Wörterbüchern vgl. auch Korhonen (1995, 247ff.; 2000, 573f.; 2009, 542f.).

2.7. Deutsch-finnische Äquivalenz

Was zunächst den phraseologischen Status finnischer Äquivalente
deutscher Phraseologismen betrifft, so ist festzustellen, dass einem
deutschen Verbidiom ab und zu ein finnisches Sprichwort oder Satzidiom als Äquivalent zugeordnet wurde, vgl. z. B.:

(76)   *jmd macht sich nicht gern die Finger schmutzig* kyllä kissakin
       kaloja söisi, vaan ei kastelis kynsiään (AK 742)
(77)   *sich zwischen zwei Stühle setzen* kahden kauppa, kolmannen
       korvapuusti (AK 956)

In theoretischer Hinsicht sind solche Äquivalente als völlig verfehlt
anzusehen, und auch in einer konkreten Übersetzungssituation kann
man mit ihnen kaum etwas anfangen. Außerdem sind die finnischen
Entsprechungen in (76) und (77) inhaltlich nicht zutreffend; besonders
in (77) handelt es sich um einen groben Äquivalenzfehler (für (76)
wird in AK an zweiter Stelle als Äquivalent auch ein Verbidiom angegeben, das semantisch korrekt ist). Ein ähnlicher Fall liegt in (78) vor,
wo AK ein deutsches Verbidiom in Satzform zitiert, um im Finnischen dafür satzwertige Äquivalente anführen zu können (hier ist das
erste Äquivalent inhaltlich unzutreffend):

(78)   *man kann nicht über seinen Schatten springen* äänellään lintu-
       kin laulaa, minkäs seepra raidoilleen mahtaa (AK 922)

In IR und PK sind viele Äquivalente anzutreffen, die gegen die Regeln
der finnischen Syntax verstoßen. Die fehlerhaften Formen beziehen
sich auf den Infinitiv, vgl.:

(79)   *mit jemandem im Reinen sein* olla selvittänyt välinsä jonkun
       kanssa (IR 1666)

232

(80) *das Bett* t *Zimmer hüten (müssen)* (täytyä) pysytellä vuoteessa t sisällä [...] (PK 211)

(81) *Dreck am Stecken haben* ei olla puhtaat paperit (PK 272)

In (79) und (80) sollten die Infinitive *olla selvittänyt* bzw. *täytyä* mit einer Satzform (*joku on selvittänyt* bzw. *jonkun täytyy*) ersetzt werden, und in (81) wäre anstelle von *ei olla* die Form *jollakulla ei ole* zu wählen (im Finnischen kann der Infinitiv nicht negiert werden, und das Verb *olla* kann in possessiver Bedeutung nicht allein stehen).

Relativ oft sind die Äquivalente nichtphraseologische Ausdrücke, obwohl auch im Finnischen jeweils ein oder mehrere Phraseologismen vorhanden wären:

(82) *jemanden auf den Arm nehmen* huijata, pettää (IR 1118)

(83) *etw. auf die lange Bank schieben* viivyttää, pitkittää (AK 667)

(84) *Öl ins Feuer gießen* pahentaa tilannetta (IR 1608)

Für (82) stünde im Finnischen z. B. *panna/pistää jotakuta halvalla*, für (83) *panna/pistää jokin vihreän veran alle* und für (84) *kaataa/valaa öljyä tuleen* zur Verfügung. Im Übrigen stört an den finnischen Äquivalenten in (82) und (83) die Tatsache, dass sie keine Entsprechung für das Personen- bzw. Sachobjekt (*jotakuta* bzw. *jotakin*) enthalten.

Die folgenden zwei Belege sind Beispiele dafür, dass im finnischen Ausdruck zwar ein Idiom, aber keine strukturell primäre Entsprechung vorliegt:

(85) *das ist Wasser auf seine Mühle* se tulee hänelle kuin tilauksesta (IR 1876)

(86) *Salz auf* t. *in die Wunde streuen* kääntää veistä haavassa (AK 918)

Eine näherliegende finnische Entsprechung für (85) wäre *hän saa siitä [lisää/uutta] vettä myllyynsä*, für (86) *ripottaa suolaa avoimeen haavaan*. Für das deutsche Sprichwort in (87) wiederum lässt sich im Finnischen ein totales Äquivalent (*Loppu hyvin kaikki hyvin.*) nachweisen, wogegen der von PK gewählte Ausdruck ein Teil eines anderen finnischen Sprichworts (*Alku aina hankalaa, lopussa kiitos seisoo.*) ist:

(87) *Ende gut, alles gut.* Lopussa kiitos seisoo. (PK 308)

Ein Bereich, der in der deutsch-finnischen Lexikografie relativ stark vernachlässigt wurde, ist die stilistische Äquivalenz. Für die Phraseologie lässt sich dies u. a. anhand folgender Beispiele illustrieren:

(88) *jmdn auf frischer Tat ertappen* tavata jku itse teosta *t.* rysän päältä (AK 963)

(89) *in anderen Umständen sein* odottaa, olla raskaana, olla pieniin päin (AK 981); olla pieniin päin (= olla raskaana) (PK 930)

Das deutsche Idiom in (88) vertritt die neutrale Stilebene, während die finnische Entsprechung *tavata jku rysän päältä* der umgangssprachlichen bzw. saloppen Ebene angehört (*tavata jku itse teosta* dagegen ist ein stilistisch adäquates Äquivalent). In (89) dann eignet sich *olla pieniin päin* deshalb nicht als Äquivalent, weil es ein scherzhafter, das deutsche Idiom aber ein euphemistischer Ausdruck ist. Eine adäquate Entsprechung ist *olla raskaana*, daneben auch *olla siunatussa tilassa*.

Eine weitere Erscheinung, die in den untersuchten Wörterbüchern sorgfältiger hätte bearbeitet werden sollen, ist die Polysemie. Im Falle polysemer Phraseologismen wurde sehr oft nur eine Bedeutungsvariante berücksichtigt, vgl. etwa:

(90) *das geht in die Beine* viina menee jalkoihin (IR 1175)

(91) *er hat mich aufs Korn genommen* hän on ruvennut sättimään minua (IR 1498)

(92) *ihm auf den Fuß* t *auf die Füße treten* astua hänen varpailleen (PK 388)

In (90) bezieht sich die finnische Entsprechung auf die Bedeutung ,die Beine schwerer machen', in (91) auf die Bedeutung ,jmdn. [scharf] kritisieren' und in (92) auf die Bedeutung ,jmdn. kränken, beleidigen'. Es wurden folgende Bedeutungsvarianten außer Acht gelassen: ,zum rhythmischen Sichbewegen, zum Tanzen reizen' in (90), ,jmdn. mit einer bestimmten Absicht scharf beobachten' in (91) sowie ,jmdn. zurechtweisen' und ,jmdn. zur Eile antreiben' in (92) (zu den Bedeutungsparaphrasen vgl. DUR 104, 250, 436 und DUW 2001, 590). Demgegenüber wurde u. a. folgenden Idiomen Polysemie zugeschrieben, obwohl sie jeweils nur eine Bedeutung besitzen:

(93) *die Sache hat einen Haken* a) siihen on koira haudattuna; b) siinä on mutka matkassa (AK 784)

(94)   *das ist ein dicker Hund* tuo on emämunaus *t.* emämöhläys; tuo
        on liian paksua (AK 802)

In (93) ist die Entsprechung b), in (94) die Entsprechung *tuo on liian paksua* zutreffend. Der Ausdruck a) in (93) bedeutet ‚an der Sache ist etwas faul‘, in (94) kann das erste Äquivalent mit ‚das ist eine Riesenblamage‘ wiedergegeben werden. – An (93) und (94) wird zugleich ein weiteres Problem, und zwar die Kennzeichnung der Polysemie, deutlich. Außer a) usw. und einem Semikolon wird in AK die Abkürzung „t." zur Bedeutungsdifferenzierung verwendet:

(95)   *das passt wie die Faust aufs Auge* sopii kuin nyrkki silmään *t.*
        kuin hajuvesi lihapullaan (AK 737)

Damit kommen ein und demselben Symbol zwei Funktionen zu: einmal die Kennzeichnung von Synonymie (vgl. (94)), zum anderen die Kennzeichnung von Polysemie (vgl. (95)). Uneinheitlich ist die Beschreibungspraxis aber auch in IR, wo Bedeutungsvarianten mit einem Komma oder einem Schrägstrich voneinander getrennt werden:

(96)   *auswärts reden* puhua murretta, vierasta kieltä (IR 1150)
(97)   *etwas ist im Eimer* jokin on mennyttä/pielessä/pöntössä/rikki
        (IR 1261)

An einigen Stellen lässt die Form der finnischen Entsprechung erkennen, dass den Verfassern der deutsch-finnischen Handwörterbücher nicht klar ist, wie der betreffende deutsche Phraseologismus syntaktisch richtig verwendet wird, vgl. z. B.:

(98)   *frank und frei* siekailematon; suora ja rehellinen (AK 748)
(99)   *abwarten und Tee trinken* malttaa hetken mielensä (AK 636)

Für AK verhält sich *frank und frei* überhaupt wie ein Adjektiv, d. h. nach ihrer Ansicht wäre hier beispielsweise auch der attributive Gebrauch möglich; in Wirklichkeit kommt dieses Idiom aber nur in der syntaktischen Funktion des Adverbials vor. Bei (99) wiederum handelt es sich um einen Aufforderungssatz und nicht um ein syntaktisches Prädikat, das in verschiedenen Satzarten mit einem Subjekt verbunden werden kann.

Den folgenden zwei Belegen ist zu entnehmen, dass die Autoren der deutsch-finnischen Wörterbücher auch die finnische Phraseologie nicht einwandfrei beherrschen:

(100)   *in Rauch und Flammen aufgehen* haihtua savuna ilmaan (AK 904)

(101)   *jmdn am langen Zügel führen* antaa jklle vapaaköyttä, antaa jklle liikkumatilaa (AK 1029)

In (100) stellt der finnische Ausdruck kein gelungenes Äquivalent des deutschen Idioms dar, denn er bedeutet allgemein ‚verschwinden‘ und nicht nur ‚durch Feuer völlig zerstört werden [und damit verschwinden]‘ (eine adäquate Entsprechung wäre *palaa poroksi*). Dagegen besteht das Besondere in (101) darin, dass der erste finnische Ausdruck frei erfunden ist – er ist weder ein Archaismus, der in neueren Wörterbüchern nicht mehr aufgeführt wird, noch ein Neologismus, der vorläufig erst auf eine Aufnahme in ein neues Wörterbuch des Finnischen wartet.

Am Beispiel von (76)–(78) hat sich bereits gezeigt, dass finnische Äquivalente auch inhaltlich unzutreffend sein können. Eine genauere Untersuchung der semantischen Äquivalenz fördert zahlreiche Fälle zutage, in denen den Verfassern der drei Wörterbücher gravierende Fehler unterlaufen sind. Fehlerhafte Beschreibungen sind bei Phraseologismen verschiedenen Typs, z. B. bei Substantiv- und Verbidiomen, zu finden. Die ersten beiden Beispiele beziehen sich auf Substantividiome:

(102)   *Brust an Brust* rinnatusten (AK 687)

(103)   *fürs Nächste* seuraavaksi, toiseksi (IR 1584)

Korrekte Äquivalente für *Brust an Brust* wären *rinta rintaa vasten*, *kasvotusten* und *vastatusten*, *rinnatusten* dagegen bedeutet ‚Schulter an Schulter‘. Auch für das Idiom in (103) könnten drei Äquivalente, und zwar *ensi alkuun*, *lähiajoiksi* und *toistaiseksi*, angesetzt werden (die Ausdrücke in IR bedeuten ‚als Nächstes‘, ‚zweitens‘). – Die vielen Irrtümer bei der Beschreibung von Verbidiomen seien hier anhand der unten stehenden Beispiele veranschaulicht:

(104)   *der letzte Dreck sein* olla täysi nolla (AK 702)

(105)   *es faustdick hinter den Ohren haben* olla paatunut t. paksunahkainen (AK 737)

(106)   *jmd hat Scheiße gebaut* jku on ollut paskamainen (AK 923)

(107)   *sich aus der Affäre ziehen* selvitä pelkällä säikähdyksellä (IR 1088)

(108) *er ist auf dem absteigenden Ast* hän on joutunut kaltevalle pinnalle, rappiolle (IR 1121)

Zutreffend wären folgende Äquivalente: in (104) *olla pelkkä paska*, in (105) *jklla on ketunhäntä kainalossa, olla ovela veijari*, in (106) *jku on tehnyt pahan mokan, jku on möhlinyt/töppäillyt*, in (107) *keinotella itsensä kuiville* und in (108) *hän on alamäessä*. Die Bedeutungen der in AK und IR aufgeführten finnischen Ausdrücke können wie folgt wiedergegeben werden: in (104) ‚eine reine Null sein‘, in (105) ‚abgefeimt sein‘, ‚dickfellig sein‘, in (106) ‚jmd. hat sich ganz mies verhalten‘, in (107) ‚mit dem [bloßen] Schrecken davonkommen‘ und in (108) ‚er ist auf die schiefe Ebene geraten/gekommen‘, ‚er ist auf den Hund gekommen‘.

Als spezieller Fehlertyp können die falschen Freunde betrachtet werden. Auch sie bleiben den Benutzern der deutsch-finnischen Handwörterbücher nicht erspart, vgl. z. B.:

(109) *die Kirche im Dorf lassen* panna kirkko keskelle kylää, toimia tasapuolisesti, ei mennä liiallisuuksiin (IR 1473)
(110) *Freunde in der Not gehen hundert auf ein Lot* hädässä ystävä tutaan (AK 851)

In (109) ist die erste finnische Entsprechung ein falscher Freund des deutschen Idioms. Ihr werden in KS (2006, 551) die beiden Bedeutungen ‚toimia tasapuolisesti‘ und ‚tehdä kompromissi‘, d. h. ‚unparteiisch handeln‘ und ‚einen Kompromiss schließen‘, zugeordnet. Von den drei Entsprechungen ist damit nur die dritte semantisch zutreffend; allerdings würde die richtige syntaktische Form *jku ei mene liiallisuuksiin* lauten (eine weitere Möglichkeit wäre *pysyä kohtuuden rajoissa*). Dem finnischen Ausdruck in (110) wiederum entspricht im Deutschen das Sprichwort *Freunde erkennt man in der Not.*, für die Bedeutung von *Freunde in der Not gehen hundert auf ein Lot.* dagegen gibt es im Finnischen kein Sprichwortäquivalent. – Im folgenden Falle wurde ein falscher Freund bei der Überarbeitung des betreffenden Wörterbuchs korrigiert:

(111) *mehrere Eisen im Feuer haben* olla monta rautaa tulessa (PK 1991, 238); olla monta naulaa vetämässä (PK 304)

Die Formen der finnischen Idiome lauten hier richtig *jklla on monta rautaa tulessa* bzw. *jklla on monta naulaa vetämässä*. Dem ersten

Idiom würden im Deutschen Umschreibungen wie ‚sehr beschäftigt sein' oder ‚viele Projekte haben' entsprechen. – Zur Äquivalenzproblematik von Phraseologismen in der deutsch-finnischen Lexikografie vgl. auch Korhonen (1995, 249ff.; 2000, 574f.; 2009, 544f.).

2.8. Mehrfachlemmatisierung

Es geschieht oft, dass ein Phraseologismus in den deutsch-finnischen Wörterbüchern nicht nur unter einem, sondern unter zwei oder sogar drei Lemmata verzeichnet ist. Dies kann absichtlich sein, oder aber auch unabsichtlich, was sicherlich als eine Folge des schwankenden Zuordnungsverfahrens gesehen werden kann. Bei Mehrfachlemmatisierung kommen als Zuordnungslemmata vor allem zwei Substantive oder ein Substantiv und ein Verb eines Phraseologismus vor, vgl. z. B. *das Ende vom Lied* (unter *Ende* und *Lied*; AK 720, 849), *jmdm. stehen die Haare zu Berge* (unter *Berg* und *Haar*; AK 675, 783), *vom/aus dem Regen in die Traufe kommen* (unter *Regen* und *Traufe*; AK 907, 970), *ein Schlag ins Kontor* (unter *Kontor* und *Schlag*; AK 831, 926), *aus der Reihe tanzen* (unter *Reihe* und *tanzen*; AK 908, 962), *jmdm. ins Wort fallen* (unter *fallen* und *Wort*; AK 735, 1020), *durch Abwesenheit glänzen* (unter *Abwesenheit* und *glänzen*; IR 1084, 1382), *jmdn. aufs Korn nehmen* (unter *Korn* und *nehmen*; IR 1498, 1592) und *das Kind mit dem Bade ausschütten* (unter *ausschütten* und *Kind*; PK 160, 529). Weitere Kombinationen von Zuordnungslemmata sind u. a. Substantiv und Adjektiv, zwei Substantive und ein Verb sowie zwei Adjektive und eine Präposition, vgl. *die Ohren steif halten* (unter *Ohr* und *steif*; AK 881, 950), *mit der Tür ins Haus fallen* (unter *fallen*, *Haus* und *Tür*; AK 735, 789, 973) und *jenseits von Gut und Böse sein* (unter *böse*, *gut* und *jenseits*; IR 1211, 1397, 1454). Außerdem sei noch auf die Zuordnungspraxis in IR hingewiesen, wo ein und derselbe Phraseologismus unter einem nichtidiomatischen und einem idiomatischen Lemma auftauchen kann, vgl. z. B. *mit Ach und Krach* (unter *Ach* und *Ach und Krach*; IR 1085, 1087) und *dummer August* (unter *August* und *dummer August*; IR 1135, 1251).

Werden Phraseologismen mehrfach lemmatisiert, sollten die Beschreibungen unter den jeweiligen Lemmata identisch sein. Ist dies nicht der Fall, wird zumindest ein DaF-Lerner durch variierende Angaben irritiert oder verunsichert. In den deutsch-finnischen Handwörterbüchern sind identische Beschreibungen eines Phraseologismus jedoch sehr selten, vgl.:

(112) *in Flammen aufgehen* palaa poroksi (AK 653, 743)
(113) *das Kind mit dem Bade ausschütten* (san) heittää lapsi pesuveden mukana (AK 666, 821)
(114) *dummer August* sirkuspelle, klovni (IR 1135, 1251)

In den weitaus meisten Fällen stimmen die Beschreibungen nicht miteinander überein. Die Unterschiede können sich erstens auf die Nennform beziehen:

(115a) *aus dem t. vom Regen in die Traufe kommen* (san) joutua ojasta allikkoon (AK 907)
(115b) *vom Regen in die Traufe kommen* (san) joutua ojasta allikkoon (AK 970)
(116a) *durch Abwesenheit glänzen* loistaa poissaolollaan (IR 1084)
(116b) *er glänzte durch seine Abwesenheit* hän loisti poissaolollaan (IR 1382)

Zweitens können die Äquivalente unterschiedlich sein. Im folgenden Beispiel liegen idiomatische Äquivalente vor, die nur geringfügig voneinander abweichen:

(117a) *mit der Tür ins Haus fallen* (san) käydä suoraan asiaan (AK 735, 789)
(117b) *mit der Tür ins Haus fallen* (san) mennä suoraan asiaan (AK 973)

In (118) kommen im Äquivalentteil idiomatische und nichtidiomatische, in (119) dagegen nur nichtidiomatische Ausdrücke vor, die jedoch ganz unterschiedlich sind:

(118a) *rund um die Uhr* ympäri vuorokauden; päivät pääksytyksin *t.* pääksytysten (AK 915)
(118b) *rund um die Uhr* kellon ympäri, päivät pitkät (AK 979)
(119a) *ein Schlag ins Kontor* (san) paha takaisku, hankaluus (AK 831)
(119b) *ein Schlag ins Kontor* (san) ikävä yllätys (AK 926)

Drittens differieren die Beschreibungen in Bezug auf die Nennform und die Kennzeichnung, vgl.:

(120a) *einem stehen die Haare zu Berge* jkn hiukset nousevat pystyyn (AK 675)
(120b) *jmdm stehen die Haare zu Berge* (san) jkn hiukset nousevat pystyyn (AK 783)
(121a) *Herr im Haus[e] sein* (san) olla isäntä talossa (AK 789)
(121b) *Herr im Hause sein* olla isäntä talossa (AK 794)

Viertens gibt es Unterschiede in der Nennform der Phraseologismen und in den Äquivalenten (dabei kann eine Nennform unvollständig sein, vgl. (122b)):

(122a) *jmd lässt seine Muskeln spielen* (san) jku näyttää kuka käskee (AK 868)
(122b) *die Muskeln spielen* (san) antaa voimannäyte, osoittaa voimansa (AK 946)
(123a) *er hat mich aufs Korn genommen* hän on ruvennut sättimään minua (IR 1498)
(123b) *jemanden/etwas aufs Korn nehmen* ottaa joku/jokin silmätikuksi (IR 1592)

Fünftens können sich die Beschreibungen bezüglich der Kennzeichnung und der Äquivalente voneinander unterscheiden:

(124a) (fr kuv) *das Kind mit dem Bade ausschütten* heittää lapsi pesuveden mukana, hylätä tärkein vähemmän tärkeän mukana (IR 1155)
(124b) *das Kind mit dem Bade ausschütten* heittää lapsi pois pesuveden mukana, hylätä hyvä asia pienen puutteen vuoksi, hylätä hätiköiden (IR 1472)

Sechstens sind Unterschiede für drei Bereiche nachweisbar: für die Nennform, für die Kennzeichnung und für die Äquivalente, vgl.:

(125a) (kuv) *jmdm sein Herz ausschütten* purkaa sydäntään jklle (AK 662)
(125b) *sein Herz ausschütten* purkaa mieltään *t.* murheitaan (AK 795)
(126a) *jmdn t. etw. auf Herz und Nieren prüfen* tutkia [tarkasti *t.* munaskuita myöten], ottaa tarkka selko jksta *t.* jstak (AK 795)

(126b) *jmdn auf Herz und Nieren prüfen* (san) tutkia jku tarkoin, tutkia jku munaskuita myöten (AK 876)

Schließlich kann zu den oben genannten Bereichen noch ein Unterschied in der Markierung der Stilebene hinzukommen:

(127a) *ausgeschissen haben* fr (alat) jonkun pisteet ovat laskeneet roimasti, joku on menettänyt kaiken kunnioituksensa jotakuta kohtaan (IR 1140)

(127b) *der hat (bei mir) usgeschissen* [sic!] olen saanut hänestä tarpeekseni (IR 1145)

Die Abkürzung „alat" in (127a) bezieht sich auf einen derben bzw. vulgären Sprachgebrauch. – Zu Problemen der Mehrfachlemmatisierung in deutsch-finnischen Handwörterbüchern vgl. auch Korhonen (2000, 572; 2009, 546).

3. Ein deutsch-finnisches Idiomwörterbuch

Die oben durchgeführte kritische Musterung der drei deutsch-finnischen Handwörterbücher lässt deutlich erkennen, dass die Phraseologiedarstellung hier mit zahlreichen, z. T. sehr schwerwiegenden Mängeln, Unzulänglichkeiten und Fehlern behaftet ist. Dies ist umso bedauerlicher, als gerade in der finnischen Germanistik schon seit 1986 an der Phraseologie des Deutschen und des Finnischen intensiv gearbeitet wird (vgl. u. a. Korhonen 1995; 1996). Es ist dem deutsch-finnischen Projekt leider nicht gelungen, die Autoren der deutsch-finnischen Handwörterbücher davon zu überzeugen, dass in der internationalen Phraseologieforschung Beschreibungsvorschläge entwickelt wurden, von denen die zweisprachige Lexikografie im Hinblick auf die Erarbeitung informativer, zuverlässiger und benutzerfreundlicher Wörterbuchartikel mit phraseologischen Ausdrücken stark profitieren würde.

Stattdessen wurde im Rahmen des deutsch-finnischen Phraseologieprojekts im Frühjahr 2001 ein Wörterbuch mit ca. 6 500 deutschen Idiomen und ihren finnischen Äquivalenten fertiggestellt (= Korhonen 2001a). Das Material des Wörterbuchs, in dem also keine Sprichwörter vorkommen, wurde aus den neuesten und/oder vielseitigsten einsprachigen allgemeinen und Spezialwörterbüchern des Deutschen zusammengetragen. In der Rahmenstruktur dieses vorrangig für Finnen konzipierten Wörterbuchs sind neben dem eigentlichen Lemmaverzeichnis u. a. eine ausführliche Benutzungsanleitung und ein finnisch-deutsches Register als Bestandteile enthalten. Die Lemmata sind alphabetisch geordnet. Der Bestimmung des Zuordnungslemmas eines Idioms wurde eine Wortklassenhierarchie mit folgender Struktur zugrunde gelegt: Substantiv – Adjektiv – Adverb – Numerale – Verb – Interjektion – Pronomen – Konjunktion. Besteht ein Idiom aus zwei oder mehr Substantiven usw., dann wird jeweils das erste Substantiv usw. als Zuordnungslemma festgelegt. Das Beschreibungsmaterial wird in Idiomartikeln angeordnet, deren Aufbau aus folgendem Beispiel hervorgeht (vgl. Korhonen 2001a, 159f.):

(128) **Fuß: schmecken wie eingeschlafene Füße – etw.** *ark* jk ei maistu hongalta eikä haavalta
[...]
sich dat **die Füße nach etw. ablaufen/abrennen/wund laufen** *ark* juosta jalkansa verille jnk perässä
[...]
die Füße unter jmds. Tisch akk **strecken** *ark* elää jkn siivellä, antaa jkn elättää itseään
irgendwo [festen] Fuß fassen saada jalansijaa jssak, saada pysyvä/vankka jalansija jssak
[...]
jmdm. auf den Fuß/auf die Füße treten *ark* **1** astua jkn varpaille **2** panna/pistää jklle liikettä kinttuihin **3** näpsäyttää jkta nenälle
[...]
einer Sache dat **auf dem Fuß[e] folgen – etw.** seurata jtak välittömästi
[...]
jmdm. brennt der Boden unter den Füßen ↑ Boden. [...]
jmdm. den Fehdehandschuh vor die Füße werfen ↑ Fehdehandschuh. **sein Glück mit Füßen treten** ↑ Glück. [...]

Die Anordnung von Idiomen mit gemeinsamem Zuordnungslemma lehnt sich an das Verfahren in DUW und DUR an (vgl. oben), dieses musste aber für sehr viele Idiomartikel wesentlich ergänzt und differenziert werden. Die Idiombeschreibungen enthalten Informationen in finnischer Sprache zum Stil, zur Einstellung des Sprechers und zur sonstigen Gebrauchsspezifik, und zur Kennzeichnung von Polysemie werden arabische Ziffern verwendet. Am Ende der Idiomartikel steht noch ein Verweisteil, falls das Lemma auch in anderen Idiomen als Komponente erscheint. Bei der Einrichtung dieses Teils diente die Praxis in DUR als Vorbild.

Aus (128) ist weiterhin ersichtlich, wie fakultative Idiomkomponenten und Varianten gekennzeichnet werden. Desgleichen zeigen einzelne Idiombeschreibungen, dass in die Nennformen bestimmte Informationen, die für Deutsch Lernende nützlich sind, eingebaut wurden. So wird für Verbidiome das Sachsubjekt mit „– etw." markiert, und wenn als Subjekt sowohl eine Personen- als auch eine Sachbezeichnung möglich sind, erscheint als Markierung „– jmd., etw." Kommt als Subjekt aber nur eine Personenbezeichnung vor, dann wird auf eine entsprechende Angabe verzichtet. Auch der Beschreibung sonstiger valenzbedingter Ergänzungen wurde besondere Aufmerksamkeit gewidmet, sodass z. B. in Fällen wie (49) und (50) und bei der Objektkennzeichnung „einer Sache" eine entsprechende Kasusangabe gemacht wird und obligatorische und fakultative Adverbiale systematisch für die Nennformen berücksichtigt werden (vgl. auch oben (47) und (48) sowie *irgendwo [festen] Fuß fassen*). Ebenso wird in bestimmten Fällen der Kasus innerhalb des Idiomkerns vermerkt. Dies gilt für Präpositionen mit Akkusativ und Dativ in Verbindung mit der Kennzeichnung „jmds." (vgl. *die Füße unter jmds. Tisch* akk *strecken*) und für das Reflexivpronomen. Für Letzteres heißt das, dass hinter *sich* immer dann, wenn es flektiert werden kann und der Kasus Dativ ist, die Abkürzung „dat" erscheint. Eine Ausnahme bilden eindeutige Fälle wie Präpositionen mit Dativ + *sich* (vgl. z. B. *wieder zu sich kommen*). Realisiert sich das Reflexivpronomen aber im Akkusativ (vgl. u. a. *sich auf den Weg machen* und *in sich gehen*), wird der Kasus nicht angegeben.

Bezüglich ihres Status können die finnischen Äquivalente der deutschen Ausgangseinheiten Idiome, nichtidiomatische Ausdrücke oder beides sein. Idiome gehen nichtidiomatischen Äquivalenten immer dann voran, wenn es die Semantik und Pragmatik erlauben. Gibt es für ein deutsches Idiom mehrere Idiomäquivalente im Finnischen, so werden diejenigen Äquivalente an die erste Stelle gesetzt, die dem deutschen Idiom hinsichtlich der Bedeutung, Gebrauchsmöglichkeiten und

Struktur am besten entsprechen. Wenn die idiomatischen Äquivalente im Finnischen untereinander gleichwertig sind, d. h. wenn keinem Äquivalent aufgrund semantischer, pragmatischer oder struktureller Eigenschaften der Vorzug gegeben werden kann, werden sie nach dem Alphabet des jeweiligen Zuordnungslemmas geordnet. Auf die Anordnung nichtidiomatischer Äquivalente wiederum wird ein Prinzip angewendet, das besagt, dass Ausdrücke in Form einer Wortgruppe vor Einwortäquivalenten stehen, wenn dies in semantisch-pragmatischer Hinsicht möglich ist.

In das finnisch-deutsche Register haben nur die finnischen Idiomäquivalente der deutschen Idiome Eingang gefunden. Besitzt ein idiomatischer Ausdruck des Deutschen mehrere Idiomäquivalente im Finnischen, so wurden diese jeweils unter einem eigenen Lemma eingeordnet. Einschließlich bestimmter Zusatzinformationen zur Syntax kommen die deutschen Idiome in vollständiger Form im Register vor, nur von pragmatischen Angaben wurde abgesehen. Die allgemeinen Erstellungs-, Darstellungs- und Anordnungsprinzipien des Registers sind mit denen im deutsch-finnischen Teil identisch. Wenn unter einem Lemma mehrere finnische Idiome auftreten, werden sie in der alphabetischen Reihenfolge der Flexionsformen des in den Idiomen vorkommenden Lemmas geordnet. – Zur Beschreibungspraxis im deutsch-finnischen Idiomwörterbuch vgl. genauer Korhonen (2001a, 23–56; 2003, 493ff.).

4. Ein neues deutsch-finnisches Großwörterbuch

In Finnland waren vor dem Jahr 2008 nur drei deutsch-finnische Großwörterbücher erschienen, wobei das dritte Wörterbuch aus der Mitte der 60er Jahre des 20. Jahrhunderts stammte (zur Geschichte der deutsch-finnischen Großwörterbücher vgl. Korhonen 2001b, 292ff.; 2005a). Nachdem die Finanzierung für ein neues allgemeines deutsch-finnisches Wörterbuch im Herbst 1997 hinreichend gesichert war, konnte in Helsinki eine konkrete lexikografische Arbeit aufgenommen werden. An dem Projekt waren sechs Verfasser und drei weitere Mitarbeiter, eine Verlagslektorin und ein wissenschaftlicher Beirat (Leitung: Jarmo Korhonen) beteiligt. Im August 2008 wurde das neue deutsch-finnische Großwörterbuch (= Korhonen 2008) auf den Markt gebracht. (Zur Entstehung und Konzeption des Wörterbuchs vgl. genauer Korhonen 2005b).

Das Wörterbuch enthält ca. 105 000 Lemmata, gut 86 000 Beispiele sowie rund 9 000 Idiome und Sprichwörter. In den Benutzungshinweisen wird darüber berichtet, auf welche Art und Weise die ausgewählten Idiome und Sprichwörter im Lemmaverzeichnis dargestellt werden. Da diese phraseologischen Einheiten von sonstigen Wortfügungen abgetrennt und am Ende eines Wörterbuchartikels untergebracht sind, ist eine Kennzeichnung mit Hilfe von Abkürzungen nicht erforderlich. Stattdessen wird von zwei Kommentarsymbolen Gebrauch gemacht: Vor den Idiomen erscheint das Symbol ■, vor den Sprichwörtern das Symbol ●. Für die Idiome bilden das Material und die Beschreibungspraxis des deutsch-finnischen Idiomwörterbuchs die Grundlage. Im Großwörterbuch kommen jedoch mehr Idiome vor als im Idiomwörterbuch, in das u. a. keine Einheiten, die nur regional Verwendung finden, aufgenommen wurden. Ferner ist die Darstellung im Großwörterbuch von der im Idiomwörterbuch insofern verschieden, als Phraseologismen im Ersteren nur unter dem jeweiligen Zuordnungslemma aufgeführt werden. Das bedeutet also, dass das Großwörterbuch weder von einem Verweissystem noch von Mehrfachlemmatisierung Gebrauch macht. Ebenso ist im Großwörterbuch kein finnisch-deutsches Register von Idiomen und Sprichwörtern vorhanden.

Die finnischen Äquivalente müssen nicht in jedem einzelnen Falle im Groß- und Idiomwörterbuch völlig identisch sein. So wurden z. B. Verbesserungsvorschläge, die die Verfasser des Großwörterbuchs für den Äquivalentteil gemacht hatten und die eine adäquatere Beschreibung ermöglichten als im Idiomwörterbuch, in die Idiomkomponente des Großwörterbuchs eingebaut. Ein weiterer Unterschied besteht darin, dass im Großwörterbuch für nicht wenige Idiome Anwendungsbeispiele angeführt werden. Dies ist vor allem dann der Fall, wenn die verschiedenen Verwendungsweisen eines deutschen Idioms im Finnischen unterschiedliche oder z. T. weitere Äquivalente bewirken, vgl. Bedeutungsvariante 3 unten (vgl. Korhonen 2008, 213):

(129) **angesagt** [...]

> ■ *~ sein – etw.* ark **1** olla muodissa/muotia: *Gefühl ist wieder* ~ tunteet ovat taas muotia **2** olla tarpeen **3** olla edessä/tulossa: *heute ist ein Ausflug* ~ tämän päivän ohjelmassa on retki; *was ist jetzt ~?* mitä nyt tapahtuu/tehdään?

Aus (129) geht hervor, dass das Lemma in den zugehörigen Idiomen nicht wie im deutsch-finnischen Idiomwörterbuch ausgeschrieben, sondern mit einer Tilde ersetzt wird und dass gebrauchsspezifische Angaben nicht kursiv, sondern recte erscheinen. – Zum Schluss sei noch ein Ausschnitt aus dem Phraseologieteil eines Wörterbuchartikels zitiert, der sich aus einer Idiom- und einer Sprichwortkomponente zusammensetzt (vgl. Korhonen 2008, 971):

(130) **Land** [...]
  ■ ~ *und Leute* maa ja sen asukkaat; [...] *sieh zu, dass du ~ gewinnst!* ark korjaa luusi täältä!; *[wieder]* ~ *sehen* ark jku on päässyt voiton puolelle; *jmdn.* **an** ~ *ziehen* ark saada jku koukkuunsa; *etw.* **an** ~ *ziehen* ark saada jk käsiinsä, onnistua hankkimaan jk; *ins* ~ *gehen/ziehen* – *etw.* kulua, mennä; *[wieder] im ~[e] sein* ark olla jälleen maassa, olla takaisin; [...]
  ● *andere Länder, andere Sitten* maassa maan tavalla [tai maasta pois]

Beide Komponenten beginnen jeweils in eigener Zeile, und die Idiome gehen immer den Sprichwörtern voran. Im Unterschied zum Idiomwörterbuch werden die Phraseologismen mit gemeinsamem Zuordnungslemma nicht untereinander aufgelistet. Aus Platzgründen müssen sie linear angeordnet und dabei mit einem Semikolon voneinander getrennt werden. – Zur Phraseologiedarstellung in Korhonen (2008) vgl. auch Korhonen (2000, 575f.; 2001c, 122ff.; 2003, 499f.; 2005b, 74ff.; 2008, 140f.).

5.   Literatur
5.1. Primärliteratur

AK = Kärnä, Aino (1995/2008): Saksa–suomi-opiskelusanakirja. Porvoo/Helsinki/Juva 1995. Saksa–suomi-sanakirja [= durchges. Ausg. von Kärnä 1995]. In: Joachim Böger/Helmut Diekmann/ Hartmut Lenk/Caren Schröder/Aino Kärnä: Suomi–saksa–suomi-sanakirja. Helsinki 2008.

IR = Rekiaro, Ilkka (1992/2008): Saksa–suomi-sanakirja. 1. Aufl. Jy-
väskylä/Helsinki 1992. 2., durchges. Aufl. [= Saksa–suomi-sanakirja. Wörterbuch Deutsch-Finnisch]. Jyväskylä 2008.

Korhonen, Jarmo (2001a): Alles im Griff. Homma hanskassa. Saksa–
suomi-idiomisanakirja. Idiomwörterbuch Deutsch-Finnisch. Unter
Mitarb. von Kaija Menger und der Arbeitsgruppe Deutsch-Finnische Phraseologie. Helsinki.

Korhonen, Jarmo (päätoim./Hg.) (2008): Saksa–suomi-suursanakirja.
Großwörterbuch Deutsch-Finnisch. Helsinki.

PK = Kostera, Paul (1991/2000): Saksalais-suomalais-saksalainen
yleiskielen käyttösanakirja ja kieliopas. Deutsch-finnisch-deutsches gemeinsprachliches Gebrauchswörterbuch mit Sprachführer.
1. Aufl. Helsinki 1991. 2., neu bearb. und erw. Aufl. Helsinki
2000.

5.2. Sekundärliteratur

Albertsson, Andrea/Korhonen, Jarmo (2004): Zur Darstellung von
Sprichwörtern in deutsch-schwedischen Wörterbüchern. In: Csaba
Földes (Ed.): Res humanae proverbiorum et sententiarum. Ad ho-
norem Wolfgangi Mieder. Tübingen, S. 15–25.

Barz, Irmhild/Bergenholtz, Henning/Korhonen, Jarmo (Hg.) (2005):
Schreiben, Verstehen, Übersetzen, Lernen. Zu ein- und zweisprachigen Wörterbüchern mit Deutsch. Frankfurt a. M. u. a. (= Finnische Beiträge zur Germanistik 14).

Cheon, Mi-Ae (1996): Die lexikographische Bearbeitung von Phrasemen in deutsch-koreanischen Wörterbüchern. In: Herbert Ernst
Wiegand (Hg.): Studien zur zweisprachigen Lexikographie mit
Deutsch III. Hildesheim/New York (= Germanistische Linguistik
134–135/1996), S. 115–136.

Czochralski, Jan A./Ludwig, Klaus-Dieter (1996): Zur Arbeit an einem phraseologischen Wörterbuch Deutsch-Polnisch. Ein Werkstattbericht. In: Herbert Ernst Wiegand (Hg.): Studien zur zweisprachigen Lexikographie mit Deutsch III. Hildesheim/New York
(= Germanistische Linguistik 134–135/1996), S. 171–187.

Dobrovol'skij, Dmitrij (1999): Phraseologische Wörterbücher
Deutsch-Russisch und Russisch-Deutsch. Stand und Perspektiven.
In: Herbert Ernst Wiegand (Hg.): Studien zur zweisprachigen Le-

xikographie mit Deutsch IV. Hildesheim/New York (= Germanistische Linguistik 143–144/1999), S. 141–175.

Dobrovol'skij, Dmitrij (2009): Zur lexikografischen Repräsentation der Phraseme (mit Schwerpunkt auf zweisprachigen Wörterbüchern). In: Carmen Mellado Blanco (Hg.) (2009), S. 149–168.

Dobrovol'skij, Dmitrij/Filipenko, Tatjana V./Šarandin, Artëm V. (2010): Phraseologie im „Neuen Deutsch-Russischen Großwörterbuch". In: Jarmo Korhonen/Wolfgang Mieder/Elisabeth Piirainen/ Rosa Piñel (Hg.): Phraseologie global – areal – regional. Akten der Konferenz EUROPHRAS 2008 vom 13.–16.8.2008 in Helsinki. Tübingen, S. 247–253.

DUR (2002) = Duden. Redewendungen. Wörterbuch der deutschen Idiomatik. 2., neu bearb. und aktualis. Aufl. Hg. von der Dudenredaktion. Mannheim u. a.

Ďurčo, Peter (2010): WICOL – Deutsch-Slowakisches Kollokationswörterbuch. In: Jarmo Korhonen/Wolfgang Mieder/Elisabeth Piirainen/Rosa Piñel (Hg.): Phraseologie global – areal – regional. Akten der Konferenz EUROPHRAS 2008 vom 13.–16.8.2008 in Helsinki. Tübingen, S. 255–260.

DUS (1956) = Duden. Stilwörterbuch der deutschen Sprache. Eine Sammlung der richtigen und gebräuchlichen Ausdrücke und Redewendungen. 4. Aufl. Neu bearb. von Paul Grebe u. a. Mannheim.

DUW (1983) = Duden. Deutsches Universalwörterbuch. Hg. und bearb. vom Wissenschaftlichen Rat und den Mitarbeitern der Dudenredaktion unter Leitung von Günther Drosdowski. Mannheim/ Wien/Zürich.

DUW (1996) = Duden. Deutsches Universalwörterbuch. 3., neu bearb. und erw. Aufl. Auf der Grundlage der neuen amtlichen Rechtschreibregeln. Bearb. von Günther Drosdowski und der Dudenredaktion. Mannheim u. a.

DUW (2001) = Duden. Deutsches Universalwörterbuch. 4., neu bearb. und erw. Aufl. Hg. von der Dudenredaktion. Mannheim u. a.

Filipenko, Tat'jana (2009): Darstellung von deutschen und russischen Idiomen in zweisprachigen Wörterbüchern. In: Carmen Mellado Blanco (Hg.) (2009), S. 169–187.

Glenk, Eva (2009): Probleme der zweisprachigen Phraseografie: die kommunikative Äquivalenz der Formeln des Sprachenpaares brasilianisches Portugiesisch/Deutsch. In: Carmen Mellado Blanco (Hg.) (2009), S. 189–208.

Hallsteinsdóttir, Erla (2009): Zweisprachige Lernerphraseografie aus funktionaler Sicht. In: Carmen Mellado Blanco (Hg.) (2009), S. 209–231.

Heine, Antje (2008): Funktionsverbgefüge richtig verstehen und verwenden. Ein korpusbasierter Leitfaden mit finnischen Äquivalenten. Frankfurt a. M. u. a. (= Finnische Beiträge zur Germanistik 23).

Heine, Antje (2009): Möglichkeiten und Grenzen der Korpusanalyse für die Lexikografie am Beispiel eines Wörterbuches deutscher Funktionsverbgefüge mit finnischen Äquivalenten. In: Carmen Mellado Blanco (Hg.) (2009), S. 233–250.

Hessky, Regina/Iker, Bertalan (1998): Informationen bei Phraseologismen im zweisprachigen Wörterbuch. In: Wolfgang Eismann (Hg.): EUROPHRAS 95. Europäische Phraseologie im Vergleich: Gemeinsames Erbe und kulturelle Vielfalt. Bochum (= Studien zur Phraseologie und Parömiologie 15), S. 315–326.

Iker, Bertalan (1996): Zur Darstellung der Phraseologismen im zweisprachigen Wörterbuch. In: Regina Hessky (Hg.): Lexikographie zwischen Theorie und Praxis. Das deutsch-ungarische Wörterbuchprojekt. Tübingen (= Lexicographica. Series Maior 71), S. 49–58.

Kispál, Tamás (1999): Sprichwortäquivalenz im allgemeinen zweisprachigen Wörterbuch. In: Annette Sabban (Hg.): Phraseologie und Übersetzen. Phrasemata II. Bielefeld, S. 159–174.

Korhonen, Jarmo (1995): Studien zur Phraseologie des Deutschen und des Finnischen I. Bochum (= Studien zur Phraseologie und Parömiologie 7).

Korhonen, Jarmo (Hg.) (1996): Studien zur Phraseologie des Deutschen und des Finnischen II. Bochum (= Studien zur Phraseologie und Parömiologie 10).

Korhonen, Jarmo (2000): Idiome und Sprichwörter in der deutsch-finnischen Lexikografie. In: Ulrich Heid et al. (Eds.): Proceedings of the Ninth EURALEX International Congress, EURALEX 2000 Stuttgart, Germany, August 8th – 12th, 2000. Vol. II. Stuttgart, S. 569–578.

Korhonen, Jarmo (2001b): Zur Geschichte deutsch-finnischer Hand- und Großwörterbücher. In: Jörg Meier/Arne Ziegler (Hg.): Deutsche Sprache in Europa. Geschichte und Gegenwart. Festschrift für Ilpo Tapani Piirainen zum 60. Geburtstag. Wien, S. 285–299.

Korhonen, Jarmo (2001c): Zur Konzeption eines neuen deutsch-finnischen Großwörterbuchs. In: Herbert Ernst Wiegand (Hg.): Studien zur zweisprachigen Lexikographie mit Deutsch VI. Hildesheim/ Zürich/New York (= Germanistische Linguistik 163/2001), S. 107– 129.

Korhonen, Jarmo (2003): Deutsch-finnische Phraseologie in neuerer lexikografischer Anwendung. In: Harald Burger/Annelies Häcki Buhofer/Gertrud Gréciano (Hg.): Flut von Texten – Vielfalt der Kulturen. Ascona 2001 zur Methodologie und Kulturspezifik der Phraseologie. Baltmannsweiler (= Phraseologie und Parömiologie 14), S. 491–501.

Korhonen, Jarmo (2004): Duden 11 – Nutzungserfahrungen aus der DaF-Perspektive. In: Kathrin Steyer (Hg.): Wortverbindungen – mehr oder weniger fest. Berlin/New York (= Institut für Deutsche Sprache. Jahrbuch 2003), S. 360–393.

Korhonen, Jarmo (2005a): Zu allgemeinen deutsch-finnischen Hand- und Großwörterbüchern. Ein historischer Überblick. In: Irmhild Barz/Henning Bergenholtz/Jarmo Korhonen (Hg.) (2005), S. 43– 58.

Korhonen, Jarmo (2005b): Zu einem neuen deutsch-finnischen Großwörterbuch. Gesamtkonzeption und Beschreibungsprinzipien. In: Irmhild Barz/Henning Bergenholtz/Jarmo Korhonen (Hg.) (2005), S. 59–79.

Korhonen, Jarmo (2009): Sprichwörter und zweisprachige Lexikografie. Deutsch-schwedische und deutsch-finnische Wörterbücher im Vergleich. In: Csaba Földes (Hg.): Phraseologie disziplinär und interdisziplinär. Tübingen, S. 537–549.

KS (2006) = Kielitoimiston sanakirja. Bearb. von Eija-Riitta Grönros u. a. Bd. 1. Helsinki.

Küpper, Heinz (1982–1984): Illustriertes Lexikon der deutschen Umgangssprache in 8 Bänden. Stuttgart.

Markus, Tuulikki/Korhonen, Jarmo (2005): Kollokationen in der deutschen Lernerlexikographie und in deutsch-finnischen Wörterbüchern. In: Irmhild Barz/Henning Bergenholtz/Jarmo Korhonen (Hg.) (2005), S. 327–343.

Martín, Luis (2001): Phraseologie im zweisprachigen Wörterbuch Deutsch-Spanisch. Frankfurt a. M. u. a. (= Hispano-Americana. Geschichte, Sprache, Literatur 28).

Mellado Blanco, Carmen (Hg.) (2009): Theorie und Praxis der idiomatischen Wörterbücher. Tübingen (= Lexicographica. Series Maior 135).

Mieder, Wolfgang (1999): Sprichwörter in den größeren allgemeinen und phraseologischen Wörterbüchern Deutsch-Englisch/Englisch-Deutsch. In: Herbert Ernst Wiegand (Hg.): Studien zur zweisprachigen Lexikographie mit Deutsch IV. Hildesheim/New York (= Germanistische Linguistik 143–144/1999), S. 1–40.

Miettinen, Erkki (1966): Saksalais-suomalainen sanakirja. Helsinki.

Palm Meister, Christine (2000): Auf dem Wege zu einem schwedisch-deutschen Idiomwörterbuch. Maximen und Reflexionen. In: Herbert Ernst Wiegand (Hg.): Studien zur zweisprachigen Lexikographie mit Deutsch V. Hildesheim/Zürich/New York (= Germanistische Linguistik 151–152/2000), S. 227–243.

Schemann, Hans (2000): Lexikalisierte Sprecherhaltung und Wörterbucheintrag. Untersuchungen anhand zweisprachiger idiomatischer Wörterbücher mit Deutsch. In: Herbert Ernst Wiegand (Hg.): Studien zur zweisprachigen Lexikographie mit Deutsch V. Hildesheim/Zürich/New York (= Germanistische Linguistik 151–152/2000), S. 35–70.

Toomar, Jaana (1994): Verbale Phraseologismen im deutsch-finnischen Wörterbuch von Ilkka Rekiaro. In: Irma Hyvärinen/Rolf Klemmt (Hg.): Von Frames und Slots bis Krambambuli: Beiträge zur zweisprachigen Lexikographie. Referate der zweiten internationalen Lexikographiekonferenz Jyväskylä, Finnland 24.–26.3. 1994. Jyväskylä (= Studia Philologica Jyväskyläensia 34), S. 275–289.

WDG (1964–1977) = Wörterbuch der deutschen Gegenwartssprache. Hg. von Ruth Klappenbach/Wolfgang Steinitz. 6 Bde. Berlin.

Worbs, Erika (1994): Theorie und Praxis der slawisch-deutschen Phraseographie. Mainz (= Mainzer Slavistische Veröffentlichungen 16).

X.
Deutsch-finnische Phraseologie in neuerer lexikografischer Anwendung[*]

1. Einleitung

Neuere deutsch-finnische Wörterbücher sind relativ gering an der Zahl – dies gilt sowohl für allgemeine als auch für Spezialwörterbücher. Was allgemeine deutsch-finnische Wörterbücher betrifft, so wurden in Finnland während der letzten zwanzig Jahre drei Werke herausgegeben, die in der Größenkategorie von Handwörterbüchern anzusiedeln sind. Als Erstes erschien 1991 das Wörterbuch von Paul Kostera, das neben dem deutsch-finnischen Teil auch einen finnisch-deutschen Teil enthält. In seiner ersten Auflage umfasste Kostera ca. 30 000 Lemmata, in der zweiten Auflage, die seit 2000 vorliegt, wurde die Zahl der Lemmata auf ca. 50 000 erhöht. Im Jahr 1992 kam das Wörterbuch von Ilkka Rekiaro, ebenfalls als Teil eines finnisch-deutsch-finnischen Wörterbuchs, in erster Auflage auf den Markt. Wie in Kostera (1991) beläuft sich die Lemmazahl auch hier auf ca. 30 000; für die zweite Auflage, die erstmals 1999 und zuletzt 2008 erschien, wurde das Wörterbuch überarbeitet und erweitert, so dass es jetzt ca. 40 000 Lemmata beherbergt. Das dritte Wörterbuch mit Aino Kärnä als Verfasserin wurde 1995 fertiggestellt. Im Jahr 2000 erschien dieses Wörterbuch in zweiter, durchgesehener und mit neuer Rechtschreibung versehener Ausgabe, die Bestandteil eines finnisch-deutsch-finnischen Wörterbuchs mit mehreren Verfassern ist (die letzte Ausgabe stammt aus dem Jahr 2008). Der Umfang wurde nicht vermehrt, d. h. die Lemmazahl beträgt nach wie vor ca. 31 000.

   In einer Untersuchung (vgl. Korhonen 2000), die sich auf die lexikografische Erfassung von Idiomen und Sprichwörtern in den zwischen 1991 und 2000 herausgegebenen Ausgaben der drei deutsch-finnischen Wörterbücher bezog, stellte sich heraus, dass die Wörter-

---

[*] Zuerst erschienen in: Harald Burger/Annelies Häcki Buhofer/Gertrud Gréciano (Hg.) (2003): Flut von Texten – Vielfalt der Kulturen. Ascona 2001 zur Methodologie und Kulturspezifik der Phraseologie. Baltmannsweiler (= Phraseologie und Parömiologie 14), S. 491–501.

bücher in dieser Hinsicht mit ernsthaften Mängeln und Unzulänglichkeiten behaftet sind. So wird im Wörterbuchvorspann entweder nur ganz kurz oder gar nicht auf die Materialauswahl und die Beschreibung der Phraseologismen eingegangen. In den Wörterbuchartikeln können ganz geläufige Phraseologismen fehlen, und auf der anderen Seite können dort Einheiten auftauchen, die aus heutiger Sicht selten oder veraltet sind. Die Kennzeichnung von Idiomen und Sprichwörtern ist in allen drei Wörterbüchern inkonsequent, ebenso wird bei der Zuordnung von Phraseologismen zu Lemmata überhaupt nicht systematisch verfahren. Ähnliches ist für die Einordnung phraseologischer Ausdrücke in Wörterbuchartikeln festzustellen, und für mehrere Idiome bzw. Sprichwörter mit gleichem Lemma in einem Wörterbuchartikel lässt sich kein eindeutiges Anordnungsprinzip erkennen. Was einer kritischen Musterung auch nicht standhält, ist die Darstellung der Nennform von Phraseologismen, und schließlich lässt die Erfassung finnischer Äquivalente deutscher Ausgangseinheiten viel zu wünschen übrig. – Zu einer ausführlicheren Untersuchung der Beschreibung von Idiomen und Sprichwörtern in den Wörterbüchern von Kostera, Rekiaro und Kärnä vgl. Korhonen (2003; 2009).

2. Ein deutsch-finnisches Idiomwörterbuch

Dass sich die lexikografische Erfassung phraseologischer Einheiten in den drei deutsch-finnischen Handwörterbüchern in keinem besseren Zustand befindet, ist auch deshalb bedauerlich, weil in Finnland schon seit 1986 im Rahmen eines groß angelegten Forschungsprojekts an der Phraseologie des Deutschen und des Finnischen intensiv gearbeitet wird (vgl. u. a. Korhonen 1995; 1996). Eine der Zielvorstellungen bei der Konzipierung dieses Projekts war es, die Ergebnisse und Erfahrungen, die bei der theoretischen Beschreibung deutscher und finnischer Phraseologismen erzielt werden, im Bereich der Lexikografie in die Praxis umzusetzen. Trotz entsprechender Bemühungen ist es dem Projekt nicht gelungen, die Verfasser der deutsch-finnischen Handwörterbücher davon zu überzeugen, dass die internationale Phraseologieforschung in der Lage ist, u. a. der zweisprachigen Lexikografie Mittel zur Verfügung zu stellen, mit deren Hilfe zuverlässigere und benutzerfreundlichere Wörterbuchartikel mit Phraseologismen erarbeitet werden können, als dies bislang der Fall war.

Dagegen wurde im Projekt selbst insofern ein wichtiges Ziel erreicht, als im Frühjahr 2001 in Helsinki ein Wörterbuch mit ca. 6 500 deutschen Idiomen und ihren finnischen Äquivalenten erschien (Korhonen 2001a). Eine vorrangige Benutzergruppe des Wörterbuchs bilden Germanistikstudenten in Finnland sowie finnische Lehrer, Forscher und Übersetzer der deutschen Sprache. Das deutsche Idiommaterial wurde in den damals neuesten und/oder vielseitigsten einsprachigen allgemeinen und Spezialwörterbüchern des Deutschen gesammelt. In der Rahmenstruktur sind folgende Bestandteile enthalten: Vorspann mit Vorwort, Literaturverzeichnis, Benutzungsanleitung und Verzeichnis von Abkürzungen und Zeichen (S. 7–62), Wörterbuch Deutsch-Finnisch (S. 63–487) und Register Finnisch-Deutsch (S. 489–683).

Die Stichwörter, unter denen die idiomatischen Einheiten im eigentlichen Wörterbuchteil und im Register erscheinen, stehen in alphabetischer Ordnung. Das Stichwort eines Idioms wurde unter Anwendung eines an einer Wortklassenhierarchie orientierten Prinzips festgelegt. Die Hierarchie sieht aus wie folgt: Substantiv – Adjektiv – Adverb – Numerale – Verb – Interjektion – Pronomen – Konjunktion. Wenn ein Idiom aus zwei oder mehr Substantiven usw. besteht, dann ist jeweils das erste Substantiv usw. verbindlich. Zusammen mit deutschen Idiomen und ihren finnischen Äquivalenten und einigen weiteren Informationen bildet das Stichwort einen Idiomartikel, dessen Aufbau mit folgendem Beispiel veranschaulicht sei (vgl. Korhonen 2001a, 113):

(1) **Buch: reden wie ein Buch** *ark* **1** puhua/porista kuin papupata, jkn suu käy kuin papupata **2** puhua kuin Runeberg/ruuneperi
das Buch der Bücher kirjojen kirja
jmdm./für jmdn. ein Buch mit sieben Siegeln sein – jmd., etw. olla jklle seitsemällä sinetillä suljettu kirja, olla jklle täysi arvoitus
ein aufgeschlagenes/offenes Buch für jmdn. sein lukea jkta kuin avointa kirjaa
das Goldene Buch kaupungin vieraskirja
ein schlaues Buch *ark* hakuteos
über etw. akk **Buch führen** pitää kirjaa jstak

255

sich mit etw. ins Buch der Geschichte eintragen *ylät* piirtää nimensä historiaan jllak, jäädä/päästä historian lehdille jllak **jmd., etw. sein, wie er, es im Buche steht** – jmd., etw. *ark* olla jkn, jnk perikuva
zu Buch[e] schlagen – etw. jllak on merkitystä/painoa/vaikutusta
die/seine Nase in ein Buch stecken ↑ Nase

An ein deutsches Idiom können Angaben zum Stil, zur Einstellung des Sprechers und zur sonstigen Gebrauchsspezifik (zur zeitlichen Zuordnung sowie zu Sprechergruppen und Fachgebieten) in finnischer Sprache angeschlossen sein. Handelt es sich um ein polysemes Idiom, so werden zur Bedeutungsdifferenzierung arabische Ziffern verwendet. Am Ende des Idiomartikels steht noch ein Verweisteil, falls das Stichwort auch in anderen Idiomen als Komponente erscheint. Von den dort aufgeführten Idiomen wird jeweils auf die Stichwörter verwiesen, unter denen die Idiome genauer beschrieben werden.

Die deutschen Idiome werden in ihren normalen lexikografischen Grundformen angeführt, so dass z. B. die Verbidiome im Infinitiv erscheinen, falls dieser möglich oder üblich ist. Die formale Variation wird mit einem Schrägstrich kenntlich gemacht, ist aber die morphosyntaktische Variation zwischen zwei Strukturen so groß, dass ein Schrägstrich nicht benutzt werden kann, dann wird ein Semikolon gesetzt, vgl. (Korhonen 2001a, 77):

(2) **Äpfel mit Birnen addieren/vergleichen; Äpfel und Birnen zusammenzählen**

Zur Markierung fakultativer Komponenten, die sich von Lauten bis zu Sätzen erstrecken können, werden eckige Klammern verwendet. Eine semantosyntaktische Besonderheit stellt die Angabe des Subjekts der deutschen Verbidiome dar: Ist als Subjekt nur eine Sachbezeichnung möglich, lautet die Markierung „– etw.", und wenn es sowohl eine Personen- als auch eine Sachbezeichnung sein kann, dann erscheint als Markierung „– jmd., etw." In Idiomen, in denen eine Subjektangabe fehlt, kommt als Subjekt nur eine Personenbezeichnung vor (vgl. entsprechende Beispiele in (1)). Weitere syntaktische Informationen, die in die Nennform der Idiome eingebaut wurden, beziehen sich u. a. auf das Reflexivpronomen *sich*. Hinter *sich* erscheint die Abkürzung

„dat" immer dann, wenn es flektiert werden kann und der Kasus Dativ ist, vgl. (Korhonen 2001a, 66, 197):

(3a) **sich** dat **einen guten Abgang verschaffen**
(3b) **das/es so an sich** dat **haben**

Falls das Reflexivpronomen im Akkusativ steht, wird der Kasus nicht markiert. Desgleichen ist eine Kasusangabe nicht erforderlich, wenn das Subjekt eines Verbidioms im Plural steht oder wenn *sich* Teil eines satzförmigen Idioms ist, vgl. (Korhonen 2001a, 157, 196):

(4a) **sich auf ein/aufs Haar gleichen**
(4b) **wo sich die Füchse/Fuchs und Hase/[die] Füchse und Hasen gute Nacht sagen**

Darüber hinaus fehlt eine Kasusmarkierung bei *sich*, wenn vor ihm eine Präposition steht, die nur den Dativ regiert oder wenn *sich* Teil eines Verbidioms ist, das nur eine Sachbezeichnung als Subjekt zu sich nimmt, vgl. (Korhonen 2001a, 110, 230):

(5a) **etwas von sich hören lassen**
(5b) **etw. mit sich bringen – etw.**

Wenn der Kasus (Akkusativ oder Dativ) bei Präpositionen in Personen- oder Sachbezeichnungen nicht eindeutig ist, wird er entsprechend gekennzeichnet; das betrifft Idiome, in denen *jmds.* und *etw.* als pronominale Abkürzungen vorkommen, vgl. *über etw.* akk *Buch führen* in (1) und (Korhonen 2001a, 94):

(6) **die Beine unter jmds. Tisch** akk **strecken**

Auch für die Form *einer Sache* wird der Kasus angegeben, falls für ihn in der syntaktischen Umgebung keine Anhaltspunkte vorhanden sind, vgl. (Korhonen 2001a, 65f., 220):

(7a) **einer Sache** dat **Abbruch tun – etw.**
(7b) **einer Sache** gen/**über etw.** akk **Herr werden**

Wenn ein Idiomartikel mehrere Idiome mit dem gleichen Stichwort enthält, werden diese nach genau definierten Ordnungsprinzipien aufgelistet. Bei substantivischen Stichwörtern wird für die Idiome zuerst eine Unterteilung anhand des Kasus in der Reihenfolge Nominativ – Akkusativ – Dativ – Genitiv vorgenommen. Eine kasusinterne Differenzierung basiert erstens auf der Zahl der Substantive, wobei Idiome mit nur einem Substantiv vor denen mit zwei Substantiven rangieren usw. Danach sind Idiome mit Substantiv und Adjektiv (oder mit adjektivisch verwendetem Numerale oder Partizip) an der Reihe, und hier geht die attributive der adverbialen und der prädikativen Funktion vor. Als weitere Anordnungskriterien dienen das Vorhandensein des Artikels bzw. eines Pronomens und der Numerus: Substantive ohne Begleiter haben den Vorrang vor Substantiven mit Begleiter, und der Singular ist dem Plural übergeordnet. Bei Substantiven mit Begleiter gehen Idiome mit unbestimmtem Artikel denen mit bestimmtem Artikel voran, und mit einem Artikel versehene Substantive erscheinen vor denen mit pronominalem Begleiter. Diese Kriterien treffen nicht auf Idiome mit mehr als einem Substantiv oder mit Substantiv und Adjektiv zu – hier ist die alphabetische Reihenfolge des zweiten (oder des dritten) Substantivs oder der Adjektive ausschlaggebend. Weiterhin wird die Valenz als Differenzierungsmittel angewendet: Idiome ohne Ergänzungen stehen vor denen mit einer oder mehr Ergänzungen, Idiome mit einer Ergänzung vor denen mit zwei Ergänzungen usw. Hinter den Idiomen mit Substantiv in einem bestimmten Kasus werden dann Idiome mit präpositionalem Substantiv in der alphabetischen Reihenfolge der einzelnen Präpositionen aufgeführt. Regiert eine Präposition sowohl den Akkusativ als auch den Dativ, so steht Ersterer vor Letzterem; im Übrigen gelten die gleichen Kriterien wie oben. Für Verbidiome sind noch die alphabetische Ordnung der konjugierbaren Verben und die Inhaltsklasse des Subjekts und des Objekts (Personenbezeichnungen stehen vor Sachbezeichnungen) als letzte Orientierungskriterien zu nennen. – Ein Teil der oben dargelegten Unterteilungskriterien lässt sich auch auf adjektivische und verbale Stichwörter anwenden; dies gilt u. a. für die Zahl der Adjektive bzw. Verben und für die Valenz. Bei Adjektiven stellt das Vorhandensein des Attributs *zu* ein spezifisches Kriterium dar, bei Verben wiederum kommt außer Hilfsverben einigen anderen Wortklassen wie Pronomina, Konjunktionen und Partikeln eine stärkere Rolle zu als bei substantivischen Stichwörtern.

Die finnischen Äquivalente der deutschen Idiome können Idiome, nichtidiomatische Ausdrücke oder beides sein. Falls es in semantischer Hinsicht möglich ist, gehen Idiome nichtidiomatischen Äquivalenten voran, vgl. (Korhonen 2001a, 273):

(8)   **jmdn. auf der Latte haben** *ark* jku on ottanut jkn silmätikuk-
       seen, jku ei voi sietää jkta

Besitzt ein deutsches Idiom mehrere Idiomäquivalente im Finnischen,
so werden diejenigen Äquivalente an erster Stelle angeführt, die dem
deutschen Idiom im Hinblick auf die Bedeutung, Gebrauchsmöglichkeiten und Struktur am nächsten stehen, vgl. (Korhonen 2001a, 150):

(9)   **jmdm./jmdn. jucken die Finger nach etw.** *ark* jkn sormet syy-
       hyävät jhk, jkn silmät palavat jhk (im ersten Äquivalent genaue
       lexikalische Entsprechung zwischen den Verben und Substan-
       tiven)

Wenn die finnischen Idiomäquivalente untereinander gleichwertig
sind (z. B.: Struktur ganz anders als im Deutschen, aber sonstige Eigenschaften gleich), werden sie nach dem Alphabet des jeweiligen
Stichwortes geordnet, vgl. (Korhonen 2001a, 91):

(10)   **auf der Bärenhaut liegen** *ark* syljeskellä kattoon, viettää lais-
       kan päiviä, vetää lonkkaa (*katto – laiska – lonkka*)

Für die Anordnung nichtidiomatischer Äquivalente gilt, dass Ausdrücke in Form einer Wortgruppe vor Einwortäquivalenten erscheinen,
wenn dies semantisch-pragmatisch möglich ist, vgl. (Korhonen 2001a,
279):

(11)   **aus dem Leim gehen –** etw. *ark* mennä rikki, hajota, särkyä

Auch die nichtidiomatischen Äquivalente stehen in alphabetischer
Reihenfolge, wenn es die Semantik und Pragmatik erlauben. – In der
gleichen Weise wie die deutschen Idiome werden die finnischen
Idiomäquivalente in einer abstrakten lexikografischen Nennform verzeichnet. Die Äquivalente wurden so gewählt, dass sie den deutschen
Idiomen zumindest zum größten Teil auch bezüglich der Stilebene,
Einstellung des Sprechers usw. möglichst genau entsprechen, weshalb
an die Äquivalente keine gebrauchsbezogenen Angaben angeschlossen werden. Stattdessen weisen finnische Äquivalente manchmal Erläuterungen auf, die dazu dienen, die Bedeutung des deutschen und
des finnischen Idioms zu spezifizieren oder eine valenzbedingte Bestimmung näher zu charakterisieren, vgl. (Korhonen 2001a, 245, 351):

(12a) **das Kind im Manne** *(miehen)* lapsenomainen leikkihalu

(12b) **rund laufen – etw.** [...] **2** *(moottorista)* käydä tasaisesti

Der primäre Zweck des Verweissystems ist es, das Auffinden des jeweiligen Stichwortes der deutschen Idiome zu erleichtern. Darüber hinaus kann das System u. a. dann von Nutzen sein, wenn es darum geht, die phraseologische Aktivität bestimmter Lexeme zu ermitteln. Wie aus (1) hervorgeht, können die Verweise als Teil eines Idiomartikels auftreten. Sie können aber auch allein einen Idiomartikel bilden, vgl. (Korhonen 2001a, 108):

(13) **böse: böses Blut machen/schaffen – jmd., etw.** ↑ Blut. **ein böses Ende nehmen – etw.** ↑ Ende. **jenseits von gut und böse sein** ↑ gut. **ein böses Loch in jmds. Beutel** akk **reißen – etw.** ↑ Loch. **gute Miene zum bösen Spiel machen** ↑ Miene. **eine böse Sieben** ↑ Sieben. **böse Wetter** ↑ Wetter. **böse Zungen** ↑ Zunge

Die Zusammenstellung der Idiome in (13) lässt erkennen, dass die Stichwörter, auf die verwiesen wird, in alphabetischer Reihenfolge erscheinen. Wird von mehreren Idiomen auf ein und dasselbe Stichwort verwiesen, dann wird auf die Anordnung der Idiome das gleiche Prinzip angewendet wie bei den deutschen Idiomen, die mit finnischen Äquivalenten versehen sind, vgl. (Korhonen 2001a, 160):

(14) **Fuß:** [...]
jmdm. brennt der Boden unter den Füßen ↑ Boden. **jmdm. wird der Boden unter den Füßen zu heiß** ↑ Boden. **festen Boden unter die Füße bekommen** ↑ Boden. **den Boden unter den Füßen verlieren** ↑ Boden. **jmdm. den Boden unter den Füßen wegziehen – jmd., etw.** ↑ Boden. **festen Boden unter den Füßen haben** ↑ Boden [...]

Unter den Verweisen finden sich auch Fälle, bei denen die Rechtschreibung der Idiome variiert. Es wird jeweils von einer orthografischen Variante auf die Hauptvariante des Idioms verwiesen, vgl. (Korhonen 2001a, 154):

(15) **Frage:** [...]
das kommt nicht in Frage! ↑ infrage. **in Frage kommen – jmd., etw.** ↑ infrage. **etw. in Frage stellen** ↑ infrage

In das finnisch-deutsche Register wurden nur diejenigen finnischen Äquivalente aufgenommen, die ihrem Status nach Idiome sind. Gibt es zu einer deutschen Ausgangseinheit mehrere finnische Idiomäquivalente, so wurden diese jeweils einem eigenen Stichwort zugeordnet. Einschließlich bestimmter zusätzlicher Informationen zur Syntax weisen die deutschen Idiome im Register eine vollständige Form auf; zu den Gebrauchsbedingungen und zur Polysemie werden jedoch keine Angaben gemacht. Die allgemeinen Erstellungsprinzipien des Registers sind mit denen im deutsch-finnischen Teil identisch, und das Gleiche gilt für die Darstellung und Anordnung der Idiome. Mitunter zeigt die Form der finnischen Idiome, dass es sich beim finnisch-deutschen Teil um kein echtes Idiomwörterbuch, sondern eben um ein Idiomregister handelt, das auf einem deutschen Material beruht, vgl. (Korhonen 2001a, 508):

(16) **minulla ei ole hajuakaan koko asiasta** mein Name ist Hase [, ich weiß von nichts]

Die eigentliche lexikografische Nennform des finnischen Idioms würde in diesem Falle *jklla ei ole hajuakaan jstak* lauten.

Wenn eine stichwortfähige Komponente eines finnischen Äquivalents im deutsch-finnischen Teil in eckigen Klammern steht (z. B. *seistä/seisahtua kuin [paikalleen] naulittuna*), wird das Idiom im Register unter jedem potenziellen Stichwort aufgeführt, vgl. (Korhonen 2001a, 582, 595):

(17) **naulittu: seistä/seisahtua kuin naulittuna** [da]stehen/stehen bleiben wie angenagelt/angewurzelt/eingewurzelt
paikka: [...] **seistä/seisahtua kuin paikalleen naulittuna** [da-] stehen/stehen bleiben wie angenagelt/angewurzelt/eingewurzelt

Tauchen unter einem Stichwort mehrere finnische Idiome auf, so werden sie in der alphabetischen Reihenfolge der Flexionsformen des in den Idiomen vorkommenden Stichwortes geordnet, vgl. (Korhonen 2001a, 657):

(18) **tuli: mennä vaikka tuleen jkn puolesta** für jmdn. durchs Feuer gehen, sich für jmdn. in Stücke reißen lassen
leikkiä tulella mit dem Feuer spielen
joutua kahden tulen väliin zwischen zwei Feuer geraten

jklla on [jatkuvasti] tuli hännän alla Hummeln im Hintern haben, Quecksilber im Hintern/Leib haben
panna tuli jkn nurkan alle jmdm. den roten Hahn aufs Dach setzen
syytää tulta ja tulikiveä Gift und Galle speien/spucken

Die deutschen Idiome werden in komprimierter Form dargestellt, d. h. es können nicht nur Varianten, sondern auch verschiedene Idiome zusammengefasst werden. Dabei erscheinen die Idiome in einer Reihenfolge, die sich am Alphabet des Stichwortes orientiert. Von dieser Regelung wird dann abgewichen, wenn sich mehrere deutsche Idiome mit gleicher syntaktischer Struktur einfacher zusammenfassen lassen, vgl. (Korhonen 2001a, 647):

(19)   **sataa taivaan täydeltä** es gießt/regnet/schüttet wie aus/mit Eimern/Kannen/Kübeln, es regnet junge Hunde

3.   Ein deutsch-finnisches Großwörterbuch

Vor dem Jahr 2008 waren in Finnland nur drei deutsch-finnische Großwörterbücher erschienen, wobei das dritte Wörterbuch Mitte der 60er Jahre des 20. Jahrhunderts herausgegeben worden war (zur Geschichte der deutsch-finnischen Großwörterbücher vgl. genauer Korhonen 2001b, 292ff.; 2005a). Als die Finanzierung eines neuen allgemeinen deutsch-finnischen Großwörterbuchs im Herbst 1997 weitgehend gesichert war, konnte in Helsinki mit einer konkreten lexikografischen Arbeit begonnen werden. Die Projektgruppe bestand aus sechs Verfassern und drei weiteren Mitarbeitern, einer Verlagslektorin und einem wissenschaftlichen Beirat (Leitung: Jarmo Korhonen). Im August 2008 erschien das neue deutsch-finnische Großwörterbuch (= Korhonen 2008) im Druck (zur Entstehung und Konzeption des Wörterbuchs vgl. genauer Korhonen 2005b).

Das Wörterbuch enthält ca. 200 000 Lemmata und sonstige Konstruktionen (genauer: ca. 105 000 Lemmata, gut 86 000 Beispiele sowie rund 9 000 Idiome und Sprichwörter). Für die Phraseologie ist das Ende eines Wörterbuchartikels vorgesehen; hier werden außer Idiomen auch Sprichwörter verzeichnet. Die beiden Klassen der Phraseologismen werden jeweils in zwei Teilkomplexen untergebracht, wobei vor den Idiomen das Kommentarsymbol ■, vor den Sprichwörtern das Symbol ● erscheint. Für die Darstellung der Idiome dienen das Material und die Beschreibungsprinzipien des deutsch-finnischen Idiomwörterbuchs als Grundlage. Das Großwörterbuch enthält jedoch mehr Idiome als das Idiomwörterbuch, in das u. a. keine regional beschränkten Einheiten aufgenommen wurden. So sind beispielsweise die Idiome *einen abbeißen* und *Butter auf dem Kopf haben* im Großwörterbuch zu finden, vgl. (Korhonen 2008, 156, 454):

(20a) **abbeißen** [...]
   ■ *einen* ~ vars ND ottaa yhdet/lasillinen
(20b) **Butter** [...]
   ■ [...] ~ *auf dem Kopf haben* ark SD, A jkn omatunto kolkuttaa

Aus (20) ist auch ersichtlich, dass das Stichwort in den zugehörigen Idiomen nicht wie im Idiomwörterbuch ausgeschrieben, sondern mit einer Tilde ersetzt wird und dass gebrauchsbezogene Angaben nicht kursiv, sondern recte erscheinen. Ein weiterer Unterschied besteht darin, dass die Phraseologismen nur unter dem jeweiligen Stichwort aufgeführt werden, d. h. von Verweisen – und auch von Mehrfachlemmatisierung – wird abgesehen. Desgleichen ist im Großwörterbuch kein finnisch-deutsches Idiom- und Sprichwortregister vorhanden.

Falls die Verfasser des Großwörterbuchs für finnische Äquivalente der deutschen Idiome Verbesserungsvorschläge gemacht hatten, aus denen sich eine adäquatere Beschreibung ergab als im Idiomwörterbuch, wurden sie in die Idiomkomponente des Großwörterbuchs eingebaut. Im Unterschied zu Korhonen (2001a) werden im Großwörterbuch auch für nicht wenige Idiome typische Anwendungsbeispiele angeführt. Dies geschieht vor allem dann, wenn den verschiedenen Verwendungsweisen eines deutschen Idioms im Finnischen unterschiedliche oder z. T. weitere Äquivalente entsprechen, vgl. (Korhonen 2008, 241):

(21) **Anzug** [...]
   ■ *im ~ sein – jmd., etw.* olla tulossa, lähestyä: *Gefahr ist im ~* vaara uhkaa; *ein Gewitter ist im ~* nousee ukonilma

Wie die Phraseologiekomponente im Ganzen im neuen deutsch-finnischen Großwörterbuch aussieht, lässt sich dem letzten Beispiel entnehmen (vgl. Korhonen 2008, 387):

(22) **Besen** [...]
- *ich fresse einen ~/will einen ~ fressen, wenn* ... ark syön [vaikka] vanhan hattuni, jos ...; *jmdn. auf den ~ laden* ark panna jkta halvalla; *mit eisernem/eisernen ~ [aus]kehren* tarttua asioihin rautakourin, tehdä puhdasta jälkeä, käyttää kovia otteita
- *neue ~ kehren gut* uudet luudat lakaisevat hyvin

Beide Teilkomponenten beginnen jeweils in eigener Zeile, wobei Idiome Sprichwörtern vorangehen. Aus Platzgründen können die Phraseologismen mit einem gemeinsamen Zuordnungslemma nicht wie im Idiomwörterbuch untereinander stehen, sondern sie werden linear angeordnet und dabei mit einem Semikolon voneinander getrennt. – Zur Darstellung der Phraseologie im neuen deutsch-finnischen Großwörterbuch vgl. auch Korhonen (2000, 575f.; 2001c, 122ff.; 2005b, 74ff.; 2008, 140f.).

4. Literatur
4.1. Primärliteratur

Korhonen, Jarmo (2001a): Alles im Griff. Homma hanskassa. Saksa–suomi-idiomisanakirja. Idiomwörterbuch Deutsch-Finnisch. Unter Mitarb. von Kaija Menger und der Arbeitsgruppe Deutsch-Finnische Phraseologie. Helsinki.
Korhonen, Jarmo (päätoim./Hg.) (2008): Saksa–suomi-suursanakirja. Großwörterbuch Deutsch-Finnisch. Helsinki.

4.2. Sekundärliteratur

Kärnä, Aino (1995/2008): Saksa–suomi-opiskelusanakirja. Porvoo/Helsinki/Juva 1995. Saksa–suomi-sanakirja [= durchges. Ausg. von Kärnä 1995]. In: Joachim Böger/Helmut Diekmann/Hartmut Lenk/Caren Schröder/Aino Kärnä: Suomi–saksa–suomi-sanakirja. Helsinki 2008.

Korhonen, Jarmo (1995): Studien zur Phraseologie des Deutschen und des Finnischen I. Bochum (= Studien zur Phraseologie und Parömiologie 7).

Korhonen, Jarmo (Hg.) (1996): Studien zur Phraseologie des Deutschen und des Finnischen II. Bochum (= Studien zur Phraseologie und Parömiologie 10).

Korhonen, Jarmo (2000): Idiome und Sprichwörter in der deutschfinnischen Lexikografie. In: Ulrich Heid et al. (Eds.): Proceedings of the Ninth EURALEX International Congress, EURALEX 2000 Stuttgart, Germany, August 8th – 12th, 2000. Vol. II. Stuttgart, S. 569–578.

Korhonen, Jarmo (2001b): Zur Geschichte deutsch-finnischer Hand- und Großwörterbücher. In: Jörg Meier/Arne Ziegler (Hg.): Deutsche Sprache in Europa. Geschichte und Gegenwart. Festschrift für Ilpo Tapani Piirainen zum 60. Geburtstag. Wien, S. 285–299.

Korhonen, Jarmo (2001c): Zur Konzeption eines neuen deutsch-finnischen Großwörterbuchs. In: Herbert Ernst Wiegand (Hg.): Studien zur zweisprachigen Lexikographie mit Deutsch VI. Hildesheim/Zürich/New York (= Germanistische Linguistik 163/2001), S. 107–129.

Korhonen, Jarmo (2003): Phraseologismen in neuerer deutsch-finnischer Lexikografie. In: Lexicographica 19, S. 73–96.

Korhonen, Jarmo (2005a): Zu allgemeinen deutsch-finnischen Hand- und Großwörterbüchern. Ein historischer Überblick. In: Irmhild Barz/Henning Bergenholtz/Jarmo Korhonen (Hg.): Schreiben, Verstehen, Übersetzen, Lernen. Zu ein- und zweisprachigen Wörterbüchern mit Deutsch. Frankfurt a. M. u. a. (= Finnische Beiträge zur Germanistik 14), S. 43–58.

Korhonen, Jarmo (2005b): Zu einem neuen deutsch-finnischen Großwörterbuch. Gesamtkonzeption und Beschreibungsprinzipien. In: Irmhild Barz/Henning Bergenholtz/Jarmo Korhonen (Hg.): Schreiben, Verstehen, Übersetzen, Lernen. Zu ein- und zweisprachigen Wörterbüchern mit Deutsch. Frankfurt a. M. u. a. (= Finnische Beiträge zur Germanistik 14), S. 59–79.

Korhonen, Jarmo (2009): Sprichwörter und zweisprachige Lexikografie. Deutsch-schwedische und deutsch-finnische Wörterbücher im Vergleich. In: Csaba Földes (Hg.): Phraseologie disziplinär und interdisziplinär. Tübingen, S. 537–549.

PK = Kostera, Paul (1991/2000): Saksalais-suomalais-saksalainen yleiskielen käyttösanakirja ja kieliopas. Deutsch-finnisch-deutsches gemeinsprachliches Gebrauchswörterbuch mit Sprachführer. 1. Aufl. Helsinki 1991. 2., neu bearb. und erw. Aufl. Helsinki 2000.

Rekiaro, Ilkka (1992/2008): Saksa–suomi-sanakirja. 1. Aufl. Jyväskylä/Helsinki 1992. 2., durchges. Aufl. [= Saksa–suomi-sanakirja. Wörterbuch Deutsch-Finnisch]. Jyväskylä 2008.

XI.
Zur Darstellung von Sprichwörtern in deutsch-schwedischen Wörterbüchern[*]

1. Einleitung

Wolfgang Mieder hat sich in seinen wissenschaftlichen Veröffentlichungen unter vielen verschiedenen Aspekten mit Sprichwörtern beschäftigt. Zu diesen Aspekten gehört auch die lexikografische Erfassung von Sprichwörtern, der unser Jubilar mehrere Studien gewidmet hat (vgl. u. a. Mieder 1984; 1986a; 1986b; 1989; 1999; 2003). An diese Thematik soll hier angeknüpft werden, indem im Folgenden kurz gezeigt wird, wie deutsche Sprichwörter mit ihren Äquivalenten in einigen neueren deutsch-schwedischen Wörterbüchern beschrieben wurden. Die Gesichtspunkte, unter denen die Darstellung der Sprichwörter betrachtet wird, sind folgende: äußere Selektion, d. h. Auswahl der Sprichwörter, Kennzeichnung und Einordnung im Wörterbuchartikel, Bestimmung des Zuordnungslemmas (des Stichwortes, unter dem ein Sprichwort genauer beschrieben wird), Nennform, Äquivalenz deutscher Sprichwörter und ihrer schwedischen Entsprechungen sowie Mehrfachlemmatisierung (für einsprachige deutsche Wörterbücher vgl. dazu u. a. Korhonen 2004, für deutsch-finnische Wörterbücher u. a. Korhonen 2003). Als lexikografische Primärquellen wurden folgende Wörterbücher gewählt: *Norstedts tysk-svensk ordbok* (1980) (= N 1), *Prismas stora tyska ordbok* (1984) (= P) und *Norstedts tyska ordbok* (2002) (= N 2). Es handelt sich um allgemeine Wörterbücher, deren Umfang von den Verlagen wie folgt definiert wird: In N 1 sind ca. 84 000 Wörter und Wendungen, in P ca. 60 000 Lemmata und eine große Zahl sonstiger Konstruktionen und in N 2 ca. 73 000 Wörter

---

[*] Zuerst erschienen in: Csaba Földes (Ed.) (2004): Res humanae proverbiorum et sententiarum. Ad honorem Wolfgangi Mieder. Tübingen, S. 15–25 (Koautorin: Andrea Albertsson). Als Grundlage des Beitrags diente Albertsson (2003). Das Konzept des vorliegenden Beitrags stammt von Jarmo Korhonen, ebenso wurden von ihm die in Albertsson (2003) erzielten Ergebnisse um einen Vergleich mit einem neueren deutsch-schwedischen Wörterbuch ergänzt.

und Wendungen enthalten. Zu Kontroll- und Vergleichszwecken wurden vor allem folgende lexikografische Werke herangezogen: *Duden. Redewendungen* (2002) (= DUR), *Duden. Universalwörterbuch* (2003) (= DUW) und *Langenscheidt. Großwörterbuch Deutsch als Fremdsprache* (2003) (= LGDaF). Die parömiologischen Einheiten, an denen sich unsere Darlegungen orientieren werden, stammen aus einer Liste in Baur/Chlosta (1994). Die Liste umfasst insgesamt 70 Sprichwörter.

2.   Äußere Selektion

Die Liste von Baur/Chlosta (1994, 27ff.) enthält folgende Sprichwörter:

Der Klügere gibt nach. Eine Hand wäscht die andere. Es ist nicht alles Gold, was glänzt. Es ist noch kein Meister vom Himmel gefallen. Hunde, die bellen, beißen nicht. In der Kürze liegt die Würze. Man muss die Feste feiern, wie sie fallen. Man soll den Tag nicht vor dem Abend loben. Scherben bringen Glück. Über den Geschmack lässt sich nicht streiten. Übung macht den Meister. Viele Köche verderben den Brei. Was sich liebt, das neckt sich. Wenn zwei sich streiten, freut sich der Dritte. Wer anderen eine Grube gräbt, fällt selbst hinein. Wer A sagt, muss auch B sagen. Wer nicht hören will, muss fühlen. Wie gewonnen, so zerronnen. Aller Anfang ist schwer. Andere Länder, andere Sitten. Aufgeschoben ist nicht aufgehoben. Ausnahmen bestätigen die Regel. Den Letzten beißen die Hunde. Der Apfel fällt nicht weit vom Stamm. Die Zeit heilt alle Wunden. Doppelt hält besser. Einem geschenkten Gaul sieht man nicht ins Maul. Einmal ist keinmal. Ein Unglück kommt selten allein. Ende gut, alles gut. Geld allein macht nicht glücklich. Irren ist menschlich. Kleider machen Leute. Kommt Zeit, kommt Rat. Lügen haben kurze Beine. Man ist so alt, wie man sich fühlt. Morgenstunde hat Gold im Munde. Ohne Fleiß kein Preis. Probieren geht über Studieren. Reden ist Silber, Schweigen ist Gold. Stille Wasser sind tief. Von nichts kommt nichts. Was du heute kannst besorgen, das verschiebe nicht auf morgen. Was ich nicht weiß, macht mich nicht heiß. Wer den Pfennig nicht ehrt, ist des Ta-

lers nicht wert. Wer die Wahl hat, hat die Qual. Wer rastet, der rostet. Wer wagt, gewinnt. Wer zuletzt lacht, lacht am besten. Wie du mir, so ich dir. Wie man in den Wald hineinruft, so schallt es wieder heraus. Wo ein Wille ist, da ist auch ein Weg. Alter schützt vor Torheit nicht. Auf Regen folgt Sonnenschein. Aus den Augen, aus dem Sinn. Der Krug geht so lange zu Wasser/zum Brunnen, bis er bricht. Der Ton macht die Musik. Durch Schaden wird man klug. Ehrlich währt am längsten. Eigener Herd ist Goldes wert. Eigenlob stinkt. Ein blindes Huhn findet auch einmal ein Korn. Ein Küsschen in Ehren kann niemand verwehren. Erst die Arbeit, dann das Vergnügen. Es ist noch nicht aller Tage Abend. Frisch gewagt ist halb gewonnen. Früh übt sich, was ein Meister werden will. Gegensätze ziehen sich an. Gelegenheit macht Diebe. Selbsterkenntnis ist der erste Schritt zur Besserung.

Allerdings wäre zu *Es ist noch nicht aller Tage Abend.* anzumerken, dass hier eher ein Satzidiom als ein Sprichwort vorliegt. Dies kann mit dem Vorhandensein des Ausdrucks *noch nicht* begründet werden: Dadurch kann dem Satz keine so allgemeingültige Bedeutung zugeordnet werden, wie sie für Sprichwörter typisch ist (zur Klassifizierung dieses Phraseologismus als Satzidiom vgl. z. B. Korhonen 2002a, 419).

Von den oben angeführten Sprichwörtern sind in N 1 die folgenden 31 nicht vertreten:

Der Klügere gibt nach. Es ist nicht alles Gold, was glänzt. In der Kürze liegt die Würze. Scherben bringen Glück. Über den Geschmack lässt sich nicht streiten. Wenn zwei sich streiten, freut sich der Dritte. Wer anderen eine Grube gräbt, fällt selbst hinein. Ausnahmen bestätigen die Regel. Die Zeit heilt alle Wunden. Einmal ist keinmal. Ein Unglück kommt selten allein. Ende gut, alles gut. Geld allein macht nicht glücklich. Irren ist menschlich. Lügen haben kurze Beine. Man ist so alt, wie man sich fühlt. Morgenstunde hat Gold im Munde. Ohne Fleiß kein Preis. Probieren geht über Studieren. Reden ist Silber, Schweigen ist Gold. Von nichts kommt nichts. Was du heute kannst besorgen, das verschiebe nicht auf morgen. Wer den Pfennig nicht ehrt, ist des Talers nicht wert. Wer rastet, der rostet. Eigener

Herd ist Goldes wert. Ein blindes Huhn findet auch einmal ein Korn. Ein Küsschen in Ehren kann niemand verwehren. Erst die Arbeit, dann das Vergnügen. Frisch gewagt ist halb gewonnen. Gegensätze ziehen sich an. Selbsterkenntnis ist der erste Schritt zur Besserung.

Die Zahl der Sprichwörter in P ist etwas höher; es fehlen 25 Einheiten:

Eine Hand wäscht die andere. In der Kürze liegt die Würze. Man muss die Feste feiern, wie sie fallen. Scherben bringen Glück. Über den Geschmack lässt sich nicht streiten. Die Zeit heilt alle Wunden. Doppelt hält besser. Einmal ist keinmal. Geld allein macht nicht glücklich. Man ist so alt, wie man sich fühlt. Probieren geht über Studieren. Von nichts kommt nichts. Was du heute kannst besorgen, das verschiebe nicht auf morgen. Wer den Pfennig nicht ehrt, ist des Talers nicht wert. Wer die Wahl hat, hat die Qual. Wer rastet, der rostet. Wer wagt, gewinnt. Wie du mir, so ich dir. Wo ein Wille ist, ist auch ein Weg. Eigenlob stinkt. Ein blindes Huhn findet auch einmal ein Korn. Ein Küsschen in Ehren kann niemand verwehren. Erst die Arbeit, dann das Vergnügen. Gegensätze ziehen sich an. Selbsterkenntnis ist der erste Schritt zur Besserung.

Die folgenden 17 Sprichwörter sind weder in N 1 noch in P vorhanden:

In der Kürze liegt die Würze. Scherben bringen Glück. Über den Geschmack lässt sich nicht streiten. Die Zeit heilt alle Wunden. Einmal ist keinmal. Geld allein macht nicht glücklich. Man ist so alt, wie man sich fühlt. Probieren geht über Studieren. Von nichts kommt nichts. Was du heute kannst besorgen, das verschiebe nicht auf morgen. Wer den Pfennig nicht ehrt, ist des Talers nicht wert. Wer rastet, der rostet. Ein blindes Huhn findet auch einmal ein Korn. Ein Küsschen in Ehren kann niemand verwehren. Erst die Arbeit, dann das Vergnügen. Gegensätze ziehen sich an. Selbsterkenntnis ist der erste Schritt zur Besserung.

Auch in N 2 kommen 39 Sprichwörter vor, z. T. sind es aber andere Einheiten als in N 1. Folgende Sprichwörter, die in N 1 fehlten, wurden in N 2 aufgenommen:

Der Klügere gibt nach. Es ist nicht alles Gold, was glänzt. In der Kürze liegt die Würze. Wer anderen eine Grube gräbt, fällt selbst hinein. Ausnahmen bestätigen die Regel. Die Zeit heilt alle Wunden. Irren ist menschlich. Morgenstunde hat Gold im Munde. Eigener Herd ist Goldes wert.

Aufs Ganze gesehen ist die zahlenmäßige Repräsentation deutscher Sprichwörter in den untersuchten Primärquellen relativ gut (immerhin ist jeweils mehr als die Hälfte der Sprichwörter in den deutsch-schwedischen Wörterbüchern verzeichnet), aber nichtsdestoweniger fällt auf, dass geläufige deutsche Sprichwörter, für die es im Schwedischen Sprichwortäquivalente gibt, in die Wörterbücher keinen Eingang gefunden haben. Solche Ausdrücke sind z. B. *Einmal ist keinmal., Was du heute kannst besorgen, das verschiebe nicht auf morgen., Ein blindes Huhn findet auch einmal ein Korn.* und *Erst die Arbeit, dann das Vergnügen.*, die im Schwedischen sogar identische oder fast identische Äquivalente besitzen, vgl. *En gång är ingen gång.* (NOB 592), *Uppskjut inte till i morgon (morgondagen) vad du kan göra i dag.* (NOB 537), *En blind höna finner också stundom ett korn.* (NOB 410) und *Plikten först, nöjet sedan.* (NOB 560).

3. Kennzeichnung und Einordnung im Wörterbuchartikel

Da Phraseologismen im Rahmen eines Wörterbuchartikels ein besonderer Status zukommt, sollten sie entweder mit Abkürzungen oder mit Symbolen gekennzeichnet werden. Ebenso sollte für Phraseologismen im Wörterbuchartikel ein eigener Platz vorgesehen werden – am besten wären sie am Ende des Artikels unterzubringen (zur Einrichtung der Phraseologiekomponente von Wörterbuchartikeln vgl. u. a. Korhonen 2001, 115, 122ff.; 2002b). Wenn man im Abkürzungsverzeichnis der drei deutsch-schwedischen Wörterbücher nachschlägt, stellt man fest, dass dort jeweils die Abkürzung „ordspr." für *ordspråk* ‚Sprichwort' auftaucht. Im eigentlichen Wörterbuchteil wird davon aber kaum Gebrauch gemacht: Sowohl in N 1 als auch in P erhält ein einziges Sprichwort diese Kennzeichnung (N 1: *Kleider machen Leute.*; P: *Aus den Augen, aus dem Sinn.*). In N 2 kommt die Kennzeichnung „ordspr." zweimal vor, und zwar bei *Kleider machen Leute.* und *Wer nicht wagt, der nicht gewinnt.* Darüber hinaus ist in N 2 bei einem Sprichwort die Abkürzung „bildl." anzutreffen: *Hunde, die [viel] bellen, beißen nicht.* In allen anderen Fällen erscheinen die Sprichwörter ohne jede Kennzeichnung in den Wörterbuchartikeln. Dieser Befund zeugt in aller Deutlichkeit davon, dass in den drei Wörterbüchern für die Kennzeichnung von Sprichwörtern keine Systematik entwickelt wurde.

Ebenso wenig wie an eine systematische Kennzeichnung, wurde in N 1, N 2 und P an die Einordnung von Sprichwörtern im Wörterbuchartikel gedacht. Sprichwörter können in den Artikeln dieser Wörterbücher an jeder Stelle stehen: entweder gleich am Anfang oder erst am Ende des Beispielteils oder von sonstigen Beispielen umgeben. In den meisten Fällen wurden Sprichwörter nach dem Kasus des jeweiligen Lemmas in den Wörterbuchartikeln eingeordnet. So führt das Fehlen einer eindeutigen Kennzeichnungs- und Einordnungspraxis dazu, dass sich Sprichwörter in den deutsch-schwedischen Wörterbüchern kaum von anderen – phraseologischen oder nichtphraseologischen – Wortfügungen unterscheiden lassen.

4. Zuordnungslemma

In der neueren lexikografiebezogenen Phraseologieforschung wurde für die Zuordnung von Phraseologismen zu Lemmata eine Wortklassenhierarchie entwickelt, nach der das erste Substantiv des Ausdrucks ausschlaggebend sein soll. Wenn kein Substantiv vorhanden ist, wird das erste Adjektiv, Adverb, Verb usw. als Zuordnungslemma angesetzt. Für die deutsch-schwedischen Wörterbücher ist ein solches Prinzip nicht zu erkennen, d. h. als Zuordnungslemma eines Sprichworts kann auch eine andere Komponente als das erste Substantiv usw. fungieren. Nicht selten ist diese Komponente ein zweites Substantiv, vgl. *Übung macht den Meister.* (N 1, P) und *Kommt Zeit, kommt Rat.* (N 1). Bei folgendem Sprichwort wurde in allen Wörterbüchern anstelle des Substantivs das Adjektiv als Zuordnungslemma gewählt: *Stille Wasser sind tief.* Relativ oft ist ein Sprichwort, das eine oder zwei substantivische Komponenten enthält, unter einem Verb eingeordnet: *Auf Regen folgt Sonnenschein.* (N 1, P), *Man muss die Feste feiern, wie sie fallen.* (N 1), *Wer andern eine Grube gräbt, fällt selbst hinein.* (P). In folgenden Sprichwörtern, die in ihrer Struktur keine

272

substantivische Komponente aufweisen, wurde das zweite Verb als Zuordnungslemma festgelegt: *Wer nicht hören will, muss **fühlen**.* (N 1) und *Was sich liebt, das **neckt** sich.* (P).

Für N 2 wurde das Zuordnungsprinzip von Sprichwörtern kaum geändert. Hier kann nur auf folgendes Sprichwort hingewiesen werden, das in N 1 unter dem zweiten, in N 2 dagegen unter dem ersten Substantiv eingeordnet ist: *Wer die Wahl hat, hat die Qual.* Zu Sprichwörtern, die sowohl in N 1 als auch in N 2 unter einem zweiten Substantiv lemmatisiert sind, gehören u. a. *Man soll den Tag nicht vor dem **Abend** loben.* und *Gelegenheit macht **Diebe**.* Die beiden Sprichwörter *Es ist noch kein Meister vom Himmel gefallen.* und *Die Zeit heilt alle Wunden.* sind Sonderfälle: Das erste ist in N 1 sowohl unter *Meister* als auch unter *Himmel*, in N 2 aber nur unter *Himmel* lemmatisiert, und das zweite wird in N 1 gar nicht aufgeführt, taucht aber dafür in N 2 unter dem zweiten Substantiv auch. Darauf, dass das Zuordnungslemma des Sprichworts *Stille Wasser sind tief.* auch in N 2 das erste Adjektiv ist, wurde bereits oben hingewiesen. Desgleichen sei erwähnt, dass das Sprichwort *Auf Regen folgt Sonnenschein.* auch in N 2 unter dem Verb lemmatisiert ist.

5. Nennform

Eines der Kennzeichen von Phraseologizität ist die syntaktisch-lexikalische Fixiertheit. Es handelt sich dabei jedoch um keine absolute Eigenschaft, denn auch für nicht wenige Sprichwörter sind Varianten verschiedenen Typs nachweisbar. Die Variation lässt sich sowohl quantitativ als auch qualitativ erfassen, wobei sich die quantitative Variation von einzelnen Lauten auf Teilsätze erstrecken kann. Ein Beispiel für eine minimale Variation sind die beiden Realisationsformen *Morgenstunde hat Gold im Munde* und *Morgenstund hat Gold im Mund* (vgl. die Nennform *Morgenstund[e] hat Gold im Mund[e]* in DUR 523), die deutsch-schwedischen Wörterbücher (P und N 2) führen hier aber nur die längere Form an. Das Gleiche gilt für die Varianten *Wer wagt, gewinnt.* und *Wer nicht wagt, der nicht gewinnt.*: In N 1 und N 2 ist nur Letztere zu finden. Für fakultative pronominale Komponenten zeigt sich, dass ein deutsch-schwedisches Wörterbuch für ein Sprichwort nur die längere Form, für ein anderes dagegen beide Formen mit Hilfe eckiger Klammern vermerkt: *Die Zeit heilt alle Wunden.* (N 2) vs. *Die Zeit heilt [alle] Wunden.* (vgl. DUW 1845) und *Hunde, die [viel] bellen, beißen nicht.* (N 2; vgl. auch DUR 377 und DUW 807). Dass in einem Sprichwort drei Komponenten fakultativ sein können, lässt sich am Beispiel von *Wo ein Wille [ist], da [ist auch] ein Weg.* (vgl. LGDaF 1165) belegen; für N 1 und N 2 sind aber alle Komponenten obligatorisch. Auf der anderen Seite kann in deutsch-schwedischen Wörterbüchern eine Komponente, die nach Angaben in einsprachigen deutschen Wörterbüchern obligatorisch ist, als fakultativ markiert sein: *Wer A sagt, muss [auch] B sagen.* (N 1, N 2, P); vgl. DUR 25, DUW 73 und LGDaF 1, wo *auch* nicht eingeklammert ist.

Die qualitative Variation bezieht sich im untersuchten Material auf alternative Realisationen im Bereich der Lexik. Im folgenden Sprichwort lässt sich für die zweite substantivische Komponente eine lexikalische Variation beobachten: *Der Krug geht so lange zu Wasser/zum Brunnen, bis er bricht.* (vgl. auch DUR 448). Von den deutsch-schwedischen Wörterbüchern wird dieser Wechsel in P berücksichtigt, in N 1 dagegen nicht; hier lautet die Nennform *Der Krug geht so lange zum Wasser, bis er bricht.* Sprichwörter, in denen das finite Verb variieren kann, sind *Einem geschenkten Gaul sieht man nicht ins Maul.* und *Stille Wasser sind tief.* In Ersterem sind anstelle von *sieht* auch die Verbformen *schaut* und *guckt* möglich (vgl. DUR 258), in Letzterem kann an die Stelle von *sind* die Verbform *gründen* treten. In den deutsch-schwedischen Wörterbüchern sind diese Variationen nicht vorgesehen: Für das erstere Sprichwort führt N *sieht*, P wiederum *schaut* als einzige Verbkomponente an, für das letztere kennen beide Wörterbücher nur die Realisation mit *sind*. Auch die Präposition kann in Sprichwörtern variieren, vgl. *Durch/Aus Schaden wird man klug.* (DUR 649). In N und P steht hier vor dem Substantiv nur die Präposition *durch*.

6. Deutsch-schwedische Äquivalenz

Ungefähr die Hälfte der deutschen Sprichwörter der Liste von Baur/ Chlosta (1994) besitzt im Schwedischen Äquivalente in Form eines Sprichworts. Davon fallen die folgenden sechs in den Bereich der totalen Äquivalenz: *Ein Unglück kommt selten allein. – En olycka kommer sällan ensam.* (P); *Ende gut, alles gut. – Slutet gott, allting gott.* (P); *Kommt Zeit, kommt Rat. – Kommer tid, kommer råd.* (N 1, P); *Morgenstunde hat Gold im Munde. – Morgonstund har guld i mund.* (P, N 2); *Reden ist Silber, Schweigen ist Gold. – Tala är silver, tiga är guld.* (P); *Eigener Herd ist Goldes wert. – Egen härd är guld värd.* (P, N 2). Dabei fällt auf, dass in N trotz des Vorhandenseins einer totalen Äquivalenz häufig verwendete Sprichwörter des Deutschen weggelassen worden sind. Unter anderem in folgenden Fällen liegt eine partielle Äquivalenz vor (die Unterschiede sind ganz gering und beziehen sich meistens auf die Morphosyntax): *Der Klügere gibt nach. – Den klokaste ger efter.* (P, N 2); *Es ist nicht alles Gold, was glänzt. – Det är inte guld allt som glimmar.* (P; vgl. N 2: *Allt är inte guld som glimmar.*); *Ausnahmen bestätigen die Regel. – Undantaget bekräftar regeln.* (P, N 2); *Durch Schaden wird man klug. – Av skadan blir man vis.* (N 1, N 2, P); *Frisch gewagt ist halb gewonnen. – Friskt vågat är hälften vunnet.* (P); *Gelegenheit macht Diebe. – Tillfället gör tjuven.* (N 1, N 2, P). Auch hier zeigt sich, dass besonders in N 1 einige fast identische deutsch-schwedische Sprichwortpaare nicht verzeichnet sind.

Wenn inhaltlich äquivalente Sprichwörter zweier Sprachen mit gleicher oder ähnlicher Grundstruktur Unterschiede in der Lexik und/ oder größere Unterschiede in der Morphosyntax aufweisen, können sie in die Klasse der partiellen Differenz eingeordnet werden. Diesbezügliche Beispiele aus dem Untersuchungsmaterial wären u. a. *Der Apfel fällt nicht weit vom Stamm. – Äpplet faller inte långt från trädet.* (N 1, N 2, P); *Einem geschenkten Gaul sieht man nicht ins Maul. – Man ska inte skåda given häst i munnen.* (N 1, N 2, P); *Kleider machen Leute. – Kläderna gör mannen.* (N 1, N 2, P); *Wie man in den Wald hineinruft, so schallt es wieder heraus. – Som man ropar i skogen får man svar.* (N 1, N 2, P); *Auf Regen folgt Sonnenschein. – Efter regn kommer solsken.* (N 1, N 2, P). Demgegenüber wären Sprichwörter, die sich in Bezug auf die Lexik (und nicht selten auch in Bezug auf die Morphosyntax) völlig voneinander unterscheiden, als Vertreter der Klasse der totalen Differenz anzusehen, vgl. z. B. *Eine Hand wäscht die andere. – Den ena tjänsten är den andra värd.* (N 1); *Wie gewonnen, so zerronnen. – Lätt fånget, lätt förgånget.* (N 1, N 2, P); *Aller Anfang ist schwer. – Alla barn i början.* (N 1, N 2, P); *Ohne*

Fleiß kein Preis. – Utan möda ingen föda. (P). Wie die Belege zeigen, sind Sprichwörter der partiellen und totalen Differenz gleichmäßiger auf die beiden Wörterbücher verteilt als diejenigen der totalen und partiellen Äquivalenz. – Zu den oben genannten vier Entsprechungsklassen der kontrastiven Phraseologie vgl. u. a. auch Korhonen (1995, 221ff.; 2007, 582f.) und J. Korhonen/B. Korhonen (1995).

In einigen Fällen werden für deutsche Sprichwörter zwei schwedische Sprichwortäquivalente angegeben. Dabei wird ein Äquivalent, das der deutschen Ausgangseinheit lexikalisch und morphosyntaktisch näher steht, an erster Stelle genannt: *Kleider machen Leute. – Kläderna gör mannen., Som man är klädd blir man hädd.* (N 1); *Kommt Zeit, kommt Rat. – Kommer tid, kommer råd., Den dagen, den sorgen.* (N 1). Etwas überraschend ist die Praxis in P, auch vor einigen schwedischen Sprichwortäquivalenten die Charakterisierung „ung." für *ungefär* ‚etwa' anzuführen, vgl. *Wie gewonnen, so zerronnen. –* (ung.) *Lätt fånget, lätt förgånget.; Andere Länder, andere Sitten. –* (ung.) *Man får ta seden dit man kommer.; Ohne Fleiß kein Preis. –* (ung.) *Utan möda ingen föda.* Eher würde man diesen Vermerk bei schwedischen Entsprechungen erwarten, die nur Paraphrasen deutscher Sprichwörter darstellen. Eine nähere Betrachtung solcher Konstellationen in P lässt denn auch erkennen, dass „ung." auch hier ab und zu auftaucht, vgl. *Was sich liebt, das neckt sich. –* (ung.) *Man gnabbas gärna med den man älskar.; Wer nicht hören will, muss fühlen. –* (ung.) *Vill man inte lyssna till råd får man ta konsekvenserna.; Lügen haben kurze Beine. –* (ung.) *Man kommer inte långt med att ljuga.* Wie aber aus den folgenden Belegen hervorgeht, macht auch N von der Markierung „ung." Gebrauch: *In der Kürze liegt die Würze. –* ung. *Kort och koncist., Ju kortare dess bättre.* (N 2); *Wer die Wahl hat, hat die Qual. –* ung. *Det är svårt att bestämma sig när man har mycket att välja på/bland.* (N 2); *Alter schützt vor Torheit nicht. –* ung. *Älder och visdom följas inte alltid åt.* (N 2). Hier erscheint die Markierung jeweils vor einer Paraphrase.

Aus einer vergleichenden Untersuchung der Äquivalenzdarstellung in N 1 und N 2 ergibt sich, dass schwedische Äquivalente relativ oft eine Änderung erfahren haben. In den folgenden Beispielen wurde nur die Form der schwedischen Äquivalente leicht geändert: *Es ist noch kein Meister vom Himmel gefallen. – Ingen föds mästare.* (N 1) – *Ingen är född mästare.* (N 2); *Doppelt [genäht] hält besser. – Bättre för mycket än för litet.* (N 1) – *Hellre för mycket än för lite.* (N 2); *Wo ein Wille ist, da ist auch ein Weg.* – *Vill man så kan man.* (N 1) – *Om man [bara] vill så kan man.* (N 2). Einmal ist ein neues Sprichwort hinzugekommen: *Wer nicht wagt, der nicht gewinnt.* – *Friskt vågat är hälften vunnet.* (N 1) – *Den som vågar han vinner., Friskt vågat är hälften vunnet.* (N 2). In folgenden Fällen wurde ein Sprichwort mit einem anderen Sprichwort und zusätzlich mit einer Paraphrase ersetzt: *Hunde, die [viel] bellen, beißen nicht.* – *Rädda hundar skälla mest.* (N 1) – *Tomma tunnor skramlar mest., Han/Hon är inte så farlig som han/hon låter.* (N 2); *Man soll den Tag nicht vor dem Abend loben.* – *Prisa ej dag förrän sol gått ned.* (N 1) – *Man ska inte ropa hej förrän man är över bäcken., Ta inte ut segern i förskott.* (N 2); *Aufgeschoben ist nicht aufgehoben.* – *Gömt är inte glömt.* (N 1) – *Det blir tillfälle till det senare., Det kommer en dag i morgon också.* (N 2). Den folgenden zwei Beispielen ist zu entnehmen, wie einerseits ein Sprichwort gegen eine Paraphrase und andererseits eine Paraphrase gegen eine andere Paraphrase ausgetauscht wurde: *Wer die Wahl hat, hat die Qual.* – *Den som kommer i valet, han kommer i kvalet.* (N 1) – *Det är svårt att bestämma sig när man har mycket att välja på/bland.* (N 2); *Wer nicht hören will, muss fühlen.* – *Den som inte lyder [goda råd] får stå sitt kast.* (N 1) – *Man får skylla sig själv om man inte gör som man blir tillsagd.* (N 2). Für bestimmte Sprichwörter mag die Tatsache, dass sie heutzutage als selten oder veraltend empfunden werden, der Grund für die Änderungen gewesen sein. Im Übrigen ist die Äquivalenzbeschreibung nur in wenigen Fällen durch die Neuerungen adäquater geworden.

7. Mehrfachlemmatisierung

Da der Zuordnung von Sprichwörtern zu Lemmata in den deutsch-schwedischen Wörterbüchern kein bestimmtes Prinzip zugrunde liegt, kommt es in diesen Quellen relativ häufig zu einer Mehrfachlemmatisierung. In N 1 werden sechs Sprichwörter unter mehr als einem Lemma aufgeführt: *Es ist noch kein **Meister** vom **Himmel** gefallen., Viele Köche **verderben** den **Brei**., Was sich **liebt**, das **neckt** sich., **Kleider** machen **Leute**., **Wie** du mir, so **ich** dir., **Durch** Schaden wird man **klug**.* Seltsam ist hier vor allem die Entscheidung, dass bei *Viele*

Köche verderben den Brei. anstelle des ersten Substantivs das Verb und bei *Durch Schaden wird man klug.* anstelle des Substantivs die Präposition als zusätzliches Zuordnungslemma festgelegt wurde. Im Falle von *Was sich liebt, das neckt sich.* und *Kleider machen Leute.* sind die Beschreibungen jeweils nicht identisch: Beim ersten Sprichwort gibt es einen Unterschied in der Form des schwedischen Äquivalents, beim zweiten in der Kennzeichnung und der Zahl der Äquivalente, vgl. *Was sich liebt, das neckt sich. – Gnabb och kärlek hör ihop.* vs. *Kärlek och gnabb hör ihop.* und *Kleider machen Leute. – Som man är klädd blir man hädd.* vs. ordspr. *Kläderna gör mannen., Som man är klädd blir man hädd.*

In P wurden elf Sprichwörter mehrfach lemmatisiert: *Es ist nicht alles **Gold**, was **glänzt**., Es ist noch kein **Meister** vom **Himmel** gefallen., Man soll den **Tag** nicht vor dem **Abend** loben., Viele **Köche** verderben den **Brei**., Aller **Anfang** ist **schwer**., Der **Apfel** fällt nicht weit vom **Stamm**., **Irren** ist **menschlich**., **Kleider** machen **Leute**., **Kommt** Zeit, kommt **Rat**., **Durch Schaden** wird man **klug**., Frisch **gewagt** ist **halb** gewonnen.* Was hier besonders auffällt, ist, dass ein Sprichwort (*Durch Schaden wird man klug.*) sogar unter drei Lemmata aufgeführt wird. Die Beschreibungen der folgenden Sprichwörter weichen jeweils voneinander ab: *Es ist noch kein Meister vom Himmel gefallen., Man soll den Tag nicht vor dem Abend loben.* und *Aller Anfang ist schwer.* Beim ersten Sprichwort variiert die Zahl, beim zweiten die Form der Äquivalente, und beim dritten ist ein Unterschied im Status der Äquivalente festzustellen (Sprichwort vs. Paraphrase), vgl. *Es ist noch kein Meister vom Himmel gefallen. – Ingen föds mästare.* vs. *Ingen föds mästare., Alla barn i början.; Man soll den Tag nicht vor dem Abend loben. – Man skall inte prisa dag förrän sol gått ner.* vs. *Prisa ej dag förrän sol gått ned.; Aller Anfang ist schwer. – Alla barn i början.* vs. *All vår början bliver svår.*

Die Sprichwörter, die in N 2 nicht nur unter einem Lemma auftauchen, sind *Viele **Köche** verderben den **Brei**., Andere **Länder**, andere **Sitten**., **Kleider** machen **Leute**.* und *Was ich nicht **weiß**, macht mich nicht **heiß**.* Davon sind die Beschreibungen des ersten, dritten und vierten Sprichworts jeweils unterschiedlich; die Differenzen beziehen sich zweimal auf die Form des Äquivalents, einmal auf die Kennzeichnung, vgl. *Viele Köche verderben den Brei. – Ju flera kockar desto sämre soppa.* vs. *Ju flera kockar dess sämre soppa.; Was ich* *nicht weiß, macht mich nicht heiß.* – *Det man inte vet har man inte ont av/lider man inte av.* vs. *Det man inte vet, har man inte ont av.; Kleider machen Leute.* – *Kläderna gör mannen.* vs. ordspr. *Kläderna gör mannen.* Vergleicht man diese Beschreibungen mit denen in N 1, so stellt sich zunächst Folgendes heraus: Drei der Sprichwörter, die in N 1 mehrfach lemmatisiert wurden, sind in N 2 nur noch einmal lemmatisiert (*Es ist noch kein Meister vom **Himmel** gefallen.*, ***Wie** du mir, so ich dir.* und *Durch **Schaden** wird man klug.*), und eines wurde in N 2 gar nicht aufgenommen (*Was sich liebt, das neckt sich.*). Ein Sprichwort, und zwar *Kleider machen Leute.*, ist in N 1 und N 2 unter den gleichen Lemmata eingeordnet, für ein weiteres Sprichwort wurde aber eines der beiden Zuordnungslemmata geändert (*Viele Köche verderben den Brei.* ist in N 1 unter dem Verb und dem zweiten Substantiv, in N 2 hingegen unter dem Verb und dem ersten Substantiv lemmatisiert). Und schließlich sind in N 2 zwei Sprichwörter zweimal lemmatisiert, während sie in N 1 nur einem Lemma zugeordnet waren: *Andere Länder, andere Sitten.* (in N 1 unter *Land*) und *Was ich nicht weiß, macht mich nicht heiß.* (in N 1 unter *heiß*).

8. Schlussbemerkung

Die Analyse hat gezeigt, dass die Beschreibung von Sprichwörtern in einigen zentralen Werken der deutsch-schwedischen Lexikografie mit mehreren Mängeln und Unzulänglichkeiten behaftet ist. Angesichts des Erscheinungsjahres von N 1 und P ist dies z. T. verständlich, für N 2 hätte man allerdings erwartet, dass hier die Erkenntnisse der modernen Phraseografie entsprechend Berücksichtigung gefunden hätten. In neuen allgemeinen deutsch-schwedischen Wörterbüchern sollte die Kennzeichnung von Sprichwörtern systematisch mit Hilfe von Abkürzungen oder Symbolen erfolgen, und Sprichwörter sollten, wie Idiome auch, in einem separaten Teil am Ende von Wörterbuchartikeln platziert werden. Der Einordnung von Sprichwörtern unter Lemmata sollte ein an einer Wortklassenhierarchie orientiertes Prinzip zugrunde gelegt werden, was im Grunde genommen eine Mehrfachlemmatisierung unnötig macht. Will man aber Sprichwörter unter mehreren Lemmata aufführen, sollten die Angaben in den betreffenden Wörterbuchartikeln völlig übereinstimmen. Für die Gestaltung der Nennform von

Sprichwörtern wäre zu postulieren, dass die quantitative und qualitative Variation möglichst vollständig erfasst wird. Nicht zuletzt wäre der deutsch-schwedischen Äquivalenz besondere Beachtung zu schenken: Bei der Äquivalentfindung sollten einschlägige Spezialwörterbücher des Schwedischen (z. B. NOB) zurate gezogen werden, es sollten Beispiele aus allen Entsprechungsklassen der kontrastiven Phraseologie angeführt werden, und Sprichwortäquivalente sollten, sofern sie vorhanden sind, vor Paraphrasen den Vorrang haben.

9. Literatur
9.1. Primärliteratur

N 1 = Norstedts tysk-svensk ordbok (1980). Andra upplagan. Stockholm.

N 2 = Norstedts tyska ordbok (2002). Tysk-svenska delen. Andra upplagan. Stockholm.

P = Prismas stora tyska ordbok (1984). Tysk-svenska delen. Stockholm.

9.2. Sekundärliteratur

Albertsson, Andrea (2003): Zur Darstellung deutscher Sprichwörter in der ein- und zweisprachigen Lexikografie unter besonderer Berücksichtigung deutsch-schwedischer Wörterbücher. Unveröffentlichte Magisterarb. Univ. Helsinki.

Baur, Rupprecht S./Chlosta, Christoph (1994): Kennen Kinder heute noch Sprichwörter? Überlegungen zur Altersgrenze in Arbeiten zur empirischen Parömiologie. In: Christoph Chlosta/Peter Grzybek/Elisabeth Piirainen (Hg.): Sprachbilder zwischen Theorie und Praxis. Akten des Westfälischen Arbeitskreises »Phraseologie/Parömiologie« (1991/1992). Bochum (= Studien zur Phraseologie und Parömiologie 2), S. 1–30.

DUR = Duden. Redewendungen (2002). Wörterbuch der deutschen Idiomatik. 2., neu bearb. und aktualis. Aufl. Hg. von der Dudenredaktion. Mannheim u. a.

DUW = Duden. Deutsches Universalwörterbuch (2003). 5., überarb. Aufl. Hg. von der Dudenredaktion. Mannheim u. a.

Korhonen, Jarmo (1995): Studien zur Phraseologie des Deutschen und des Finnischen I. Bochum (= Studien zur Phraseologie und Parömiologie 7).

Korhonen, Jarmo (2001): Zur Konzeption eines neuen deutsch-finnischen Großwörterbuchs. In: Herbert Ernst Wiegand (Hg.): Studien zur zweisprachigen Lexikographie mit Deutsch VI. Hildesheim/Zürich/New York (= Germanistische Linguistik 163/2001), S. 107–129.

Korhonen, Jarmo (2002a): Alles im Griff. Homma hanskassa. Saksa–suomi-idiomisanakirja. Idiomwörterbuch Deutsch-Finnisch. Unter Mitarb. von Kaija Menger und der Arbeitsgruppe Deutsch-Finnische Phraseologie. 2. Aufl. Helsinki.

Korhonen, Jarmo (2002b): Zur Einrichtung der Phraseologiekomponente von Wortartikeln in einsprachigen Wörterbüchern des Deutschen. In: Peter Wiesinger unter Mitarb. von Hans Derkits (Hg.): Akten des X. Internationalen Germanistenkongresses Wien 2000. »Zeitenwende – Die Germanistik auf dem Weg vom 20. ins 21. Jahrhundert«. Bd. 2. Bern u. a. (= Jahrbuch für Internationale Germanistik A/54), S. 365–371.

Korhonen, Jarmo (2003): Phraseologismen in neuerer deutsch-finnischer Lexikografie. In: Lexicographica 19, S. 73–96.

Korhonen, Jarmo (2004): Zur lexikografischen Erfassung von Sprichwörtern in einsprachigen deutschen Wörterbüchern. In: Christine Palm-Meister (Hg.): EUROPHRAS 2000. Internationale Tagung zur Phraseologie vom 15.–18. Juni 2000 in Aske/Schweden. Tübingen, S. 233–244.

Korhonen, Jarmo (2007): Probleme der kontrastiven Phraseologie. In: Harald Burger u. a. (Hg.): Phraseologie. Ein internationales Handbuch der zeitgenössischen Forschung. 1. Halbbd. Berlin/New York (= Handbücher zur Sprach- und Kommunikationswissenschaft 28.1), S. 574–589.

Korhonen, Jarmo und Briitta (1995): Phraseologische Äquivalenz und Differenz am Beispiel deutscher, englischer und finnischer Verbidiome. In: Hans-Peder Kromann †/Anne Lise Kjær (Hg.): Von der Allgegenwart der Lexikologie. Kontrastive Lexikologie als Vorstufe zur zweisprachigen Lexikographie. Akten des internationalen Werkstattgesprächs zur kontrastiven Lexikologie 29.–30.10.1994 in Kopenhagen. Tübingen (= Lexicographica. Series Maior 66), S. 67–90.

LGDaF = Langenscheidt. Großwörterbuch Deutsch als Fremdsprache (2003). Das einsprachige Wörterbuch für alle, die Deutsch lernen. Neubearbeitung. Hg. von Dieter Götz/Günther Haensch/Hans Wellmann. In Zusammenarb. mit der Langenscheidt-Redaktion. Berlin u. a.

Mieder, Wolfgang (1984): Geschichte und Probleme der neuhochdeutschen Sprichwörterlexikographie. In: Herbert Ernst Wiegand (Hg.): Studien zur neuhochdeutschen Lexikographie V. Hildesheim/Zürich/New York (= Germanistische Linguistik 3–6/84), S. 307–358.

Mieder, Wolfgang (1986a): „alle redensarten und sprüchwörter sind aus den quellen zu belegen": Sprichwörtliches im *Deutschen Wörterbuch* der Brüder Grimm. In: Muttersprache 96, S. 33–52.

Mieder, Wolfgang (1986b): „keine rose ohne dorn". Deutsches Wörterbuch (1854–1863) von Jacob und Wilhelm Grimm. In: Wolfgang Mieder: „Findet, so werdet ihr suchen!". Die Brüder Grimm und das Sprichwort. Bern/Frankfurt a. M./New York (= Sprichwörterforschung 7), S. 89–113.

Mieder, Wolfgang (1989): Das Sprichwörterbuch. In: Franz Josef Hausmann u. a. (Hg.): Wörterbücher. Ein internationales Handbuch zur Lexikographie. 1. Teilbd. Berlin/New York (= Handbücher zur Sprach- und Kommunikationswissenschaft 5.1), S. 1033–1044.

Mieder, Wolfgang (1999): Sprichwörter in den größeren allgemeinen und phraseologischen Wörterbüchern Deutsch-Englisch/Englisch-Deutsch. In: Herbert Ernst Wiegand (Hg.): Studien zur zweisprachigen Lexikographie mit Deutsch IV. Hildesheim/New York (= Germanistische Linguistik 143–144/1999), S. 1–40.

Mieder, Wolfgang (2003): Sprichwörter im GWDS. In: Herbert Ernst Wiegand (Hg.): Untersuchungen zur kommerziellen Lexikographie der deutschen Gegenwartssprache I. »Duden. Das große Wörterbuch der deutschen Sprache in zehn Bänden«. Print- und CD-ROM-Version. Tübingen (= Lexicographica. Series Maior 113), S. 413–436.

NOB = Norstedts ordspråksbok (1996). Redaktion: Yvonne Martinsson/Yvonne Blank/Ingrid Johansson. Stockholm.

XII.

Sprichwörter und zweisprachige Lexikografie Deutsch-schwedische und deutsch-finnische Wörterbücher im Vergleich[*]

1. Einleitung

In einer kleinen Studie habe ich mit Andrea Albertsson gezeigt, wie Sprichwörter in drei neueren deutsch-schwedischen Wörterbüchern dargestellt werden (Albertsson/Korhonen 2004). Die lexikografische Erfassung der Sprichwörter wurde in dieser Untersuchung unter folgenden Gesichtspunkten betrachtet: Äußere Selektion, d. h. Auswahl der Sprichwörter; Kennzeichnung und Einordnung der Sprichwörter in den Wörterbuchartikeln; Festlegung des Zuordnungslemmas, d. h. der Komponente, unter der ein Sprichwort im Wörterbuch aufgeführt wird; Gestaltung der Nennform; Adäquatheit der deutsch-schwedischen Äquivalenz; Mehrfachlemmatisierung. Die Ergebnisse von Albertsson/Korhonen (2004) werden dem vorliegenden Beitrag zugrunde gelegt und mit Befunden zu drei neueren deutsch-finnischen Wörterbüchern konfrontiert. Ein zusätzlicher Aspekt, der unten berücksichtigt werden soll, sind die Informationen zur Phraseologie und zu Sprichwörtern in den Umtexten der Wörterbücher. Darüber hinaus wird kurz gezeigt, wie die Sprichwörter in einem neuen deutsch-finnischen Großwörterbuch, das im Jahr 2008 erschienen ist, beschrieben worden sind.

Die Wörterbücher, die unten als lexikografische Primärquellen dienen sollen, sind folgende: *Norstedts tysk-svensk ordbok* (1980) (= N 1), *Prismas stora tyska ordbok* (1984) (= P), *Norstedts tyska ordbok* (2002) (= N 2) sowie die deutsch-finnischen Wörterbücher von Paul Kostera (= PK), Ilkka Rekiaro (= IR) und Aino Kärnä (= AK). Diese Werke lassen sich als allgemeine Handwörterbücher charakterisieren; ihr Umfang wird von den Verlagen wie folgt definiert: In N 1 sind ca. 84 000 Wörter und Wendungen, in P ca. 60 000 Lemmata und

---

[*] Zuerst erschienen in: Csaba Földes (Hg.) (2009): Phraseologie disziplinär und interdisziplinär. Tübingen, S. 537–549.

eine große Zahl sonstiger Konstruktionen, in N 2 ca. 73 000 Wörter und Wendungen, in PK ca. 50 000 Lemmata und zumindest ebenso viele Wortfügungen, Wendungen und Sätze, in IR ca. 40 000 und in AK ca. 43 000 Lemmata und sonstige Konstruktionen enthalten. Zum Vergleich sei angemerkt, dass in das neue deutsch-finnische Großwörterbuch (= Korhonen 2008) ca. 105 000 Lemmata, ca. 86 000 Anwendungsbeispiele sowie ca. 9 000 Idiome und Sprichwörter aufgenommen wurden. Zur Kontrolle der Formen und Bedeutungen der untersuchten Sprichwörter wurden folgende lexikografische Nachschlagewerke herangezogen: *Duden. Redewendungen* (2008) (= DUR), *Duden. Deutsches Universalwörterbuch* (2007) (= DUW) und *Langenscheidt. Großwörterbuch Deutsch als Fremdsprache* (2008) (= LGDaF). Die Sprichwörter, auf die sich die Darlegungen konzentrieren werden, stammen aus einer Liste in Baur/Chlosta (1994). In dieser Liste kommen insgesamt 70 Ausdrücke vor, von denen jedoch einer (*Es ist noch nicht aller Tage Abend*) nicht als Sprichwort, sondern als Satzidiom zu klassifizieren ist.

2. Informationen zur Phraseologie und zu Sprichwörtern in den Umtexten

Die deutsch-schwedischen Wörterbücher enthalten keine expliziten Angaben zur Phraseologie oder sind sehr arm daran. Der einzige Hinweis auf Phraseologie in P ist die Abkürzung „ordspr." für *ordspråk* ‚Sprichwort' im Abkürzungsverzeichnis (S. 5). In N 2 kommt die gleiche Abkürzung an entsprechender Stelle vor (S. XIV), und daneben findet sich unter den Benutzungshinweisen (S. XXX) ein kurzer Vermerk zu „fraser" (gemeint sind wohl Phraseologismen). Danach werden phraseologische Ausdrücke unter dem ersten sinntragenden Wort oder unter dem Wort eingeordnet, das aus der Sicht der Übersetzung besonders interessant ist.

In den Umtexten der deutsch-finnischen Wörterbücher sind die phraseologiespezifischen Informationen nicht viel ausführlicher. In den Benutzungshinweisen von PK wird festgestellt, dass Wortfügungen, Wendungen und Sätze meistens einem semantisch relevanten Lemma (ab und zu aber auch einem anderen Lemma) zugeordnet sind, dass manchmal Verweise verwendet werden und dass eine Wendung nur selten unter mehreren Lemmata aufgeführt wird (S. 25). In der ersten Auflage von PK heißt es außerdem, dass an die Lemmata zahlreiche Anwendungsbeispiele (Wortfügungen und Sätze) sowie eigentliche Phraseologie, d. h. feste Wendungen (,Phrasen und Idiome') angeschlossen werden und dass der Verfasser bemüht ist, sowohl für die Lemmata als auch für die Wendungen jeweils nur die wichtigsten und treffendsten finnischen Entsprechungen anzuführen (PK 1991, 12, 21). AK (1995, 7) wiederum nennt in den Benutzungshinweisen nur Idiome bzw. feste Wortverbindungen und Wendungen. Sie werden als Ausdrücke definiert, deren Bedeutung eine andere sei als die Summe ihrer Bestandteile. – Im Unterschied zu PK und AK wird in IR keine Auskunft über Phraseologie erteilt. Im Abkürzungsverzeichnis der ersten Auflage von IR (1992, 6) taucht die Markierung „fr" für ,Phrasen' auf, in der zweiten Auflage ist sie aber nicht mehr vorhanden.

3.   Äußere Selektion

Von den parömiologischen Einheiten von Baur/Chlosta (1994) sind in N 1 insgesamt 39, in P 45 und in N 2 39 verzeichnet. Da in den deutsch-schwedischen Wörterbüchern jeweils mehr als die Hälfte der Sprichwörter registriert ist, kann die zahlenmäßige Repräsentation deutscher Sprichwörter in diesen Quellen als relativ gut betrachtet werden. Es fällt jedoch auf, dass geläufige deutsche Sprichwörter, die im Schwedischen Entsprechungen in Form eines Sprichworts besitzen, in den Wörterbüchern nicht aufgeführt werden. Zu solchen Ausdrücken zählen z. B. *Erst die Arbeit, dann das Vergnügen.*, *Einmal ist keinmal.*, *Was du heute kannst besorgen, das verschiebe nicht auf morgen.* und *Ein blindes Huhn findet auch [ein]mal ein Korn.*, für die es im Schwedischen sogar identische oder fast identische Äquivalente gibt, vgl. *Plikten först, nöjet sedan.*, *En gång är ingen gång.*, *Uppskjut inte till i morgon/morgondagen vad du kann göra i dag.* und *En blind höna finner också stundom ett korn.*

Mit Ausnahme von PK, das 37 deutsche Sprichwörter verzeichnet, ist der parömiologische Bestand in den deutsch-finnischen Wörterbüchern wesentlich geringer: AK enthält 16 und IR nur acht Sprichwörter. Ähnlich wie für die deutsch-schwedischen Wörterbücher lässt sich auch hier beobachten, dass mehrere bekannte deutsche Sprichwörter weggelassen wurden, obwohl das Finnische dafür nah verwandte Äquivalente hätte. Beispiele dafür sind u. a. *Erst die Arbeit, dann das Vergnügen.*, *Gelegenheit macht Diebe.*, *Ein blindes Huhn findet auch [ein]mal ein Korn.* und *[Die] Zeit heilt [alle] Wunden.* Die entsprechenden finnischen Ausdrücke lauten *Ensin työ, sitten huvitukset/leikki.*, *Tilaisuus tekee varkaan.*, *Kyllä sokeakin kana joskus jyvän löytää.* und *Aika parantaa haavat.* Interessanterweise finden sich in beiden Listen der fehlenden Sprichwörter zwei gleiche deutsche Einheiten. Das kann ein Zufall sein oder vielleicht auch damit zusammenhängen, dass diese Sprichwörter in die deutsch-finnischen Wörterbücher deshalb nicht aufgenommen wurden, weil sie auch in den deutsch-schwedischen Wörterbüchern fehlen. Auf der Grundlage bestimmter lexikografischer Beobachtungen hat man nämlich den Eindruck, dass die deutsch-schwedischen Wörterbücher nicht selten von den Verfassern der deutsch-finnischen Wörterbücher konsultiert wurden.

4. Kennzeichnung und Einordnung in den Wörterbuchartikeln

Phraseologismen werden heutzutage in allgemeinen Wörterbüchern bereits relativ oft mit besonderen Mitteln kenntlich gemacht; dabei wird meistens von Abkürzungen oder Symbolen (oft in Verbindung mit Fettdruck), manchmal aber auch von bestimmten Kommentaren Gebrauch gemacht. In den deutsch-schwedischen Wörterbüchern ist für die Kennzeichnung der Sprichwörter die Abkürzung „ordspr." (vgl. oben) vorgesehen, denn sie ist im Abkürzungsverzeichnis jedes Wörterbuchs zu finden. Im Lemmateil der Wörterbücher begegnet diese Kennzeichnung jedoch höchst selten. In N 1 und P ist das jeweils nur einmal, in N 2 zweimal der Fall, vgl. *Kleider machen Leute.* (N 1) und *Aus den Augen, aus dem Sinn.* (P) sowie *Kleider machen Leute.* und *Wer [nicht] wagt, [der nicht] gewinnt.* (N 2). Darüber hinaus kommt in N 2 bei einem Sprichwort die Abkürzung „bildl." vor: *Hunde, die [viel] bellen, beißen nicht.* Für die Kennzeichnung der Sprichwörter lässt sich also in den drei deutsch-schwedischen Wörterbüchern keine Systematik nachweisen.

In den deutsch-finnischen Wörterbüchern werden die Sprichwörter nicht gesondert markiert, sondern entweder explizit oder implizit mit Satzidiomen („Redensarten") zusammengefasst, wobei Ersteres auf

PK, Letzteres auf AK zutrifft. Im Abkürzungsverzeichnis von PK erscheint zu der Abkürzung „sananl" die Erläuterung *sananlasku tai -parsi* (‚Sprichwort oder Redensart'), in AK lautet die entsprechende Angabe „san" für *sanonta* (‚Idiom, Redewendung; Redensart'). In IR wiederum stehen die acht Sprichwörter ohne jede Markierung (vgl. auch oben die Anmerkung zum Fehlen einer Abkürzung im Abkürzungsverzeichnis). Bei der Kennzeichnung der Sprichwörter im eigentlichen Wörterbuchteil gehen die beiden deutsch-finnischen Wörterbücher PK und AK viel systematischer vor als ihre deutsch-schwedischen Pendants. In PK kommt eine Markierung 34-mal vor: 27-mal mit „sananl", 4-mal mit „sanal" (ein Tippfehler), 2-mal mit „kuv" (‚bildlich'; bei *Einem geschenkten Gaul sieht/schaut/guckt man nicht ins Maul.* und *Auf Regen folgt Sonnenschein.*) und 1-mal mit „idiom" (bei *Wie du mir, so ich dir.*). Den folgenden drei Sprichwörtern wurde keine Kennzeichnung zugeordnet: *Ausnahmen bestätigen die Regel.*, *Eigenlob stinkt.* und *Über [den] Geschmack lässt sich nicht streiten.* Entweder ist dies ein Versehen, oder der Verfasser ist der Ansicht, dass es sich hier nicht um Sprichwörter handelt. In AK ist die Kennzeichnungspraxis am konsequentesten: Hier schließt sich an jedes Sprichwort die Markierung „san" an.

In nicht wenigen allgemeinen ein- und zweisprachigen Wörterbüchern hat sich in den letzten Jahren ein Usus durchgesetzt, nach dem Phraseologismen (und darunter auch Sprichwörter) entweder am Ende des Beispielteils der betreffenden Bedeutungsvariante eines Lemmas oder am Ende des gesamten Wörterbuchartikels aufgeführt werden. Dieses Prinzip der Einordnung von Sprichwörtern in Wörterbuchartikeln wird in keinem der untersuchten Wörterbücher angewendet, was sich im Falle der deutsch-schwedischen Wörterbücher z. T. aus dem Alter von N 1 und P erklären dürfte. So können Sprichwörter in den Artikeln der Wörterbücher an jeder Stelle auftauchen: entweder am Anfang oder am Ende des Beispielteils oder von sonstigen Beispielkonstruktionen umgeben. In den Artikeln der deutsch-schwedischen Wörterbücher wurden die Sprichwörter meistens nach dem Kasus des jeweiligen Lemmas eingeordnet, für die deutsch-finnischen Wörterbücher ist dieser Gebrauch nicht nachweisbar. Wenn Sprichwörter weder systematisch gekennzeichnet noch eingeordnet werden, führt das dazu, dass sie sich nicht von anderen, d. h. phraseologischen oder nichtphraseologischen, Wortfügungen unterscheiden. Am deutlichsten macht sich dies bei den deutsch-schwedischen Wörterbüchern und in IR bemerkbar.

5. Zuordnungslemma

Für die Zuordnung von Phraseologismen zu Lemmata wurde in der neueren phraseografischen Forschung eine wortklassenspezifische Hierarchie entwickelt, nach der das erste Substantiv des Ausdrucks bzw. – wenn kein Substantiv vorhanden ist – das erste Adjektiv, Adverb, Verb usw. als Zuordnungslemma festgelegt wird. In den deutsch-schwedischen Wörterbüchern wird ein solches Prinzip nicht verfolgt, d. h. als Zuordnungslemma kann z. B. das zweite Substantiv, anstelle eines Substantivs ein Adjektiv oder ein Verb oder in Sprichwörtern mit zwei Verben das zweite Verb fungieren, vgl. *Gelegenheit macht Diebe.* (N 1, N 2), *Stille Wasser sind/gründen tief.* (N 1, N 2, P), *Auf Regen folgt Sonnenschein.* (N 1, N 2, P) und *Was sich liebt, das neckt sich.* (P). Bezüglich der Zuordnung wurden in N 2 keine größeren Änderungen vorgenommen. Hier sei nur auf die folgenden zwei Sprichwörter hingewiesen: *Wer die Wahl hat, hat die Qual.* (in N 1 unter dem zweiten, in N 2 unter dem ersten Substantiv eingeordnet) und *Es ist noch kein Meister vom Himmel gefallen.* (in N 1 unter beiden, in N 2 unter letzterem Substantiv lemmatisiert). Einen Sonderfall stellt das Sprichwort *[Die] Zeit heilt [alle] Wunden.* dar (in N 1 ist es nicht vorhanden, in N 2 ist es dem zweiten Substantiv zugeordnet).

Die deutsch-finnischen Wörterbücher halten sich wesentlich enger an das moderne Zuordnungsprinzip der Phraseologismen als die deutsch-schwedischen. Im gesamten Material finden sich nur fünf Fälle, in denen das erste sinntragende Wort nicht als Zuordnungslemma angesetzt wurde, vgl. z. B. *In der Kürze liegt die Würze.* (PK, IR) und *Wer rastet, der rostet.* (PK). In AK sind keine Ausnahmen von der oben erwähnten Wortklassenhierarchie nachzuweisen.

6. Nennform

Für eine Vielzahl von Phraseologismen ist zwar eine syntaktisch-lexikalische Stabilität charakteristisch, es gibt aber nicht wenige Idiome und Sprichwörter, die sich in verschiedenen Varianten realisieren lassen, wobei die Variation sowohl quantitativ als auch qualitativ erfassbar ist. Die quantitative Variation kann minimal sein, d. h. sie kann sich nur auf einzelne Laute beziehen, vgl. *Morgenstund[e] hat Gold im Mund[e].* Die beiden deutsch-schwedischen Wörterbücher, die dieses Sprichwort aufgenommen haben (P und N 2), führen hier jedoch nur die längere Form an. Dass sowohl ein Artikel als auch ein Pronomen in einem Sprichwort von einer quantitativen Variation betroffen sein können, zeigt sich am Beispiel des Sprichworts *[Die] Zeit heilt [alle] Wunden.* Während N 2 dafür nur die längere Form vermerkt, hat es für ein anderes Sprichwort mit einer fakultativen pronominalen Komponente die Variation berücksichtigt: *Hunde, die [viel] bellen, beißen nicht.* Ein umgekehrter Fall, d. h. die Markierung einer Komponente als fakultativ entgegen den Angaben in einsprachigen deutschen Wörterbüchern, wäre die Nennform *Wer A sagt, muss [auch] B sagen.* (N 1, N 2, P). Zum Beispiel in DUR 25, DUW 77 und LGDaF 29 ist *auch* nicht eingeklammert.

Im Bereich der qualitativen Variation lassen sich alternative Repräsentationsformen vor allem für die Lexik feststellen. In den untersuchten Sprichwörtern kann z. B. die zweite substantivische Komponente, das Verb oder die Präposition variieren, vgl. *Der Krug geht so lange zu Wasser/zum Brunnen, bis er bricht.*, *Einem geschenkten Gaul sieht/schaut/guckt man nicht ins Maul.* und *Durch/Aus Schaden wird man klug.* Der Wechsel im ersten Sprichwort wurde in P berücksichtigt, in N 1 dagegen nicht, wo die Nennform *Der Krug geht so lange zum Wasser, bis er bricht.* lautet. Für die Verbkomponente des zweiten Sprichworts kennen die deutsch-schwedischen Wörterbücher keine Variation, vgl. *sieht* in N 1 und N 2 und *schaut* in P. Als Präposition des dritten Sprichworts ist in den deutsch-schwedischen Wörterbüchern nur *durch* vorgesehen.

Was oben zur Darstellung der Sprichwörter *Morgenstund[e] hat Gold im Mund[e].* und *Hunde, die [viel] bellen, beißen nicht.* in den deutsch-schwedischen Wörterbüchern festgestellt wurde, gilt auch für PK. Für folgende Sprichwörter gibt PK keine quantitative Variation an: *Über [den] Geschmack lässt sich nicht streiten.* und *Wie man in den Wald [hinein]ruft, so schallt es [wieder] heraus.*; das zweite Sprichwort weist in PK die Nennform *Wie man in den Wald hineinruft, so schallt es heraus.* auf. Demgegenüber findet die Verbvariation

bei *Einem geschenkten Gaul sieht/schaut/guckt man nicht ins Maul.* in
PK Berücksichtigung, wobei allerdings die dritte Variante fehlt. Wie
in den deutsch-schwedischen Wörterbüchern, kommt auch in PK im
Sprichwort *Durch/Aus Schaden wird man klug.* kein Wechsel der Präposition vor; die einzige Möglichkeit ist *durch.* In IR wiederum wird
nur *aus* als präpositionale Repräsentationsform angegeben.

7. Adäquatheit der deutsch-schwedischen bzw. deutsch-finni-schen Äquivalenz

Im Lichte der Einträge in den deutsch-schwedischen Wörterbüchern
besitzt ungefähr die Hälfte der Sprichwörter bei Baur/Chlosta (1994)
Sprichwortäquivalente im Schwedischen. Dabei lassen sich die
deutsch-schwedischen Sprichwortpaare in die vier Entsprechungsklassen totale Äquivalenz, partielle Äquivalenz, partielle Differenz und
totale Differenz einteilen. Ein Beispiel für die erste Klasse ist *Ein Unglück kommt selten allein.* – *En olycka kommer sällan ensam.* (P), für
die zweite Klasse *Der Klügere gibt nach.* – *Den klokaste ger efter.* (P,
N 2), für die dritte Klasse *Der Apfel fällt nicht weit vom Stamm.* –
Äpplet faller inte långt från trädet. (N 1, N 2, P) und für die vierte
Klasse *Wie gewonnen, so zerronnen.* – *Lätt fånget, lätt förgånget.*
(N 1, N 2, P). Es stellt sich heraus, dass besonders in N trotz der Existenz einer totalen oder partiellen Äquivalenz gebräuchliche Sprich-
wörter des Deutschen weggelassen worden sind. Demgegenüber sind
Sprichwörter der partiellen und totalen Differenz gleichmäßiger auf
die drei deutsch-schwedischen Wörterbücher verteilt.

Einige Male sind deutsche Sprichwörter in den deutsch-schwedischen Wörterbüchern mit zwei schwedischen Sprichwörtern versehen.
In solchen Fällen wird ein Äquivalent, das dem deutschen Sprichwort
strukturell näher steht, an erster Stelle angeführt: *Kleider machen Leute.* – *Kläderna gör mannen., Som man är klädd blir man hädd.* (N 1).
Wenn es für ein deutsches Sprichwort im Schwedischen kein Äquivalent in Form eines Sprichworts gibt und die Bedeutung der Ausgangseinheit daher paraphrasiert werden muss, liegt phraseologische Nulläquivalenz vor. Dann erscheint in den deutsch-schwedischen Wörterbüchern vor der Paraphrase manchmal die Markierung „ung." für *ungefär* ,etwa', vgl. *Was sich liebt, das neckt sich.* – (ung.) *Man gnabbas*

gärna med den man älskar. (P) und *Wer die Wahl hat, hat die Qual.* – ung. *Det är svårt att bestämma sig när man har mycket att välja på (bland).* (N 2). In P wird diese Markierung auch vor einigen Sprichwortäquivalenten verwendet, vgl. *Ohne Fleiß kein Preis.* – (ung.) *Utan möda ingen föda.* – In den Klassen partielle und totale Differenz ist zwischen den Phraseologismen von L1 und L2 nicht immer eine völlige semantische und pragmatische Äquivalenz gegeben. Eine genauere Betrachtung der deutsch-schwedischen Sprichwortpaare zeigt jedoch, dass sich die deutschen und schwedischen Sprichwörter in den Wörterbüchern im Hinblick auf die Semantik und Pragmatik in den meisten Fällen relativ gut decken.

In den deutsch-finnischen Wörterbüchern ist die Zahl der finnischen Sprichwortäquivalente etwas höher als die der schwedischen in den deutsch-schwedischen Wörterbüchern. Wie die deutsch-schwedischen, können auch die deutsch-finnischen Sprichwortpaare den oben genannten vier phraseologischen Entsprechungsklassen zugeordnet werden, vgl. totale Äquivalenz: *Irren ist menschlich.* – *Erehtyminen on inhimillistä.* (PK, AK); partielle Äquivalenz: *Ausnahmen bestätigen die Regel.* – *Poikkeus vahvistaa säännön.* (PK, IR; wörtl.: ‚Die Ausnahme bestätigt die Regel.‘); partielle Differenz: *Lügen haben kurze Beine.* – *Valheella on lyhyet jäljet.* (AK; wörtl.: ‚Eine Lüge hat kurze Spuren‘); totale Differenz: *Es ist noch kein Meister vom Himmel gefallen.* – *Ei kukaan ole seppä syntyessään.* (PK, AK; wörtl.: ‚Niemand ist bei seiner Geburt ein Schmied.‘).

Die Praxis, zwei Entsprechungen zu einem deutschen Sprichwort anzugeben, lässt sich für zwei deutsch-finnische Wörterbücher, und zwar PK und AK (in Letzterem allerdings nur einmal), belegen. Dabei können beide Entsprechungen Sprichwörter sein, oder eine Entsprechung ist ein nichtphraseologischer Ausdruck, vgl. *Es ist noch kein Meister vom Himmel gefallen.* – *Ei kukaan ole seppä syntyessään., Tyvestä puuhun noustaan.* (PK) und *Wer rastet, der rostet.* – *Sitä rapistuu, ellei liiku., Vierivä kivi ei sammaloidu.* (PK; ersterer Ausdruck ist kein Phraseologismus). Im Falle phraseologischer Nulläquivalenz begegnet vor den finnischen Entsprechungen in der Regel kein Kommentar, vgl. *Wer die Wahl hat, hat die Qual.* – *Valinnan tekeminen on vaikeata., On runsauden pula.* (PK). Die erste Entsprechung ist eine Paraphrase, die zweite besteht aus dem Substantividiom *runsauden pula* und dem Prädikatsverb *on.* Dagegen taucht vor einem finnischen

Sprichwortäquivalent hin und wieder die Markierung „läh" für *lähinnä* ‚etwa' auf: *Was sich liebt, das neckt sich.* – läh *Kaikki tiiliskiveä pienempi on rakkautta.* (PK).

Unter den finnischen Entsprechungen gibt es einige Fälle, die Anlass zur Kritik geben. So wurde der Fakultativität bestimmter Komponenten finnischer Sprichwörter nicht immer Beachtung geschenkt, vgl. *Es ist nicht alles Gold, was glänzt.* – *Ei kaikki ole kultaa, mikä kiiltää.* (AK, IR) und *Andere Länder, andere Sitten.* – *Maassa maan tavalla.* (PK, IR). In der ersten Entsprechung sollte *ole* eingeklammert, in der zweiten wiederum *[tai maasta pois]* am Ende angehängt werden. Das Sprichwort *Ende gut, alles gut.* besitzt im Finnischen ein totales Äquivalent (*Loppu hyvin kaikki hyvin.*), in einem Wörterbuch wurde dafür aber ein Teil eines anderen finnischen Sprichworts (*Alku aina hankalaa, lopussa kiitos seisoo.*) als Entsprechung gewählt: *Lopussa kiitos seisoo.* (PK). Der folgende Beleg wiederum ist ein Beispiel dafür, dass die Bedeutung der finnischen Entsprechung zu spezifisch ist: *Wo ein Wille ist, ist auch ein Weg.* – *Kyllä sopu sijaa antaa.* (PK). Die Bedeutung des finnischen Sprichworts kann wie folgt umschrieben werden: ‚Verträgliche Leute finden auch in einem kleinen Raum Platz.'; eine adäquate Entsprechung im Finnischen wäre *Halulla ei ole hankea ja uskolla ei ole umpea.*

8. Mehrfachlemmatisierung

Das Fehlen eines eindeutigen Zuordnungsprinzips von Sprichwörtern zu Lemmata in den deutsch-schwedischen Wörterbüchern hat dazu geführt, dass Sprichwörter hier relativ oft mehrfach lemmatisiert werden. In N 1 kommen sechs und in N 2 vier Sprichwörter jeweils unter zwei Lemmata vor. Dabei fällt ins Auge, dass ein Sprichwort nicht etwa unter zwei Substantiven, sondern unter dem Verb und dem zweiten Substantiv aufgeführt wird, vgl. *Viele Köche* **verderben** *den* **Brei**. (N 1; in N 2 sind *Koch* und *verderben* die beiden Zuordnungslemmata). Noch seltsamer ist die Entscheidung, bei *Durch Schaden wird man klug.* nicht das Substantiv und das Adjektiv, sondern die Präposition und das Adjektiv als Zuordnungslemmata zu wählen (N 1; in N 2 erscheint dieses Sprichwort nur unter dem Substantiv). Neben dem zuletzt zitierten Sprichwort sind *Es ist noch kein Meister vom Himmel* *gefallen.* und *Wie du mir, so ich dir.* in N 2 nur noch einmal lemmatisiert (das erste in N 1 unter *Meister* und *Himmel*, in N 2 unter *Himmel*, das zweite in N 1 unter *wie* und *ich*, in N 2 unter *wie*). Auf der anderen Seite finden sich im Material zwei Belege für eine umgekehrte Entwicklung: *Andere Länder, andere Sitten.* ist in N 1 unter *Land*, in N 2 unter *Land* und *Sitte* und *Was ich nicht weiß, macht mich nicht heiß.* in N 1 unter *heiß*, in N 2 unter *wissen* und *heiß* lemmatisiert. Nicht immer ist die Beschreibung eines Sprichworts unter zwei Lemmata identisch, was aus der Sicht eines ausländischen Wörterbuchbenutzers problematisch ist. Die Differenzen können sich z. B. auf die Form des schwedischen Äquivalents oder auf die Kennzeichnung und die Zahl der Äquivalente beziehen, vgl. *Was ich nicht weiß, macht mich nicht heiß. – Det man inte vet har man inte ont av (lider man inte av).* vs. *Det man inte vet, har man inte ont av.* (N 2) und *Kleider machen Leute. – Som man är klädd blir man hädd.* vs. ordspr. *Kläderna gör mannen., Som man är klädd blir man hädd.* (N 1)

In P stehen sogar elf Sprichwörter unter mehr als einem Lemma. Als Zuordnungslemmata können jeweils zwei Substantive, ein Substantiv und ein Adjektiv bzw. ein Verb sowie ein Adjektiv und ein Verb dienen, aber darüber hinaus gibt es noch einen Fall, in dem ein Sprichwort unter drei Lemmata erscheint: **Durch Schaden** wird man **klug**. Bei *Frisch gewagt ist halb gewonnen.* hätte man eher erwartet, dass das erste und nicht das zweite Adjektiv als Zuordnungslemma angesetzt wird. Wie in N, können auch hier die Beschreibungen eines Sprichworts voneinander abweichen. Dabei kann z. B. die Zahl der Äquivalente variieren: *Es ist noch kein Meister vom Himmel gefallen. – Ingen föds mästare.* vs. *Ingen föds mästare., Alla barn i början.*

In den deutsch-finnischen Wörterbüchern lässt sich für die Mehrfachlemmatisierung nur ein Beleg nachweisen: **Frisch gewagt** *ist halb gewonnen.* (AK). Die Beschreibungen sind hinsichtlich der finnischen Äquivalente, die beide als Sprichwörter zu klassifizieren sind, unterschiedlich, außerdem fehlt in einem der metasprachlichen Kommentare ein Komma, vgl. (san, läh) *Rohkea rokan syö.* vs. (san läh) *Ei se pelaa joka pelkää.* Wie unter 5. festgestellt wurde, wird in den deutsch-finnischen Wörterbüchern von fünf Ausnahmen abgesehen das Prinzip verfolgt, ein Sprichwort unter dem ersten Substantiv, Adjektiv usw. einzuordnen. Dazu ist noch zu bemerken, dass in PK zusätzlich mit Verweisen operiert wird. Das bedeutet also, dass ein

Sprichwort nicht mehrmals eine volle Beschreibung erfährt, sondern dass von einer anderen Komponente auf das Zuordnungslemma verwiesen wird, vgl. *Wer die Wahl hat, hat die Qual.*, wobei von *Qual* auf *Wahl* verwiesen wird. Dies ist eine besonders benutzerfreundliche Methode, sie wird aber in PK nicht ganz systematisch angewendet. So wird beispielsweise bei *Eigener Herd ist Goldes* **wert**. nicht von *eigen, Herd* und *Gold* auf *wert* verwiesen. Gerade dann, wenn ein Sprichwort nicht unter dem ersten Substantiv, Adjektiv usw. lemmatisiert wird, wäre ein Verweis von den betreffenden Lemmata auf das Zuordnungslemma nützlich.

9. Fazit und Ausblick

Die Analyse hat in aller Deutlichkeit gezeigt, dass die Erfassung von Sprichwörtern sowohl in der deutsch-schwedischen als auch in der deutsch-finnischen Lexikografie in mehrfacher Hinsicht unbefriedigend ist (für die deutsch-schwedischen Wörterbücher dürfte dies allerdings z. T. auf das Erscheinungsjahr von N 1 und P zurückzuführen sein). Genauer gesagt können für keinen der untersuchten Aspekte Beschreibungen nachgewiesen werden, die völlig frei von Mängeln und Unzulänglichkeiten wären. Zwischen den deutsch-schwedischen und deutsch-finnischen Wörterbüchern lassen sich keine gravierenden Unterschiede feststellen. Einmal ist die Darstellung in den deutsch-schwedischen, ein andermal in den deutsch-finnischen Wörterbüchern adäquater; Ersteres gilt für die äußere Selektion und die Angemessenheit der L2-Äquivalente, Letzteres etwa für die Festlegung des Zuordnungslemmas und für die Mehrfachlemmatisierung. Im Hinblick auf eine zufriedenstellende lexikografische Darstellung von Sprichwörtern wären an neue allgemeine deutsch-schwedische bzw. deutsch-finnische Wörterbücher folgende Forderungen zu stellen:

1. Die Wörterbücher sollten in den Benutzungshinweisen über die Darstellung von Phraseologismen, darunter von Sprichwörtern, und über die äußere Selektion genaue Auskunft erteilen.
2. Sprichwörter sollten systematisch mit Hilfe von Abkürzungen oder Symbolen gekennzeichnet und zusammen mit Idiomen in einem separaten Block am Ende von Wörterbuchartikeln untergebracht werden.

3. Der Zuordnung von Sprichwörtern zu Lemmata sollte eine Wortklassenhierarchie als Grundlage dienen (eine ausführliche Beschreibung der Einzelheiten der Hierarchie in den Benutzungshinweisen würde Verweise und eine Mehrfachlemmatisierung überflüssig machen).
4. Bei der Gestaltung der Nennform von Sprichwörtern sollten sowohl die quantitative als auch die qualitative Variation möglichst vollständig erfasst werden.
5. Bei der Findung schwedischer bzw. finnischer Äquivalente deutscher Sprichwörter sollten neben allgemeinen Wörterbüchern auch einschlägige Spezialwörterbücher, Sammlungen und Onlinedatenbanken zurate gezogen werden.

Bei der Erstellung des neuen deutsch-finnischen Großwörterbuchs sind die oben erwähnten Postulate berücksichtigt worden. So ist in der Benutzungsanleitung ein Kapitel über die Phraseologie vorhanden, in dem über entsprechende Darstellungsprinzipien ausführlich berichtet wird. Die Sprichwörter sind mit dem Kommentarsymbol • gekennzeichnet und stehen, wie die Idiome auch, von sonstigen Konstruktionen getrennt am Ende von Wörterbuchartikeln. Die Festlegung des Zuordnungslemmas basiert auf einer Wortklassenhierarchie, an deren Spitze das erste Substantiv des jeweiligen Sprichworts steht. Ist in einem Sprichwort kein Substantiv vorhanden, dann gilt die Ordnung das erste Adjektiv – Adverb – Numerale – Verb – die erste Interjektion – das erste Pronomen – die erste Konjunktion. Der formalen Variation der Nennformen wurde besondere Aufmerksamkeit geschenkt; für die Markierung der quantitativen Variation werden eckige Klammern, für die der qualitativen Variation der Schrägstrich verwendet. Die finnischen Äquivalente der deutschen Sprichwörter können Sprichwörter, nichtphraseologische Ausdrücke oder beides sein. Hierbei gehen die Sprichwörter den nichtphraseologischen Äquivalenten voran, wenn es die Semantik und Pragmatik erlauben. – Wie der Block der Sprichwörter im Phraseologieteil eines Wörterbuchartikels aussieht, kann anhand folgenden Beispiels illustriert werden:

Hund [...]
  ■ *müde sein wie ein ~* [...]
  • *~e, die [viel] bellen, beißen nicht* ei haukkuva koira pure;
  die ~e bellen, und/aber die Karawane zieht weiter koirat

haukkuvat, karavaani kulkee; *viele ~e* **sind des Hasen Tod**
monta vastustajaa vastaan on turha taistella; *ein alter ~* **lernt**
*keine **Kunststücke*** ei vanha koira opi istumaan; ***getroffene* *~e***
bellen se koira älähtää, johon kalikka kalahtaa

Die Sprichwörter stehen in eigener Zeile hinter den Idiomen, die mit
dem Kommentarsymbol ■ versehen sind. Für die Reihenfolge von Idiomen und Sprichwörtern mit gleichem Zuordnungslemma wurde ein
genaues Ordnungsprinzip entwickelt. So gilt z. B. für Sprichwörter
mit einem substantivischen Zuordnungslemma, dass die entsprechenden Einheiten zuerst nach dem Kasus des Substantivs (Hierarchie der
Kasus: Nominativ – Akkusativ – Dativ – Genitiv) angeordnet werden.
Danach folgen Sprichwörter mit Präposition + Substantiv, und zwar in
der alphabetischen Reihenfolge der Präpositionen. Wenn mehrere
Sprichwörter z. B. mit einem Substantiv in einem bestimmten Kasus
vorhanden sind, werden die Einheiten wie folgt angeordnet: 1. Substantiv ohne Artikel, 2. Substantiv mit Artikel, 3. Substantiv mit Pronomen, 4. Substantiv mit Adjektivattribut. Wie sich dem Beispiel entnehmen lässt, ist im Falle von mehreren Adjektiven die alphabetische
Reihenfolge der Adjektive ausschlaggebend. (Zu den hier dargelegten
Beschreibungsprinzipien vgl. Korhonen 2002.)

10. Literatur
10.1. Primärliteratur

AK = Kärnä, Aino (1995/2008): Saksa–suomi-opiskelusanakirja.
   Porvoo/Helsinki/Juva 1995. Saksa–suomi-sanakirja [= durchges.
   Ausg. von Kärnä 1995]. In: Joachim Böger/Helmut Diekmann/
   Hartmut Lenk/Caren Schröder/Aino Kärnä: Suomi–saksa–suomi-
   sanakirja. Helsinki 2008.
IR = Rekiaro, Ilkka (1992/2008): Saksa–suomi-sanakirja. 1. Aufl. Jy-
   väskylä/Helsinki 1992. 2., durchges. Aufl. [= Saksa–suomi-sana-
   kirja. Wörterbuch Deutsch-Finnisch]. Jyväskylä 2008.
N 1 = Norstedts tysk-svensk ordbok (1980). Andra upplagan. Stock-
   holm.
N 2 = Norstedts tyska ordbok (2002). Tysk-svenska delen. Andra upplagan. Stockholm.

P = Prismas stora tyska ordbok (1984). Tysk-svenska delen. Stockholm.
PK = Kostera, Paul (1991/2000): Saksalais-suomalais-saksalainen yleiskielen käyttösanakirja ja kieliopas. Deutsch-finnisch-deutsches gemeinsprachliches Gebrauchswörterbuch mit Sprachführer. 1. Aufl. Helsinki 1991. 2., neu bearb. und erw. Aufl. Helsinki 2000.

10.2. Sekundärliteratur

Albertsson, Andrea/Korhonen, Jarmo (2004): Zur Darstellung von Sprichwörtern in deutsch-schwedischen Wörterbüchern. In: Csaba Földes (Ed.): Res humanae proverbiorum et sententiarum. Ad honorem Wolfgangi Mieder. Tübingen, S. 15–25.
Baur, Rupprecht S./Chlosta, Christoph (1994): Kennen Kinder heute noch Sprichwörter? Überlegungen zur Altersgrenze in Arbeiten zur empirischen Parömiologie. In: Christoph Chlosta/Peter Grzybek/Elisabeth Piirainen (Hg.): Sprachbilder zwischen Theorie und Praxis. Akten des Westfälischen Arbeitskreises »Phraseologie/Parömiologie« (1991/1992). Bochum (= Studien zur Phraseologie und Parömiologie 2), S. 1–30.
DUR = Duden. Redewendungen (2008). Wörterbuch der deutschen Idiomatik. 3., überarb. und aktualis. Aufl. Hg. von der Dudenredaktion. Mannheim u. a.
DUW = Duden. Deutsches Universalwörterbuch (2007). 6., überarb. und erw. Aufl. Hg. von der Dudenredaktion. Mannheim u. a.
Korhonen, Jarmo (2002): Alles im Griff. Homma hanskassa. Saksa–suomi-idiomisanakirja. Idiomwörterbuch Deutsch-Finnisch. Unter Mitarb. von Kaija Menger und der Arbeitsgruppe Deutsch-Finnische Phraseologie. 2. Aufl. Helsinki.
Korhonen, Jarmo (päätoim./Hg.) (2008): Saksa–suomi-suursanakirja. Großwörterbuch Deutsch-Finnisch. Helsinki.
LGDaF = Langenscheidt. Großwörterbuch Deutsch als Fremdsprache (2008). Das einsprachige Wörterbuch für alle, die Deutsch lernen. Neubearbeitung. Hg. von Dieter Götz/Günther Haensch/Hans Wellmann in Zusammenarb. mit der Langenscheidt-Redaktion. Berlin u. a.

Having a child makes you
no more of a parent than
having a piano makes you
a pianist.
Parent with a purpose!

Diana R. Oggia, M. Ed.

11-6-12

Diana R. Boggia, MEd

Parenting
with a Purpose

Inspiring, Positive Alternatives to
Reach and Teach Your Child How to Behave

iUniverse, Inc.
Bloomington

Parenting with a Purpose

Inspiring, Positive Alternatives to Reach and Teach Your Child How to Behave

Copyright © 2012 by Diana R. Boggia, MEd

iUniverse books may be ordered through booksellers or by contacting:

iUniverse
1663 Liberty Drive
Bloomington, IN 47403
www.iuniverse.com
1-800-Authors (1-800-288-4677)

Because of the dynamic nature of the Internet, any web addresses or links contained in this book may have changed since publication and may no longer be valid. The views expressed in this work are solely those of the author and do not necessarily reflect the views of the publisher, and the publisher hereby disclaims any responsibility for them.

Any people depicted in stock imagery provided by Thinkstock are models, and such images are being used for illustrative purposes only.

Certain stock imagery © Thinkstock.

ISBN: 978-1-4759-1542-6 (sc)
ISBN: 978-1-4759-1543-3 (hc)
ISBN: 978-1-4759-1544-0 (e)

Library of Congress Control Number: 2012907259

Printed in the United States of America

iUniverse rev. date: 5/23/2012

Endorsements

As a pediatrician, I have seen the good, the bad, and, unfortunately, the ugly regarding parenting techniques and child behavior. I have also seen firsthand the successful results of Diana's techniques in my patients. In *Parenting with a Purpose*, Diana provides parents with a workable blueprint to help them develop well-behaved, confident children who would make any parent proud. I highly recommend this collection as a valuable parenting resource.

Dr. Larry Hardwork, Akron Children's Hospital

As a mother of two young children, I have found the information in *Parenting with a Purpose* to be easy to read, easy to apply, straightforward, hands-on, and seasoned with personal experience and humor. Whenever I have a question, I know I can find a simple, effective answer within these pages. I love it!

Tricia Dever, former special education teacher
and mother of two under four

Diana Boggia has compiled a parenting gem! She offers clear information, valuable resources, and honest opinions on topics ranging from potty training through handling the holidays to dealing with bullying. Her working knowledge of child development and family issues, coupled with her personal parenting experience, makes her writing simultaneously authoritative and warmly supportive. In addition, despite tackling difficult or painful issues, she is solution focused and optimistic about what parents can accomplish with love and consistency. This book is truly a valuable resource for any parent.

Bobbi L. Beale, PsyD, clinical psychologist

Raising a toddler has been the hardest thing I've ever done. I'll take covering a hurricane over battling with a two-year-old any day. I'm physically and emotionally worn out every night, so finding time to read a book on parenting is a luxury. Worse yet, every book I pick up for advice is too wordy and complicated and, frankly, not all that helpful. Every book, that is, until this one. Finally, here is an easy-to-read book with great, simple advice. I marvel that the seemingly tiny changes that Boggia recommends have made life with my little ones so much better for us all. Instead of yelling, I spend my days laughing with my well-behaved kids. How wonderful is that!

Melinda Murphy, former CBS Television newscaster
and now mother of two under three

Diana provides useful and practical information that produce positive results. She writes about a nurturing, positive approach that includes making gentle physical contact to gain a child's attention prior to attempting behavior remediation. Her suggestions help parents feel more capable in their interactions with their children. This empowerment can lead to an improved parent/child relationship, improved communication, and a reduction of acting-out behaviors. Diana also includes her personal experiences as a single parent raising her three children, which helps readers know that she has "walked the walk." Her personal disclosures, coupled with her formal graduate training, make *Parenting with a Purpose* a must-read for all those with children.

Randi Motz, MA, MEd, LPCC-S

Diana's insight and wisdom on the issues that parents face today is a tremendous resource. Grandparents, buy this book and give it to your children. It works!

Dick and Judy Hickman, grandparents

The information within each chapter can easily be used as a guide to spark conversation and provide direction for a weekly mom's support group.

Danette Lund, MEd, director of programs and services,
Early Childhood Resource Center

Parenting with a Purpose is a well-organized compilation of parenting advice in a clear, concise format that is easy to read and follow. Diana's gift of writing not only gives the reader sound child development techniques but also provides her own personal experiences in this practical parenting handbook. I highly recommend this book to both parents and teachers.

Suzanne Griffiths, forty-two years in the field of early childhood as a speaker, trainer, and nursery school director

I love it! I have seen firsthand how Diana's positive strategies improve children's behaviors and impact an entire family. She facilitated parenting groups for Valley Pediatrics for more than eight years, helping many parents address and remediate their behavioral concerns. I continue to refer families to her whenever they are looking for answers, and now, I can also tell them to buy the book!

Dr. Irene Shevelev, pediatrician

I dedicate this book to my three children, Benjamin, Matthew, and Eliza, who uncovered my well of deep, unconditional love. They provided the foundation for the research, practice, and perfection of positive parenting and have grown to be wonderfully successful adults I am so proud of. Stories from their childhood years are captured throughout many pages within this book, as I felt it important to share the struggles, joys, and strategies that built their successes.

To my parents, Bonnie and David, I thank you for the way in which you raised me, the strong values you instilled, and the love and support you have always given. My childhood memories are filled with magic and comfort, both of which are described within these pages.

To my amazing husband and best friend, Robert Mayone, your endless efforts, patience, encouragement, and support have resulted in this book, which was once only a dream.

As I say, "Once you become a mother, you no longer live life for yourself because, once you become a mother, everything changes. Schedules change. Relationships change. The things that were once important change. Life is changed forever. I believe that life has been changed for good."

Contents

Introduction

This book is a selection of published articles from my weekly syndicated newspaper column, *Family Matters*. The positive approach throughout each article will nurture and enhance appropriate, thoughtful behavior, as well as provide positive alternatives to help parents minimize or eliminate misbehaviors. More detailed information is found in *Parenting with a Purpose* than was originally printed, as articles were edited for newspaper publication. Each page addresses a specific behavior or parental concern and has been categorized for easy reading. At the close of each chapter, you will find "Dear Diana" questions from parents who have asked for suggestions or direction. You will find strategies to remediate misbehaviors, increase self-confidence, and empower yourself as a parent as you learn to take control in a positive way, without yelling or harsh punishment.

Throughout *Parenting with a Purpose*, information is provided regarding your child's development: what he hears and how he thinks.[1] Although the child development chapter includes only birth through five years, the positive approach throughout these pages is effective with toddlers through teens. Hundreds of strategies are provided throughout to improve behavior and nurture your child's spirit by what you do, how you do it, what you say, and how you say it. Imagine being completely confident in managing your child's behavior, whether you are out in public or at home. Read how to empower yourself and retrain your child with positive interventions to eliminate confrontations. Read how to de-escalate temper tantrums, soothe your child to sleep, or implement a time-out with success, not anger. Read how to teach your child to wait patiently while you are on the phone, to pick up after himself, to develop thoughtful manners, and to develop a strong sibling bond, all accomplished while building independence and self-confidence. Learn to communicate so

---

1 I have used the masculine pronoun throughout, but it is only for efficiency purposes. Not only is this material for both sexes, it is also for, at times, all ages.

that your child can understand exactly what you are asking of him. Read about the effectiveness of multisensory communication, which can change the dynamics of your entire family. These pages clearly and simply explain how each strategy can be easily and successfully implemented with your child in your home.

As a single mother of three, I made it my mission to parent with a purpose, ensuring resiliency by instilling self-confidence and building critical life skills. The strategies, implementation, educational material, and suggestions within are parent proven and written based upon nearly thirty years of working with families, my personal experience, years of training in child development, and the professional opinions obtained from those in the fields of medicine and child psychology.

No matter what parenting style you are comfortable with, you can easily incorporate the small changes that will make all the difference in your child's life. Embrace parenting with passion and joy. Meet your child's insatiable quest for love and learning with tenderness and thoughtful teaching. Anyone can be a parent, but it takes a parent armed with skills and continuous dedication to raise a resilient, thoughtful, self-confident child. The strategies within these pages are simple, but the results are absolutely remarkable. You will see a difference within days.

Tell me, and I'll forget. Teach me, and I'll remember. Involve me ...
and I'll learn.

Benjamin Franklin

Words of Encouragement

At one time or another, all parents have experienced some sort of difficulty or felt disappointment, humiliation, or embarrassment with their child's behavior. All parents have also felt joy and deep pride with their child's successes and achievements. The following are thoughts and words of encouragement from those who believe in *Parenting with a Purpose*:

"If you bungle raising your children, I don't think whatever else you do well matters very much."

Jacqueline Kennedy Onassis

"A child educated only at school is an uneducated child."

George Santayana

"You can learn many things from children. How much patience you have, for instance."

Franklin P. Jones

"Children require guidance and sympathy far more than instruction."

Ann Sullivan

"A child knows that she is always safe in her mother's arms. Mothers lift up their child not only with their arms, but also with their hearts, whenever they need lifting."

Diana Boggia

"Where did we ever get the crazy idea that, in order to make children do better, first we have to make them feel worse? Think of the last time you felt humiliated or treated unfairly. Did you feel like cooperating or doing better?"

Jane Nelson

"Children have never been very good at listening to their elders, but they have never failed to imitate them."

James Baldwin

"When I approach a child, he inspires in me two sentiments: tenderness for what he is and respect for what he may become."

Louis Pasteur

"We worry about what a child will become tomorrow, yet we forget that he is someone today."

Stacia Tauscher

"Look at the world through the eyes of your child. Show him the beauty in each day. Teach him with patience and kindness. Love him with all your heart."

Diana Boggia

"When I was a boy of fourteen, my father was so ignorant I could hardly stand to have the old man around. But when I got to be twenty-one, I was astonished at how much the old man had learned in seven years."

Mark Twain

"Bitter are the tears of a child: Sweeten them. Deep are the thoughts of a child: Quiet them. Sharp is the grief of a child: Take it from him. Soft is the heart of a child: Do not harden it."

Pamela Glenconner

"Children are our most valuable natural resource."

Herbert Hoover

"Making the decision to have a child—it's momentous. It is to decide forever to have your heart go walking outside your body."

Elizabeth Stone

"There are only two lasting bequests we can hope to give our children. One is roots; the other, wings."

Hodding Carter

Parenting Styles and Strategies

Introduction to Parenting: What's Your Style?

Parenting styles vary from family to family and parent to parent. Some parenting styles are cultural. Many of us parent as our parents did, while others vow to never parent as their parents did. How we were parented taught us how to respond, how to behave, and what was expected of us. We carry those experiences with us, which is important to remember as you now parent your own young child.

Some parents laugh from embarrassment when their child misbehaves. Some parents ignore misbehaviors, perhaps because they don't want to escalate the situation or don't know how to address the situation properly. Some parents react to misbehaviors by yelling or spanking, only to later regret their actions and apologize. Some rule with an iron fist, while others don't provide rules at all. Specific components to successful parenting provide the scaffolding for the development of a successful child.

Parents who seek exposure to continuous teaching opportunities are successful in providing the experiences that help build positive self-esteem, effective communication, acceptable social skills, and successful independence. Parents who recognize a temper tantrum as an opportunity to teach appropriate behaviors are more successful in minimizing tantrums overall and will experience fewer public displays. Those parents who set their children up for success by communicating their expectations, rather than simply expecting their children to behave, will get better results. So many methods can improve a child's behavior, but simply expecting him to behave won't produce the behavior you desire. Children need to be taught repeatedly, by example, with multisensory communication, consistency, and love. I have provided positive strategies throughout this chapter to help you set your child up for success by nurturing desired behaviors and reinforcing them with your focused attention.

Most children learn what they live. They watch everything we do and listen closely to all we say. Be aware of what you expose your child to. Once he has seen or heard it, it will be part of his life experience. Protect your child, and teach with love, not impulsive reactions. Teach with consistency, providing the same answer, so your child can learn what to expect from you and understand what is expected of him. Teach outside the event, after you have had an opportunity to think carefully about the best way to help your child learn.

This chapter provides information, along with interventions with a positive approach, in response to specific questions or situations brought up by parents looking for alternatives to redirect, reframe, or remediate their child's behavior. You can teach or retrain your child by providing the information in a variety of ways, including direct communication and modeling. Raising a child requires unconditional love, consistency, a watchful eye, thoughtful teaching, a listening ear, and an open heart. Any behavior can be changed, just as any child can be taught the skills you want him to have. The determining factor is how you teach them. You are your child's teacher of life for the rest of his life.

Parent with a purpose, providing your child with everything he needs, because it is just not quite good enough to parent with love alone.

Children Learn What They Live

It is not easy to be a parent. Children test limits throughout the day, every day, because that is how they learn. Parents set boundaries. They push the limit. Then parents set boundaries again. Those with more than one child know the frustration and chaos that can occur when trying to correct or redirect one child, only to have a sibling come around to stir the pot, tease, or deliberately attempt to escalate the situation. They yell, and parents yell at them to be quiet. They hit a sibling, and parents spank or slap their wrist while screaming, "Don't hit!" Children can be embarrassingly loud at home, throughout the neighborhood, and in public, totally unaware that they are affecting everyone around them. They learn by what is modeled for them, so be mindful of what you are teaching your observant learner.

Years ago, I was given a refrigerator magnet that says, "Parenting is the toughest job you'll ever love." I found that to be so true. I loved raising my children, and I love being a mom. I gave it my all. My three children lived through my parenting mistakes and learned much as they were growing up. There was a long, difficult divorce, and too often they were caught in the middle. We faced unbelievable challenges, and on some days it was difficult to get up in the morning to begin another day. There were tears, but there was always laughter. There were arguments, but there were always hugs. There was hurt, but there was always an abundance of love.

I often speak with parents who ask, "Why does my child act the way he does?"

I respectfully answer, "You are his role model, and he is learning you." When a parent stands in disbelief, I rephrase and say, "If not here and from you, then where?"

I love the phrase "more is caught than taught," meaning that children carefully watch everything we do and learn directly from our example. Of course, many influential people are in a child's life—friends, teachers, and family—who directly impact your child as he learns by watching and listening. However, the foundation of who they truly are and how they navigate through life comes from how they live from the boundaries you provide and the unconditional love you show consistently every day. I'm sure you will recognize the familiar verse below, but take a minute to read Dorothy Law Nolte's words:

If a child lives with criticism, he learns to condemn.
If a child lives with hostility, he learns to fight.
If a child lives with fear, he learns to be apprehensive.
If a child lives with pity, he learns to feel sorry for himself.
If a child lives with ridicule, he learns to be shy.
If a child lives with jealousy, he learns what envy is.
If a child lives with shame, he learns to feel guilty.
If a child lives with encouragement, he learns to be confident.
If a child lives with tolerance, he learns to be patient.
If a child lives with praise, he learns to appreciate.
If a child lives with acceptance, he learns to love.
If a child lives with approval, he learns to like himself.
If a child lives with recognition, he learns that it is good to have a goal.

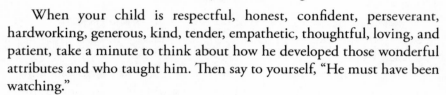

If a child lives with sharing, he learns about generosity.

If a child lives with honesty and fairness, he

learns what truth and justice are.

If a child lives with security, he learns to have

faith in himself and in those about him.

If a child lives with security, he learns that the

world is a nice place in which to live.

If you live with serenity, your child will have peace of mind.

With what is your child living?[2]

When your child is respectful, honest, confident, perseverant, hardworking, generous, kind, tender, empathetic, thoughtful, loving, and patient, take a minute to think about how he developed those wonderful attributes and who taught him. Then say to yourself, "He must have been watching."

Seven Steps to Effective Parenting

The way in which you communicate to your child will determine how clearly your message will be received. The consistency with which you teach will determine how well your child will learn. Providing rules and guidelines, with incentives and consequences, will teach your child what to expect and what is expected of him. Johanna Miller, psychological assessor at Child and Adolescent Behavioral Health in Canton, Ohio, provided some of the following information to improve behaviors:

1. Provide simple, clear instructions. Many parents talk too much. The more they talk, the less children hear. Give clear, simple instructions and explanations for tasks throughout the day. If a task is complex or lengthy, break it down into more manageable steps.

2. Determine family rules. Create a list of family rules and expectations for behavior, and post them in a prominent location. Involving your child in the process will encourage him to take more responsibility for his choices and behaviors.

---

2   J. Canfield and H. C. Wells, *100 Ways to Enhance Self-Concept in the Classroom: A Handbook for Teachers and Parents* (Boston: Allyn & Bacon, 1976).

3. Increase compliance by increasing positive reinforcement of desired behaviors. Catch your child being good. Whenever your child follows a direction or command, no matter how small, praise or recognize that behavior. For example, you could say, "I see you made your bed this morning," or "I noticed you hung up your jacket by the door." Practice compliance by giving your child several simple "when and then" commands within a short period of time, such as, "When your show is over, then it's time to turn off the TV." Provide recognition when the command is followed.

4. Pay attention to how you give commands. Make sure you really mean it. It sounds obvious, but many frustrated parents give command after command, hoping a child will follow one of them. Never ask a child to do something. Tell him to do it. Don't say, "Try to be home on time." Instead, say, "Be home by five." Keep commands simple. The more words a parent uses, the less a child will hear. Break complex tasks into several steps, and praise your child after he completes each step before providing the next. Finally, make sure you have your child's attention. Stand in front of him, touch him gently, get down to his level, provide the directive, and then have him retell you what he is to do. This is called "reflective listening."

5. Create positive rewards. Work with your child to set up a reward system for expected everyday tasks, including completing homework without complaints or getting ready for bed without grumbling. Chores, such as cleaning the bathroom or helping around the house, need to be assigned, reinforced, and rewarded upon completion. Behavior goals, such as listening the first time, sharing, speaking rather than screaming, and so forth, can change how your child functions when you have a specific idea of the behavior you want. Use tokens, stickers, or points to help your child visually track what he has earned. These can be displayed on a chart with stickers, kept in a clear jar using tokens, or listed in a "bank book" with points. Create a list of rewards with your child to work toward, for example, five tokens equals one hour of extra TV, two stickers equals one half hour of a video game, fifteen points equals a movie rental, and so forth. The rewards should be given in addition to ongoing parental praise, and of course, hugs are always free. Adolescents may act as if a hug is the last thing

they desire, but everyone actually loves a hug. Children often tire quickly of rewards, so be sure to frequently change the type of reward your child can earn.

6.   Choose appropriate, natural consequences for poor behavior. When your child is misbehaving, make every effort to maintain a calm, controlled demeanor. Keep your voice level and firm. Do not scream, threaten, or spank. Restate your expectation. If, after trying to understand why your child has misbehaved, you determine that the offense needs a consequence, make it a natural one. "Since you refused to turn off the TV when I told you to, you have lost the privilege of watching any more TV for the rest of the day."

7.   Always set a good example for your child. Children need role models to learn appropriate behavior, and the adults in their lives are critically important. Give yourself a break if you realize that, due to your anger or frustration, you are making a conflict worse, not better. Say, "I'm very angry right now. Go to your room. I will speak with you about this in ten minutes." This is a great way to model for your child how to take time out to regain self-control. Children learn what they live. As a parent, you can show, do, and say what you want your child to know and to grow to be.

Teach Rather Than Negotiate

Do you repeat yourself or feel frustrated or worn out trying to get your child to listen the first time? Does your child ignore what you say or incessantly negotiate until you give in? Some parents are accepting of those negotiations and label their child as "strong-willed." I have heard parents speak right in front of their child, saying, "He's just so strong-willed that I don't know what to do!" Unfortunately, with that one statement, they have just empowered their child.

Providing clear directives and following through with consistency can be two of the most difficult actions a parent must take. Following through with consistency is also one of the most wonderful gifts a parent can give to a child. Children raised with structure, boundaries, consistency, fairness, and unconditional love will grow up to be successful within the guidelines of life. It is often exhausting to stay the course, not being swayed by begging, pleas, argument, negotiation, objections, and challenges. Parents need to be reminded not to take it personally when they hear, "You are the meanest mom ever!" or "I wish I had a different mother." Succumbing to parental uncertainty in decision making sends a direct message to a child that he can push and pressure until his parent changes his mind. Parental indecision actually teaches a child how to manipulate, misbehave, and negotiate, even at a young age. A common example is when a child asks for candy at the checkout, and his parents say, "No, not today." Typically, that child will whine, and his parent will say, "No, don't ask me again." Next, the child will cry, and the parent will say, "I'm getting angry. I said no. Stop crying." When that child has escalated to a full-blown temper tantrum, the parent tosses the candy to the child out of anger and defeat to minimize embarrassment and to stop the screaming. Unfortunately, at that moment, that parent has just trained his child to yell louder and longer each time because he has learned that his parent will eventually give in. A child will gradually become empowered each time his parent gives in. Children learn by testing limits. Think of it as their job to continually push and to test to see if the rules have changed. They learn social and interpersonal skills as well as cause and effect as they navigate through each day. How we respond to them will determine how they respond to us and others throughout their lives. The next time you are in the candy aisle and your answer is no, stay strong, and do not change your mind under pressure.

Some Tips to Stay Strong

- **Think it through.** Think about your child's question before you say no. When your child asks for something, a first response is often no, without even really thinking it through. If the answer is no, then be prepared to stick with your decision. You will undoubtedly get pushback, crying, yelling, or even a full-blown tantrum until your child learns that you do not change your mind any more.

- **Take your time to answer.** The best response is given when you are calm and you can make a decision based upon your child's best interest. Do not make a decision only to change your mind later. A successful response is, "I will think about it and let you know before dinner." Provide a time limit on your answer. If your child pushes or insists on an answer, let him know that, if he continues to ask, the answer will be no. However, if he is able to wait for an answer, you will give it some thought. This can be difficult to implement while emotions are running high. Practice using the phrase, "I'll give it some thought." Your child will learn patience and learn to accept your response.

- **Don't defend.** It is a good decision, and you are certain about it. There is no need to justify, defend, or explain your reasoning. Do not feel pressured into answering, and do not lose your temper or yell. Yelling, negotiating, or defending can often escalate a situation; when you defend, you're done! When parents explain too much by defending an answer, it can become an invitation to a debate because they have opened the door for negotiation.

- **Offer options and distractions.** For a two- to four-year-old who wants what he wants when he wants it, tell him when he can rather than why he can't. Distract him with an item to look at or hold. Take him by the hand and physically remove him to a new setting. Engage him in a new or different activity. If you bend, you will be training your child to beg. Inconsistency can extend the length of a tantrum each time he wants something.

- **Become a parent-in-training.** Rather than dread those temper tantrums, embrace them! Consider yourself a parent-in-training. Use every opportunity to practice, stay strong, and face a tantrum. When you dread a tantrum, your child will sense it and take advantage. When you are ready, you will feel strong, and you will know you are providing the right limits. Your child will sense your empowerment. Use every opportunity and every tantrum to implement your new skills and training tactics.

- **Provide empathy with indifference.** Tell your child you understand that he is disappointed and you are very sorry he is upset over your decision. Repeat when he will be able to do whatever he requested. Reach out to make that connective touch. Remain consistent by using the same words each time.

Teach your child that he can rely on you. When you say yes, do not go back on your word. Before you say no, think it through and then stick to it.

A Positive Role Model

Take a survey. Ask yourself if your child is resistant to your requests or directives. Do you feel as if your child is controlling the house? Is he saying or doing inappropriate things? Without realizing it, you may be training him to behave that way. Most of us would respond, "Absolutely not!" However, parents often say and do things that send mixed messages, actually teaching a child to become oppositional, resistant, and rude. Sometimes when a parent says "no," the child hears "maybe." When a parent says "don't," the child immediately does. Young children naturally respond this way to learn about boundaries and to gain a sense of how the parent will respond or what the parent will tolerate. A parent's response teaches a child how to behave, and he is likely to behave in the same manner each time after that once he has been taught.

I observed a mother every day as she dropped off her son for therapy. She always said, "Give me a hug good-bye." From the very first day, her child responded, "No! I don't want to!" Using what she referred to as child psychology, she said, "Okay, never mind. I don't want a hug anyway." As she walked away, her son came running for a hug every day. I watched as the teaching continued each morning, observing this little boy developing his routine of refusal (to comply with hugs) until his mom said she didn't want hugs. What began as a game had evolved into giving her son complete control each morning. She taught and reinforced his resistance until he was ready to change his mind. Each time she hugged her child in this situation, she reinforced his defiant behavior. I continued to work with him regularly, and he continued to be oppositional throughout the day because it had become an effective response for him. He was in control.

Young children are concrete learners. They cannot decipher innuendoes, implications, or sarcasm. They process statements literally until they develop more abstract thinking in preteen years.

I have seen many parents laugh when their toddler has dropped something and then used profanity on cue. Laughter will reinforce a behavior, even if a parent says, "Don't say that," while laughing. It is a confusing message for a child. Eventually, a child will be admonished or punished for using the exact same language for which he previously received laughter and reinforcement. Whether a parent laughs out of embarrassment or because he thought an inappropriate behavior was cute, a child learns through trial and error and will continue to do whatever is reinforced.

A father once asked for my help because his seven-year-old daughter was cursing at him, gesturing with her finger when she was upset. I explained to her that the words and gesture she used were rude, inappropriate, and ugly. I asked where she learned it, and she looked over toward her dad, who admitted he was to blame. She had learned it all from him. He was determined to change his behavior and to be a better role model. She agreed to communicate when she became upset by talking to her dad rather than screaming at him. Children repeat what they hear and do what they see.

I have seen parents who yell at their children and then pull them up on their lap while explaining what they did wrong. It is confusing for a child to be admonished and then cuddled for an inappropriate behavior. It is much better to bend down to your child's level, clearly communicating what is and is not allowed. Some parents may think that inappropriate toddler behaviors are funny or cute and will say, "Oh, you're so bad," as they laugh, hug, or tickle their child. Again, that mixed message is confusing to a young child in training. What may be a cute behavior in a three-year-old is usually not cute behavior in a five-year-old and is obnoxious in a teenager.

Sometimes parents bribe their children to get them to comply. The definition of bribery is to provide a gift to corrupt or change a behavior. Bribery empowers a child, allowing him to decide if the reward (the bribe) is great enough. Children who are bribed quickly learn that they are in control and don't have to comply unless a gift or prize is offered. Parents will confuse their child when they consistently bribe but become angry and refuse to bribe or give in one day. A child cannot adjust because the rules have changed. Children learn best when their parents model the behavior they want. Be clear, be kind, and be consistent.

Communication, Consequences, and Consistency

Some parents may actually challenge their child to do the opposite of what they want without even realizing it.

A child says, "No, I don't want to."

A parent replies, "Well, that's fine. I don't want you to do that anyway."

The parent empowers the child as well as teaches him to defy. Bribes and threats also are ineffective, as they empower a child to choose a reward when bribed or say "I don't care" when threatened.

Making Changes

There are three important components to teaching or retraining a child. You can decrease defiance and improve overall behaviors by providing clear communication, recognition of positive behaviors, and appropriate consequences. An overall attitudinal change from defiance to compliance may take time, but it will happen. Small, positive behavioral changes will be noticeable within days. Setbacks are normal, so be prepared for them. When you remain calm and consistent, you will absolutely achieve the results you are looking for.

Clear Communication

Present your directives in a kind voice in three sentences or fewer:

1. It's time to (do your homework).
2. Let me know if you need any help.
3. When you're finished with your homework, then you may (play outside, use the computer, and so forth).

Speak slowly, as your tone of voice sends a message. Barking orders will produce a different result than speaking with an expectation. Children listen for hesitation or frustration, so do not be nervous or expect a tantrum because you will get one! Gently touch your child as you speak, which will provide a (nonverbal) message of importance.

Recognition of Positives

Recognizing compliant, positive behaviors is the critical component that is needed to increase them. Recognition with a touch, along with a verbal narrative of what you see, will increase behavior and compliance. For example, you could say, "I see that you took your dishes to the sink!" or "I am proud of you for starting your homework right away." Remember the things you pay attention to will increase. If you are always finding fault, criticizing, or correcting, your child will learn to get your attention through negative ways. Make a point to recognize all positive behaviors with verbal praise or even just a quiet touch so those exact behaviors become habitual.

Appropriate Consequences

When determining consequences, be mindful of your child's age and developmental capabilities. Consequences should not be frightening, demeaning, threatening, or hurtful. Effective consequences relate clearly to the misbehavior. Effective consequences teach a lesson.

For a baby who pulls hair while being held, an effective consequence is to immediately put the baby down. He will soon learn cause and effect, understanding that, when he pulls hair, he is no longer held. For a toddler who hits, an effective consequence is to help him learn to apologize while touching the person's area of hurt. He may require your hand-over-hand help to touch and your words of, "Johnny is sorry for hitting."

For an older child, a natural consequence for unacceptable behavior might be the elimination of privileges or services from you. Explain that, when he is out of control, he will lose all privileges until he can apologize for the exact behavior and then be accountable in some way (clean up, fix things, or do something to make it right). This is called a blackout. Explain that you will not respond to him, speak to him, drive him anywhere, or do anything for him until he is calm and able to apologize appropriately. Do not give in, and do be very consistent. Your ability to follow through will determine your success. Do this with love and kindness in an attempt to teach, not out of anger with the purpose of punishment. If you talk, negotiate, or shout, you will send a message that your child is powerful enough to make you angry and spin you out of control. Many parents are successful with the natural consequence of a blackout because most children of all ages seek one thing: parental love and attention. With love and attention, they will self-regulate and take responsibility within a very short time.

When a child gets nothing out of a behavior, he will stop. Your child will learn to comply and behave well only when there is no value in misbehaving. Children without an audience or someone to negotiate with will quickly learn how to behave.

Mommy, I'm Bored!

Children display misbehaviors for a variety of reasons. The acronym HALT (hungry, angry, lonely, tired) can affect all of us. For a child, lonely can equate to being bored, which can very often ignite negative, attention-seeking behaviors. When a child is bored, he may misbehave in an attempt to force his parent to pay attention to him. It's sad but true; for a child, receiving negative attention (being yelled at or punished) is better than being ignored. Providing a child with age-appropriate exposure to new and positive experiences decreases his need for negative attention while improving his potential for self-regulating skills and higher academic learning in a school setting. Reading every day, touring your house together to identify different objects, teaching how to complete a small household task, or even going for a nature walk around the block will increase your young child's potential for learning, seeking, asking, and succeeding.

I work closely with parents who are concerned with their child's inappropriate or aggressive behaviors. Very often when I enter their homes, the TV is blaring with inappropriate music videos or an adult talk show with violent episodes. A young child who watches or overhears inappropriate programming cannot separate the information as right from wrong. He will receive it and, in one form or another, incorporate into his life. Some parents find the TV to be a great babysitter and keep cartoons and videos running all day, but children need more. Children are born to learn by doing, touching, and asking. Older children with more advanced cognitive and communication skills will actually tell their parent that they are bored, which is the opportune time to teach and provide new learning experiences. Typical responses of "Go outside and play!" or "You can always clean up your room!" do not provide a child with what he may be looking for, which is structure and some time with you.

Although it is often easier and faster to do things yourself, having small jobs, chores, and activities at the ready will ensure that your child doesn't become bored. Those activities will help him to feel important and build self-esteem, in addition to teaching a new skill. Include your child in your daily activities so he can learn how to do them independently with the very best of teachers: you!

Build the Box

Assemble items with your child to create a decorated activity box. Place items in the box that your child can use independently: sidewalk chalk, bubbles, a new coloring book, or paint-by-water books with brushes. Use a brown paper bag for a nature hunt, with directions or a map to find ten special items right in your own backyard. An old piece of a cardboard box can become a wall mural for drawing family members. Place new items in the box often to maintain enthusiasm and excitement. Place several items in the activity box that require your attention, such as a simple craft, a box of Jell-O, or a bag of dry cookie dough mix that the two of you can prepare together. The next time your child says he is bored, remember that this is your opportunity to increase your child's independence, creativity, and life experiences. He's your child. Laugh, play, and teach!

13

Gifts That Last a Lifetime

Buying toys and gifts for children has become a national pastime. So many parents buy a small prize each time they go to the store or purchase a new toy as a bribe. The true gifts, the ones that will shape a child, help him or her to grow, and last a lifetime, were written by Helene Rothschild, MA, MS, LMFT, and printed in her book *All You Need Is HART!*

Helene told me that a father once wrote to her, saying he purchased her poster with the words below and taped it to his son's bedroom door. The father said that every time he became angry with his son, he carefully read her words, which reminded him to teach his son rather than spank him.

Help Me Grow, Please …
Be consistent with me. Then I can trust your words and actions.
Comfort me when I'm scared, hurt, or sad. That will help me
feel I'm okay even when I'm not feeling strong or happy.
Take responsibility for all your feelings and actions. That will teach
me not to blame others and to take responsibility for my life.
Communicate what you feel hurt or frightened about when
you're angry at me. That helps me feel I'm a good person
and learn how to constructively deal with my feelings.
Tell me clearly and specifically what you want. Then it
is easier for me to hear you, and I will also know how
to communicate my needs in a positive way.
Express to me that I'm okay even when my words or behavior may not
be. That will help me learn from my mistakes and have high self-esteem.
Understand and accept me. I may be different than you, and I'm okay.
Balance your life between work and play. Then it is easier for me
to believe that I can grow up, be responsible, and still have fun.
Remember what you wanted when you were my age. Then
you'll better understand my needs and interests.
Treat me as an individual. That helps me believe that I can be my unique self.
Hug me and tell me that you care about me. That feels so good
and helps me to feel lovable and express caring to others.
Thank you for hearing me. I love you![3]

---

3   Helene Rothschild, *All You Need Is HART!* (Brandon, OR: Robert D. Reed Publishers, 2006), 100.

Our children watch us closely. They listen to our words, even if our words aren't meant for them. They do as we do, even if they shouldn't, perhaps because we have sent the wrong message or modeled a behavior without thinking about the effects it might have. Many things that our children do are done from their misunderstanding, not out of a conscious desire to misbehave. No child is a bad child. Teach your child with all your heart.

True Stories

A group of preschoolers sat on the floor with musical instruments, which were piled in the center of the circle. The music teacher directed the children to run into the circle and choose their favorite instrument for the day. A very large child got up and ran for the tambourine, bumping into other little ones on his way to the center. The teacher admonished him in front of all the others. "What is wrong with you? Can't you see you've knocked over your classmates? You need to be more careful!" Although he did exactly what he was told, that experience brought unnecessary humiliation, making him uncomfortable and unmotivated to participate or even return to music class.

An eight-year-old sat in class with her peers, and when the teacher asked if there were any questions, she raised her hand and asked a question. The teacher said that was the most ridiculous question she had ever heard. She never answered the question, and that child never raised her hand in class again.

Real Opportunities

Parents have the opportunity to give their child everything. I am not speaking of endless toys or throwaway collectibles. I am suggesting that parents give gifts that last a lifetime, gifts of who they are. Parents have the opportunity to fill their child with what their dreams were and what their dreams hold for them. They have the opportunity to show them, invite them, expose them, nurture them, and teach them. We are their teachers for life. They will do as we do. We are their heroes. We are their protectors. We are their heritage.

Parents have the opportunity to shape and mold their children, to instill in them the desire to dream and perhaps achieve all the things we did not. Sitting in front of the television will not help a child reach that dream. Every single day, a parent can start over and give his children the world. A parent has the opportunity to introduce and expose a child to anything and everything. It is important to take the job of a parent or educator seriously, providing each child with everything possible so he grows up to be all we had hoped for and more.

A Tribute to Fathers

My father was a New York City television director for *The Ed Sullivan Show* and *Sesame Street*. He traveled the world to direct Miss Universe and Miss America pageants, as well as NASA space launches and landings. He was a magnificent artist who exhibited in elite galleries, was featured in magazines, and sold to well-known actors and recording artists. He was strong and taught me jujitsu from his marine days. Charismatic and comfortable with celebrities, he was genuine. He taught me to follow my heart. He explained to me the pain and disappointment that we all endure throughout our lives makes small cracks in our hearts, which we need in order to make room for the joy and deep love to come. He never raised his hand or his voice. When I came in late, he asked why I missed curfew. My excuse was that I didn't have a watch so I lost track of time. He calmly replied that I would be allowed to go out with my friends when I earned enough money from babysitting to buy myself a watch. That was his way of grounding me, a lesson of natural consequences. He died twelve years ago, but he is with me every day.

I honor all fathers who have given their time or lives to fight for our safety. Working twelve miles outside of New York City on September 11 and watching the smoke for weeks after, I forever understand danger and fear and truly respect those who continue to protect us as they face it every day. Fathers are strong and protective, and they teach us about life. Some fathers want their children to experience life to the fullest, while others try to protect their child from every hurt. They are powerful role models. These two stories share a variety of perspectives.

A Father's View

"When I think of fatherhood, I think about the children who must learn about hardship, isolation, fear, and even responsibility, experiences that affect them into adulthood," said our friend Rich Dever. "When Katie was born, I knew I wanted her to grow up never knowing fear, surrounded by people who love her and make her feel safe. For now, I have the responsibility and privilege of defining her world so she can become confident, independent, inquisitive, and kind. As she grows older, my responsibilities will change, and I will have to let her figure things out by herself. As she grows, I will help her understand the harshness that life sometimes has to offer. For now, goldfish live forever, and she is only 'scaredy' when it is followed by a giggle."

Great-grandfather Carl Pandoli said that, as a young father, providing for his family was most important to him. Although he sometimes worked late, he always kissed his children goodnight, even if they were fast asleep. His spoke of responsibility and protection. I watch him now as he continues to guide his adult children and grown grandchildren. He is a soft touch as he offers wisdom. Now, as a great-grandfather, he gently holds Sophia with pure love and joy, who once fit in the palm of his large hand.

My husband, Robert, describes his father as a proud man who built his success with hard work, ensuring that his children lived a better life than he had. A proud sergeant in the airborne division of the army, he returned from war to teach his children the importance of family and honor. He saved for their college, working late nights as a drummer in a big band to supplement his day job as an upholsterer. Although some could see only his military side, he displayed a fun, loving side by splurging on ice cream cones and coddling his grandchildren. He carried his unending love for his wife, Mary, Robert's mom, until the day he died.

I asked Robert's grown children to share their thoughts of their dad. Over the years, Robert has become a role model for his children. They described him as a gentle guardian and willing teacher:

> He created excitement and wonders by building a tree house onto our shed and provided endless fun by throwing us around in the town lake. He was the teacher who quizzed us during summer break, keeping our brains active. He was the comedian who wore his Goofy hat all over Disney World, even though he looked silly. As we have grown older, Dad has become someone to share precious moments and enjoyable meals with. He is the one who gives sound advice. He gives it without judgment, with a lot of thought and love. He is an unshakable pillar of strength and knowledge. He gives his love unconditionally and leads by his words and his actions. I hope that, as I move further into adulthood, I will carry some of my dad's strength, kindness, and generosity. When others

say I remind them of my dad, I smile and beam with pride. A father is someone who has children, but a dad is a parent with compassion and a role model. Father's Day is one day a year to say thanks, but I am grateful for my dad three hundred sixty-five days a year.

To all dads, we thank you for all you have given to us.

A Tribute to Mothers

Even in difficult economic times, there still is a job worth taking with lasting rewards. It is being a mom.

Job Description: Family management specialist who is completely dedicated, energetic, enthusiastic, creative, and patient; able to multitask, inspire, redirect, listen, teach, assess crises, negotiate, meet multiple needs at one time, and build self-esteem through consistent, positive reinforcement, selfless love, and tenderness with the innate ability to nurture. Experience in entry-level first aid is preferred. Financial management of household expenses is beneficial.

Requirements: No experience necessary

Hours: Full time, twenty-four hours per day, seven days per week

Vacation/Personal Days: None

Salary: $0

Benefits: Unlimited and endless

The history of Mother's Day began with a group of mothers, dating around 1870, joining together for their common cause, to support one another for those whose sons had fought and/or died in the Civil War. The first official Mother's Day was celebrated in Philadelphia on May 10, 1908. It is not simply another opportunity for card companies to make money, but instead a day to celebrate and honor all mothers, maternal bonds, and motherhood itself.

Sharon Nittinger, life coach and presenter with Nittinger Seminars in Stow, Ohio, urges moms to give themselves permission to consider their own needs. Sharon said, "Remembering the person you are outside of motherhood is empowering. By connecting with your inner self, you are better equipped at managing the stressors of motherhood, and you strengthen your mothering abilities. When I give presentations on motherhood, moms repeatedly comment about feeling guilty when taking time for themselves. I remind them that they have a very difficult job and everyone deserves time away from work. Even the president takes vacations."

I identify with the mothers who pace the floors night after night and those who pray endlessly for their child's health and future. I respectfully honor the mothers who solemnly pray for peace and those who endure unimaginable pain. There are moms who cry endlessly out of love for their child and those who laugh with enough joy to fill a room. I believe that, once a mother, always a mother, no matter whose mother you are. Mothers are powerful, soft, and gentle. Mothers shape us into who we become. Mothers make us cry, teach us how to love, and give us strength.

I am the lucky mother of three wonderful adult children. My deep love for my children, an incomprehensible, indescribable, unconditional love, has led me through feelings of overwhelming responsibility, emotional highs and lows, heartaches, self-doubt, and sleepless nights. The love for my children is never-ending, as our bond grows stronger with each day. My most prized accomplishment is having raised them to become who they are: thoughtful, self-confident, successful adults.

I am fortunate to have a wonderful mother who is the epitome of grace and dignity. She modeled strong moral values and selfless love as she taught my sister and me how to navigate the roads of life. Her endless love and emotional support inspired me to pursue each and every one of my dreams. Nearly three years ago, when I relocated from the East Coast to the Midwest, I asked my mom to give up all she knew and join me in the adventure of starting another life chapter in a new location. She did! My mother is also my dear friend. I honor and treasure her love and her friendship.

Happy Mother's Day to every woman who has been lucky enough to be called "Mom."

Dear Diana

Building a Relationship

Dear Diana, I read your articles regularly and love the patient approach that you bring to raising children. I grew up in the era of spanking and yelling, so changing those ways is sometimes difficult. Advice like yours helps in changing these behaviors. I am writing because I need some advice on changing how I interact with our eleven-year-old son. I get so frustrated with his behavior that I often find myself treating him in ways that I would never treat anyone else nor want to be treated myself. We do a lot of yelling at each other, and I am concerned that it is having dramatic consequences. In fact, when I read stories about how kids his age are committing suicide, I think that could very easily be our son. He has always struggled over the years with bullying by other kids, and unfortunately, the school has done little to help with the problem. We are considering changing schools in hopes that it will improve, but we want to correct his habits and mine when it comes to our reaction to each other. Please help.

Dear Mom, It is difficult to change how we view things as well as how we do things, so you deserve great credit as you strive to change. Awareness, intention, and motivation are the foundation for change, and it seems you have all three. You have an awareness of your actions, how you would like to change your actions toward your son, the impact of your actions, as well as the impact of the actions of others through bullying. Your intention is to have a good relationship without yelling or harsh treatment. To change that, you need to stop yelling, learn to communicate calmly, set boundaries, hear his concerns, and increase your bond, that is, connect with love. That is a lot of change. However, step by step, you can make those changes. Your motivation is to have a relationship with your son. Parents sometimes lose sight of their love for their child because they are caught up in the problems their child is causing, seeing him only as the root of their stress. Children read their parent's gestures, movements, and facial features like an open book. Those expressions formulate a perception for a child. He may perceive that he is the problem, which becomes a reality when he misbehaves. Tweens and teens are emotionally fragile, and yes, tragically, some do commit suicide when they feel they do not feel heard or understood. Be there for your son, no matter what.

Making Positive Changes

- **Stop yelling.** Just stop. When you are angry or hear yourself yelling, take in a big breath and close your mouth. Then exhale slowly. Take a moment to compose yourself. Pat yourself on the back for stopping an unproductive and destructive behavior.

- **Learn to communicate.** Speak in a factual tone of voice, lower your volume, and speak calmly, as a loving parent who teaches. Use the phrase, "I'm sorry you feel that way, but my answer is the same." Or say, "I am very angry right now. I will give you my answer after lunch." Express your concerns and your feelings often. Teach him to express his feelings appropriately in conversation. Talk as much as you can.

- **Set boundaries by teaching, modeling, and following through.** Calmly communicate consequences that fit the action. Explain that you will not be yelling nor will you participate in any yelling communication. When he forgets and yells, quietly remind him that he may talk to you when he is able to speak quietly. Then walk away.

- **Listen and learn.** Do not make assumptions or try to fix everything. Ask him how he feels, and ask for details. When he is angry or frustrated, ask him what he can do for a different result. Problem solve together. Really listen so he feels heard and valued. When you talk, stand or sit near him so he can feel your support. Reach out to physically connect as you communicate.

- **Build a relationship.** As you begin to communicate in a positive way, you will see that he will begin to open up and let you in. The more you do together and the more you talk with each other, the easier it will be to do just that.

2

Child Development

Introduction: From Birth through Five Years Old

This chapter is presented through a series of articles, each of which provide a generalized overview of the needs, expectations, and development of a child from birth through five years old. As each child develops at his own pace, your child may reach a particular milestone slightly before or after another child within the same age range. Always contact your pediatric office with questions or concerns.

These young years provide the foundation of who your child will grow up to be, as his personality and interests evolve and self-esteem begins to build. Ninety percent of brain growth occurs within the first three years of life.[4] Your child is listening, watching, processing, and gathering information at all times. Impressions, experiences, and exposure are all collected into his brain bank for processing. What you say and how you say it matter a great deal as you shape your child's world. You are providing the scaffolding for his future years.

The things you do, as well as how you respond to your child, will determine much of his behavior. Some parents may become frustrated with their one-year-old who cries often or has difficulty sleeping. Others may become disappointed or embarrassed with their two-year-old who never shares or their three-year-old who has meltdowns in public. This chapter offers a general understanding of what your child is and is not capable of comprehending. You will understand that two-year-olds are developmentally incapable of sharing, as they are learning how to navigate

---

4   *I Am Your Child: The First Years Last Forever*

through their world and protect what they take ownership of. Having that knowledge and knowing that your child is not intentionally being selfish can help you to respond differently and redirect him with a positive outcome.

Children behave as they do because of several factors, including age, their need for attention, their developmental capabilities, past experiences, or perhaps a medical compromise. It is important to understand that children generally do not intend to be selfish, mean, or demanding. They do not set out to be hurtful or bad. They have learned how to behave through prior interactions provided by their role models: parents, caregivers, extended family, older siblings, and so forth. Understanding your child's developmental capabilities will help to find teaching opportunities. These are opportunities where you can provide simple communication or redirection that your child is able to understand, process, and respond to. Although maturity cannot be forced, consistent, thoughtful exposure to age-appropriate information with developmentally appropriate expectations will help him obtain and maintain the social and emotional skills he needs for healthy development.

Babies are a most precious gift given to our care. The relationship you build with your child during his young years will determine how you connect with him in his teen years and later into adulthood. Close family ties are built during the early years of development, so spend the extra time and patiently make time for those moments when you are able to provide your child with everything he needs.

Wired at Birth

Congratulations! Becoming a parent is a precious gift. You provide your child's comfort and warmth. You are his teacher for life. Your child is wired to develop social skills, trust, and healthy relationships. He is ready to develop communication skills to express and receive information correctly and appropriately. His overall emotional temperament is ready to absorb information. You need to be vigilant with your physical and emotional protection of your child, always cognizant of exactly what you are exposing him to.

Brain Development

When my first child was nearing his first birthday, I read about rapid brain development as it occurs within the first three years of life. I felt I had lost one of his precious three years, as it was almost over. As a teacher by training, from his birth, I had focused on providing him with nurturing, yet age-appropriate, stimulating experiences. Without even realizing how precious and impressionable his first year of brain development had been, I provided consistent exposure to appropriate experiences, with the underpinnings of a predictable, loving environment. It is never too late to focus on your child's social, emotional, or functional development.

Some parents wonder if they are spoiling their baby by picking him up too often, picking him up whenever he cries, or holding him for too long. Babies have critical needs that must be met in order to help them learn to self-regulate and bond. Babies need to be held, rocked, soothed, fed, and changed in a timely manner in order to learn to trust and attachment. Parents who whisper, read, talk, and sing to their babies communicate and teach his new spoken language, as babies are wired and ready at birth to learn any language.

Your New Baby

Your beautiful new baby is an individual, so to compare his development with another baby his age can produce unnecessary and unhealthy stress.[5] Two children raised within the same home may have completely different personalities, sleep patterns, food likes or dislikes, motor or athletic abilities, intellectual capabilities, and so forth. One baby may crawl at an earlier age before another, who may be focusing on language and communication skills. These are not things with which to be overly concerned as long as they are within the normal range of development. Contact your pediatrician with any concerns, as guidelines are available for typical development. Although some children may develop different skills earlier than or a bit later than what a guideline may suggest, those children will still fall within the threshold of the normal range.

---

5 *Touchpoints: The Essential Reference*, 51.

Basic Needs

Over the next six months, as your newborn moves into infancy and then into babyhood, you will see remarkable surges of development in all areas. Take lots of pictures because you will want to hold on to these precious moments forever.

Cognitive Development

Your baby needs to sleep, to be properly fed, and to have his basic needs met for healthy development. Diluting formula or reusing the remains of an old bottle to save money can cause long-term functional damage. You hold a very precious life in your arms, so it is important to reach out for help if you are overwhelmed or overtired. The strong, courageous parent seeks information or help when she feels she can't provide everything her baby needs.

Babies are wired at birth to learn any language, and yours will be listening intently. Provide repeated soft sounds, quiet talking, and soft music. Read books for your baby to hear the intonation of his language. He will stare at faces, locking in and seeking information from your eyes. Within the first two months, he will begin to recognize familiar faces.

A study was done where a mom sang "Twinkle Twinkle Little Star" with excited eyes and facial expressions. Her baby watched intently and gurgled with excitement. When she sang it again without any facial expression and no eye movement, her baby became unsettled, turned his head away, looked back to see if her expressions had changed, and then began to cry when he couldn't read her expressions. Babies learn to read facial expressions and attempt to self-regulate very early on.[6]

Other Senses

Within the first few days, a newborn will be able to recognize the scent of his mother or primary caregiver as she approaches. As a newborn, he is sensitive to bright light, which may cause him to sneeze when he first opens his eyes, as the nerves in his sinuses and eyes adjust to the visual stimulation. By about two months old, your infant should start to follow objects with his eyes and will develop a social smile. Your baby will be able to see objects from eight to fifteen inches in front of him, and he will focus

6 *I Am Your Child: The First Years Last Forever*

briefly on moving objects as far as three feet away. At this age, he prefers black and white or high contrast patterns as opposed to pastels. He will bring objects to his mouth for exploration, and by the four- to six-month mark, as he chews on things, he will also shake and bang those objects to figure out what they do.[7]

Nearing three months old, your baby will be kicking with strength and placing his fist in his mouth. He will be able to hold an object for a short time as he watches his own hand movements and waves his arms wildly. As arm strength increases, by about five months, he may push up with his arms from a tummy position. Approaching six months, your baby may be sitting (with or without hand support), rolling both ways (from front to back and back to front), transferring objects from one hand to the other, and reaching with one hand for objects. By the age of six months, your baby will have developed full color vision and have the ability to track moving objects.

Language Development

Dr. T. Berry Brazelton did a study with a newborn, only five days old, to determine the baby's ability to connect and communicate. He held the newborn between himself and its mom in a competition for the baby's attention. They both spoke at the same time to the baby in a quiet voice, repeating the same words over and over, "What a beautiful little baby you are." The baby turned his head toward his mom immediately, as he recognized and was comforted by her voice, which he had come to know during the past nine months before his birth. When the study was done immediately after, with the doctor and the dad competing, the newborn chose his father, whose voice he had also become familiar with while in utero.[8]

Dr. Brazelton also found that from early on, when you pay close attention, you will be able to distinguish between your baby's cries of hunger, overstimulation, discomfort, or need for sleep.[9] Watch your baby when he yawns. Is he tired, or is he overstimulated and trying to detach? Crying is your baby's language, so listen closely as he tries to communicate with you. By three months old, your baby's crying will diminish and be replaced with pleasurable sounds, including laughing, giggling, and

---

7 *Touchpoints: The Essential Reference*, 79.
8 *Touchpoints: The Essential Reference*, 34.
9 Ibid., 42, 72.

continuous cooing.[10] By four months, he will respond to you with gurgling and cooing. Communicate through touch as your baby processes soft, gentle stroking as a form of love and caring. By five months, he may blow raspberries and attempt to repeat sounds, and by six months, he will make identifying sounds to express his discomfort or pleasure. By the end of six months, your baby will begin to respond to the word "no" and will be able to distinguish your emotions by your tone of voice.

Putting Sounds Together

Your baby will begin to babble chains of consonants. It is interesting to note that all sounds made by all infants are similar, regardless of the language spoken in the home. These are critical months for you to expose your baby to language, through quiet talking, songs, and stories with pictures to identify objects. Introduce your version of animal noises matched with pictures as a form of a simple baby sign language. Soon, he will scrunch up his nose and sniff with delight when you ask, "What does the bunny say?" Blowing raspberries, squealing, and growling are identified as expansion babbling, which occur between four and six months.[11]

Six to Twelve Months

So much growth and development occurs between six months to a year. Treasure these months as your baby learns to move around and explore his world. Watch closely as his personality emerges through these next few months.

Cognitive Development

By six months, your baby will begin to learn that he can attract attention by expressing his needs, wants, and interests. He will have learned that when he cries, someone will come. He will explore with both his eyes and his hands. He will begin to show genuine affection toward his primary caregiver. You may notice that stranger anxiety is evident around eight months, but that will pass.

Your baby will start to develop the concept of object permanence. That means he can locate a partially hidden object that you have hidden while

---

10   Ibid., 47, 60.
11   *Infancy: Infant, Family, and Society*, 252.

he was watching.[12] He will start to use simple gestures, such as shaking his head to communicate "no." At this young age, your baby will begin to look for the correct picture in a book when it is named. He will start to respond to his own name and become interested with what happens when he repeatedly drops or bangs items.

By ten months, your baby may visibly begin to express his moods, expressing whether he is happy, sad, fearful, or excited. By twelve months, he will want to explore your cupboards, dump and pick up objects, look for and find hidden toys, point to things he wants, learn to blow kisses, and "come to mommy." This is such an exciting time as he becomes more capable of communicating his wants and needs.

Physical Development

Physical development is a big area of growth during these six months. Your baby will grasp, hold, and release objects as he develops an understanding of cause and effect. By around eight months, he will start to self-feed with purpose and begin to crawl. Physically, he may be sitting up without support, pivoting around on his stomach, transferring toys from one hand to the other, creeping or pulling himself along the floor, poking fingers into tiny holes, putting on and taking off lids, as well as placing and removing objects from containers. He may possibly climb to a height of six inches and cruise along the furniture to gain balance for those first few steps.[13] This is an extremely critical time for safety-proofing.[14] Get on your hands and knees and crawl around to see what your baby is seeing. You may find dangers seen from floor level that were not evident from a standing or sitting position. Safety-proof every electrical outlet, remove unstable furniture, and relocate sharp or dangerous items to unreachable heights in order to protect your child. His sudden mobility, which could put him in danger, will amaze you. Your child's life is in your hands, so never leave him unattended.

Language Development

Your baby will deliberately vocalize, both for practice as well as to view your reaction. He will babble in long strings of syllables (dadada, mamama,

---

12   *Touchpoints: The Essential Reference*, 127.
13   *Infancy: Infant, Family, and Society*, 274.
14   *Touchpoints: The Essential Reference*, 109.

gagaga), using inflections and exclamations, including "uh-oh!"[15] His cry will have a different, distinguishable pitch for various needs such as hunger, hurt, or fatigue, so listen closely as he tries to communicate with you. By around nine months, you may note that your baby will echo sounds and may show an increased receptive understanding of words such as "no-no." Nearing eleven months, you may hear your baby experiment with his first words. I introduced sign language to my son when he was about six months old. By about eleven months old, he was able to communicate that he wanted to take a bath or have a drink through sound and gesture. I taught him what a horse does, capitalizing on his ability to blow raspberries. When asked what a butterfly does, he batted and blinked his eyes. For a bunny, he sniffed and scrunched his nose. I taught him traditional sign language for words, including water, milk, and more. It is truly remarkable to see a young child communicate through gesture. Take time to read to your baby every day, exposing him to new words and new pictures. Walk through your house and talk about what you are seeing and hearing. Go outside to ring the doorbell. Then let him push it and say, "Ding-dong! Doorbell!" The more you talk to your child, the more information he will obtain and process.

Happy First Birthday!

Your baby has grown into toddlerhood! Remarkable development in communication, fine and large motor abilities, and more complex cognitive thinking skills will fill this next year. Stay focused on your toddler's safety as well as the many stimulating experiences you can provide for him.

Cognitive Development

Your toddler will become increasingly more aware of himself and slowly become interested in the company of others. This is an excellent time to introduce a playgroup, a small circle of friends within the same age range who can explore and learn together. Toddlers of this age will play alongside each other, known as parallel play. They will compete for toys and enjoy watching each other. Children are unable to share until well into their threes, so provide plenty of interesting items for everyone to explore. Be prepared to redirect your little one when someone has the toy he wants. Your toddler will imitate the behaviors of others, so be mindful of what you say and do. Most likely, many things that your child sees and

---

15 *Infancy: Infant, Family, and Society*, 252.

hears will be repeated when you least expect it. This is also the beginning of limit testing, so be consistent and follow through. When you take something away from your toddler or remove him from a dangerous situation, he may object by crying. He may even return to the restricted area and ignore your warnings. Teach with consistency, and choose your battles carefully. Reserve the word "no" for the most important dangerous occasions. Remove items, remove your child, and distract him with an interesting item or a silly song, but be vigilant with his safety.

Approaching eighteen months, your toddler may choose "no" as his favorite word. He may protest loudly and challenge you with a tantrum. Do not take it personally. Remain in calm, teaching frame of mind. Understand that how you handle each meltdown will determine the length, level, and frequency in which they occur. You will also begin to see your toddler's sense of independence and self-confidence strengthen, while some episodes of separation anxiety may increase by his second birthday. Within these later months, toward the age of two, your toddler will be showing signs of possessiveness, often using the word "mine." He may cry when a toy is removed or object loudly when he sees that your attention is drawn toward another child. This is very typical, healthy development. Your toddler simply needs reassurance regarding the things important to him, including your love.

Physical Development

You may notice that your child's physical growth rate has become less rapid. However, his fine and gross motor skill development will astound you. He will be able to walk unassisted while pulling a toy behind him. He will also gain steady balance as he pushes a larger item, such as a toy lawn mower or doll stroller.[16] He will carry a large toy while walking, kick a ball, stand on tiptoes, climb up on high places, and use stairs while supported. His fine motor skills will include scribbling and turning objects such as knobs and pages. He will open and turn over a container to pour its content and build a tower of four or more blocks. Watch for signs of right- or left-hand dominance during this time. With all this mobility, it is critical that your toddler never be left alone. A second round of childproofing should be done on your hands and knees to see the world as he does.

---

16 *Developmental Profiles: Pre-Birth Through Eight*, 73–74.

Language Development

Between the ages of one and two years, your toddler will be able to understand much of what you say. Be very mindful that he is listening and processing, just waiting to use those words. By providing a good language model, your toddler will master at least fifty spoken words.[17] Initially, the beginning consonant of each word should be understandable, while immediate family may only recognize the full pronunciation. Provide lots of praise repeating each word correctly as your toddler begins to speak. You may begin to notice that your toddler's receptive language, what he is able to understand, accelerates as he responds to your simple statements of the following: naptime, time to eat, or "Where is the puppy?" By his second birthday, he should be able to respond to names of familiar people, locate items you refer to, follow simple directives, repeat words, and speak in two- to four-word sentences.

The Terrific Twos!

It's a whirlwind year ahead with a two-year-old who loves a certain food one day and decides he will have none of it the next day! Coaxing or begging your child will simply teach him that he holds some power in keeping your attention. Your approach to managing meltdowns will teach your toddler how to behave. Although this year is often referred to as "terrible twos," I refer to it as the "terrific twos" because so much learning is going on. Endless potential, ever-increasing motor skills, social development, and a brilliant little mind that continues to develop at a rapid rate will fill your toddler.

Cognitive Development

Two-year-olds learn quickly through imitation. They watch others cut the lawn and practice their skills with a child-sized plastic lawn mower to push. They watch as the vacuum moves back and forth across the rug and work side by side with their toy vacuum or hand vac. They talk with perfect intonation using a toy phone and learn to steer a toy car. They imitate behavior and language, acting out what they see and repeating what they hear. Make-believe play is an integral part of learning at this age, so provide plenty of opportunity for

---

17 *Developmental Profiles: Pre-Birth Through Eight*, 75.

pretending.[18] Listen to your child as he talks to his teddy bear or doll. Chances are that you will hear him repeat the same words he has heard from you.

This is a magical time, as your child is now starting to learn about his feelings, which become integrated with the limits and boundaries you set. Toddlers of this age rely on consistent routine, learning from repetition and understanding what is expected of them. A two-year-old learns to navigate through the world around him as he learns how to get his own needs met. Developmentally, a two-year-old is unable to share, and without much control over his emotions, he can become easily upset when he doesn't get what he wants. When he does want something, he will watch closely for your response. Your response will teach him how to respond. He may cry relentlessly, learning whether you will follow through or how long he needs to cry before he will get what he wants. Some parents bend, change the rules, or give in to tantrums because it is easier at that time. However, providing the same answers or responses each time will teach your toddler that there is no reason to push because you won't bend.

Your child will begin to understand initial concepts of time (now, later, before, and after) and placement (in, out, up, down, over, and under). He will learn to match similar objects and classify them into groupings. By the time he turns three, he will be able to build with six to ten blocks, complete a four-piece puzzle, and sort by color and shape. Toileting, sleep patterns, and promoting positive behaviors are typical challenges that parents face during this year. Focus on building confidence by recognizing successes so he becomes secure enough to develop some independence.

Physical Development

Within this year, you can expect your child to be able to walk and run with ease. He will climb and descend stairs using alternate footing and be able to kick a ball. He will master a tricycle and propel himself with his feet in a desired direction on a riding toy. His eye-hand coordination will increase as he uses a crayon to draw circular motions and horizontal and vertical lines. He will not be able to stay within the lines of a coloring book, so freestyle drawing or imagination painting may be more appealing. His fine motor skills will become more exact over time, but for now, you can watch him concentrate as he refines his finger movements. Using new large motor abilities, running away from your side may become a game, so protect your child by teaching him to hold your hand. Play running games often, and

---

18 *Developmental Profiles: Pre-Birth through Eight*, 84.

provide lots of praise when he follows your directions. Teach him to learn when to run and when to stop. The Building Skills chapter has tools to teach your child to remain with you and safely hold your hand.

Language Development

Exciting times are ahead as you and your child become better able to communicate. He will comprehend much of what you tell him, provided you speak in simple phrases with simple directives. Use only three to four words in a sentence, and provide all your information in three sentences or less, emphasizing adjectives and verbs. "Why" questions emerge at this age. Whether this becomes frustrating or funny, answer your child with a simple one-line answer.[19] If you need to provide more information than can be offered in three sentences, stop. Allow time for your child to process what you said before offering more information. He will learn to follow two- and three-step directions and will soon speak in four- to five-word sentences, using the following words in the correct context: I, you, me, and they. Decide now how you want your child to refer to himself. Many parents use their child's name in conversation, such as, "Is Nathan hungry?" rather than "Are you hungry?" Your child will learn to speak as you have taught him.

By three years old, your child will use up to six words in a sentence. Within his sentences, he will name common objects, familiar faces, places he enjoys, and foods he wants. He will make his needs known in recognizable language by forming words correctly. Speak to him throughout the day about what you are doing. Read to him continuously with intonation, identifying objects, and using proper pronunciation. This will promote increased language development. Your toddler will be able to follow a story line and remember many ideas and characters in a book, so read, read, read. He will also begin to have fun with jokes, rhymes, and silly songs, so help him develop his sense of humor as you sing, read, and giggle together.

"Mine!"

We recently had our friends for a Sunday afternoon dinner with their absolutely delightful two-year-old daughter. We've been watching Miss Katie grow from babyhood, and we thoroughly enjoy everything about her. She talks a mile a minute, completely unfiltered and innocently uninhibited.

---

19 *Infancy: Infant, Family, and Society*, 395.

Katie seems far more intelligent than her two little years, questioning and referencing things that simply amaze me. When I admired her shoes, she explained in detail where she got them. She counted to ten in both English and Spanish. She ate with manners, followed her mom's directive of "food stays in the kitchen," explored our home carefully, and entertained us with songs. Katie was also able to keep herself busy, reading books and quietly feeding her baby doll hors d'oeuvres, saying, "Try this, baby. You will like it!" She moved easily from her dad's lap to her mom's and then back to her dad's. I melted when she climbed into my lap. She giggled excitedly as my husband played tricks to entertain her, pulling M&M's from behind her ear. She galloped around in a cowboy hat, squealing, "Yee-ha!"

I'd forgotten how delightful life is through the eyes of a two-year-old. Then it happened. It got close to bedtime. The meltdowns started with a few defiant "nos." Her parents corrected her, reminding her of her manners, but then along with "No!" came the words, "It's mine!" There isn't much one can do when a toddler becomes overtired. As we quickly finished our dinner, she endured our conversation while eating her ice cream. After finishing her ice cream, she clearly expressed her desire for chocolate, saying "Mine! That's mine!" With a little distraction, we quieted and comforted her on a soft couch with her baby doll as her parents packed up the car to leave. Before they left, I asked our friends if they had ever heard of Murphy's Law for Toddlers. For those of you with a two-year-old, and for those who have raised one, this is for you.

Murphy's Law for Toddlers

If it is mine, it is mine.

If it is yours, it is mine.

If I like it, it is mine.

If I can take it from you, it is mine.

If I am playing with it, all of the pieces are mine.

If I think it is mine, it is.

If I saw it first, it is mine.

If I had it first, it is mine.

If I had it and put it down, it is still mine.

If you had it and put it down, it is now mine.

If it looks like the one I have at home, it is mine.

If it is broken, it is yours.[20]

Enjoy every minute. It does go by so quickly!

---

20 www.murphys-laws.com/murphy/murphy-toddler.htm

Preschoolers

Welcome to the world of preschoolers. This is an amazing time where your child will learn to identify numbers and letters, write his name, understand cause and effect, display increased social skills, verbalize his feelings, and show the world his ever-emerging personality. So many parents express frustration with a child of this age due to seemingly endless temper tantrums, a lack of sleep, and the necessary time-consuming hours that a preschooler requires. Trust me, this is nothing compared to the experience of raising an adolescent. Learn to embrace tantrums, and turn them into valuable teaching opportunities. Stay focused and teach with love and limits so you will be able to enjoy all of your precious moments together.

Cognitive Development

Your preschooler learns everything about the world around him through what he sees, hears, touches, tastes, smells, and feels. He remains a concrete learner so his perception, his understanding of things, may not be the reality of the situation. A concrete thinker will choose a large glass half-filled with water rather than a small glass filled to the top. He will also choose ten pennies over a dime because it is more. Abstract thinking develops in a few years, so be patient in your understanding and provide simple explanations. Adults and other children in his life are role models, so surround your child with those whose morals and values you respect and admire.

Identifying feelings for your preschooler will help him learn to communicate his needs and frustrations. When setting limits, you might say, "It's okay to be upset, but you may not be rude." Identify and confirm his feelings with sentences such as, "I understand you feel upset," or "You must feel so proud of yourself for the way you behaved." Always provide a nurturing, loving environment that will help him to develop self-confidence, leading to trust and security, while furthering his independence.

Fears or anxieties may develop between the ages of three and five. Your child's emotions or fears should never be diminished through the following thoughtless remarks:

- "Don't be such a baby."
- "Only babies cry."
- "Don't be ridiculous. There's nothing to be afraid of."

Validating your child's feelings is a critical component in helping him learn how to comfortably approach you in future years with his concerns, fears, and questions. This is the time to build your scaffolding for open communication, which will impact your overall relationship. You may be surprised when a new awareness in sexuality emerges. Address situations simply and clearly, answering your preschooler directly with one or two sentences to satisfy his curiosity. I have written about typical fears and how they can be managed in the Fears chapter.

Children between the ages of three and five years often display behavior that is troubling to parents, for example, biting, noncompliance, tantrums, or a tendency to whine or cry often. Choose one behavior you would like to better manage, determine an effective plan of action with positive incentives (not bribes), and follow through in a loving way with consistency. Be aware of potential underlying causes that might include sensory concerns, overstimulation, or being overly tired so you can provide the best environment for your child's success. Power struggles over eating, sleeping, and toileting may emerge. Your child has more control in these areas than you do, so be thoughtful with how you handle these situations. Forceful demands may only provoke a challenge and extend the problem. By five, your child will have more control over his emotions. He will look for limits and be capable of accepting them if they have been consistently provided. This is a great age to introduce simple, concrete house rules.

Physical Development

Preschoolers set challenges for themselves and look for an audience to appreciate their achievements. They love to show off how high they can jump or how fast they can run. Large motor skills are solid and well balanced, enabling them to run, gallop, skip, stand on one foot, roller-skate, ride a bike, and pump on a swing.[21] Remain vigilant regarding your preschooler's safety. Increased mobility and independence can be a dangerous combination when a ball goes rolling into the street. You may think your child is capable of playing alone in the yard, but he hasn't developed the maturity to make safe decisions. By late four or early five, he will have developed a sharp fine motor grip with pencils and crayons, enabling him to stay within the lines and cut with scissors. Early exposure to these materials will help his level of mastery for cutting and writing skills. Provide a basket of art and craft materials that will spark his interest.

---

21   *Infancy: Infant, Family, and Society*, 380.

When washable markers, glue, crayons, and paints are at the ready, there is no limit to what your child can create with his imagination and his busy little hands.

Language Development

By three, you will be well into the "why?" stage. Three-year-olds use nearly one thousand words and expressions. They speak with intonation and expression with all understanding 90 percent of their language. By four, a typical child uses about fifteen hundred words in context and speaks in four-word sentences. Your child may chatter or attempt to engage in conversations with older children and adults. He is continuing to build upon his vocabulary, listen for intonation, and increase his expressive language skills. You may hear expressions, including "what if" or "suppose I" as he models adult conversations. Continuously provide books, read to your child often, and offer simple one- or two-word picture books regularly so he can read with independence. By five, a typical child will have an expressive word bank of two thousand words and receptively understand more than ten thousand words. You can expect longer sentences with the following connectors: but, and, and because. This high-level language may lead a parent to think of his child as much older or more capable than he really is. Remember that your five-year-old is still learning, developing, and modeling whatever he sees or hears. This is also the age where shock value is tested, and your child may say or do disturbing things that he has seen or heard. Children will often use language specifically to obtain a reaction. How you handle disturbing words or actions will determine the extent to which he continues to use them.

Enjoy every minute, take a breath when you need to, follow through with love and consistency, and take pride in your many achievements as a parent.

Dear Diana

Teach Your Preschooler How to Apologize

Dear Diana, My almost three-year-old is starting to get really angry with me, sometimes spewing, "I hate you ... I don't like you ... No, I don't want you." Any suggestions on reactions I should be giving? I'm doing a lot of, "I love you, and I know you love me too." I tried ignoring her. I tried telling her that she may not use those words because those are not nice words. Yikes! Kind of early for this, isn't it? What happened to my sweet little girl? Disheartened Mom

⌒

Dear Disheartened Mom, It is truly heartbreaking when your own child says hurtful things. Know that you are not alone and most parents have heard hurtful words from their children at one time or another. It seems unbelievable that a child can so calmly say such ugly things with all we do for them. However, eliminating that behavior is possible once you understand it. To answer your question: No, it's not too early for her to be spewing. As long as she can talk, she can spew. Developmentally, she is right on track. She is entering an age of great independence. Three-year-olds become very social and learn by doing, watching, talking, and waiting for reactions. Your reaction is critical in teaching her how to behave. It helps to know where she is hearing these phrases. Even innocent G-rated movies include strong words and emotions. Identify the source to eliminate it, or reference it when you are correcting her. You mentioned that you tried ignoring her. Never ignore unacceptable behavior. Every unacceptable behavior must be addressed in order to teach a child that it is unacceptable. How you teach will directly affect your outcome. Do not take it personally, or you will be less effective as her teacher.

- **Step One.** When she says, "I don't like you!" go to her, bend down, hold her shoulders, and say, "You may not say, 'I don't like you.'" Then walk away. If you are out, do the same, but (obviously) don't leave her. Do not interact with her until she acknowledges her mistake. Initially, she may not process your response and may make a request such as asking for a cookie or going outside to play. Bend down and say, "I can help you after you apologize for saying 'I don't like you.'" Then walk away. She will eventually understand that she must apologize before getting what she wants. When she starts to cry because she isn't getting her cookie, offer verbal cues, once more saying, "I can help you when you say, 'I'm sorry for saying I don't like you.'" Do not say, "I know you didn't mean that." That opens the door for power struggles such as, "Yes, I do!" Do not say, "That's mean. I love you no matter what." That sends a confusing message. Sometimes, a parent will avoid confronting a child for fear of a power struggle or an escalated temper tantrum. However, you will not like what evolves over the next few years if it is not lovingly and carefully addressed now.

- **Step Two.** The moment she apologizes in any manner, accept her apology, and give her a hug, saying, "I accept your apology for saying 'I don't like you.'" Tell her it is okay to feel mad or sad, but she may not say hurtful words. Then drop it. Later in the day, your only reference should be praise and reinforcement for her nice apology.

- **Step Three.** There are stages of apologies. Apologizing is a skill that needs to be taught. It does not come naturally. Initially, accept any apology in any tone of voice as long as it includes the exact behavior. After a handful of these apologies, move to the next lesson, teaching her to apologize in a nice voice with a touch. Teach her to gently touch you and say, "I'm sorry I said I don't like you." Your response should always be to bend down, accept her apology, and give a gentle touch, hug, or kiss. You are teaching your daughter to apologize in small, incremental steps with two goals: learning to apologize and having self-regulation to eliminate unkind words. She needs to feel good about her apology. You can teach her to come back often to apologize, so accept with open arms whenever she does.

You sound like a great mom. Your daughter understands she has your unconditional love, so teach her thoughtfully for a positive outcome. You are everything to her. You are the center of her world. Do not take her words to heart. She is testing you, which is why you need to teach her with love. Help her to pass her test!

3

Communication

Introduction: What Are You Really Saying?

How you communicate to your child will determine how much information he will obtain or retain. Your communication can actually determine how, if, and when he will respond. Unclear communication is an underlying cause of why so many children do not do what they are told or unnecessarily melt down into a tantrum. Imagine eliminating tantrums and getting your child to do what you say when you say it. No matter what your child's age, you can absolutely connect and communicate so your child will respond. This chapter provides information on verbal communication, word usage, nonverbal communication, as well as the power of a physical touch to provide positive reinforcement.

What We Say and What They Hear May Be Two Different Things

What you say, how you say it, the way you use your words, your sentence structure, your tone of voice, as well as the words you choose will absolutely determine how your child interprets the importance of your message. Sending a clear message requires a clear statement, such as "It's time to start your homework now" or "It's time to clean up your toys now." Parents often ask their child to do things, using the words "okay" or "please," which indicate a request rather than a directive. Requests may or may not be fulfilled. Requests are confusing for children because they interpret that they have an option. However, when a child misinterprets a directive as a request and does not comply, parents become angry, feeling their child is misbehaving. Learn to say what you mean and mean what you say, but do not say it mean.

Sometimes, a message is delivered in the form of a threat, such as, "If you don't finish your dinner, then you can't have dessert." "If you don't … then you can't" is a threat, although you may not have thought of it as such. Many parents threaten without realizing it. Threatening makes the recipient (your child) defensive. Sometimes a child will retaliate by responding with an aggressive behavior or a temper tantrum, or sometimes he will reply, "I don't care." In either case, you won't achieve the desired result, which was for your child to do something, for example, eat dinner. Read how to turn threats into motivational decisions by using "when and then" statements.

Sandwiching your language is very effective when providing information that your child may not want to hear. Read how to provide three simple sentences with positive reinforcers and a directive slipped in the middle of the sandwich. The less information you provide at one time, the easier it is for your child to digest!

Messaging with Impact

Nonverbal communication occurs in households every day, sending a variety of messages. You may not even realize the negative nonverbal messages you send but then wonder why your child rolls his eyes or slams a door. Body language, eye rolling, crossed arms, loud sighs, slamming of a door, or slamming down an object is a form of communication and teaches your child to do the same. Unspoken, nonverbal communication can also provide positive reinforcement when you give a smile, a wink, or two thumbs-up. Even more powerful is your physical presence, when you get up and go over to your child to touch him as you are telling him what a nice job (of sharing or cleaning up) he is doing. You teach your child through your actions. He listens to you, watches you, and focuses on your facial expressions. He hears you laugh, watches you cry, listens to you sigh, watches how you interact with family and friends, and he waits to feel your gentle touch of approval. These are just some of the many ways you communicate with your child whenever he is near. Your child can learn how to express his feelings with words rather than aggressive actions, as everything you do teaches him how to communicate, behave, and respond. This chapter provides powerful information with simple strategies to strengthen whole family communication, making it easy to connect closely.

How you communicate with your child directly impacts how he will respond. Change your language from a request into a clear directive in order to send a clear message. There's no need to get frustrated, yell, or repeat yourself. Simply go to your child (yes, get up and go), bend down to make a connective, gentle touch, and then give a clear directive, such as, "It's time to ..." Connecting both physically and verbally ensures that your child will understand your message.

While giving your directive, it is important to eliminate words that invite negotiation, such as "okay." For example:

- "Get up to bed now, okay?"
- "Get your homework done, okay?"
- "Clean up your toys, okay?"

Asking your child to go to bed, start homework, or clean up toys may end with confrontation simply because of how it was presented. Children sense reluctance or hesitation, which they interpret as a lack of parental control. That is often when a child will take control by ignoring the request or having a tantrum to distract and wear his parent down until she gives in.

It is also important to speak in "dos" instead of "don'ts."[22] For example:

- "Don't put your feet on the couch."
- "Don't run through the house."
- "Don't leave your dishes on the table."

Young children rely on their experiences to visualize what is being said to them. "Don't" is an abstract word, and children cannot visualize it. They hear a raised voice, which they interpret as yelling, and then they will visualize feet, run, or dishes and miss the importance of message. Communicate clearly to tell your child what you do want. Say "Feet go on the floor" as you walk by and touch his legs. Then, of course, give verbal praise with a gentle touch as an immediate reward for following directions. Although it can be difficult to learn to speak in "dos," when you make the effort, you'll soon see cooperative results with your child!

The following are four little words to eliminate from your vocabulary when giving a directive:

---

22 *The Incredible Years*, 74.

- **Ask and Please.** "How many times do I have to ask you to please get your feet off the couch?" Parents often use the word "please" to model manners, hoping their child will learn through example of a mannerly request. "Please" implies that you are asking. Eliminate the words "ask" and "please" unless you are making a request.
- **Let's.** "Let's get up to bed now … Let's get those toys cleaned up!" That word leaves room for negotiation. Replace it with a clear directive, such as, "It's time to …" and emphasize your directive with a touch.
- **We.** Eliminate the word "we" when correcting a misbehavior, as in "We don't hit!" Think about it. We didn't hit. Your child hit. Keep the focus on your child and replace "we" with "you." "You may not hit" sends a clear, strong message.

Remember that you will achieve better results when giving your child an important message if you get up and go, keep it short, be very clear, make a connective touch, and watch your language!

I worked with a mom who said her six-year-old had worn her down to tears. She said he was demanding and constantly negotiating. She said he was relentless with questions and accusations and always full of hurtful words when she attempted to set boundaries. She said he could go on for hours. I asked how she handled it, and she said she tried to convince him to stop, telling him that he was wrong or rude. I said, "Don't dance with him." She looked at me as if I were crazy. Then I said, "As a matter of fact, don't even go to the party!" Have you ever heard the expression that it takes two to tango? I asked her what would happen if she set a boundary for her child and then walked away rather than stay and negotiate. She replied that he would yell or cry and try to reengage with her. I encouraged her to try a new strategy and assured her that it would get easier as she consistently provided the same response without dancing.

I told her about a similar situation with a mom of a four-year-old who did learn to set boundaries. When she initially said no, her son knocked over the ficus tree in their living room. Unfortunately, she reacted and reengaged by screaming about the mess and the broken branches on the tree. Her son screamed, saying she was mean and it was all her fault because she yelled at him. She screamed right back at him, saying he was in big trouble and would have privileges taken away. Back and forth they argued. Perfect. That was exactly what her child was looking for, a dance partner! She had just trained her child that, if he wanted her attention after she said no, he should do something very dramatic. I suggested she not dance. She shouldn't even look at him as he went through the motions of his tantrum. He needed to learn two important pieces of information: that his behavior was unacceptable and she was there for him whenever he was ready to apologize. Unconditional love helps a child self-regulate, de-escalate, and apologize.

As the story goes, the next time she set a boundary, her son knocked over the tree and a chair! He had escalated his behavior, as I told her he might. This time, she ignored the upturned tree and the toppled chair and left the room. He followed her, screaming and pulling at her pant leg. She bent down, touched him with some gentle pressure, and said that, when he was quiet, then he could come to her. She took deep breaths, busied herself with household tasks, and ignored his attempts to invite her to his party. When her son came to her exhausted, she modeled the exact apology for his exact behavior, which included his hurtful words and throwing the tree and the chair. When he did apologize, she accepted without a lecture, hugged him, and got out the dustpan to help him clean up his mess. She wanted him to learn she would not negotiate. She wanted him to learn boundaries and the rules of life. She wanted to teach him that he would have to be responsible for his actions. So she held the dustpan while he swept in the dirt.

When I told that story to the mom of the six-year-old, she understood what I meant when I said, "Don't dance." She telephoned me several days later to say that her son exploded when she set a boundary. She put up her hand to signal a stop sign and walked down to the basement to fold laundry. She remained calm and repeated to herself, "Don't dance. Don't even go to the party." It worked because he had no audience. He de-escalated, went to his room, tore his sheets off his bed, and sat on his floor. He came to her later and apologized. She asked what he was apologizing for, and he said for yelling and not listening. She hugged him and said she was glad he apologized, never remarking on his torn-up bed. He fixed his sheets at bedtime and climbed in.

When a child sees that he has no audience, no one to dance with, and no party, he will learn to listen and come to understand that no means no.

Say what you mean and mean what you say, but don't say it mean! That one very powerful phrase suggests we be clear, consistent, and thoughtful with what we say and how we say it. Parents have the opportunity to be the most amazing teachers, providing their child with safe ways to learn life lessons. Teaching with threats or bribery are ineffective options because they teach the wrong lesson. Sometimes a parent is not even aware of the threatening, overpowering behaviors that intimidate or frighten his child. When parents are positive, offering help or motivation, they will achieve better results. Tell your child what you do want him to do and offer motivation or your help instead of a threat.

The dictionary defines a threat as a declaration of intent to punish or hurt. Without realizing it, parents threaten children in an effort to motivate them:

- "If you don't eat your dinner, you can't have dessert."
- "If you don't clean up, I'm throwing out your toys."
- "If you don't do your homework, you can't watch TV."

Some children reply, "I don't even want to watch TV!" Then that parent has lost his leverage. At that point, parents may find themselves trying to convince their child that, yes, they really do want to watch TV because it's his favorite show. Some parents begin to beg or even bribe their child. What a mess!

It's simple enough to change your language from "If you don't, then you can't" to "When you do, then you can!" Send a message that you expect it to happen, remove the threat, and provide a motivation. Now, that's parenting! Always think about the message you are sending. When you threaten, you are only a "power over" parent, one who says, "You do it because I said so because I will punish you." It seems simple enough. Either do what you are told or be punished! However, teaching a child is not quite that simple. Think about the lesson you are teaching. A child needs to learn to do what he is told, not out of fear but out of respect for following your rules. Threats don't teach a lesson. They intimidate and teach fear.

Much of the time, parents don't follow through with their threats because, after they have made them, they realize they were unrealistic, overstated, or unnecessary. And once a child learns that his parent doesn't follow through with threats, he has no motivation to obey, so he doesn't do what he is told. When a child does not do what he is told, the negative cycle continues. We yell and threaten again, and our parental gift of teaching a lesson is long gone. Change your threat, "If you don't (finish your dinner) then you can't (have any dessert)" to a positive statement with an incentive, "When you do finish your dinner, then you may have this fabulous little dessert I made just for you!"

We know that children learn what they live. If a parent threatens, his child will learn to threaten others. Instead, teach your child with respect by teaching him to learn to do the right thing for the right reason. Be firm, be consistent, be positive, and eliminate threats. When your child complies, let him know how proud you are that he made a good choice by doing what he was told. Make a gentle, connective touch while giving your directive, and your effectiveness will increase without threats. If you do find yourself yelling or threatening, take a breath, and remember you are your child's most important teacher.

"Get up and go!" is a powerful strategy to implement when you want to send an important message to your child. Your physical presence with a connective touch is a very powerful yet quiet message. It's like magic. So whether you want to increase or decrease a behavior, just add a little "get up and go!" Families spend so much of their time yelling from another room, from another floor of the house, or across the backyard. They yell to come to dinner, they yell that there's a phone call, they yell to come clean up, they yell for their kids to stop fighting, and they yell for their kids to stop yelling! When parents take the time to walk over to their child and touch him as they are speaking, they provide multisensory communication. The child can then feel his parent's mood and message by how softly or firmly he is touched. When parents couple that with verbal praise or redirection, their child's brain integrates the message through both senses. The benefit of sending a multisensory message is that a child is much more likely to respond immediately because a clear message of high importance has been given through touch. It is such a simple technique, yet way too often, parents don't take the time to get off the couch and make it happen.

When it is dinnertime, get up and go to your child, give a gentle touch, and tell him his dinner is waiting. Eliminate yelling from room to room, and eliminate yelling, "How many times do I have call you for dinner?" Instead, say it with a touch. When he comes to the table, get up and go to him, saying you are proud of him for coming when he was called. When your child is eating with nice manners, get up and go across the table, and give a kiss on the head or touch on his shoulder, remarking about how much you love his manners when he chews with his mouth closed. Too many times we expect or even demand a behavior but don't think to provide recognition when the effort is made.

When it is time to do homework, get up and go to your child, touching him gently and saying, "It's time for you to do your homework. I've cleared a spot for you at the kitchen table, so I can help you." While he is doing his homework, reach over and acknowledge how hard he is working.

When you see your child pushing another child, get up and go to your child, bend down, and hold firmly on his shoulder, saying, "You may not push!" Then go to the recipient and offer comfort, support, or attention. Your child will want your attention. At which point, you can help him to apologize for hitting, explaining that hitting really hurts.

When your child is frustrated or accelerating into a tantrum because he can't get his shoes on, get up and go to him, touch him gently on the shoulder, and say, "If you need help, I can help you." That close touch with an offer of help is more effective than calling from across the room, "Hurry up and get your shoes on, or we will be late!"

When you see your child sharing, get up and go, bend down, and give a gentle touch on his head or shoulder, remarking, "I just love to watch you share." Too often we focus on and punish for negative behavior rather than recognize all the positive behaviors that a young child displays.

You will have greater success with a multisensory approach,[23] no matter what you are trying to communicate to your child. The strategy is simple, and the results are remarkable!

Be Mindful of Your Message

I often visit classrooms with a behavior management plan in place. Most classrooms have behavior plans because children respond well and work hard whenever there is a reward. Young children need extrinsic rewards (tangible prizes) as motivators, but as they grow, they can be transitioned to intrinsic (feel good) rewards, such as time with us. Whether you are a classroom teacher or parent at home, a behavior plan with clear expectations, rewards, and privileges can provide the motivation that children need to succeed. All of us work better or have a better day when someone takes a moment to tell us that our work is meaningful or we have done a good job. Children are learning the ropes of life and need incentives with tremendous encouragement, even more so than adults do. Most classroom incentives can be easily implemented in your own home. Find out which motivators your child's teacher is using, and see if they fit with your parenting style.

When I taught disabled teenagers, I copied dollar bills onto green paper and endorsed my name on each bill, turning them into "Boggia Bucks," which students earned for the three As: attempts, achievements, and acts of kindness. Each Friday was shopping day, although students could earn a Bonus Buck if they saved their money and did not buy on impulse. At that time, I was slowly cleaning out my home, so radios, portable CD players, alarm clocks, and music CDs from my children filled

---

23 *The Worried Child*, 108.

my Friday Store. Students throughout the school admired the store. They often stopped by to tell me that they did something wonderful to see if I would reward them with some "Boggia Bucks," which I did. I felt that every act of kindness or attempt to achieve or succeed on a test deserved recognition. It was a complete success for everyone as I emptied my home and the students earned as they learned.

Classroom behavioral plans have been in place forever. I remember growing up and earning lunch with the principal as the highest of rewards. I also earned lunch with my teacher in kindergarten. There were always motivators. Today, I see lots of school systems using green cards for good behavior, or a child may be given a different colored card as a warning. A marble jar has been around for years, where the entire class works (by being quiet or kind) toward a common goal (of a class party). Stickers are always favored among younger children. For more ideas on how to improve your child's social or emotional functioning in your home or at school, visit my informational, educational website at www.yourperfectchild.com.

I had the opportunity to observe a class where a beautiful doghouse was constructed on the bulletin board and every student had his name printed on a dog bone. Each time a child distracted the class, forgot an assignment, or talked out of turn, he was directed to move his bone up the path toward the doghouse. I watched as one little boy whispered, "I'm almost in the doghouse!" My first instinct was to laugh, thinking that children say the funniest things! However, I realized that "in the doghouse" is an abstract concept, and this child was playing a game of moving his dog bone toward the end goal of getting into the doghouse. Talking to his neighbor earned him another move with his bone, and he called out, "I'm almost in the doghouse!" The teacher responded, "Yes, you are, and that is not something you should be proud of!" She had no idea that he didn't understand her rules that he was, in fact, being punished while he thought he was winning.

We know that children are tactile, concrete, hands-on learners. Children have learned to play board games understanding the goal is to move their piece toward the end. The other missing piece to this game is that "in the doghouse" is a negative, abstract concept, and children do not start to develop abstract thinking until around age six or seven. Some of those young children who were just learning to think outside the box did not understand the message or consequence, and there were not any rewards.

So, the lesson of the day is to be careful what you teach and how you teach it. Be careful which incentives you provide, and determine if they are age-appropriate. Provide your child with lots of praise and incentives, both intrinsic and extrinsic, to help him work toward a goal with success.

Keep Conversations Simple by Making Sandwiches

When parents speak, their child will often tune out or turn off long before the point is made. Adults have a tendency to over talk, explain too much, or give much more information than their young child is even able to process. I recall a funny story of a five-year-old who asked where babies came from. His mom painfully explained some basic biology as her child squirmed and fidgeted. The mom was careful with her wording, but the explanation was involved. At the end of the explanation, his mom said, "So, do you understand where babies come from?" Her child said, "I don't really know because my friend said he came from the hospital!" When teaching a child, providing information, or giving a directive, keep it simple in three sentences or fewer. Young children are able to process information with success when it is simple and clear.

Sometimes, parents send a backdoor directive, a roundabout message. Instead of stating, "It's time to get your PJs on and get ready for bed," a parent might say, "It's time to start to think about going to bed now because we know how cranky you can get when you haven't had enough sleep, and then you will be miserable tomorrow. So I think it might be a good idea if you start to change into your PJs." Perhaps parents say way too much because they fear their child will complain when he is directly told to get ready for bed. A favorite quote of mine is, "It's not what you say but how you say it." I am a very firm believer in sending a clear message with a connective physical touch to guide a multisensory message that is clearly communicated.

I have educated many parents on the skill of sandwiching their message, making the information more palatable for a child to process and digest. I worked with a family with a six-year-old who became easily frustrated and either whined loudly or broke down into a loud cry when he didn't get what he wanted. His mom had been telling him to stop whining for quite some time, but that did not change his behavior. So, I suggested she sandwich her message by following these steps:

1. Get up and go to him, and make a gentle connective touch.

2. Layer the sandwich. Offer the bottom piece of bread by saying, "I can tell that you are really upset." When a child feels that others are empathetic, it often defuses some heightened emotions.

3. Provide the precise message you want to send, the meat of the sandwich. "I'd like to be able to help you, but I can't understand you when you are whining or screaming."

4. Finish your sandwich with a wonderful, soft piece of fresh bread. Tell your child that, when he comes to you quietly and is able to whisper, then you will be able to help him. Follow up with a little loving touch on his face or head, and walk away. Initially, this may be difficult to do, but with practice and consistency, you will soon have noticeable success.

Please note that telling a child to calm down is not a clear message. Calm is abstract. Children will scream, "I am calm!" It is better to suggest that, when he can whisper to you, then you'll be able to understand what he wants. It may take a little practice, but everyone loves a good sandwich.

Teach and Communicate Using Secret Codes

Thumbs-up and high fives aren't the only ways to show a job well done. There are endless nonverbal hand signs, as well as quick verbal cues, that express excitement, encouragement, and positive communication. While playing a competitive game of dominoes with neighbors, the men developed a knuckle knock with each winning round. They seemed to form a bond of camaraderie and support with their connection, and they went on to win the game! Children can be easily excited with secret codes and love to be included in secrets. They love little winks or two thumbs-up for a job well done.

While raising my children, when I made an absolute promise, my daughter would ask, "Mom, do you thumb and pinkie swear to it?" I did not promise often, but when I did, I kept my word. If I were sure I could deliver the promise, I would thumb and pinkie swear by connecting our thumbs and pinkie fingers in a sort of handshake and then give each other a wink. She is now twenty-three, but I am certain that, if I promised her something even today, she would ask if I would thumb and pinkie swear to it.

When I taught disabled teenagers, developing sign language and secret codes was a very effective form of positive classroom management.

Although classes were small with only twelve or thirteen students, each student needed individualized attention all day long. I was able to connect with each student by using a lot of secret, individualized codes that did not disrupt the class or embarrass any student with public redirection or humiliation.

The following are some easy secret tips to try in your home.

- From a distance, a simple double thumbs-up provides visual reinforcement. Also, matching up your thumb to meet your child's thumb with the sound of a sizzle implies that he is focused and on fire!

- For those children who have a difficult time keeping their hands to themselves, you can teach the HIP code. Hit your side hip and say "HIP," teaching the acronym for "hands in pockets." You may be surprised to see your child hurry in an attempt to be first to get his hands in his pockets. Rather than repeat, "Keep your hands to yourself" or "Stop touching everyone," a quick HIP can be a fun reminder. It eliminates identifying a specific child or humiliating a child in public while still meeting the goal of teaching personal space. You can transition from providing multisensory cues (verbalizing HIP while hitting your hip) to just one cue, deciding whether a verbal or visual cue is more effective for your child.

- CC stands for "common courtesy." When children all rush to be first, they can be rude and impatient, pushing, shoving, or knocking each other out of the way through a doorway, just to be first to the table or car. A quick, verbal reminder of "Stop! CC!" does not admonish anyone or decrease enthusiasm. It just serves as a reminder to be thoughtful and courteous while making it very clear that you are watching.

Many parents struggle with a child who walks into a bedroom or bathroom without knocking. Oftentimes, children often do not understand the need for privacy and simply need to be taught. Rather than repeating yourself over and over, place a simple octagonal red paper with the word "stop" written on it as a visual reminder on specific doors. Teach your child the rhyming words "stop and knock," practice with him often, and then praise him when he does it.

The very effective Two Tap is described in the Building Skills chapter, which provides a child with his own code to let a parent know that he wants his attention. A child can be successfully taught to approach an adult and ask for help rather than be scolded for interrupting.

Teaching expectations through multisensory communication codes (visual, auditory, and tactile) is much more effective than yelling or issuing constant ineffective reminders, producing rapid, positive results. When learning is fun (when it becomes a game), children are most always ready and willing to play!

Getting More Than a Yes or No Answer

Getting information from a child can sometimes be very difficult, as young children are concrete thinkers. They speak in black and white, such as good or bad or yes or no. Parents can easily learn to elicit information from a young child, helping that child to respond with more than a one-word answer. How a question is asked may determine how a child will respond. A mom of an eight-year-old said she couldn't get much out of her son when he came home from school. She said a typical conversation would be:

"How was your day?"
"Good."
"Great! How was your test?"
"Fine."
"Did you like your lunch?"
"Yep."
"Do you have homework?"
"Nope."

I suggested that mom ask questions that require more than a one-word answer. Questions that elicit a different response might include: What game did you play in gym today? What was the toughest question on your social studies test this morning? Who did you play with at recess?

Try using as many "wh" questions as possible (who, what, when, where, or why do you think). "Wh" questions generally require more than a one-word response and can ignite a whole conversation. It is so important to teach children how to communicate so they learn to become comfortable with expressing their feelings or anything else that is going on in their lives. As they grow, their lives will become so much more complicated, and although they may not think it necessary, they obviously do need guidance, input, and boundaries as their decision making skills are immature and require tremendous scaffolding. With each day, a child learns how to navigate through life, but he may not seek help until his ship sails way off course. Good communication is an excellent anchor.

Evenings and bedtime can be a wonderful time to find out what your child is thinking, who his friends are, or how successful he was in school. Evenings are often a time when children are ready to decompress and talk to their parents, as proven by the child who needs just one more glass of water or has just one more question to ask before bed. Parents, however, are generally focused on rushing through dinner, finishing homework to start baths, and getting everyone to bed without a struggle. Change your focus and develop a mind-set to dedicate much of your evening to your child. He will sense that he has your attention and will be able to relax enough to talk his way into bed, closing out another day with his mom or dad. After story time and dimmed lights, ask three questions to initiate conversation that highlight the events of the day. Clarify concerns, and resolve insecurities or uncertainties. Ask the following: What was the best thing that happened to you today? What was the worst thing that happened today? What are you looking forward to tomorrow? That is a form on sandwiching your language, as you start with something positive, address concerns in the middle, and end with a positive thought or question. Sandwiching your questions is also great for dinner conversation.[24]

Other questions that can increase communication and self-confidence might be the following: What was the nicest thing you did for someone today? How do you think you can make tomorrow a better day? If you have these quiet conversations when your child is in bed, tucked in safely, he may become more willing to open up, providing valuable information that might otherwise be missed.

While my three children were growing up, I spent my evenings with each of them, individually reading and then talking quietly until they had wound down and each felt safe, secure, and ready to sleep. I put each child to bed, one at a time, as the other two read to themselves waiting for me. I did not know much about the latest TV programs, but I learned a great deal about what my three children were thinking and how they were handling situations. I helped them through many concerns that I would not have known about until after the fact, simply because bedtime was the right time for them to communicate. I followed their lead, their need to talk before drifting off. It made bedtime a very valuable time for all of us. I was able to help them process their day and ready themselves for tomorrow. My bedtime routine with my three children continues to pay off, as they

---

24 *Thinking Parent, Thinking Child,* 33.

continue to communicate with me about their young adult lives, their work, their politics, and their passions. What more could a parent want?

Dear Diana

Rude Comments and Hurtful Words

Dear Diana, I recently overheard my three-and-a-half-year-old say to his grandma, "You're old and fat!" To him, all adults are old, but she is also substantially overweight. How do I explain to him that, even though these things may be true, it's rude and mean to call someone fat? His grandma just laughed it off at the time, unknowingly encouraging those types of comments. He has stated his opinion about our neighbors as well. "He's a mean old dad!" and "They're just old people!" I'm not getting the concept through to him. Instead, I just hear, "But she is fat."

Dear Mom, It might be helpful to identify the source of some of these comments. He may be learning to be critical from a children's movie or neighborhood kids. Rather than responding to him after he has used hurtful words, set him up for success by teaching, explaining, and helping him to apologize. Children learn best by doing, so help him to apologize and teach him what is expected.

Speak to your son privately when you have his full attention. Explain all of the exact words that are hurtful, those that may not be used, including the following: fat, old, and mean. Do this outside of the event, while sitting at the kitchen table with a bowl of popcorn, explaining the new rules. Do not wait for it to happen again. He may think it is funny to use those words because, as you stated, he has gotten the response of laughter, although it was probably uncomfortable, nervous laughter. Children have difficulty interpreting unclear communication. The message he may have received was that people thought he was funny when he used those words. Be very clear with your expectations. Let him know that, if he makes a mistake and does say hurtful things to anyone, you will let him know on the spot and help him to apologize to that person immediately. If you hear about it after the fact, take him immediately to apologize. He will undoubtedly be resistant as well as uncomfortable, but apologizing is a natural consequence.

The purpose of an apology is to teach, not to humiliate or embarrass. Even at his age, he will be taking responsibility for his actions, which are his words. Taking responsibility will help him to understand, internalize, and self-regulate. He may be extremely hesitant, but when you help him to walk over to say, "I'm sorry for saying you're fat" or "I'm sorry for what I said," he will learn quickly in an appropriate setting. If your son refuses to speak or apologize, bend down to his level, and say it for him, "Johnny is having a hard time apologizing, but he wants you to know that he is sorry for what he said." It is helpful if the adult on the receiving end accepts the apology rather than accept with a lecture, such as "Well, I hope you don't say that ever again because …" A lecture is a turnoff. The true lesson has already been taught through the actual experience of the apology. Perhaps he can draw a picture, present some garden flowers, or offer an act of kindness as a means of apologizing. When your son does learn to apologize, be sure to provide positive reinforcement, telling him, "That may have been hard, but I am proud of you for apologizing." Apologies are not innate; they are learned. Children need to be taught how to apologize.

A parent's response to his child's behavior will often determine how his child will behave. Parents have asked, "If my child bites, should I bite him back to teach him how it feels?" Absolutely not! We are their role models. It is a mixed message to say "Don't bite!" and then bite a child to teach a lesson or say "Don't hit!" while spanking. Instead, teach through positive experiences and consistent reinforcement. Humiliation, criticism, and embarrassment diminish self-esteem and escalate inappropriate behavior. Parents may hesitate to correct their child in public because they are concerned about escalating the situation into an uncontrollable, embarrassing backlash or temper tantrum. It is helpful to remember that these experiences are as valuable as those in a preschool classroom. The world is your child's training ground. While teaching your child, take a breath, and face a tantrum as another opportunity to refine your parenting skills in public. Other parents will watch how you handle the situation and admire your follow-through.

Dear Diana

Repeating Questions

_Dear_Diana, I heard you speak at my daughter's preschool and really enjoyed your presentation. We have been working hard to implement the consistent routines that you recommended, and they are working wonderfully! However, I have a four-year-old who, after asking a question and receiving an answer, continues to ask the same question. Sometimes, the answer may be, "Yes, but in a few minutes," but she will continue to ask. I realize that, at some point, I must have given in for her to believe that she'll get what she wants if she asks again. I know my first step is to be consistent, but how else should I handle the situation? I'm not sure if it warrants a time-out. What would you suggest? Mom of Questions and Answers

⌐

_Dear Mom of Questions and Answers, Answering your daughter's repetitive questions will need to be your new area of focus, as it sounds like you have learned to be successful with consistency in routines. Now, it is time to become consistent with your communication as well. You may be responding differently with your words as well as your content, so your daughter feels there is wiggle room to get you to change your mind. Your voice (lower or higher intonation as well as volume level) will send a message of confidence or your expectation of her pushback. Inconsistencies, such as sticking to what you say 80 percent of the time with a 20 percent chance of changing your mind, will teach her to negotiate harder, beg for longer periods, and tantrum louder, having learned that she just might be successful in wearing you down.

As a parent, I totally understand about giving in, feeling worn out, or simply saying, "Okay, just this once." However, as both a parent and an educator, I know that is ineffective because children see our change of heart as their success (a reward) for their hard work (a tantrum). Children need boundaries. They need to know what to expect, and they need to be able to rely on your answer remaining the same.

You wrote that your daughter continues to ask again and again. She does this because you have changed your answer in the past. She asks to find out if you will change your answer again. A time-out is not warranted because she is not misbehaving. She is testing communication. Change your communication to help her change her behavior.

The following are suggestions to eliminate continuous questions:

- Before you answer your daughter, decide, "What is my answer?" Learn to say, "I'll think about it and let you know after breakfast." Once you give an answer, you must stick to it, as you are training her to accept that boundary.
- Decide on the language you will always use, so you train her ear to hear, "Yes, when you finish your dinner, then you may have ice cream." Training her to listen for your answer is the first step. When you start your answer with "when," she will learn to listen for the "then."
- Give a benchmark time frame when responding. Children are concrete thinkers, so abstract answers such as "maybe later," "in a few minutes," "not right now," or "probably tomorrow" leave a parent open for continuous questioning. For a child, five minutes is later. Use phrases including,
  - "Yes, you may. After lunch."
  - "When it is dark."
  - "After our company leaves."
  - "Yes, when you wake up tomorrow."

When you say "tomorrow," take her to the calendar and let her draw something on tomorrow to represent the activity for tomorrow.

- Set a timer if you need to identify a specific time (2:30). Place the timer where she can watch the minutes tick away to help her accept and internalize your answer.
- Be mindful of your tone of voice and your consistent wording. Speak with confidence, not annoyance.
- Do not show frustration or anger with her repetitive questions. Simply repeat your exact prior response, "Yes, after breakfast." Your frustration may be the fuel she's looking for, so her continuous questions have become misbehavior rather than a lack of clear communication.

How a parent communicates and responds in nearly every situation will determine a child's success. Mindful communication, patience, and your understanding that you are his role model will give you the results you are looking for.

Dear Diana

My Daughter, the Complainer

Dear Diana, I am the mother of two girls, ages five and seven. I have learned many strategies that have improved our overall family life from your column. However, we have a continuous problem with our seven-year-old, who complains about absolutely everything. She is never happy or satisfied. We've actually nicknamed her "Carley the Complainer." She merely tolerates her sister. They don't have a good relationship. Carley seems to feel that her younger sister gets more attention. Honestly, her younger sister is more enjoyable to be around, so people are naturally drawn to her. We constantly tell her we love her, but she doesn't seem to believe it. Now when Carley gets angry, she overeats, and she is gaining weight. Her complaints affect our whole family as we try to please her or explain our decisions to her. I'm open to any suggestions because what we're doing is not working. Thanks, Carley's Mom

Dear Carley's Mom, Over time, you can minimize Carley's complaints and change how she feels about things by incorporating some new, positive strategies. It is important to know that even an occasional reference to her nickname, "Carley the Complainer," is unproductive as well as hurtful to her development because, as long as she is labeled, she will continue to be angry, complain, and live up to her negative nickname. Carley has learned to get your attention by complaining. That is her way of expressing her feelings that things are unfair and she feels less loved. You have said that she always seems unhappy. Her unhappiness may be the root of her complaints. Complaints are her way of getting your (negative) attention. Children thrive on parent's attention, negative or positive. Taking the time to find out why she is unhappy may resolve many of the issues that might otherwise become complaints. Ask her questions. You do not need to agree with her, justify your actions, or convince her to feel different. Just let her know that she is being heard. Respond with, "I'm sorry you feel that way" or "What do you think you can do to change that?" Show her how much you love her by making extra time for her. Structured activities that include both girls will improve their sibling relationship.

It is important to remember that a child's perception is her reality. If she perceives and believes that her sister is better loved, then that is her reality. If she does feel less loved, simply telling her you love her will not change her attitude. You need to find ways to make her feel your love. If you continue to become angry or frustrated with her complaints, you will continue to get from her what you are getting now. Remember, nothing changes if nothing changes. You need to change your patterns in order to change her patterns. When Carley complains, touch her gently so she knows you heard her. With kindness and empathy, tell her you are sorry she is unhappy with the decision, and move on. Stay in control. Redirect her to another conversation or activity. It is important not to respond to her complaints, which would train her to continue. Do not defend because that ignites negotiation and provides the opportunity for further argument. Responding to her specific complaints is not productive because it empowers her as a complainer.

Do not focus on Carley's overeating, as that can become a power struggle with medical complications. Speak with your pediatrician, and remove the junk food from your home. Her emotional eating is her way of filling up those empty spaces inside. Instead, focus on filling those places with love, confidence, and positive praise for all she does well. As her self-confidence rises, her need to satisfy herself with food should diminish. Increase her physical activity without bringing attention to it. Invite her on a bike ride or a race up the stairs. You can turn her life around if you make it your focus. How lucky she is to have you for her mom!

4

Building Skills

Introduction: You Can Teach Anything

There are so many ways to improve your child's behavior, but simply expecting or telling your child to behave is not going to make it happen. Children need to be taught over and over by example with multisensory communication, consistency, and love. Within each article in this chapter, positive strategies are included to teach new, desired skills to set up your child for success. Additionally, each of the following articles offers information regarding the effectiveness of teaching outside of the moment.

Distressing, embarrassing behaviors can be eliminated and replaced with thoughtful, well-mannered behaviors. When parents see the same behavior reoccurring over and over again, they often lose patience or yell out of frustration. If you have been unable to change a behavior by telling or yelling, try some of the positive teaching strategies in this chapter. The misbehavior of the moment always needs to be immediately addressed with a correction, but in order to change that misbehavior, to teach a new skill, or to eliminate an unwanted behavior, you will be most effective when you teach outside of the event. Read how to be more successful at another time when you are able to teach and your child is able to hear and learn. Determine a replacement behavior you want, and then provide a positive training ground for practice, the scaffolding for successful skill building. You can teach or retrain your child by providing the information he needs through multisensory communication and modeling.

The things we pay attention to will definitely continue or increase, depending on the amount or type of attention we provide. It is basic human nature. Think about a compliment you have recently received and how it made you feel. Did your self-confidence rise? Did you repeat that behavior again because you were complimented? If someone said you looked absolutely great in a particular pair of black slacks, you would probably wear them often, perhaps every day with a different shirt, blouse, or sweater. The top would change, but the pants would remain because you received a powerful compliment. Providing continuous, positive reinforcement to your child (for the exact behavior) will result in improved behaviors.

In this chapter, you can read about the successful steps to teach your child to hold your hand in public. Read how to teach your child to help you shop at the market instead of running through aisles, begging for cookies and candy. Read about the incremental training steps to use to teach your child to wait with patience while you are on the phone. Another article offers information on how to change your response to minimize or eliminate complaining or whining. Read how to teach table manners with ease, as you turn dinnertime into a family restaurant game. Another article offers training for the Two Tap, so that with a few simple, repetitive steps, you can teach your child to say, "Excuse me" instead of interrupting. And read about teaching apologies for mistakes or lies, so you will become comfortable to tell the truth. Any behavior can be changed, just as any child can be taught the skills we want him to have. The determining factors for success are how and when they are taught.

Build Skills, Develop Independence, and Raise Self-Esteem

You can raise your child's self-esteem, starting today. Children with high self-esteem display fewer misbehaviors. They are higher academic achievers, and they develop strong, healthy peer relationships. They are confident problem solvers. Self-esteem is built from successful experiences. Children experience success when they try, do, and accomplish new things. They learn quickly with hands-on doing, and they love to help, as evidenced by the many popular child-sized toys such as vacuums, lawn mowers, shopping carts, and kitchen sets. Each time a child tries, does, and is successful in learning a new skill, his self-confidence soars. Unfortunately, as parents, we often do for our children what they can easily do for themselves, simply because we don't want them to feel burdened or often because it is so much easier or faster to do it ourselves. However, when parents do the work, it eliminates the opportunity for their child to build skills and develop independence. Encourage your child to help with daily chores, which will help him feel included, needed, and more a part of your family. Completing a simple task teaches a child that a job has a beginning and an end. It teaches responsibility, structure, multistep processing, and forward thinking (what should I do next?). Teaching small tasks, such as setting the table, sweeping crumbs from the floor with a small dustpan, or sorting colored socks will foster independence and build a sense of pride. Do not deprive your child by doing everything for him. Teach him.

The following are some fun ways for your child to help out, pitch in, and pick up:

- **Design a pickup pail.** Using markers and puffy stickers, help your child personalize a wash bucket with a handle. Each night, as part of your bedtime routine, walk through each room of the house with your child to pick up his belongings and pop them in his pail. Make it fun, and help him to put everything away. When your child learns he is responsible for putting his belongings away, he will be less likely to drop and go.
- **Create a helping hands job jar.** Cut out magazine pictures of items, including socks, clothing, towels, a hand vac or broom, and so forth. Trace your child's hand, cut out, and decorate a plastic container. Place magazine pictures inside, so your child can pick out a job each day (folding towels, sorting socks, vacuuming the car, and so forth). No peeking!
- **Create a place mat model.** Purchase inexpensive plastic place mats. Set a complete place setting on each place mat, and trace a plate, cup, fork, and so forth with permanent marker so your child has a model to set the table alone.

Remember to continually recognize all of your child's efforts and successes with verbal praise and a connective touch for high impact and increased self-esteem.

No More Interrupting!

Teaching children to be patient is a challenge. Children feel that what they have to say is critically important and worthy of immediate attention. They interrupt when others are speaking, especially when their parent is on the phone. A parent may tend to ignore interruptions until they escalate, either in volume or behavior. That negative behavior will finally get a parent's attention. Remember that the things we pay attention to will continue, whether we provide negative or positive attention. So when you respond to a child's inappropriate interrupting or screaming, you are giving in and providing reinforcement for that behavior. If you continuously say, "Don't interrupt," that does not teach a change in behavior. Also, remember that nothing changes if nothing changes, which means that, if you do not like the way things are going, you need to change how you are teaching!

Do the Two Tap

For a child who constantly interrupts, an effective approach to teaching patience and manners is to teach a replacement behavior for interrupting. Eliminate interrupting by teaching a little game I named the Two Tap, which teaches manners and patience. Children respond well because they become empowered with a strategy to attain their parent's immediate attention in a positive way. It is easily taught in two parts, about two weeks apart, for your child to be completely successful.

- **Part One: No More Interrupting.** Explain that, when your child wants something, he can come to you and tap you two times on the leg or arm, saying, "Excuse me." Model it for him, and role-play with him. Tap his arm two times, whisper the numbers "one, two," and then say out loud, "Excuse me!" Within days, your child will successfully implement the Two Tap if you immediately recognize, respond, and reward his efforts. Let him know what his rewards are:

  1. You will stop your conversation to hear his important message.

  2. You will respond with, "I am so proud of you for remembering the Two Tap."

  3. You will answer your child's question.

If your child interrupts you, forgetting to use the Two Tap, do not reprimand him with, "Don't interrupt! You should have done the Two Tap!" Instead, say less and do more. Model it for him by quietly taking his hand with your hand and tapping your leg twice, saying "One, two. Excuse me!" This teaching approach with physical engagement has a much bigger impact on his memory than negative reprimands.

- **Part Two: Learning to Wait.** After several weeks, when your child has consistently used a Two Tap, let him know you are so proud and you now are adding to the game. Tell him that, when he Two Taps, you will give him a signal. Hold up one finger, which means he needs to wait one minute, or hold up two fingers, which means, "I need a few minutes." Provide empathy, saying you understand how hard it can be to wait, but if he is able to wait, you will give him all of your attention when the time is up. It sounds simple because it is. Children want undivided attention, and this process provides exactly that.

Reinforce Those Skills

Each time your child does the Two Tap and waits patiently, it is critical that you respond to him as soon as possible, lavishing praise for remembering the game and his patience. Each time you mention the Two Tap, you are reinforcing that process in his memory with a positive emotional memory of receiving hugs, kisses, and all of your attention. This is child tested and parent proven over and over again. The Two Tap absolutely works!

Stay with Me. Walk by My Side. Hold My Hand!

Stay with me! Walk by my side! So many parents have asked, "How can I get my child to stay with me when I am in a mall or a parking lot? He always runs away, and I'm afraid to take him anywhere!" Parents can easily train their child to walk beside them while holding hands, if they make the commitment to teach the lesson. Children love direction and boundaries, as it gives them a sense of security. When we do something over and over, we provide the security a child needs to learn with success.

The Process

Teach your child exactly what you want him to do, which is to hold your hand. Yelling at him while he is running through a mall will not teach him to walk by your side. Running after him will not teach the skill either, and running becomes extremely dangerous, as children often run further when someone is chasing them. To a child, running is simply a game. Teach the skill over and over until it becomes a natural part of your child's behavior. Take him for a walk every day to explore new things. Some days may require an umbrella; some days may require a coat. Some evenings, he can hold the flashlight, but every time you leave for your walk, he will be required to hold your hand. The following process will outline the steps you need to take:

- **Before you go.** Tell him that you will take him for a walk every day as long as he holds your hand. You can offer the choice of holding your belt loop or your finger, but he must remain connected. Teach him with the same repetitive procedure. This is his training, and time with you is his reward.

- **As you head out.** Ask if he remembers the rule. Remind him that you will continue on your walk as long as he holds your hand. If he drops your hand to pick up a leaf, quickly prompt him one time with a reminder that he needs to remain connected. If he tests you and breaks away running, pick him up and take him home, without discussion. It is not a punishment, but it is rather the consequence of his running. That is just the way it is. After many walks, he will learn that you will walk with him unless he runs away. When you follow through and pick him up to take him home, he will probably squirm or beg you for just one more chance. Your consistent response will determine his future success. It is so important to follow through, to pick him up and take him home, saying only, "I am so disappointed that you let go of my hand, and we had to end our walk." End the conversation, as there is no need to lecture. Actions speak louder than words.

- **The next day.** Begin the exact same way. Ask if he remembers the rule of holding hands. Remind him you will walk together as long as he holds on. Each day, you will be able to walk farther, and within a few weeks, you should have a child who willingly walks by your side.

- **Practice in the field.** Start in a safe, contained area, such as a grocery store. Set him up for success by shopping for only a few items. Provide the rules, check for understanding, and offer continuous verbal praise of how proud you are that he is holding your hand or the shopping cart handle. The more you praise him, the more successful he will be. If he runs in the store, he then loses the privilege of walking and must sit in the cart until your brief shopping trip is finished. Again, it is not a punishment; it is a consequence. Safety must always be given the highest priority.

Running is a game to many children, while it is an act of impulsivity for others. Setting expectations with layers of experience will provide the foundation a child needs to learn a new skill. The families I have worked with can now all take their children out and about because they were completely dedicated to a consistent training process. They played running games in the park and in the yard, so that running was given a time and a place. Their dedication to the process over several weeks gave them the peace of mind to know that their child will stay with them safely.

Learning to Tell the Truth

Many children have difficulty taking ownership of their mistakes. They commonly deny wrongdoing or blame a sibling, which I refer to as the "Blame Game." Fairly typical responses from young children when they feel they are about to become admonished include:

- "I didn't do it."
- "It's his fault. He made me do it."
- "It wasn't my fault. He pushed me first."

Sometimes a child will tell a little fib. When asked to clarify, he will only find himself in the position of weaving a story around his little fib, which has become a grand lie. At that point, it is often too difficult for a child to admit he has lied for fear of the repercussions. Children can become comfortable with blaming or lying because it is easier than getting into trouble, and sometimes a lie sounds better than the truth. Many times, they do not get caught in their lies, so they learn to take a fifty-fifty chance of getting in trouble. Thomas Jefferson wrote, "He who permits himself to tell a lie once finds it much easier to do it a second and third time, till at length it becomes habitual."[25]

For a child, feeling safe enough to tell the truth is a wonderful feeling. Parents can make it easier for their child to tell the truth by teaching him that, if he makes a mistake, he can safely come back and tell the real story. Encouraging a child to come back without fear of punishment for lying provides safety and comfort, which helps him to be more successful in telling the truth time after time. Parents can locate many wonderful children's books to read together and later reinforce the topic with light conversation regarding the importance of trust and the truth. Providing

---

25 Thomas Jefferson letter, 1785.

a child with verbal praise and a gentle touch every time he is accurate or truthful will reinforce that desired behavior, which is the truth.

I met a family with a nine-year-old who told lies often throughout each day, many of which were insignificant pieces of information. Her parents were so concerned that she would become a habitual liar, so they began to feel the need to question everything she said. She was not trusted, and her word held no value. Nothing they tried made a difference, so they decided to try to break the cycle by teaching her the "come back." Using the phrase "come back" can make it less threatening for a child to implement the actual tool, the opportunity to return with the truth without getting into trouble. Shortly after her initial introduction of the come back, her dad questioned her about an obvious lie. He told her that it was very difficult to believe what she was saying, so perhaps she would like to think it over and use the come back. Not long after, she returned to say she was sorry because she had not told the truth. Her dad could have fallen into old patterns with admonishment and punishment for lying, but he didn't. He did not yell at her or question her as to why she lied. Instead, he remembered his goal, to have her learn to come back to him to tell him that she had made a mistake. He was delighted that she had chosen to come back and tell the truth. She had done so because she had been taught that she would be safe and not punished. He told her how proud he was that she came back to tell the truth, and together they figured out what her consequence should be for breaking the vase, which was to apologize to Grandma and then earn money to replace it. He asked her how she felt after telling the truth, and she said it felt good to be able to come back to him and be honest.

I warned her dad that, in certain situations, her first reaction may be to lie, as that has been her pattern for years and she has become comfortable with it. However, each time she does tell the truth and is recognized for it, she is one step closer to earning everyone's trust. Her father told her teacher about the come back, who began to implement it within her classroom. She offered the opportunity for anyone to come back about anything and said that many children self-reported mistakes they had made. She said the dynamics of her classroom had changed for the better with less tattling and more children telling the truth.

Natural Consequences

It is important for children to be responsible for the things they lie about, and a natural consequence needs to be determined. For instance, when asking a child if he ate the three cookies on a plate and he responds with a lie but then comes back to tell the truth, the immediate parental response should be verbal praise for telling the truth. The next step should be to ask him what he thinks should happen as a result of lying about eating those three cookies. If he cannot come up with an answer, then you might suggest that he not have cookies in his lunchbox tomorrow or he needs to skip dessert tonight. Empower your child, and when appropriate, allow him choose his consequences, which will be more meaningful for him.

Off to the Grocery Store!

Shopping can be complete madness with a young child if you're not prepared. Stress levels of both children and parents seem to rise in stores. I see lots of crying children out and about. Many have learned that, if they cry loud enough or long enough, they will get what they want, such as a toy or some candy to quiet them. Parents handle their crying children in different ways. Some parents yell or threaten, while some give in out of embarrassment and buy the candy. Some parents may refuse to take their child to the store and put off shopping until they can shop alone. That gives a child tremendous power. It also minimizes exposure to and exploration of the world around him. It is easy to set your child up for success and provide experiences to increase interest, good behavior, and self-esteem.

Design a shopping board with your child to create interest and the ability to easily include him in your weekly purchases. The following process will line out the steps:

- Gather materials, including a small piece of cardboard, a roll of clear contact paper, glue, and tape. Divide the cardboard into food categories, including dairy, meat, fruits and veggies, grains, and other (shampoo, paper towels, and so forth).

- Collect multiple food flyers, and cut out pictures of all the various foods you commonly purchase.

- Choose one item to represent each category across the top of the cardboard to help your child visually identify each category. Help your child glue that picture under the category name. For example, glue a picture of milk under the dairy category and hamburgers under the meat category.

- For long-lasting protection, place clear contact paper over the board as well as on all of the pictures of foods you have collected from various flyers. Trim and sort the pictures with your child into the five groups. Store each group (dairy, meat, and so forth) in its own plastic zip bag, and place the five small bags into one large plastic zip storage bag. Connect the large plastic bag and the cardboard with a hole punch to keep the pictures with the board.

- As you make your marketing list during the week, help your child tape the pictures of the items you need on his shopping board. Make him aware of the things that are on the board and the things that are not on the board (candy, cookies, and such). At the store, have him identify the items you need, place them in the cart, remove the pictures from his board, and place them back in a plastic zip bag.

If you have more than one child, you can engage them by assigning jobs. Provide them with job titles and assignments, such as a board holder, a shopper, and the picture keeper, who places the pictures back into the plastic bags.

For a less involved shopping board, purchase a small dry erase board to engage your child at the store. Before you leave, draw simple pictures (loaf of bread, milk, ice cream cone, and so forth) to provide visuals of the things you need. Your child can wipe off or check mark the items that have been placed in the cart. Another alternative is to use a clipboard and draw simple items on paper, providing a colored pencil for your child to color in the items once they have been found.

Engaging your child in these ways will help him feel involved and important, minimizing the chance for undesirable behaviors. Providing lots of praise for great shopping and great listening will help keep your child happy and safe. You can comfortably transition to other types of stores, providing the information and boundaries of what you will be buying and what you will not be shopping for. Do not feel the need to bribe your child or pick up a little something each time you go to the store. Parents who buy their child something each time they go out teach the child to expect something each time they shop. Remember, if you give in at the checkout, you are teaching your child to cry for what he wants until he gets it. When shopping, set your mobile phone alarm, and provide praise every ten minutes for keeping up, helping out, and being the best little shopper ever. That is much better than rewarding with candy. For examples and pictures of how to create your own shopping boards, visit www.yourperfectchild.com and click the "Make Your Own" tab.

Teaching Table Manners

Many children have a difficult time in a restaurant. They are easily bored and become loud, so parents provide bread and soft drinks to quiet them. By the time their meal arrives, they are completely full, bored, and loud again. Teaching restaurant manners at home can be easy and fun as it prepares them for those special times when you do go out for a family meal. Children can learn restaurant manners as a game, as they remember to chew with their mouth closed, use a napkin, and keep their hands in their lap. Start your own family restaurant in your home to teach the skills you want to increase.

To incorporate manners in your family restaurant, design a file folder to stand on the table. Print your family restaurant name across the top. Under your family restaurant name, write "Restaurant Rules," and list four simple rules:

- **Rule 1:** Chew with your mouth closed. (Draw lips.)
- **Rule 2:** Place napkin in your lap, and wipe your mouth. (Glue on a paper napkin.)
- **Rule 3:** Place hands in lap, and keep elbows off the table. (Draw a hand.)
- **Rule 4:** Speak quietly (almost a whisper) at the table, and do not talk loudly. (Draw an ear.)

Use the opposite side of the file folder to draw "Ordering Rules" that you feel are important. Draw a loaf of bread with one slice, which indicates he may have one piece of bread at the table. Draw one glass, indicating he may have one drink, so as not to fill up before the food arrives. Determine what other rules you feel will help him be successful at the table, and identify those rules with simple drawings that are easily identified.

Review all the restaurant rule pictures with your child and ask him to identify each when you call out the number. If he talks with his mouth full of food during dinner, simply provide a visual, and hold up one finger so he can refer to the rule chart. If he needs to use his napkin, hold up two fingers. Tell him that, when he can identify all the rules by number, you will celebrate at a restaurant to show off his manners!

There are many job opportunities in a restaurant, so offer those to your children as you prepare and serve each meal. Your child can be an assistant chef, the table setter, the wait staff/server, or the busboy who clears the table. Rotate jobs, and allow your child to experience all of them. Be sure to emphasize manners, using "please" and "thank you" so your child will be ready to order.

For complete restaurant success, fill a canvas bag with dot-to-dot books, bubbles, colored pencils, a dry erase board, and so forth. Keep this bag only for use at a restaurant, not at any other time. It will help to keep him engaged and quiet while everyone is waiting to be served. A SuccessBag™ was developed for restaurants and other outings and can be viewed or purchased at www.yourperfectchild.com.

Nagging or providing repetitive directives may remediate an immediate problem, but it will not instill long-term manners. Teach your child with a game, with the incentive of celebrating at a restaurant, so he will learn to take pride in his new skills. While dining at the restaurant, identify the job that people are doing. Encourage your child to use his ordering manners, as you practiced at home. You will be delighted when other customers stop by your table to compliment your child's delightful behavior and wonderful manners.

Use a Puzzle to Improve Behavior

Recognize your child's many positive behaviors throughout each day to help him develop self-confidence. When a child feels confident, he has less need to act out for negative attention. This will affect his overall social functioning and academic performance. Some parents do not feel they should have to teach their child what to do, believing that kids should know how to behave because they have been told several times. Children learn by watching, doing, and listening. They try what they see, and they repeat what they hear. Children learn through appropriate modeling, opportunity for exposure, and recognition of their successes. Some parents also feel that, once they have told their child what is expected, there is no need to recognize or praise that accomplishment. However, children learn quickly when they are continually recognized or praised for what they have done well.

The type of attention you provide will determine your child's success. There are many different approaches or parenting styles. Some of which will actually ignite negative, attention-seeking behavior. Watch what you say and how you say it. Some parents might argue, "I'm not the problem here, so why should I have to change what I'm doing? Why do I need to give him a pat on the back for every little thing he does well?" Simply put, although you may not be the problem, you can be the solution. Your child cannot change his behavior without your help. So jump in, and commit to improving your child's behavior by recognizing the positive things he does throughout each day. Recognize efforts with verbal praise, physical touch, and a tangible incentive.

Create Puzzle Pieces for Great Behavior

Define great behavior with your child. Ask if fighting with his brother will earn him a puzzle piece. Ask if sharing will earn him a puzzle piece. Explain that sharing, kindness, and listening the first time will earn a puzzle piece.

- Save the front flap of your child's favorite cereal box. On the reverse of the front, draw simple puzzle shapes and number each piece, up to ten. Cut and place those pieces in an envelope. The puzzle pieces are the tangible incentive you can give to your child for really great behavior.

- Place the envelope of puzzle pieces in a small basket or box. As your child listens the first time, shares nicely, or puts away a toy without a reminder, provide verbal recognition, a gentle touch to provide sensory communication, and a puzzle piece.

- As you recognize great behavior throughout the day, provide puzzle pieces, and help your child tape the pieces together. Your child will become excited with the puzzle as well as improve his behavior because he has your recognition and attention. Do not use the pieces for bribery. Bribery does not teach self-control or self-regulation.

- Choose a grand prize when the puzzle is complete. An intrinsic reward might be to make ice cream sundaes together, go for a hike, or play a board game of his choice. Those rewards are lasting and meaningful rather than an extrinsic reward, such as a toy.

When you give a puzzle piece, describe the action that earned it. Saying "good boy" is not enough to improve a behavior. Tell your child exactly what you are pleased about, saying, "I'm glad you threw out your paper plate." This is recognition directly related to the behavior you want to continue. If you feel you should not need to praise a behavior but understand the importance of recognition, give a factual narrative, "I see you threw your paper plate in the trash." That tells your child that you are watching what he is doing and recognizing his efforts. Do not ever threaten or take puzzle pieces away for bad behavior. Your child earned those pieces for specific behaviors, which you want to continue. When you focus on the positives, you will be amazed by how happy and well behaved your child can be.

Dear Diana

I'm on the Phone!

Dear Diana, I have a two-year-old daughter. I run a small business from my home, and whenever I get on the phone to make appointments, my daughter inevitably needs my attention or cries out. Needless to say, it is very disruptive for my work, and she isn't happy either! Do you have any suggestions for how I can teach her to be quiet and to wait while I make my calls? Phone Mom

∽

Dear Phone Mom, Yes, you can absolutely teach your child to be patient and quiet while you are on the phone by training her in small, incremental steps over the course of several days. Most times, a child will interrupt while we are on the phone, simply looking for attention. Set your child up for success with this three-step training process, eliminating your need to do, answer, get, or fix something. The first step is the most detailed and the most important.

- **Teach.** Bend down, touch your child, and say you are going to make an important call. Tell her you want to be very sure she has everything she needs while you are talking. Choose a drink, a small snack, and a fun activity that she can do independently (coloring, building blocks, and a book). Set everything up in one area, and ask if there is anything else she needs before you make your call. Teach her a secret reminder code, and tell her that it is very important for her to be very quiet while you are on the phone. Say, "If you forget, I'll give you the secret reminder code. I will always come to get you as soon as I am off the phone, and I will be so proud of you for being so quiet." Teach simple, effective codes, including "Shhhh" with one finger on the lips. She may love to see you puff your cheeks, as if blowing up a balloon, and refering to it as "catch a bubble." When you do the catch a bubble code, she will remember to catch a bubble herself and wait patiently. You might display a "stop" gesture with your hand, showing one or five fingers to indicate how many minutes you will be on the phone.

- **Test.** The second step is to make a brief call within eyesight and earshot of your child. Call anyone or no one, but be certain that the conversation is under two minutes so your child is still engaged in her activity and successful by remaining quiet.

- **Praise.** Finally, when you hang up from your call, get up and go to your child. Make a gentle connective touch, and give a verbal praise, stating how proud you are that she "was so quiet" while you were on the phone. Spend a few extra minutes with your child, as your attention is her reward for patience and her quiet behavior.

Follow these three steps several times a day every day for about a week. Each day, you can lengthen each subsequent call by one minute longer. If you are consistent, your child should become well trained, enabling you to make your business calls. Many families who have implemented this pattern have become interruption-free. Most importantly, remember that your daughter needs your attention, so keep your phone calls as short as possible and lavish praise for her patience.

5

Temper Tantrums

Introduction: Nobody Likes a Temper Tantrum!

Approximately 70 percent of toddlers have a least one temper tantrum per day.[26] Temper tantrums are tough to endure. They evoke a wide range of feelings in parents, sometimes making them feel incapable, inadequate, or even incompetent in their position as a parent. Those feelings usually evolve into embarrassment, frustration, and then anger, leading some parents to feel they do not have control and are therefore out of control. A child who senses that his parent is not in control can become unsettled and display attention-seeking behavior. Common questions that parents ask include: Why can't he just do what I ask? Why does he have to be so headstrong? Why is parenting so tough? Why doesn't anyone else seem have this problem with him? What am I doing wrong, and why does he love to push my buttons? A variety of clearly defined interventions described in this chapter can diminish tantrums and aggressive behaviors.

Why Do Children Tantrum?

Children melt down, tantrum, act out, or become aggressive for a variety of reasons. Young toddlers can become easily frustrated when they can't communicate their wants or needs due to immature language skills. They are told "no" and have things taken away from them, either for safety or disciplinary reasons, throughout the day. Their frustration can lead to aggressive behavior, including biting, hitting, kicking, and hair pulling, to

---

26 *The Incredible Years*, 17.

name a few. Children also fall victim of the acronym HALT, which stands for hungry, angry, lonely, and tired. When one or more of those describes your child, you can be certain that he is going to melt down.

Another precursor to meltdowns is the manner in which you present a directive. How you communicate your expectations will often determine the outcome of how your child responds or complies. When you get a no from your child, do you escalate out of anger from zero to ten, or do you take a breath, connect with your child, and calmly repeat your expectation? Some children have a temper tantrum because they have learned that a great deal of attention is provided when they scream. You might say that these children have been trained to tantrum, as their unruly behavior motivates their parents to give in and give him what he wants just so he will stop screaming. Most parents will say they give their child constant attention, so he should not need to seek negative attention with a tantrum. However, the type of attention you give to your child will directly impact the behavioral outcome. Simple steps to redirect and remediate behaviors are found in this chapter, with an emphasis on providing positive strategies to meet the needs of the moment.

Changing Behaviors

To be most successful in changing your child's behavior, you will need to change your automatic responses, your wiring, or your entire electrical panel so old buttons don't work anymore for your child. You need to pull things apart and really take the time to think about the problem at a time other than when the problem is occurring.[27] When you focus on the "wh" questions (why does this happen, when does this happen, where does this happen, and with whom does this happen), you can approach the problem in a constructive way, develop a thoughtful parenting plan, and make a conscious effort to consistently follow through every time with the same response.

Think of all the ways you have tried to change your child's behavior. Have you yelled, threatened, given time-outs, and then given up? The expression "nothing changes if nothing changes" comes to mind. When you change your mind-set and decide to teach and retrain your child with new ways to behave, you will be amazed with your success. Remember that consistency is instrumental in retraining your child. Did you ever notice that some parents seem to have children who are quiet and respectful

---

27 *Developmental Profiles: Pre-Birth through Eight*, 82.

and follow directions? A teaching approach and parenting style molds, guides, and shapes a child. Watch that parent to learn how he handles misbehaviors, noncompliance, tantrums, or rude behaviors, as well as how he pays attention to all the small wonderful things his child does. That is the key to changing behaviors. When your child does what he is told, shares with another, picks up after himself, makes an attempt, or is thoughtful, rigorously focus on that behavior, providing continuous recognition. You will soon see improved behavior, compliancy, and confidence. It is not magic; it is human nature. We all want to be recognized for the nice things we do or the achievements we make. As a parent, you may forget, get too busy, or just expect our child to do as he is told. However, a deed unrecognized is a deed in jeopardy. Children learn from their successes and build upon them. It is critical to provide extensive positive recognition for the behaviors you want to continue. Read more about providing appropriate recognition in the Communication chapter.

Defusing and Distracting

There are many ways in which to deter a child as he is escalating, but it is nearly impossible to defuse a full-blown tantrum. Watch closely and develop awareness as your child starts to escalate from zero to ten. When he is at levels one, two, or three, you can often redirect or distract with success. A child in a full-blown, out-of-control tantrum is not able to pull himself together simply because you are telling him to do so. He will need to learn how to de-escalate on his own. A successful method of teaching self-regulation is to walk away and provide a safe, quiet space with no audience and no fuel for his fire. I have prompted many parents to remove themselves from a spiraling, out-of-control tantrum when they have typically responded with coaching, prompting, demanding, begging, or bribing with a negative result. Unfortunately, sometimes when a parent changes their behavior and walks away, the child will escalate (throw or break something), attempting to get his parent to respond as he did in the past. That is called an extension burst.[28] This can be eliminated with consistency. Read more in this chapter to learn, step by step, how to minimize or eliminate tantrums and aggressive behavior. Understand and believe that you can change any behavior with a behavior plan, compassion, and consistency.

---

28 *How to Behave So Your Child Will, Too*, 109.

Misbehaving or Misunderstood?

Many things can add to morning stress, one of which may be a child who refuses to get dressed. I have worked with so many families whose child is completely intolerant of the feeling of an uneven sock seam, the rough feeling of jeans, the sandpaper feeling of a shirt, or even the seams of a tag at the collar. A child may not necessarily be able to express his discomfort, so his behavior may present with screaming or refusal to dress. Dressing a child for school can be challenging enough, but dressing a child who cannot tolerate the feeling of socks or shoes can send you over the edge.

Many parents are unaware of potential sensory issues that can significantly affect a child's behavior. One of my sons, now very successful and working on Wall Street, had to have his sock seam exactly straight across the toe line every morning, no matter how late we were running. If it were not perfect, his shoes came off, and we had to reseam until he was comfortable. I learned to turn his socks inside out, keeping the seam away from his skin. He had acute hearing, so I removed his bedroom clock because the ticking kept him awake. And, believe it or not, he could smell vanilla ice cream from another room. Heightened sensitivities can become a disability because a child remains focused on the sensation and is unable to attend to other learning. However, I know firsthand that success is limitless if a parent becomes educated and dedicated to work with what could otherwise be thought to be a defiant, difficult child.[29]

A mom contacted me in tears, saying her son was ruining their household. He refused to dress for school, fighting and screaming as she put on his clothes every single day. We talked about the items he was comfortable wearing, which were a total of three pairs of pants and five shirts out of his entire closet. I suggested books for her to read to learn about sensory processing disorder and provided a lot of information for her to digest. I suggested she only purchase clothing that he had tried on and he should wear them around the house to see if he remained comfortable before the tags came off. We developed the plan that, after his bath each night, he would get dressed in his next day's school clothes to be sure those clothes were comfortable. Just before bed, he changed into his pajamas, and his school clothes were laid out for the next morning. Any morning difficulty could then be identified as behavioral since the clothes were worn comfortably the previous evening. That was more than a year ago, and today, Joey has expanded his tolerance as well as his wardrobe. Contact

---

29   *Raising Your Spirited Child*, 115.

your pediatrician and discuss an occupational therapy evaluation if you feel your child may have sensory processing difficulties.

Another area of concern that can directly affect behavior is allergies. I have worked with many children who have had severe reactions to food, soaps, or medications, and their reactions manifested into aggressive behaviors. Review the use of new detergents, allergy medications, quantities, or varieties of chemicals or dyes in processed food as an important first step in determining the cause of misbehaviors. Review your family history for illness and allergies to eliminate uncertainty and find your answers.

Years ago, I worked with the parents of a three-year-old with koumpounophobia, a fear of buttons. She violently refused to wear anything with buttons and screamed if her mom approached with buttons on her shirt. Many thought she was totally noncompliant and needed to be forced or punished, but that did not resolve the issue. Mom learned to accept that the pretty clothes with buttons were not going to be worn, and if she wanted to hold her daughter, she needed to remove her own buttons. The little girl gradually learned to sit near others with buttons and developed self-regulating techniques of hand washing when she came in direct contact with a button. Although your child may not have koumpounophobia, it is important to be aware, to acknowledge, and to accept that your child may be exhibiting misbehaviors due to an underlying cause. Children cry out for help in a variety of ways. We need to listen, watch closely, and love them, no matter what. Over time, tolerance and healing can occur with therapeutic exposure, effort, and support from family and professionals.

Take Five Minutes to Change Your Child's Behavior

It is absolutely amazing how five or ten minutes of your time can improve your child's behavior. When parents get home from work, they may just want to change out of work clothes and decompress. Coincidentally, that is often the time your child will escalate his attention-seeking behaviors. Some parents might be familiar with the term "the 5:00 witching hour" or "the mother hour," as my mom used to call it. Those phrases refer to when kids are hungry, tired, and wanting or needing help or attention. Providing your child with a few minutes of positive, focused attention could eliminate hours of evening stress.

I worked with a family whose little boy became destructive the moment his dad came home from work. He tore through the house, chased after the dog, and knocked things over, demanding that Dad look at his building blocks or coloring work. His dad just wanted a few minutes alone to take off his coat, catch his breath, and go through the mail. His son learned how to get his attention with yelling and spankings. They were in a destructive cycle. I asked questions to determine the motivating factors for this little boy to misbehave. I asked about his overall behavior, how much time he spent with his dad in the evenings or on weekends, and what routines were in place. The parents reported that their son was generally happy, could follow routines, and could engage with other children appropriately. He "just went crazy" around dinnertime when his dad came home.

I suggested that his mom offer a very small, nutritious snack around 4:00 to eliminate his hunger. I asked his dad if he would consider spending five or ten minutes with his son as soon as he came in the door rather than taking time alone or checking the mail. I prompted their son to choose a book or game that his dad could enjoy with him when he got home. I suggested that his dad call when he was close to home, so his son could be ready and waiting on the couch with his book or game. Everyone was set up for success. As a result, their son felt important, more important than the mail. He quickly learned to self-regulate his attention-seeking behaviors, knowing he had his dad's full attention for the first few minutes each night. The destruction, yelling, and spankings stopped. Dad created an opportunity to build a positive relationship with his son, and their evenings became calm and enjoyable.

Another story comes from my own experience of raising my two boys, who are twenty months apart in age. I continually fostered successful playtimes to increase their sibling relationship because I wanted them to be the best of friends. By the time they reached three and four years old, they had learned to share and play nicely with many of the same interests. Each day, I set them up in their playroom with dinosaurs, plastic mountains, and a desert mural that my dad painted. Usually there were disagreements, including who had which dinosaur or how they should build the jungle with their blocks. Inevitably, there was tattling and whining. I found it discouraging that my boys were not successful in playing for longer periods of time and frustrating to know that I had to referee a disagreement every twenty minutes. Telling them to play nicely did not change their behavior. Yelling certainly did not encourage them to play together, and separating them was exactly the opposite of what I was trying to foster, to teach them to play together.

I realized I was responding to their inability for extended play rather than teach the skills they needed to negotiate and accommodate each other. Teaching requires time, so I set a timer every fifteen minutes, just before a breakdown might have occurred. I sat with them and praised their play and their sharing for a full five minutes before returning to my chores. After several positive interventions, I increased my timer to twenty, twenty-five, and then thirty minutes. The boys were happy to show me what they had built and learned to play cooperatively, sometimes for hours. I learned firsthand that five little minutes, filled with positive attention, can dramatically improve a child's behavior.

HALT! Watch for These Signs to Minimize Meltdowns

Hungry, angry, lonely, and tired (HALT) identifies behavioral triggers. HALT has applied to each of us at one time or another. It definitely applies to children because they are less mature, less patient, and less tolerant of the things that are out of their control. If a parent becomes aware of these triggers, watching his child closely, he can avoid potential meltdowns and temper tantrums in many situations.

- **Hungry.** When we are hungry, we are distracted and irritable. So when you are heading out on errands or appointments, be sure your child has eaten something to carry him over to the next meal. Keep a fully stocked ready-to-go bag in the refrigerator with healthy favorites such as cheese sticks, granola bars, crackers, cut apples, or raisins. It will ensure that your child will not have a meltdown due to hunger.

- **Angry.** When we are angry or upset, we are more likely to be on edge or perhaps snap at someone without cause. When your child is upset, recognize it, and give empathy to defuse a potential meltdown. If your child feels heard or understood, he is less likely to display explosive behaviors. Bend down to your child's level, touch him gently, and speak in a quiet voice. Tell him that you can see he is upset. Distract him by offering a glass of water, a rock in the rocking chair, or a walk outside. These loving, attentive gestures may provide the attention your child needs in order to learn how to self-regulate or de-escalate.

- **Lonely.** For children, lonely equals boredom, which leads to attention-seeking behaviors. Schedule a specific time to spend with your child each day so he can count on your full attention. Stick a note with a picture prompt on the refrigerator to show your chosen activity for the day, such as a favorite book or board game, a swing set, or a bike. Make a commitment to your child that you will spend that special time with him each day. Misbehaviors will diminish when he knows he will have your full attention with a fun activity.

- **Tired.** This one is simple. We are all cranky and irritable when we have not had enough rest, so be realistic with your expectations. Do not take your child out around naptime, and do not take him out if he has not slept well the night before. Keeping children up late at night, skipping naps, or haphazard bedtime schedules will set your child up for failure. A well-rested child is able to explore and enjoy the day with more self-control than a child who is tired.

Defuse Tantrums with Empathy

The word "empathy" means to show care, concern, or understanding. Offering your child empathy is a very powerful approach to defusing potential meltdowns. We would all do well with a little empathy when we are upset. Our moods stabilize faster when others are empathetic toward us. Empathy sends the message that someone cares.

When a child asks, begs, or whines for a cookie, a parent's first response might be to say, "No, you can't have cookies. It's almost dinnertime. You know that!" Negativity and criticism strip self-confidence and self-esteem. However, when you provide empathy, you have an opportunity to minimize or avoid a meltdown as well as teach your child basic coping skills and patience.

Change your answer from no to yes, because as soon as a child hears "no," he stops listening to the rest of your answer. Respond with, "Yes, you may have a cookie right after dinner. We can choose it right now and wrap it up to keep it fresh." Answering yes and then distracting or redirecting your child by taking out and wrapping the cookies may settle him into acceptance, eliminating a meltdown. Initially, he may start to cry to see if you will change your mind. However, if you consistently respond in the same manner, he will learn to accept your answer. If he does escalate, remind him that he may have a cookie and, whenever he is ready, he may wrap it up for after dinner. Encouraging your child to choose and wrap his cookie is a distraction from escalating emotions. It shows him that you care how he feels, with the satisfaction of having the cookie he wants after dinner. The boundary is set, and the tantrum will have been defused. This may take practice for both of you, but the principle of showing that you care while maintaining the rules (no cookies before dinner) is extremely effective.

Children hear the word "no" all day long. Naturally, it is very frustrating and tantrum provoking to be told "no" repeatedly. Parents cannot and should not say "yes" just to avoid confrontation. They can respond differently, providing empathy with indifference, which means being thoughtful but consistent with your rules. Your child will learn to communicate better and accept boundaries while minimizing impulsivity. Think about how different your day could be with a little empathy.

Set Your Child Up for Success!

Are you heading to a family gathering or planning to travel on a long-distance trip? Are you going to a restaurant or heading to a doctor appointment? Wherever you are planning to take your young child, be sure to set him up for success by packing a special bag of his own, filled with new, interesting, engaging items to hold his attention. Anticipation, anxiety, uncertainty, boredom, impatience, or overstimulation can all lead to acting out, attention-seeking behaviors. One way to avoid meltdowns and misbehaviors is to provide your child with a sturdy canvas bag filled with interesting items. These items should be age appropriate so they can be used independently when you are not available to entertain, distract, or redirect. I created just such a bag for my son, who was twenty months old when he transitioned from being an only child to the big brother. Although I wanted to give him my complete attention, that was unrealistic with a new baby. I constantly looked for ways to provide him with stimulating, educational experiences yet keep him safe while I was caring for his new baby brother. I knew the toy bin did not always hold interest for him, and many of those toys required my assistance or attention. I did not feel that sticking him in front of the TV was an option. So I gathered items that he could manipulate independently. I taught him that these items were only to be brought out when I was taking care of his brother.

I designed a special canvas bag with feeling faces (happy, sad, scared, and tired) on the front of the bag, so he could learn to identify emotions as a quiet activity. I filled his bag with a windup train, some pop-up books, a large chunky puzzle, a small bottle of bubbles, and his favorite soft toy, Lester. His bag was kept on the floor of the front hall coat closet, so he could access it with independence when he was allowed to use it. He learned the rules and knew he was only permitted to play with those items during specific times in order to keep the newness and excitement. That was the key. His special bag provided him with an opportunity to explore, learn, and remain engaged while I cared for his baby brother. This special bag kept him interested and safely occupied so we took it to restaurants on plane or car trips or while we were waiting for long appointments or visiting relatives. We named it his SuccessBag™ because he played so successfully for such long periods of time. My pediatrician remarked that he wished all patients brought a SuccessBag™ to his waiting room. Friends requested an age-appropriate SuccessBag™ for their children because they work! Over time, I introduced new items. A pack of cards became letter or number identification flash cards or a sorting game, and a small pocket flashlight provided endless fascination. I always had a well-stocked diaper bag, plenty of food, and a SuccessBag™ at the ready.

Since that time, I've worked with hundreds of families who have used a SuccessBag™ for travel, long waiting room stays, appointments, restaurants, and more. They have found that it is easier and much more pleasant to set up their child for success rather than to yell and distract or constantly entertain and redirect. I worked with a family who had sewn their two children's bags out of fabric from their grandma's old dress, so the children could take memories of their grandma with them everywhere they went. Popular smartphones offer apps with games and videos, but those can become tiresome to little ones who learn well with age-appropriate manipulatives that they can twist, turn, jiggle, or blow. Strengthen imagination and creativity as your child interacts and learns from the special items stored in his own SuccessBag™. Read more or purchase your personalized SuccessBag™ at www.yourperfectchild.com.

As my family expanded to three children, there were countless family gatherings, endless appointments, and ongoing obligations. I found that, when each child had his own bag, each remained happy, interested, engaged, quiet, and appropriate. As each child grew up, I continuously increased the skill, interest, and independence level of the items included within each bag. No matter what your child's age, you can minimize meltdowns and public exhibitions while setting your child up for success by providing interesting, creative, educational, exciting materials. You can call it an Out-and-About Bag, an On-the-Go Bag, or even a SuccessBag™. It really doesn't matter what you call it. Just bring the bag!

Identifying Behaviors

There are many reasons why children display aggressive behaviors, but it is rarely out of a desire to hurt another person. Sometimes, aggression builds from complete frustration or a child's inability to communicate. Sometimes, what a child sees his parent model at home causes aggressive behavior. Sometimes, aggression develops from of retaliation or anger, and sometimes, a child becomes aggressive simply because he is bored. It does not matter because, simply put, aggression is unacceptable. There is a difference between aggressive behavior and annoying, attention-seeking behavior. Different behaviors require different interventions.

Annoying Behavior

A child looking for attention often displays annoying behaviors. You can decrease these behaviors when you:

- Compliment your child on something he did well
- Pay more attention to all positive behaviors so negative behaviors will decrease
- Redirect or distract your child with something of interest to him
- Watch for signs of boredom or other triggers, such as hunger or being tired
- Let your child know that you are not going to give in, whether or not he has a temper tantrum
- Show a stop sign with your hand up, and then walk away

You can choose your battles. It is not necessary to engage with your child each and every time he decides to whine, beg, or misbehave for your attention. You can use the strategies listed previously. Remember to stop ... and walk.

Learned Behavior

Toddlers often pull hair, bite, or even hit while being held. I have seen some parents biting their child back or pulling their hair to teach their child how it feels. I have seen others hit their child while yelling, "Don't hit!" Those behaviors are ineffective because they are mixed messages. Children need a clear understanding in order to learn what is expected of them. Learn to speak slowly in a low tone of voice, saying, "No pulling hair," while placing your child down on the ground. That will teach your child that he will not be held when he pulls hair. Be consistent, and follow through with the same response each time. This will ensure that, after several experiences of being placed down, he will not hit or pull hair if he wants to be held. Many families have eliminated unwanted behaviors by following that same, simple procedure. I have attended multiple events where show dogs or other animals have been successfully trained, sometimes with only hand signals. Your child is definitely more capable than a show animal, so be confident, teach with patience, and train with love and consistency.

Physically Aggressive Behavior

Taking it to the next level; that is, when a child displays deliberate, aggressive behaviors that involve another child, an adult, or even an animal, immediately and firmly address the exact misbehavior, and then go to the target. Assisting the target takes the attention away from the aggressor. For those parents who feel that spanking or yelling is the only way to stop aggressive behavior, take time to evaluate whether spanking or yelling does eliminate that behavior. Does your child, who is yelled at or spanked, continue to hit, bite, kick, or scratch? If so, then the spanking is not working. A replacement behavior needs to be taught, and your child needs to receive more positive attention than negative. Sadly, through the eyes of a child, negative attention is better than no attention at all. A child will misbehave if he feels that it is the only way to get attention. Remember "What's In It For Me" or WIIFM. If a child is successful in receiving attention for a behavior, that behavior will increase with a response or an audience.

Nothing changes if nothing changes. This means that, if your current response or discipline is not changing or improving your child's behavior, then perhaps it is time to try something new. I read that the definition of insanity is when we keep doing the same thing over and over but expect a different result. Are you yelling and spanking to stop your child from aggressive behaviors, but your child continues to hit? Maybe it is time to think about a change.

Much of my work has been with families who their preschool has referred because their child was aggressive or at risk of being expelled at two, three, or four years of age. The parent was given a choice: either learn new strategies to eliminate their child's hitting or biting or find a new preschool. I had the opportunity to model a successful three-step intervention for a mom and dad when their four-year-old son deeply scratched his five-year-old sibling for no apparent reason. If you ask a child, "Why did you do that?" he will say, "I don't know." Or he might say, "He was bothering me." So don't ask. Children display aggressive behaviors because they get something out of it, usually lots of attention. We yell, spank, and send them to time-out, where they get up, only to be placed back down. An alternative three-step process works when it is done with consistency because it identifies the unacceptable behavior and provides appropriate attention to the target, not on the aggressor.

1. Do not yell from across the room. Instead, immediately get up and go to the aggressor. Firmly hold the area he used (chin for a biter, hand for a hair puller or hitter, or foot for a kicker). In a deep voice, say very slowly, "You may not (bite, kick, or hit)." Do not say, "We don't bite!" because "we" didn't bite! Keep your attention focused on the aggressor, and watch your language. This is not meant to scare or frighten a child but to clearly identify the unacceptable behavior.

2. Quickly go to the hurt target with lavished attention. "Are you all right? Would you like ice on it? Would you like a glass of juice? I'm so sorry you were hurt." Stay with the target, and as much as possible, give your complete attention. Do not provide eye contact or reengage with the aggressor at this time.

3. When the aggressor approaches, bend down and make a connective touch, quietly saying, "When you are ready to say I'm sorry for (biting, kicking, or pulling hair), then you can be with us. You hurt your (sister, brother, or friend) when you bit (him or her)." Then return your attention to the recipient. This is a teaching opportunity, not a punishment.

Telling a child "You can be with us" or "I'm here for you" provides the necessary security of parental, unconditional love he needs in order to recover and reengage with success. Repeat that process for however long it takes. If he tries to distract you, reengage, or ask for a drink, bend down and quietly repeat, "When you say I'm sorry for biting, then you can join us." As soon as that child takes responsibility and apologizes to his target for the exact behavior, accept his apology and move on. Do not lecture, and do not correct his tone of voice. Verbally recognize that he apologized by saying, "I am happy that you were able to apologize." Make a gentle, connective touch so he understands that he is loved and it is over. Do not say, "Thank you for apologizing," as that communicates a different message.

This incremental process can be completely effective when it is done consistently to teach young children that biting or hitting will not be tolerated. Teaching is the key. We need to teach them so they can learn. In working with so many families, I understand it can be very difficult to implement a new intervention, something that requires thought, consistency, and patience, something very different from the way it has been done in the past. However, it is important to remember that nothing changes if nothing changes.

Time-out!

Time-out can be a great teaching tool as well as a stress reducer for both a parent and a child. When implemented correctly for the right reason, not overdone, and without anger, a time-out can teach an expected behavior as well as provide the foundational setting for de-escalation. Your child will learn what is expected when you verbally identify unacceptable behavior (hitting) and then remove him to a designated area without speaking, except to say, "You may not hit."

Children act out of impulse and frustration, often due to their inability to communicate properly. They need to be taught how to identify their emotions and use their words. They thrive on attention, whether it is negative or positive, and they will do whatever it takes to get that attention. With consistent parenting, they can learn they will receive endless attention, praise, and recognition for the wonderful things they do throughout the day. When thoughtfully removed and given no attention, a child will learn to change his behavior because his misbehaviors are not receiving the same attention any more.

A time-out is behavioral training that, over time, teaches a child to change his behavior due to the limits that are set and the way in which they are set. It trains a child through calm, consistent repetition. It helps an out-of-control child learn to self-regulate or calm down when consistently and thoughtfully placed in a safe area without anger from his parent.

A time-out should be reserved for egregious behaviors (aggressive, out of control, refusal to comply, and so forth).[30] It becomes completely ineffective when it is used improperly or excessively. A child may become

---

30 *The Big Book of Parenting Solutions*, 118.

angry and retaliatory for being punished and isolated repeatedly instead of being taught how to self-regulate with other teaching methods. A time-out can be effective for children age three or older who have developed some reasoning skills and can conceptualize cause and effect.

The more defined and consistent the area, the more successful a time-out will be for your child as he becomes familiar with the procedure. Removal leaves him without an audience for which to perform as well as a place to gain self-control.

A time-out can be provided on a designated step, chair, or couch. I have purchased black pillows for families to teach take-along time-outs, which can be used in a car or at a grandparent's house. A dark, solid-colored pillow (rather than a flowery, bright one) communicates an unspoken message of severity and seriousness. A child need not ever be humiliated in public, but he can be safely removed to a quiet place with his "TO pillow." A designated "sit and think" chair is an alternative name and space for a time-out, yet it provides limits with an opportunity to de-escalate.

A time-out is sometimes viewed as ineffective by parents who yell at their child throughout the process or grab them forcefully as they replace them again and again to the designated area. I often hear, "It just doesn't work. I can't keep him there. He keeps getting up, and I just can't take it." That's the problem. A time-out will not work if you try it a few times, yell throughout the process, and then give up. That inconsistency communicates to your child that all he needs to do is to scream louder or longer in order to get out of his time-out.

Parents definitely provide ammunition and throw gas on their child's emotional fire when they show how angry they are with eyes rolling, sighing, stomping, or yelling. Those actions communicate that they are out of control and cannot control their child's behavior. There is no doubt that placing a young child in time-out can be challenging and stressful. It takes hours of teaching, patience, and dedication to the process, but it is completely successful when done with love and consistency.

I worked with a mom who initiated a time-out with her four-year-old daughter because she continually punched and hit her six-year-old sister. The mom decided she was ready to learn how to successfully implement a time-out. When her daughter became aggressive, she empowered herself as a parent and implemented her first time-out by sitting her daughter on the couch. She telephoned me, saying she had placed her laughing child back on the couch in a time-out sixty-seven times for more than an hour. She was frustrated and near tears. I explained that this time-out was a new consequence for her daughter, who was testing her by laughing and getting off the couch. I encouraged her to be strong, remain consistent, and remember she was teaching her daughter. We reviewed how she should continue to replace her daughter on the couch without emotion or words. Conversation provokes behavior, so she was advised to state, "When you are quiet for four minutes, then you may get up and apologize for hitting." The purpose of a time-out is to teach. Remain calm, and repeat the same words over and over to provide the scaffolding your child needs to learn and self-regulate.

I received a second call after that mom had replaced her child to the couch one hundred and two times. The child was no longer laughing. Instead, she was crying and screaming that she had wet herself. I explained that wetting herself was an attention-seeking behavior. I suggested she ignore the wetting and focus on her child's emotions. I suggested she hold her child briefly for emotional centering and then repeat that one powerful sentence: "When you are quiet for four minutes and ready to apologize, then you may get up from the couch." Shortly after we spoke, her daughter screamed an apology and then quietly said she was sorry. She found her sister, gave her a kiss where she hurt her, and apologized to her as well.

From our prior work together, that mom knew her daughter needed to take responsibility for her own negative, attention-seeking behavior of wetting herself, which she had done in the past when she was angry. She handed her daughter wet washcloths, paper towels for the couch, and clean underwear to change herself. That mom has been successful with time-outs, and that little girl has since decided to place herself in a time-out whenever she feels she needs it.

The Time-Out Process

Parents who are successful with a time-out understand that it is a process that needs to be taught with patience:

1. Prepare your child in advance by showing him his new area for time-out or "sit and think."

2. Test for understanding, review, and praise his understanding.

3. When it happens, identify the behavior in a low, slow voice, "You may not hit."

4. Walk him, without words, to the designated time-out area, and walk away to set a timer.

5. When he gets up, say nothing. Take a breath, replace him to the area without speaking, and reset the timer.

6. Be prepared for a long trial for the first few times you implement a time-out. If you give in or give up, your child will learn how simple it is to end his time-outs by testing your patience.

7. Every ten times you replace your child, quietly repeat, "When you are quiet for (your child's age) minutes, then you may get up and apologize."

8. When your child does finally comply, give a hug, and say, "I accept your apology for (the exact behavior)."

9. Offer to help him clean up or repair anything that was thrown or damaged.

10. When it is over, move on, and look for all the wonderful things your child will do throughout the rest of the day because he will be looking for ways to please you.

A Time-Out for Everyone

A parent time-out can be beneficial, especially when sending your child to time-out is not appropriate. Parents are better off removing themselves from the event when they feel they are becoming highly frustrated or escalating in anger. Parents who continue to engage when they are angry may respond inappropriately, out of impulse. Responding in anger will never teach the right lesson. Take a moment alone to compose yourself, take a breath, and decide how to best handle the situation. That is much more effective than yelling, hitting, or threatening. It also models for your child that you know how to stay in control by walking away rather than losing control in the moment. That will always pay off.

Some parents have used the phrase, "Mommy needs a time-out." Although it is wonderful when a parent knows she has reached a boiling point and needs a break, that particular phrase should be eliminated. It sends a mixed message to a child, implying that Mommy has misbehaved. Children understand that a time-out is for those who misbehave. Send a clear message. Say, "I am taking a quiet time (to make my decision or think things over)." This models self-control and removal from a heated situation.

For older children in their tweens and teens, a "blackout of goods and services" is extremely effective and serves the same teaching purpose as a time-out. When a child is in a blackout, he may not use any electronics, enjoy any privileges, ask for car rides, be with friends, engage in conversation, or solicit help or answers from you or any other family member. He will learn that he will receive absolutely no attention until he appropriately apologizes, taking full responsibility for his actions. When implemented appropriately, your child will learn to respond immediately once warned that he is headed into a blackout. Provide this information before you need to use it, explaining the exact details of a blackout as well as your expectations for apologies and taking responsibility.

Eliminating Time-Out

The best way to teach positive behaviors and minimize the need for a time-out is to model what you want your child to do and then recognize it over and over and over again every time he does it! Verbally identify the exact behavior you just observed ("I just love to watch you share with your sister!") and then reach over to make a gentle connective touch. The behavior you pay attention to will continue again and again.

When training a puppy to sit, we provide lots of praise. Even a year later, when given the command to sit and the dog does, we recognize compliance by providing praise with, "Good dog." Parents need to teach and praise their child at least as consistently as they would with a family dog. Making the effort to continually comment on positive behaviors will absolutely minimize the need for time-outs. Your child will behave appropriately and look for your response whenever he is continually recognized for it.

Dear Diana

My Son's Tantrums

Dear Diana, I thoroughly enjoy your articles and put your advice to use. I have a soon-to-be four-year-old, and although general discipline has worked well the first four years, I'm still having issues with tantrums. They are not all-out, roll-on-the-ground screaming fits, but if he misses a ball during a game, isn't first in a race, or doesn't get the spot in line he thinks should be his, he simply throws himself on the ground and lies there, like a limp doll. Sometimes, a plaintive whine comes out, but mostly he just lies there with his head in his hands, pouting. It was very embarrassing the other day when he behaved this way during a baseball game at a friend's house. How should I deal with this? Thank you, Mom of an almost four-year-old

Dear Mom, I commend you on your parenting accomplishments of raising a child who does not exhibit flat-out, roll-on-the-floor tantrums! Also, you should know that you are in good company because, at one time or another, every parent has experienced humiliation or embarrassment brought on by their child. However, when teaching your child, it is more important to focus on what might be the best intervention at the time of a tantrum rather than allow your embarrassment to take over. Reacting to embarrassment will always lead you to be ineffective. It is wonderful that you are addressing this now, as this type of behavior will obviously be frowned upon in organized team sports as he grows older. Developmentally, your son is right on track. Late threes and early fours are wild with wonder and filled with emotion as well as frustration. Children of this age have learned cause and effect, but they continue to test surroundings and circumstances, testing for consistency. Start teaching at home. When you remain dedicated and consistent, you will see remarkable changes in his emotional functioning.

- **Teach.** Teach your son to identify his feelings. Children who learn to express themselves develop self-confidence and higher self-esteem and misbehave less because they can communicate. The more familiar, comfortable, and expressive he becomes with his feelings, the less he will need to act upon them.[31] Post a Feelings Faces Board, located at www.yourperfectchild.com, to help him identify and process his feelings.

- **Play.** Play lots of games at your house, at least one per day. Some parents let their children win all the time, either to help them feel successful or to avoid a tantrum, but neither will teach a child how

---

31 *Thinking Parent, Thinking Child*, 14.

to be a gracious loser. Instead, winning all the time will teach a child that winning is everything. You should try to win without being overly competitive. When you do win, tell him that you loved playing with him, suggest he congratulate you, and share high fives! Explain where high fives originated from. In 1977, when Dusty Baker, a player for the Dodgers, hit a home run, he approached home plate. The on-deck teammate, Glenn Burke, raised his hand high instead of offering a traditional handshake, making history with a high five. When your son wins, congratulate him, highlighting the fun you had playing with him while minimizing his win. Then offer him a high five! The more exposure he has to appropriate behavior for winning and losing, the more comfortable he will become in public and with his peers.

- **Increase his acts of kindness.** Teach your son what it feels like to hold doors for others or to offer them a spot in line. You can start modeling that in a cashier line, when someone behind you has only a few items and you offer for him to go ahead of you. Talk about how good it feels to do for others. Tell him that you can actually feel your heart fill up. When he does something thoughtful or kind for someone, be sure to recognize it with a hug and a verbal recognition of, "I noticed that you …"

- **Provide boundaries.** Set your son up for success. Remind him of the time he sprawled on the ground at your friend's house, and remark how embarrassed he must have felt. Let him know that his friends want to play with him because he is fun, not because he wins. Tell him that he is not fun to be with when he pouts on the field. Suggest that, if he loses or feels frustrated, he should come to you for help and you will be so proud of him for asking for your help. Tell him that, if he chooses to act out his feelings on the field again, you will go to him to see if you can do anything for him there. Then you will join the other moms and kids. When he tests you, enjoy your teaching moment. Approach him with a loving touch, and tell him he looks upset. Tell him you will help him get back into the game whenever he is ready. Then, as you told him you would do, rejoin your group of moms. Do not encourage him with his attention-seeking behavior. Over time, he will learn how good it feels to be a part of the game, win or lose.

Dear Diana

Rough Mornings?

Dear Diana, My seven-year-old son wakes up in a bad mood every day, which seems to set the tone for the entire day. It is very difficult to wake him up, get him out of bed, and get ready for school. Our mornings are stressful because nothing seems to go right for him. He has become negative and pessimistic. We have always allowed him the freedom to express himself, but it seems he has nothing positive to say and he hardly ever smiles. Please help. Thanks, Looking for a Smile

Dear Looking For a Smile, Mornings are tough for many children as well as adults. Before he goes to bed, initiate a relaxed conversation with your son, letting him know you see him struggle in the morning. Tell him you would like to help and make it easier for him. Ask him how he would like to wake up each day, and include him in the planning process. Would he like his own alarm clock? Would he like you to tickle him awake or rub his back? Would a glass of water or OJ help to get him going? Check for clarity by repeating what he says.

Ask your son what other ideas might be helpful to get him out of bed and out the door in a happier mood each day. Should clothes be chosen the night before? Should he place his backpack by the door before going to bed? The more involved he is in his game plan, the more invested he will be with the entire process. His choices become his decisions, which empower him. After you commit to your part (waking him up with a glass of water), remind him to commit to his part (waking up with a smile). Change is not easy, but simple steps (discussion, choices, decisions, and commitment) will increase communication, which is critical when identifying underlying issues.

I worked with a mom of an eight-year-old in a similar situation. That little girl asked that her mom put on some quiet music and rub her back for a few minutes before she had to get up. It changed her whole day as well as her overall attitude because her mom was spending a few quality minutes with her each morning rather than yelling for her to get out of bed.

If you do not see improvement, you might consider contacting your pediatrician to eliminate the possibility of low-grade depression, allergies, or other medically related issues that could affect his behavior. It is also important to investigate and eliminate potential social or academic difficulties in school. Determine if your son is getting enough sleep. (Ten to twelve hours is recommended for his age.) Flared tempers and argumentative behavior can show inadequate sleep, simply because it is hard to function when we are tired.

Once you have identified that he is getting enough sleep, focus on an attitude adjustment. Do not focus on his negativity. If he is pessimistic, saying he knows he is going to fail a test, acknowledge it with a positive, brief reply, "You are very bright, and I'll be happy to help you study so you'll be prepared." Offering your help is a supportive approach to turning around a bad situation. It will give him a choice. ("I can complain and fail the test or stop complaining and ask for help.") Perhaps he just needs to learn what it feels like to be happy, optimistic, and successful.

I worked with a child who felt it was better to be pessimistic and not expect anything good to happen so she would not be disappointed. She said that, if something good did happen, it was a great surprise. What a sad way to live. For her, it was simply a negative mind-set that we quickly turned around.

No matter what is affecting your son, you can help him find a reason to smile each day, starting first thing in the morning.

6

Setting Limits

Introduction: Consistency, Limits, and a Lot of Love

Setting limits can be a struggle for many parents. Some find it difficult to enforce their rules with consistency, so they look for excuses to change them. Some think of setting limits as being too strict and worry their child may become angry with them. Some parents simply do not want to be confronted with pushback, negotiation, or the tantrum their child will undoubtedly display when they say, "These are the rules." The good news is that, when you learn how to provide clear, appropriate rules in a relaxed environment, your child will be better able to understand, process, and comply. An inconsistent parent will sometimes enforce the rules and, at other times, not have the strength to follow through. Inconsistency sends an unclear message: "If you push me hard enough or long enough, I'll give in, and you'll get your way."

Children thrive with a consistent routine. It is comforting for them to know with certainty that, each and every time, they know what to expect and what is expected of them. They find comfort in sameness, as displayed when they request the same bedtime story over and over. Changing the rules is stressful and confusing, often causing the exact behavior that parents try to avoid. Some of those behaviors include pushback, negotiation, noncompliance, and meltdowns. It is also important to remember that the world is full of rules, limits, and boundaries, so your child needs to know when enough is enough. He needs to learn how to be compliant and respectful in any situation. It has been said that, when a parent does not teach his child how to live within limits, someone else will, whether it be a school principal or the police.

Setting Limits

Be kind, and be consistent. Define your expectations, and thoughtfully determine your rules. Present the information simply and clearly at a time other than during the event—that is, when your child is able to process the information. Provide the opportunity for your child to practice the new rule. If your child is old enough to verbalize, ask him to tell you about the new rule. If your child is noncompliant, repeat the rule again in a nonthreatening, even-toned voice. Do not allow your child to locate your electrical circuit box or push your buttons!

Always remain consistent. Provide the same words in the same tone of voice. If you give in, you will teach your child to argue and negotiate. Praise positive behaviors every time to improve behaviors. Read more in this chapter about setting limits and the art of following through. Learn to say what you mean and mean what you say, but don't say it mean. You will feel less frustrated because there will be no reason to yell. Thoughtful, consistent parenting definitely takes practice, but it could be one of the best gifts you ever give to your child. Be an intentional teacher throughout your child's life because loving your child is just not enough.

Mixed Messages

Children need lots of practice to independently incorporate and actually learn a new skill. It can take a child between thirty and two hundred attempted trials before mastering a skill, depending on the difficulty of the task and the environment. So how can parents best set their children up for success and provide them with the best learning environment? That answer always will be "with consistency."

Children thrive on consistency and predictability. They learn what to expect and what is expected of them. They find comfort in sameness. They request the same story over and over, learning the characters, the story line, and the visual clues until they know it well enough to move on to their next favorite book. They request the same food day after day because there is comfort in knowing the taste and texture. After months of only eating mac and cheese, a parent might buy a few cases (or consider investing in stock), only to find that his child is ready to move on to the next taste test sensation.

Parental inconsistency brings confusion, anxiety, chaos, and an invitation for limit testing. The limit testing wears down a parent, but that is how children learn. They ask, and we answer. They do, and we respond. The consistent answer or response teaches a child to understand how things work so they can accept, incorporate, internalize, and move on. When a parent is inconsistent, a child will try to figure things out through multiple attempts to see if he will get the same response. Children need to test the boundaries to learn the rules. They cry or tantrum out of confusion. Setting limits and being consistent is an effective and positive way to parent. Although very difficult at times, consistency is a true gift.

A System

You can minimize resistance and tantrums, as well as increase the frequency of desired behaviors, by using the Three Ps:

- **Present the information.** The information is the new skill. Whether it is an abstract or concrete skill, teach it repeatedly with patience. Present the information with consistency and predictability, step by step. Be sure that your expectations are realistic and age appropriate.

- **Provide the opportunity.** Provide continuous opportunity in a variety of environments at different times of the day with various people teaching the skill. Approach it as if you are a teacher, which you are. The more opportunity your child has, the faster he will learn.

- **Praise the behavior.** All efforts should be verbally and physically recognized with a gentle, connective touch. If you think of the training process to teach a puppy to learn to sit, it may be easier to understand how children learn. First, we give the puppy a verbal command, such as "sit." At the same time, we teach what "sit" means by gently pushing down on the puppy's behind. Next, we say, "Good dog for sitting," pat the dog on the head, and give the dog a bone. Presenting consistent information, with multiple opportunities and generous praise for good results, will result in the puppy learning to sit. Why then do we forget to praise our children after they have mastered a skill?

Quick Tips to Remember

- Do not change the rules, having an expectation one day and then allowing an alternate behavior the next day. That inconsistency will cause confusion and a tantrum.

- Do not reward bad behavior by giving in to a tantrum. Stay cool, and continue to teach your lesson with love.

- Remember that you are your child's most powerful teacher. Parent with purpose, and be an intentional teacher.

Kids and Car Seats

I recently observed a mom in a parking lot with her young son, who was probably around three years old. I watched as she loaded the car with groceries and repeatedly asked him to climb in the car. "Please get in the car. Dad will be really angry when he finds out that you gave me such a hard time. If you don't get in your car seat, we're not going to the park later." The little boy just sat on the pavement and refused to move. He heard his mother ask when she used the word "please." He heard her turn her parental power over to Dad, who "will be really angry when he finds out." And he heard his mom threaten him with not going to the park. None of it worked, and it rarely does. At one time or another, we have all been in situations where our children test both our patience as well as our parenting skills in public. They sense our discomfort and embarrassment and run wild with it! Some parents will not take control, but they continue to beg, bribe, or threaten their child. They seem to be afraid to physically pick up or move their child, as if they are concerned with what others might think. And that is exactly what their child is hoping for. In this situation, Mom could have taken control in several ways.

- **Take control.** Sometimes, it is necessary to carry your screaming, kicking child and place him where he needs to be. In this case, it is the car seat. Communicate clearly by eliminating requests (please) and using a more controlled, lower tone of voice. Never defer power to someone else, such as the restaurant manager, the police, or another parent. That communicates that you cannot control his behavior. Provide a when and then such as, "When you get in your car seat, then we can head over to the park." Provide an incentive rather than a threat. When carrying a screaming, kicking child, do not address those behaviors at that time. If you become focused on "How dare you kick me!" chances are that he will kick again (and harder) because he got a big response from you. When he can push your buttons, he feels he is taking control of the situation. Carry your child without speaking. Later, when he is calm, show him where he kicked you, and have him touch that spot with his hand, apologizing for his exact behavior. "I'm sorry I kicked you on your leg, Mommy."

- **Remove him to another location.** Sometimes when a child has escalated, there is no going back until he becomes exhausted and de-escalates. That can be the nature of a temper tantrum. When a child learns he will get nothing out of it, he will learn to self-regulate sooner. Forcing an explosive child into a car seat could prove physically dangerous, as well as ineffective, because he might try to fight his way out of it. You will have better success if you remove him from that area, carry him to a quieter, more isolated spot, and hold him without talking. Provide firm down strokes on his head or arm until he de-escalates. Removal from the place where he ignited and an audience usually proves successful within minutes. Rather than pleading, fighting, forcing, or screaming, give him time and a new space.

- **Eliminate empty threats.** Threatening a child, saying you are going to tell Dad or anyone else, is ineffective. It strips you of your parental power every time. You immediately diminish your authority when you tell your child that someone else will handle the situation, indicating you cannot manage his behavior. After a few of those empty threats, your child will become trained to ignore them, and his behavior will escalate as he gains control. Instead of threats, provide incentives in your language, emphasizing when and then. "When you get into your car seat, then we will go home to make your favorite spaghetti dinner."

- **Be consistent.** Your child needs to understand that there are no exceptions to sitting properly in a car seat when it is time to go. A dad asked me if he could just let his son sit in the front seat because it was too much of a struggle to get him into the back. Absolutely not! Safety first! The front of a car is not a safe place for a child. Allowing a child to sit in the front just because it is difficult to get him into a car seat communicates that his strong-willed behavior will get him whatever he wants.

Provide an Out-and-About Bag for car trips, which contains inexpensive, interesting items to engage your child and can be an incentive to get him into his seat. Those items should be safe, fun, and rotated often, which he can use safely and independently while you are driving. That's called setting him up for success!

Dear Diana

Setting Clear, Firm Boundaries

Dear Diana, I have a fifteen-year-old daughter, and we had her fifteen-year-old boyfriend over. Her father caught them making out, with our other daughter (who is ten) in the same room. Her father had me take the boyfriend home immediately and told him to never come back. This has made a very uncomfortable situation here. I don't know how to deal with this because she is my firstborn. I tried to explain to her several times before that boys only want her goodies and nothing else. She has always been very smart and gets good grades in school. I just don't want her to ruin her life. Can you help? Distressed Mom

Dear Distressed, I applaud her father for setting a firm boundary for inappropriate behavior. Some parents find limit setting to be too difficult or uncomfortable to follow through. When you allow something to continue that you do not believe in, you send a message of acceptance for that behavior.

At fifteen, your daughter has a natural interest in boys. Teach her what is acceptable and what you expect of her. Telling her that boys only want her company for one reason tells her she has no value and can't be appreciated for who she is. That may quickly close the door to your communication, leaving her to completely disregard your parental warnings or helpful insight. Rather than use scare tactics to keep her away from boys, focus on helping your daughter to build her self-esteem for all she has accomplished and all you are proud of. She needs to feel good about herself, knowing she is smart, works hard for her grades, and understands she can be liked for many, many reasons. With increased self-esteem, she will learn how to make good decisions for herself, even when you are not there to reinforce or guide her. Teach her your moral values. Talk to her about her future, her hopes, and dreams, with plenty of encouragement to make it all happen. This is how children, tweens, and teens grow up to make important life decisions for themselves. Tell your daughter that you love her too much to allow her to get hurt.

It is very important that her boyfriend was also held accountable for his disrespectful, inappropriate behavior. They both used bad judgment.

Allowing boyfriends or girlfriends in bedrooms sends a mixed message. You have now made your house rules very clear by taking him home and telling him that he is no longer welcome in your home. Trying to keep them apart may be difficult, but you can absolutely prohibit him from coming to your house. Now is a good time to clearly communicate all of your rules and expectations for friendships and dating. Review rules and consequences for curfew, and discuss your rules for visiting with friends when parents are not home. Unsupervised kids get into trouble.

It is unfortunate that your ten-year-old was exposed to her older sister's behavior, as her older sister is a role model. However, your ten-year-old did learn that you will not tolerate inappropriate behavior in your home. You did not mention what she was doing in the room, if her sister told her to keep quiet or if she brought in her father. I do hope that someone took the opportunity to speak thoughtfully with her about what she saw, as ten is a very tender, impressionable age.

Some equate teenage years with volatility. It can be a tough time for everyone. Research done by Dr. Silvia A. Bunge from the University of California at Berkeley states that, although teens may have the cognitive intelligence of an adult, their emotional development lags far behind.[32] Teens seek thrills for new experiences to increase their understanding of life. Those thrills can lead to risky and dangerous behavior. Peers greatly influence teens, and they can become highly self-conscious. They have difficulty delaying gratification and regulating their emotions. Their capacity for reasoning and planning is not fully developed, as their brains are still developing. So although your teen may talk a good game and may sound mature, a lot of brain development needs to occur before healthy, safe decisions can be made. That is why she needs your guidance as her mom.

Dear Diana

Teaching Expectations

𝒟ear 𝒟iana, While babysitting our four-year-old grandson, he started spitting, kicking, and throwing things. I explained to him that he wouldn't be allowed to stay with us if his bad behavior continued. I think he has been playing his two parents to the point that they fight at least once a

---

32 www.bungelab.berkeley.edu/conference09/Learning Brain.com

day. We have tried to tell them how damaging their fighting will be on the baby and the whole family. On Friday, after staying with us, we took him home, and when we returned to our home, my husband noticed that our coasters on the table by his chair were missing, as were other things in the house. I called my son-in-law and asked if he could find out what our grandson did with our belongings. When he started to ask, we overheard our daughter intervene and threaten to take the TV out of our grandson's room because he would not tell her. I hung up, telling our son-in-law to just let us know if they found anything. About one hour later, our daughter showed up (after nine at night) with the four-year-old in tow. She was holding his arm, demanding he tell her where all this stuff was. He found each missing item, smiling the whole time. My daughter yelled at me, saying I should have never told him he is not allowed back to our home and she will never let me babysit again. Now with the holidays approaching, what should we do about family gatherings? She hasn't spoken to any of the family. Thank you, Grama

Dear Grama, You have provided a lot of information regarding your family dynamics. It appears that emotions run high and the disconnect is impacting your grandson. You mentioned several things that greatly concern me. I will address four of them:

- You referred to your grandson as "the baby." At four, he is not a baby. To refer to him as a baby sends the message that he is not capable or not responsible for his actions. A four-year-old is an extremely capable child and needs to be recognized for all he can do.

- It concerns me that your grandson has a TV in his room. A television is not a babysitter. It does not replace a parent's role. When story time, quiet, loving whispers, and nighttime kisses replace TV programs, his behavior will improve immediately.

- You mentioned that he is taking items. When items are located, he must return them to the owner, apologize, and take responsibility by doing an act of kindness for that person. Just handing them over does not mean that he understands that he may not take what is not his. Use this type of situation as a learning tool, not a punishment. A full sentence apology ("Grandpa, I'm sorry for taking your coasters,") is a start. He then should ask, "What can I do to show you that I am sorry?" Grandpa could respond, "You can get me a cup of water and place it on my coaster." With that type of teaching, your grandson will have the opportunity to apologize and connect with the items he had taken.

- You said you told him that he would not be allowed to stay with you if his bad behavior continued. Did you speak with him calmly after he de-escalated to identify the unacceptable behaviors of spitting, kicking, and throwing objects?

Your grandson will continue to display misbehaviors until you set firm, consistent boundaries with continuous consequences. He also will continue to display misbehaviors until he is recognized for the positive things that he does well on a regular basis. He needs to learn what that feels like so he will attempt to display more positive behaviors in an attempt to receive more praise. Communicate very clearly, describing exactly what you want.

The adults in your family need to get on the same page. Communication is difficult when no one will break the silence. You might consider calling or sending a note, expressing your love and concern without any blame. Tell your daughter you would like to celebrate the holidays together. If she is unwilling to join family gatherings, then request some special time with your grandson. When he does visit your house, let him know the behaviors you expect. Ask him to repeat back to you his understanding of your expectations. Then give him a big hug.

Dear Diana

Respecting House Rules

Dear Diana, I'm a father of a soon-to-be eighteen-year-old girl. Rules always have been in place and maintained, as she has depended on us for rides. Now that she's mobile, I'm seeking additional language to help communicate my expectations. I'm trying to establish boundaries for when she visits her boyfriend's home. How do I talk to her about not visiting up until curfew just because she has curfew? How do I talk to her about self-respect and appearances? I'm trying to help her manage her reputation. Her curfew is 11:30 p.m. if she is out, but I think that is too late to visit a boy's home. When he comes here, we make sure he leaves by 10:00 p.m. It's an etiquette issue for me. Help? Caring Dad, Marietta, Georgia

◠

Dear Caring Dad, I commend you on updating your rules and increasing your communication as circumstances change. There are many things to consider when a new driver becomes licensed, but most importantly, you have a new, inexperienced driver behind a powerful machine, which can end lives in a moment. That requires a respect for driving, parental respect, and respect of house rules.[33] For example, cell phones should be kept in the glove box until the destination is reached, as talking or texting while driving has been equated with driving drunk.

You did not mention who owns the car, who paid for it, or who pays for her car insurance. Those who work toward a financial payment are often more responsible than those who have things given to them. When kids get a license, they tend to disappear. Even if your new driver owns the car, she should ask to go out or leave a note if no one is home as a courtesy. Some form of communication is necessary, ensuring you always have a means of contacting each other in an emergency. When your daughter does have the privilege of driving a car to visit her boyfriend's house, you can certainly determine a different curfew than she has for a party or with a group of friends. You need to follow what you believe. If you believe that 11:30 p.m. is too late for her to be at her boyfriend's house, then it is. Be clear that going out is a privilege and each night's privilege depends on the previous night's responsible behavior of making curfew. Tell your daughter that there may be exceptions where a movie may end at 11:00 or 11:30, but in general, you will allow her to go visit his home until 10:00 p.m. Tell her that you are not comfortable with her visiting any later than that. The next time he visits your home, sit them down together, explaining you care deeply about her reputation and you do not want her at his home past 10:00 p.m. Then ask him if he understands and respects your decision.

You can set the standard for her appearance as well. Understand that your daughter's role models in print and TV are provocative. However, what she sees in advertising is unacceptable for your town and for you. When she is older, on her own, she may wear what she likes. For now, she will have to cover it up, pull it down, or return it. Clearly explain what she may and may not show. Set clothing boundaries by having a discussion sitting near the closet, removing clothing that you do not approve of. Warn her that, if she buys provocative things, she may have to return them, so keep the tags on! You might tell her that the girls who show all are the ones

---

33 *The First Three Years and Beyond*, 36.

who do not have enough inside their head or their heart to win over a boy's attention. The bottom line is that, while she lives under your roof, you have the right and responsibility to raise her the way you feel it is appropriate. Too many parents avoid going toe-to-toe with their teen because they don't want to deal with confrontation or explosive verbal exchanges. You have not mentioned her overall temperament, so I have no idea of what you are up against. However, I do know that you sound like a loving dad who wants only the best for his girl.

Parents of preteen and young teenage girls might consider reading Dr. Mary Pipher's *Reviving Ophelia*, a wonderful book about raising a daughter with today's challenges.

From a baby to a young lady

Pumpkin carving time together

Three generations; Eliza, Diana and BonBon

Ben at 13 months old, having fun in the snow

Ben, a confident older brother

Ben, dressed for success at seven years old

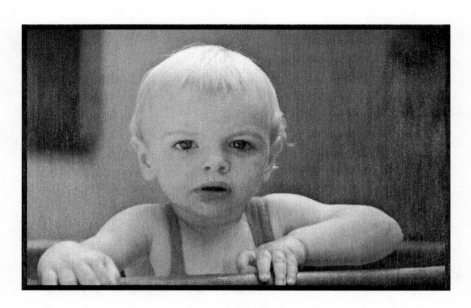

Matthew at 10 months old

Matthew at 12 months, ready to mow the lawn

Matthew, age 3. Confident and ready for preschool

Eliza at 12 months, eating her favorite food, watermelon

My 3-year-old ballerina

Eliza on her soccer team

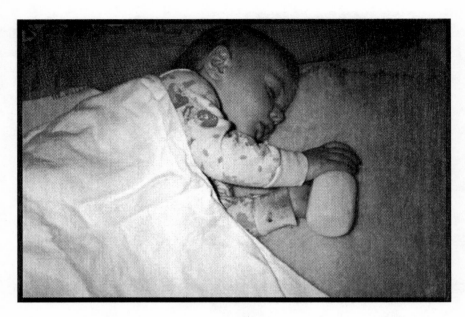

Sleeping baby Ben, who found his bottle of water in his bear's lap

Older brother Ben with baby Matthew

Two boys ready for their pony ride

Two boys, best friends in PJs

Eliza and Matthew, hanging out together

Although in the middle of wallpapering his bedroom, Ben woke up on his birthday morning with his room filled with balloons!

On vacation at the beach

My two boys; the best of friends

*Benjamin, Eliza and Matthew on the swim team together,
breaking records and winning medals*

Eliza helping me set a special holiday table

Matthew, Eliza, and Ben (left to right) then and

now, Benjamin, Eliza and Matthew in Central Park

7

Schedules and Routines

Introduction: Success Starts with a Schedule

Schedules, routines, and consistency—these three little words are so powerful for many successful families but often sound somewhat boring or rigid to parents who prefer to wing it, be flexible, go with the flow, or let their child set the pace. Unfortunately, very often, those children have difficulty at bedtime or in the morning following routines or directions. Children raised without routine or consistency can feel lost, as they do not know what to expect or when to expect it. Routine is a security blanket for a child. When a child does the same thing over and over, he learns how to master the skill and complete the activity faster than another child who comes and goes or kicks and screams due to irregular, intermittent, inconsistent exposure. Children raised with consistency and routine are often more compliant than those without because they have been raised with boundaries and schedules, understanding and processing the expectations. They are often more successful in social and academic situations, as they are more confident and have better internal self-regulation skills and higher self-esteem.

Setting up a schedule and determining your most effective routine can be simple when you break it down into the small activities that you want your child to complete. Getting your child into a bedtime routine is less stressful for everyone when you eliminate crying, pleading, and endless reasons to get out of bed. Once you have determined what the routine is to be, then develop a photo schedule book for him to follow. Be consistent with your direction and your positive recognition (verbal praise with a comforting touch) for compliant behavior. A morning routine can be set up in the same way, with photos for each expected activity (get dressed, eat breakfast, brush teeth, and such), providing your child with visual clues and the incentive of some free time before school. An after-school homework routine can be put into place by gathering all the "tools of the trade" (pencils, erasers, crayons, and so forth) into one basket with the incentive of, "When work is complete, then it is playtime!" As long as you provide the rules, review the schedule, remain consistent, and provide incentives, you can help your child to be successful and stay right on schedule.

This chapter provides specific steps to set up a bedtime schedule and a morning routine using personalized photos of your child. You will also read about how to help your child gain success with a homework routine. If you have a child who lags behind with everything or is never ready to get out the door, then read about how to set a timer to learn how to be right on time!

Right on Schedule

Mornings can be stressful for everyone when you have a child who battles every step of the way. He will not dress and refuses to brush, and you find him in his pajamas watching television fifteen minutes before the bus is due. One child can spin an entire family out of control, making others late and causing chaos. Then there is the dreaded bedtime routine, the resistance to turn off the television, take a bath, and get into pajamas, and the never-ending requests for extra stories, snacks, or a drink of water.

I've worked with many families with young children who had no routine in place. Children thrive on routine. When there is a routine, they know what to expect, and they know what is expected of them. To help your child learn a consistent routine, develop a photo schedule book with picture cues on each page, showing a child as he completes his routine. This will keep him on track and minimize parental stress or nagging. The photo schedule book has proven successful time and time again for two-and-a-half- through eight-year-olds who absolutely love it. They buy in because it is all about them!

- **Getting started.** Write a detailed list of absolutely everything your child does to prepare for bed. Include packing up a backpack, putting away toys, taking off clothes, dropping them in the hamper, taking a bath, drying off, hanging up the towel, choosing/trying on clothes for tomorrow, eating a healthy snack, taking dishes to the sink, brushing teeth, having story time, and taking time for hugs, kisses, prayers, and lights out. Morning routines should be just as detailed and include making the bed (at least pulling the covers up), brushing hair and teeth, putting the toothpaste cap on, and so forth. Photos of every movement will make this photo schedule book so successful.

- **Take the photos.** Tell your child that you are making him a special "All about Me" book and you will be taking pictures of him moving through his morning and nighttime routines. He can pose, or just catch him being candid. After developing the photos, review them together, and talk about how pearly white his teeth look after brushing or how well he hung up his towel after his bath. Choose a nighttime (pajama) photo for the front cover, so he can identify his bedtime routine. For the morning routine, flip the book over and upside down and place a cover picture of him with his backpack, ready to go!

- **Load and go!** Purchase a small, pocket-sized photo album with clear plastic covers. Engage your child when filling his schedule book, empowering him with some scheduling decisions. When encouraged to make some decisions, he will likely participate with enthusiasm. Help him to physically slide the photos into his book, bedtime from front to back. Load the morning schedule upside down, from back to front. He will have two personalized schedule books, all in one!

Training

The more time you spend training with patience and enjoying the routine, the more comfortable he will be with that routine. His comfort will translate into increased independence, which means minimized nagging and yelling. As you teach him to use his book, follow along with his routine by asking, "What's next in your book?" He needs to become comfortable with turning pages and completing a task without your saying, "Go brush your teeth." Your job is only to provide prompts and encouragement as he trains for greater independence. Tremendous enthusiasm should be given for his attempts and successes. Depending upon your child's age and capabilities, it may be only a matter of weeks before your only directive is, "Grab your book, and let me know if you need any help!"

A Few Extra Tips

This photo schedule book has been successful with many families who have taken the time to train their child to use it. Yelling and nagging are eliminated, children remain engaged with photos of themselves, and everyone starts his day as organized, calm, and ready to go. Try it. You will love it!

- Be sure to take a picture of your child after he has gone to sleep. Do not have him fake it. Children love to see what they look like when they are asleep, so authentic photos need to fill his book.

- Allow morning television or computer time only after your child is dressed, has completed his routine, and has placed his coat and backpack by the door.

- Keep a schedule book always next to your child's bed so there's no chance of losing it.

Timing Is Everything

Do you have difficulty getting your child up and out in the morning? Do you tell him time and again to get his jacket on, but the bus arrives before he is ready? You can eliminate morning stress, rushing, and yelling by teaching your child to respond to the sound of a timer. However, first you need to be the one who responds to the timer, to model the new behavior you will teach.

Years ago, some parents contacted me. They were unable to get their four-year-old to the table for a meal, out of the backyard from playing, off the playground when it was time to leave, or into the bathtub before bed. No matter what activity he was doing, he was never ready or willing to transition to the next activity. He begged for just a few more minutes or flat-out refused to move. His parents indicated that they wanted to take him to Disney World, but since they could not get him off from the swing set in their own backyard, they had no hope of traveling with him.

I provided a training process in which the parents would set a timer for small tasks they needed to do. They set a timer for themselves about five to seven times per day, within earshot and visual range of their child. To begin, set the timer for ten minutes, and when the timer goes off, say out loud, "Well, it's time for me to fold the laundry." Set the timer again, and when it goes off , say, "Time for me to bring in the mail … Time for me to start to make dinner … Time for me to call Grandma." The more often your child sees you responding immediately to a timer, the more familiar he will become with that routine. After you have set a timer for about a week, for all the activities and chores you planned to accomplish anyway, set the timer for your child so he can respond to it. It is very important that the first few times you set the timer for a child, you offer an activity he just cannot resist, saying, "Hey, the timer just went off, and it's time to go to the park … It's time to bake some cookies … It's time to go fishing!"

When your child gets up and races to the door with shoes and a jacket, provide immediate praise. Get up and go, and give a verbal praise of, "I'm so proud of how you got ready when the timer went off!" Include a gentle, connective, physical touch to reward your child for responding to the timer. After several days of success and praise, transition the activity to something that is more of a chore or responsibility. When the timer goes off, let him know, "It's time to help me peel the potatoes for dinner … It's time to take your bath. Do you want bubbles or no bubbles tonight?" Always praise your child, and use a connective touch when he responds immediately.

The family I mentioned and many others to follow have had great success with using a timer. One dad told me he forgot his pocket timer at home, so when it was time to leave the park, his son asked him to say "ding-ding-ding," just like the timer. He did, and his son happily got in the car. Another parent told me she left her timer at home but used her car alarm beeper as a signal, and her daughter willingly left the park. That first family did train their son to respond to a timer and were able to travel to Disney World for a memorable vacation with their inexpensive pocket timer in hand. Start timing yourself now to get ready for the morning rush.

School Success

Sleep is critical for everyone to function well, so start a consistent bedtime routine several weeks before the first day of school. The amount of sleep your child receives will determine his ability to think, reason, and learn. The amount of sleep your child receives directly impacts social skills and academic learning. Tired, cranky children do not function well. Get your child on board with a nighttime routine that you can develop together. Take photos of your child completing his exact routine (bath, PJs, brush teeth, and such), or list them, helping your child draw pictures for visual cues. Action photos (of himself or his own personalized drawings) will help him become invested in his routine. If late-night adventures have filled summer nights, begin going to bed ten minutes earlier every other night until you reach an appropriate bedtime.

Prepare the night before. Minimize chaos. Increase your child's independence as well as his self-confidence by teaching him how to get ready for the next day. Preparation always minimizes stress. A stressed child is less able to focus on his work. The following is a checklist to be completed in the evening:

- Help your child prepare his lunch the night before. Empower him by allowing him to choose healthy items, and place napkins, drinks, and fruits in his own lunch bag.

- Help your child to choose items for his breakfast the night before. Let him arrange his cereal, bowl, spoon, glass, and cup on the table at night. Fill a small pitcher with milk, and place it on a lower shelf of the refrigerator so he can pour easily.

- Choose school clothes the night before. Check the weather forecast together for stormy or sunny reports. Empower your child by allowing some clothing choices. Have him try on his choices to be sure he is comfortable. Help him lay everything out so he is ready to go.

- Check his backpack together for homework or notes from the teacher. Fill out forms, and complete all work the night before. Teach him to put everything carefully into his backpack, and place it by the door.

School success means getting all work done in the afternoon or evening before earning privileges such as TV or games. Putting off assignments can cause subtle anxiety and make starting homework even more difficult.

In the morning:

- Prepare a morning schedule board or photo schedule book with simple pictures of his routine. Ask him what he needs to do before school so he comes up with the routine and is more involved. Ask him if he would like to get dressed or eat breakfast first. Should he brush teeth before or after breakfast?

- If TV is permitted before school, make it a privilege, something he can earn after he is dressed and completely ready.

- Play a game of Beat the Clock by setting a timer for ten minutes for each task. Be certain to recognize each task that has been accomplished. "Wow! I can't believe how your teeth sparkle!" Or you can say, "You did a great job pulling on that shirt." Everything you recognize with kind words or a gentle touch will continue each day.

- Keep mornings calm and quiet. Minimize yelling throughout the house. Take the time to get up and go to see if your child needs help or encouragement. If he is frustrated, provide empathy. "That shirt can be so tough to get on. It looks like you're figuring it out. Want some help?"

A rested child has a routine and feels prepared. He will be more successful than a tired child who has had an emotionally chaotic morning. Your attitude sets the tone. Effort, careful planning, lots of patience, and consistency can make the difference between simply surviving each morning or starting a successful day at school.

Homework Success

Setting the standard for homework at the very beginning of the school year will help your child understand your expectations as well as the importance you place on his schoolwork. A few very important factors should be in place when setting your child up for successful work periods: consistency with routine and expectation, tool readiness, and your presence and support.

Prior to developing a routine, you need to determine the best time for your child to be successful with his work each day. Even if you are in the middle of the school year, it is never too late to help your child get into a successful homework routine. To determine a homework schedule, consider your child's age and after-school activities. Some parents feel their young child needs the opportunity to play after school, to run off energy after sitting all day. Those children then eat dinner and hit the books before bed. For some, that schedule may work. For others, it is not optimal for success, as fatigue and frustration set in near the end of the day, making it difficult to focus on work. Also, consider that, while playing outside is a great burn-off, the lingering thought of homework can dampen a child's play. Consider providing a healthy snack after school while completing homework, with the incentive of playtime after homework. A child will often excel if a parent is near, providing encouragement, guidance, and a healthful, energy-boosting snack to carry him through until dinner. After-school activities will ultimately determine your child's daily homework schedule, but most children are successful when they are on a schedule and understand your expectations. Schedules can vary from day to day depending on extracurricular activities. In which case, a weekly schedule can be put into place.

A schedule board, dry erase board, or calendar is helpful visuals for a child to maintain consistency. For example, karate lessons are on Monday and Wednesday until 6:00 p.m. and then schedule dinner, homework, a bath, and bed. On those evenings, your support is critical to ensure that your child completes his work, even though he may be tired. On alternate days when he gets home earlier in the afternoon, homework time can be regularly scheduled before play for optimal focus. So many children are successful with their rigorous schedules because structure, consistency, and support have been built into their routine.

It can be very helpful for a young child to have a homework basket at the ready, with all the necessary tools for success with any homework project. These include pens, pencils, an eraser, ruler, calculator, crayons or colored pencils, tape, glue, extra paper, and so forth. A homework tool basket eliminates frustration and wasted time in searching for materials. It also adds some excitement when new, decorative pencils or other materials are added as a surprise to his basket.

Lots of parents report that their younger child is a distraction, so they cannot help their older one with homework, as they are constantly quieting or entertaining the younger one. In that case, place simple workbooks, activity books, or coloring books in a homework basket, just for your little one. Younger children feel important and love a scheduled opportunity to do their work. That will allow you to sit at the table and help with homework while teaching your younger one the importance of work time. Make the decision to spend homework time with your child, whether you are close by preparing dinner, folding laundry, or sitting at the table writing bills. Your child receives your physical presence as emotional support, providing help and encouragement, which can eliminate hours of frustrating complaints, such as "I can't do this, this is too hard, and I don't understand this!" By being there, teaching him how to work in an organized manner and being prepared with all the tools he needs to complete his work, you are building his self-confidence and teaching him to work in a structured manner. Those early experiences will be the scaffolding for how he approaches homework for years to come.

Dear Diana

Parenting on the Same Page

𝒟ear 𝒟iana, I'm married with one child, a nine-year-old-boy with ADHD. I'm also a special ed coordinator, working about fifty hours a week. I leave for work before my son is really awake, and I am home long after he gets home from school. This leaves the majority of before- and after- school care to my husband and his mother, who drops off our son and picks him up from school.

I feel like I'm the only person who cares about his grades and the only person who enforces rules. He has begun missing homework frequently. He has two hours before I pick him up from my mother-in-law's house. She doesn't make him do his homework. I've asked her to do so several times over, but the other day, she said, "He was good so I didn't make him do his homework." When he finally gets home at four thirty, he is in no frame of mind to work, so getting him to do it sometimes takes until bedtime. Dad is little help. If I have an appointment after work and Dad is in charge, he doesn't review our son's planner to be certain work is done. If I don't ride him about getting work done, no one does. This, of course, makes me the "mean" parent. It has led to arguments and stress. How do I get the others to understand how important this is? How can one consistent parent make up for the inconsistency of others?

𝒟ear ℳom, Your background in education serves you well. You understand the importance of providing structure and support for your son. Your motherly instincts are on the mark, with your attempts to get everyone on board to help your son achieve to his best ability. Parenting on the same page is very important.

- **Make a responsible plan.** It is impossible to force others to do what you want them to do, even when it is the right thing to do. Perhaps you could get both Grandma and Dad to support a structured homework plan by expressing your concerns. Do this outside of the moment, not at four thirty when nobody has taken responsibility and everyone is defensive. Determine a time to talk about the importance of homework assignments being completed, what it takes to get them completed, and why they are not being completed now. Perhaps Grandma just wants to be a doting grandma, or maybe she does not understand the work and cannot help, so she lets it go. It is no wonder "he's so good." He has learned that, when he behaves, he does not have to do his homework. Ask Grandma if she is willing to provide a quiet spot for him, help him set out all of his work, and help him get started on his assignments. Determine a reasonable amount of time for him to work on homework at Grandma's house each day before he may play. Routine and consistency bring success. Ask your husband if he will help to complete assignments so all work is finished by dinner and you can all relax together.

- **Taking responsibility.** I truly believe that, no matter what disability or difficulty a child is facing, he can become effective by taking responsibility for his own behavior. Learning to take responsibility promotes forward thinking and increases self-confidence. Right now, your son does not have to take any responsibility for this chaos. He can blame Grandma. ("Grandma said I didn't have to!") He can blame Dad (for not checking or making him do any work), leaving the rest of the night's chaos to be your fault, as "the enforcer." Tell your son that he will now be responsible to start his homework at Grandma's house, even if Grandma doesn't make him. Tell him he will need to complete as much as he can, with or without her help. Offer several incentives (a ticket or token) for all efforts, with multiple tickets for each completed assignment. Decide together what the tickets can earn, such as having a friend over during the weekend, a family outing, or a board game with you or Dad.

- **Reaching your goal.** Involve everyone in helping to identify the problems that need to be overcome, and ask everyone to offer a solution. When people talk about a problem, they can often understand each other's concerns, resolve their conflict, and achieve a successful outcome.

8

Sleep

Introduction: Sweet Dreams, My Little One

There is nothing quite as beautiful as a sleeping baby. Watching a baby sleep can be so peaceful as their little mouths move so gently. Their bodies startle and then relax as they move throughout their sleep.[34] As infants grow into babyhood, then into toddlerhood, and later into their preschool years, some parents may develop a greater difficulty in putting their child to sleep and/or keeping him asleep. So many wonderful sleep reference books provide a myriad of styles and a wealth of knowledge regarding the necessary amounts of sleep according to the age of your child and a variety of ways to get through the night. Dr. Richard Ferber and Dr. Sears are leaders in the medical profession who provide sleep training strategies, backed by their peers and other medical professionals. Over the many years I have worked with parents, I have not come across one mom or dad who felt it was easy or simple to train a child to sleep. None ever enjoyed hearing a child cry. Listening to a baby or toddler cry can be devastating for some parents, while it is exceptionally stressful for others. It goes against our nature to allow a child to cry, to allow him to feel distressed without comfort, when he could easily be picked up and soothed back to sleep. And there lies the problem.

Children learn to fall asleep in the manner in which we teach them. Some parents go for car rides, while some parents rock their babies and toddlers to sleep for years. Some parents pat their child's back until he drifts off; others lie down with their toddlers until they fall asleep. Still

---

34 *Touchpoints: The Essential Reference*, 59.

others provide continuous bottles or pacifiers, replacing them in their mouths throughout the night. As we know, children learn what they live. Therefore, the sleep pattern training that you initiate will be the one that continues until you are ready to retrain your child out of one pattern and into a new one.[35] Training a child out of a comfortable pattern can be difficult, as he may cry from confusion and distress. This chapter contains many articles regarding the need for sleep, the amount of sleep needed, and how to get your child to sleep.

Consistent Sleep

Sleep is a beautiful thing. It directly affects the functioning level of our minds and bodies. Without it, serious physiological difficulties can develop, including diabetes, obesity, attention deficits, increased blood pressure, headaches, impairment of overall ability, and compromised immune systems. Adequate sleep for children is absolutely critical, as it determines their emotional temperament as well as their ability to absorb and retain information to increase functioning in all areas of development.[36]

Many families find it difficult to get their children to sleep in their own bed. Some parents drive around in a car to get them to sleep. Some allow their kids to sleep in their bed for years, putting up with cramped space and an occasional foot in the face because it is just too difficult to get their child to sleep in his own bed. Some parents simply give up, allowing their child to fall asleep on a couch because removing him from a TV into a bedroom is a struggle and just too much effort. Children need to learn how to soothe themselves to sleep, finding comfort in their own space with their favorite things surrounding them. It is a gift to your child when you take the time to teach him how to follow a bedtime routine and to fall asleep in his own bed. Children learn from repetition, and they can quickly learn an evening routine by doing the same thing over and over. On the other hand, if a parent continually allows his child to fall asleep in his bed or on the couch, that is how that child will learn to fall asleep. As children grow older, it is much more difficult to break old habits. A battle is inevitable when you are ready for your child to go to his own bed, but he still wants to fall asleep in front of the TV.

Every parent knows that getting a child to sleep can take tremendous patience and great effort until his child is able to learn the routine of the

35   *Touchpoints: The Essential Reference*, 94.
36   *The Big Book of Parenting Solutions*, 586.

evening. It is a gift to your child and yourself to implement a relaxed bedtime routine so your child will have the benefit of increased sleep time. Include story time in your routine each night, no matter how young your baby is, as that shared quiet time will nurture so many parts of your child's emotional and intellectual well-being. When you believe in yourself and the process of the routine and remain consistent with your response, you can easily train your child to fall asleep in his own bed. Structured routines provide emotional security for a child. He will learn what to expect, when to expect it, and, just as importantly, what is expected of him. Give your child the gift of a bedtime routine with plenty of sleep. You'll all sleep a little better.

No More Bedtime Struggles

Providing a quiet, structured, consistent routine for your child's bedtime is the key to getting everyone in bed on time without tears. Dr. Richard Ferber, director of the Center for Pediatric Sleep Disorders in Boston, recommends that children ages one to two years old should get thirteen or more hours of sleep every day. Children two through eight need from ten to twelve hours of sleep per day, and adolescents are recommended to get from eight to nine hours of sleep each night.[37] The proper amount of sleep is critical for children. Tired children can become unreasonable and have continuous meltdowns. While we sleep, our organs regenerate, and cells rebuild. It is important that you provide the maximum opportunity for your child to succeed with the proper amount of rest. It is also important to reduce external stimulation at least an hour before bed, as that can cause your child's brain to remain alert. External stimulation includes exercise, rough play, TV, video games, bright lighting, loud noise, and high-level conversation, to name a few. Change your routine, eliminate external brain stimulation, and see if your child is able to fall asleep with fewer struggles. A quiet routine will help your child learn to fall asleep in his own bed to get a full night of restful sleep.

Getting into a Routine

Consistency can be a very difficult skill to master. Giving in can be so much easier for that moment. However, in the long run, consistency is truly a gift to a child. Young, concrete thinkers thrive on sameness and repetition to learn and grow. Deciding to provide a structured bedtime

---

37 *Solve Your Child's Sleep Problems*, 19.

routine is the first step. Based on your child's age, determine an appropriate time for lights out and then work backward to develop your routine. List all the things that need to be done before bed. Once you make this decision, do not fall back into inconsistency. Inconsistency sends a mixed message, causing confusion and chaos.

Making It Easier

For a young child who does not require a night feeding but may still wake for a bottle, you can provide multiple small bottles of water in his crib. A photo schedule book may help your child learn to follow and enjoy his bedtime routine. It is easily used with three to eight-year-olds who can follow picture prompts. Read details of how to develop and implement a photo schedule book in Schedules and Routines. Visit www. yourperfectchild.com, and click the Shop with Us tab to order a blank photo schedule book for your child.

Provide a bedtime basket for an older child, which he can fill with favorite books to look at by himself after lights out. Each night, allow him to choose several favorites or even a chapter book, and review the rules together for clarity. Remind him that he may have the privilege of looking through books as long as he remains quietly in bed. Provide a small flashlight or glow sticks in the basket, and have him repeat the rules. Another soothing addition to an older child's bedroom is a lava lamp, which provides a dimly lit slow, calming visual motion. Some children love the idea of a dream catcher, which they can make themselves and hang in their window. Other children feel a sense of protection with an angel decoration or an enlarged family photo. I painted my son's ceiling a pale blue sky with clouds and applied a galaxy of (stick-on) glow-in-the-dark stars with planets. Quiet, classical music or sounds of nature (rain or the ocean) also are very relaxing and help little minds to easily drift off into dreamland.

Whatever your preference, be sure to provide your child with a calming environment and a regular routine for relaxed and successful bedtimes.

Step-by-Step Training

It can be so frustrating for a parent whose child simply will not go to bed or stay there. It is a difficult decision to do something about it rather than to continue thinking, "He will grow out of this." Your child's physical health and emotional stability depend on his sleep. When you are ready, empower yourself with books and videos about sleep training. Talk to your pediatrician, and reach out to friends who have been successful. Put your supports in place, and find someone to call when your child is crying or testing the limits. Ask your support person to keep you on track. Always remain close to offer support and eliminate evenings filled with yelling and chaos.

Once in bed, your child will most likely test you with requests for water or the bathroom, or make statements that he cannot sleep. This is where the real work begins, so you need to remember why you decided to develop a bedtime routine. A well-rested child displays less misbehavior and will function better in all areas, including in school. Try to remember this as your child negotiates, gets out of bed, or tries to push you to your limit. Be prepared to dedicate an entire evening to bedtime training for the first few nights. Much less time will be required once your child is comfortable with the routine. According to Dr. Richard Ferber, director of the Center for Pediatric Sleep Disorders in Boston, most children learn to follow a bedtime routine within seven nights, although many children will learn to soothe themselves to sleep within three nights.[38]

Remember that your child has nothing to lose by negotiating or crying for an hour or more. He only stands to win if you give in, teaching him that you cannot withstand his tears. When your child gets out of bed, calmly and lovingly say, "It's time for bed now." Do not respond to requests or pleading if your child has already had that last drink and has used the bathroom. If you feel he may truly need to use the bathroom, take him by the hand, keep the lights low, do not talk to him, and do not make eye contact. Assist him as he goes in and comes out of the bathroom. Without further words, walk your child back to bed, and tuck him in. He will probably pop right back out of his bed to see if you will reengage. Without verbal communication, eye contact, or moans and groans from you, move him back to his bed, and cover him up. Sit near the door, where he can see you, but do not face him. Just be there to place him back into bed without communication. It is critical that you do not respond or reengage with any behaviors or remarks. Quietly and calmly place your child back into his bed. I have worked late into the night, sitting in bedroom doorways with moms, providing the encouragement they needed to train their child to remain in their bed. It takes inner strength and patience, so be prepared. A little six-year-old that I worked with got out of her bed one hundred and eighty-seven times the first night, fifty-one times the second night, and three times the third night. After that, she learned her routine and learned

---

38 *Solve Your Child's Sleep Problems,* 79.

to go to sleep in her own bed. Her parents were delighted that she was better behaved during the day because she was so well rested. They were also delighted to have their evenings back!

Time Changes

"Fall Back"

"Falling back" with an extra hour of sleep for an adult is indescribable. However, unless you slowly adjust your child's sleep clock, the time change may wreak havoc with early morning wakeups and bedtime or nap disturbances. Do not be surprised if your child's sleep patterns are out of sorts a bit or even a lot during a change in daylight savings time. Help your child to rewire by transitioning with small, incremental bedtime adjustments so he will be ready when it is time to turn the clocks back.

If you have less than a week to transition your child to the time change, beginning tonight, start bedtime routines fifteen minutes later. Continue to start bedtime by fifteen minutes later every other night until you reach your desired bedtime with the time change. In other words, if bedtime routines usually start at seven o'clock with a bath, get him into the tub tonight at seven fifteen. Continue with your exact bedtime routine without changing or eliminating any activities. Lights out should be a bit later every other night.

If you become frustrated with the effort that is required to change your child's bedtime, do not show it. The definition of transition is learning to move with ease from one topic or place to another with seamless effort. That is the goal, which is important to remember whenever you become frustrated. Take a breath, and try to enjoy reading bedtime stories a half hour later than usual, even if you are missing part or all of your favorite television show. Relax and enjoy the transition, knowing you are helping your child adjust to a time change. The more effort you put into his bedtime routine, the more successful your child will be in regulating his sleep clock. Throughout this process, if you sense he is becoming overly tired, start a warm bath or offer a quiet story. Do not offer games or TV time. Quiet bedtime activities, stories, songs, and a review of the day are relaxing and comforting and will provide an ideal atmosphere for a successful transition.

Some children who experience troubled sleep, those who have difficulty falling asleep, those who do not stay asleep, and those who get up early in the morning may do so for a variety of reasons. Some of those reasons include internal biological clocks (like a rooster), being a light sleeper (where household noise will wake him), too much sleep during the day (naps too long or too late in the day), or stress. Yes, children experience stress from peer pressure, bullying, household chaos, and mismanagement or a misunderstanding of their behaviors. The following are some helpful hints to minimize sleeping difficulties:

- Light sleepers can be successful sleepers with white noise or quiet, consistent noise as a background throughout sleep. Minimize household noise as much as possible, and be aware of loud, jarring noises. Play classical music that has been developed for young children, or turn on a fan for a quiet hum.

- Naptime should be individualized, but the length should rarely exceed three o'clock in the afternoon. Your child needs time to wake up, explore, eat dinner, and then wind down for the start of his bedtime routine around seven.

- Alleviating stress can be the focus for each evening in the bath or even in bed, as you review your child's day with all the wonderful things he did.

Develop an easy, stress-free schedule, and stick to it. Decide what time your child should be in bed with lights out. Now, work backward. Twenty minutes before lights out, read stories to him in his bed. Just before that, squirt toothpaste on his toothbrush, and sing a song while he brushes. Just before that, you dry him off with a soft towel and help him into his PJs. Before that, he was in the tub, relaxing in the warm water and playing with the bubbles. In many cases, it is a very easy transition. A quiet, stress-free, structured bedtime routine with minimal chaos for at least an hour before bed will set your child up for success and give him the sleep he needs (ten to twelve hours). It will also give you the time you need in the evenings to recharge yourself for tomorrow.

"Spring Ahead"

As the warmth and beauty of a long anticipated spring approaches, we let our minds wander to visions of longer, warmer days where our children can finally get outside and run! Another sign of spring is daylight savings time. Springing forward means losing an hour of sleep, which can disrupt a child's internal clock. It can take days or even weeks to adjust due to a lack of sleep, leading to cranky temperaments and meltdowns.[39] Although it is not too much of a problem for adults, losing an hour of sleep from one day to the next is quite a leap for a child who goes to bed on Saturday night at his usual eight o'clock but is expected to fall asleep on Sunday night at seven according to his internal clock. With a good plan and a little effort, you can keep your child right on schedule. Help him transition with success and go to bed at his usual time rather than an hour later than usual for nights on end after the clocks change.

When possible, plan ahead. A slow transition may take about three weeks to get your child to bed an hour earlier than usual. Start bedtime routines ten minutes earlier, beginning immediately, and move it back by ten minutes every third night until you reach your desired bedtime. For example, if bedtime routines usually start at seven o'clock with a bath, get your child into the tub at six fifty tonight. Move consistently through your exact bedtime routine without changing or eliminating any activities. Keep bedtime snacks, brushing teeth, stories, and songs all before lights out. There is no need for a lot of discussion regarding time changes. However, if your child can tell time or questions his new bedtime, tell him you are slowly changing his internal clock. If favorite TV shows present an issue, offer to record the show, which can be viewed the next day after school and homework are complete, provided bedtime goes well the previous evening. Going to bed on time is the requirement for tomorrow's reward. Just remember that you are the parent. Remain patient and consistent with your plan.

Many pediatricians agree it is easier to adjust an internal clock with a slow, incremental transition. A very consistent bedtime routine will help to slowly transition your child to sleep one hour earlier over the next few weeks. Understand that you are adjusting your child's internal clock, so when he says that he is not tired, offer another bedtime story rather than an extra game time or TV time. Quiet bedtime activities, stories, songs, and a review of the day are relaxing and comforting. Those quiet activities will provide an ideal atmosphere for his long-term transition. Some children do experience trouble falling asleep, some may not be able to remain asleep, and some may get up early in the morning before they have had their ten to twelve hours. Possible causes include being a light sleeper, too much sleep during the day, or stress. As previously mentioned, children can experience

---

39 www.babyzone.com/toddler/article/daylight-savings-time

stress from peer pressure, bullying, household chaos, major changes in routine, no routine, or a misunderstanding of their behaviors. Be mindful of these triggers so you can look for, minimize, and eliminate the causes.

Implement the same steps as described previously. Develop a stress-free schedule, and maintain it with consistency. Determine the time you would like for your child to be in bed, and work backward. For example, twenty minutes before you turn out the lights, read stories in his bed. Fifteen minutes before that, help him into his PJs. Just before PJs, he should have been relaxing in the tub, playing in the bubbles.

Make it your priority to enjoy a quiet bedtime routine with your child. It is a time for reassurance and love. In most cases, providing a quiet, stress-free, structured routine one hour before bedtime will help your child to fall asleep and remain asleep. Offer a special bedtime basket filled with a few favorite books. Suggest that your child quietly enjoy these books by himself with his night light turned on. Your efforts will pay off, and you will be ready for daylight savings time.

Dear Diana

Questions and Answers for Sleep Training

Dear Diana, I am a grandfather of a twenty-two-month-old boy. I do not remember it being this hard to raise children. My daughter is a stay-at-home, thirty-four-year-old mom who thought that raising a child would not be too hard since millions of people do it! Her biggest issue is the lack of sleep she is getting due to sleep issues with her child. She and I have read all of the books from Ferber to Sears, to "total cry it out," and nothing seems to work with this child. He is very headstrong. She has tried letting him cry, but after about fifteen minutes, he starts banging his head on the crib and hitting his knees against the slats. His knees seem to be bruised quite frequently. After about fifteen minutes of banging, she goes in, gives comfort, tells him it is sleepy time, and then walks back out. She does not take him out of the crib. He cries for another fifteen to twenty minutes. He actually kept this up for one and a half hours one night. So, here are my questions:

Q: I am an educator with thirty-seven years of teaching grades four through eight, so I am somewhat familiar with the idea of consistency. Consistency surely makes life easier for students, teachers, and parents, but I am still battling the idea of nature versus nurture. My wife (grandmother) thinks she is to blame for his poor sleep habits since she would walk and/or rock our grandson and bottle-feed him until he fell asleep in her arms. My daughter continued doing this, but now it seems the child cannot soothe himself to sleep. I hope my wife did not give some wrong information since this technique worked with our two girls. I really feel that there are some kids who are easier to raise than others. Just like in the classroom, some children learn easier than others. All children are not born the same, but which has more bearing on this sleep issue, nature or nurture?

A: Nature versus nurture is so difficult to define in so many areas of child development. I agree with you that some children experience more difficulty in certain areas than others and then excel in other areas. And yes, some children are easier or more difficult to raise than others. I also believe that, if we look closely, we can determine what is troublesome for that child, problem solve through it, and remediate the troubling behavior. Sometimes, a child's behavior is a direct result of how his parent has handled a situation. Educating a parent how to retrain a child can be very successful.

When it comes to nature versus nurture, I believe it is a bit of both. Some children, teens, and adults can manage on less sleep than the typical population. However, most of us need a regular, consistent, seven to twelve hours of sleep, depending on our age. The "nurture" is where parents and educators have the opportunity to reshape, redirect, and retrain. Your wife should not feel guilty for providing tender loving care to her grandson. Your grandson is following the patterns he was taught. He was trained to fall asleep in someone's arms so he has never learned how to self-soothe. Transitioning from warm, loving arms with a bottle into a lonely crib is dramatic. It is natural for him to become upset or confused. He is using his coping skills, and he has learned that, if he cries long enough, bangs his head, and knees against the bars, he will get the attention he is looking for. He has learned that his mom will eventually return and provide comfort.

Q: Is there a small percentage of children who will not respond to any sleep methods? What do you do with these children?

A: Pediatrician Lawrence Handwork of Akron Children's Hospital encourages parents to develop a bedtime pattern, stating that all children, with the exception of those with compromised medical or neurological factors, can be trained to sleep when consistent, appropriate routines are provided. Your toddler has been trained to do what he does with certain patterns of consistent behavior that your wife and daughter provided. Change the pattern. In my experience as a teacher of children with special needs, I found that every student, no matter how delayed or disabled, was able to learn and display the skills that I taught. Children can learn to soothe themselves to sleep with consistent patterning. Believe that you can teach him how to soothe himself to sleep. As a teacher, you know that, when a child is learning a new skill, it takes much effort, complete dedication, and repetition with consistency. He may test your limits and pull out all the stops. You need to be fully ready to follow through with what you have started, or you will be sending a mixed message. If you decide it is too difficult to follow through, he will learn to cry louder and longer, knowing you will eventually give up and rescue him. This is how children learn to become headstrong.

Q: The procedures outlined in Dr. Richard Ferber's book, *Solve Your Child's Sleep Problems*, make sense to me, and with a little effort and consistency, they should work. But how long do you let a child cry, and how long can you let a child bang his head on a crib? Our pediatrician says he will stop banging his head on his crib bars whenever he is ready. When will that be?

A: Dr. Ferber's methods can be completely successful if you are willing to let your child cry for the short intervals described in his book. His method is one of reassurance every few minutes, which provides a child the opportunity to comfort himself to sleep. As you stated, it can be equally as distressing for the parent as it is for the child. I have guided many parents through the Ferber Method, providing encouragement throughout the bedtime process. Listening to a child cry is heartbreaking. It is our nature to comfort and soothe. You need to be fully prepared whenever you start a sleep training program, believing you are giving your child a gift by teaching him how to soothe himself to sleep. Many temper tantrums are driven by sleep-deprived children. Proper sleep is critical for continued brain development and appropriate social functioning. Those are just a few reasons that Dr. Ferber's method is so widely accepted, purposefully implemented, and completely successful.

Your grandson's headbanging is distressing, as it is now known that concussions and head injuries can have lasting effects on the brain. Although children have banged their heads since the beginning of time, either by accident or purposefully without injury, it would be neglectful to advise you to allow him to bang his head for your attention. Consider implementing an alternative method, described below, and redirect his headbanging while providing new patterning. Your daughter will be able to help him learn to self-regulate.

Training, Retraining, and Patterning

When you are facing a behavior that needs to be addressed, it is best to gather everyone involved to dissect the behavior. Discuss all of the conditions that could possibly be fueling it. Questions to ask: Who puts him to bed every night? Is there consistency with the procedure, no matter who puts him to bed? Is there a nice, long, calm routine in his room to help him transition before lights out? Does he sleep through the night? If not, why not? What time does he get up in the morning? Does he take a daily nap? What time is naptime, how long does he sleep, and what time does he get up from his nap? What kind of exercise or stimulation does he get during the day? Children who are placid or watch TV for much of the day may have more energy to burn than those who attend preschool, which has structured activities or playing in the fresh air.

Developing a sleep training plan is much like developing a professional teacher's lesson plan. Start by setting your general goal, which is to have him fall asleep at an appropriate time without crying. Set your objectives:

- To teach him to accept bedtime as a time to sleep
- To teach him to accept and use a soft toy as a source of comfort to help himself fall asleep
- To be able to stay in the room until he falls asleep, providing emotional support for him without feeling guilty, but understanding that this is a training period

A Plan That Works for Everyone

Many effective sleep plans can be put into place to train your child to go to sleep. The following is an alternative to leaving your child alone in his room, crying, and banging his head on his crib.

- Make sure everyone is on the same page and can follow through with the plan. Everyone will need to tolerate and endure some amount of crying for several nights.

- Choose a soft toy or blanket that your child can carry with him during the day. It will pick up his scent and provide him comfort when he is in his bed. Whenever possible, hold that blanket or stuffed toy while holding your child. Place it in your lap or under your shirt to pick up your body scent. Your scent will comfort your child when he holds it close.

- Commit to spending time in your child's room each night. Sit quietly with no eye contact or verbal exchange. Silently offer a soft toy or blanket as a redirection when you hear him get out of his bed or bang his head.

- Be certain that your child is tired when putting him to bed. Review nap patterns. Follow the three o'clock rule, which means no sleeping past three. He needs to be tired and ready for bed by seven thirty or eight.

- Prepare and use a photo schedule book of his bedtime routine. This book will engage him and help him become invested in the process. After completing his routine, goodnights can be said to favorite stuffed animals, and soft music can be played in the background. Dim or turn off the lights, and put him in his crib with hugs and kisses. Then sit in the dark, out of reach, facing away. You may find that you need to distract yourself by quietly humming a song, reading a book with a flashlight, or making a to-do list for the next day so you don't give in, provide comfort, or take him out of the crib. That would be confusing and make it more difficult for him to learn how to put himself to sleep.

The purpose of staying in his darkened room is to monitor his safety as well as convey the message that you are there and he is safe. When he bangs his head, hand him his favorite blanket or stuffed animal for comfort. Do not say anything or engage in any way. If he throws it down, offer it one more time and then walk away. No hugs, kisses, or loving words. Although your daughter may feel better when she gives a hug and says, "It's okay. You'll be okay. It's sleepy time," that engagement may be heightening his frustration, adding fuel to his fire so crying will continue for longer than it needs to. The second night, move closer to the door. Sit quietly in the dark until he falls asleep. Implement the exact same behavior as the night before so he can learn the consistency of the new pattern. Each night following, move slightly closer toward the door until you are eventually at the door. Then transition to sitting in the hallway. This may take several weeks, as it needs to be a slow transition with the exact pattern each night.

Finally, provide recognition and praise each morning, relaying how proud you are that he went to sleep so nicely last night. Bribes, stickers, and toys are not necessary, but recognition is critical, as children thrive on positive attention.

Additional Techniques and Strategies

To teach my son to self-soothe and fall asleep on his own, I filled multiple four-ounce bottles with water and placed them in the lap of his big brown bear, which sat in the corner of his crib. When he cried, I moved his hand toward the bear to find one of the many bottles of water. After a few sips, he fell back to sleep. With my help, after a few nights, my son learned to find his water by himself as he reached for his bear. By placing so many bottles in his bear's lap, he could always find one easily, even in the very dim light of his room.

My second son did not attach to a soft toy, a water bottle, a pacifier, or a blanket. I knew it was important for him to attach to something for comfort, so I made a quilt.[40] Throughout the weeks it took to sew, I bundled him in the fabric and held him close to me so it would pick up our body scents, which I knew would help him to connect and attach. It provided a great comfort for many years and remains a treasured item, packed carefully in the attic.

Another alternative is to put your child to bed with his regular routine and then sit in a chair in his room for about five minutes in the dark. When you get up, if he is still awake, tell him you will be back in several minutes after you fold the laundry. Return as promised, without speaking. Sit in the chair for five more minutes. Repeat this pattern until he is asleep. Within several nights, he will fall asleep, perhaps while you are gone from the room, feeling comforted to know you will soon return.

Bedtime Success

I have worked with many families over the years, providing support with one of the many routines described above. We have worked together in their homes or over the phone throughout the night. Throughout all of my experiences, I have only worked with one mom who was not able to

---

40 *Infancy: Infant, Family, and Society*, 354.

get her son to sleep, but her husband could. He followed the exact routine with success. What does that tell you?

Transition is difficult for most children, but there is almost always something to help your child become comfortable and learn a new routine. Patience, empathy, love, consistency, and endurance make up the recipe for thoughtful parenting, which will bring successful learning. We have an amazing opportunity to teach our little learners. We just have to be prepared with a stellar lesson plan and then follow through by teaching the lesson.

9

Toilet Training

Introduction: Are You Ready? Is Your Child?

Potty training can be such an exciting time. Your child has grown a little older and a little more independent. Potty training can also be a stressful time for parents who become anxious or may even develop a sense of insecurity regarding their parenting abilities. Although philosophies have come and gone regarding when or how to train, several clear indicators remain constant. So many variables determine potty training success.

Children need to be both physically and emotionally ready before being introduced to the potty. Muscle control must be developed, which you can recognize when diapers remain dry for longer periods of time. Do not push a child who is not physically capable of training with success. Night training usually occurs many months after successful daytime potty training. Consistently dry overnight diapers may indicate nighttime readiness. To help a child transition through that process, fluid intake should be monitored and minimized throughout early evening hours. Your child's maturity, along with your family environment, can be a factor in your child's emotional readiness. If a new baby is due, do not start to train your child, as regression often occurs. Provide an environment so your child feels secure and happy when attempting to use the potty. Parents who show distress with accidents can send an unspoken message of disappointment or control. Address an accident by identifying the facts of what happened. Move into the bathroom to clean up, using an even-toned voice and providing wipes and dry clothing for semi-independent changing. Showing emotion or becoming upset may trigger your child's desire to control when or how he will be trained. Emotional control can transition into intentional urination or dangerous bowel withholding. These behaviors often require focused remediation or medical attention.

The following chapter provides information regarding when to start potty training and how to follow through with success. Circumstances that might cause resistance or regression are provided with helpful strategies to minimize power struggles. Every child is unique, so training one child may be a very different experience than training another. Whether you have a toddler who is ready to train or an older preschool child who refuses to leave the comfort of his pull-ups, you will find answers to your questions, alleviate your concerns, and learn to develop a game plan for successful training.

Common Toilet Training Questions

Parents have many questions and concerns regarding potty training. The following are some common ones:

Q: What is the right age to begin training my child?

A: Age does not determine the best time to start training, although certain holding muscles do not develop before twenty to twenty-six months. Family dynamics, birth order, and emotional readiness are significant markers to consider.

Q: What are the signs that my child is ready to train?

A: Training can be successful when a child remains dry for longer periods, recognizes he is either wet or dirty, displays uncomfortability, or requests to be changed. Successful training requires physical muscle control as well as emotional readiness. When your child shows interest in the potty and willingly sits with success, successful training should occur.

Q: What is the worst thing that can happen if I try to force my child to train before he is ready?

A: You cannot force your child to become potty trained. When a parent is overly anxious, talks about it often, or provides a lot of attention to the matter, the child will sense it and may make unhealthy decisions. Some children intentionally wet themselves to see the frustration, anger, or disappointment. Some children go on the potty to see excitement. They can withhold bowels for days to get their parent to back off from potty training. Bowel withholding can become a medical danger. Your pediatrician should be contacted immediately if you see indications of extremely hard, painful, or irregular bowels. If you try to force training before your child is ready, the training period will often take much longer. Children have the ultimate control over their training, so both you and your child need to be really ready.

Q: Are all potty seats the same?

A: Some potty seats sit on the floor, some insert into the toilet seat, some help a child to step up, and some even play music when they are being filled. These should be chosen based on your child's age and physical size. It helps to introduce your child to a portable ring or a potty seat for travel purposes.

Q: Do girls train differently than boys?

A: It is beneficial for boys to learn to stand. Boys who are trained solely to sit may be teased in a preschool setting where groups of children travel to the bathroom together. Peer pressure or humiliation can cause regression or refusal. Sitting and standing are different experiences, so it is helpful for boys to become comfortable with both.

Q: Does the same approach work for all children?

A: What works for one child may not be successful with another. Having a sense of your child's readiness or resistance is the key. In many cases, it may be easier to train your second child because he may want to emulate his older sibling. Older siblings should encourage the younger trainee.[41] Also, a child who is referred to as "the baby" may enjoy that role and may not show an interest in training.

Q: How should I handle naps and bedtime with pull-ups or diapers?

A: Staying dry throughout the night usually occurs several months after daytime success. Liquids taken in after early evening hours play a big role. Limiting evening liquids and monitoring bathtub faucet drinking can be

---

41 *Infancy: Infant, Family, and Society*, 404.

difficult and upsetting. It is better not to mention this limit and offer small sips instead of a full cup.

Q: How do I handle using the potty when we are not home?

A: Several strategies can be successful, depending upon where your child is with his training. It is always important to be mindful of the last time your child used the potty. Plan for errands to be short. A house rule should be initiated so everyone always uses the bathroom before leaving the house. Keep a travel bag in your car, stocked with several changes of clothing, underwear, plastic bags, socks, wipes, pull-ups or diapers, and a potty ring, if your child is comfortable using one. If you have a larger vehicle, you might keep a travel potty in the back for emergencies. This immediate, private space can provide peace of mind to a toddler. The more relaxed and prepared you are, the more successful your child will be. Bad experiences typically cause regression.

Q: Why do some children train and then regress?

A: Children regress for a variety of reasons. It is very common for an older sibling to regress when a new baby arrives because the baby receives so much attention. Accidents require attention, and toddlers often regress for that attention. When this happens, remain indifferent, and help your child to clean himself, saying very little. Giving sympathy or excuses or showing disappointment or anger will provide attention to the unwanted behavior. Try not to become upset or reward the behavior with emotion or excuses. Remain indifferent, providing as little attention as possible to the event and giving your child no positive reinforcement. Other causes for regression include upsetting experiences or difficult transitions, such as a death in the family, a divorce, or moving.

Q: What should I do when, no matter what I try, my child just will not use the potty?

A: Stop trying. This almost always occurs when a child senses his parent's desperation. You cannot force him to go, so he really does have total control. In this case, it is best to pull back. Work hard to show no emotion, as if it really doesn't matter to you. Stop asking if he needs to go, and stop taking him to the bathroom routinely. Tell your child you can see that he is not interested in using the potty, so you are putting it away for now. Do not say, "You're not ready." For a greater effect with faster results, go back to diapers, not pull-ups. When you change diapers, say nothing, with no talking, songs, or smiles. Nothing. Do not display anger, frustration, or disappointment. Be mindful of your body language and facial expressions. In other words, give no attention, neither negative nor positive. Chances are that, within days or a week, he will ask to use the potty because he will want to receive the attention he was getting when it was out. When you do reintroduce the potty, try a different approach without pushing or urging. Remain indifferent, and always have him clean himself (with minimal assistance from you) when accidents occur. When he is successful, say, "You must be so proud of yourself," as opposed to "I'm so proud of you." Teach your child to be proud of his accomplishments.

Q: What should I do when accidents continue to occur with my older child who should already be trained?

A: Check with your pediatrician to eliminate any medical or sensory processing concerns. Once cleared, approach this as a behavior that requires an intervention. Refer to this as soiling, not accidents, as they are not accidents. They are purposeful with the intent of gaining attention. Give no attention, negative or positive. Accompany him to the bathroom without words, and show him how to change himself. Be sure to teach him with kindness, as this is intentional teaching, not a punishment. Without your attention and with having to learn how to change himself, the behavior should be eliminated within a few weeks.

Developing a Potty Training Plan

Potty training can be distressing for parents if their child becomes empowered. However, that does not mean you should be apprehensive about starting to train. Quite the opposite. Train your child with a thoughtful plan. Understand where your child is in the process of training by considering his emotional readiness and his physical capability. When you decide to train, be ready to move forward, providing an unspoken expectation of success with your potty training plan. Be sure that you feel fully confident, have read material on the topic, and have spoken to others who have completed the process. Ask about their difficulties as well as their successes. The following are simple steps to take when beginning to train:

- Place a potty seat in the bathroom, teaching your child that a bathroom is the place to go. Kitchens and family rooms may be convenient, but they may not be conducive to going. It is also very helpful to teach a clear message that we go in the bathroom.

- Take your child to the potty throughout the day, simply saying, "We are going to the bathroom now." Use the bathroom after drinks, before and after baths, before meals, and before going out on errands. Make it a common experience, always keeping conversation light and showing indifference if he does not go.

- Talk about diapers as being uncomfortable, smelly, and causing hurtful rashes. Name friends and family who use the potty/bathroom. Avoid saying, "Diapers are for babies," as some young children may want to be babied or taken care of and therefore interpret your statement as a reason to stay in diapers. Avoid saying, "You are such a big boy, and big boys do not use diapers." This implies he should be ready and may cause him to feel guilt if he is not. Guilt does not teach. Guilt can provoke feelings of anger or resentment, providing a reason to wet or withhold.

- Read potty books, and choose fun, colorful underwear as an incentive and basis for conversation.

- Help your child shake his dirty diaper or underwear into the toilet to be flushed, showing him where it goes.

- Prompt how to flush.

A Few Tips

- Always change your child in the bathroom so he can become familiar and comfortable with the area.

- Invite your child each time you use the bathroom so he learns that this is what people do.

- Fill a special, brightly colored basket with wipes, diapers, pull-ups, underwear, socks, sweat pants, potty books, and favorite theme books to be placed near the potty. Offering choices of which underwear to wear (or even a pull-up) can help in the transition. When a child feels he is in control, he is often more successful.

- For a boy who is ready to stand at the toilet, suggest using a piece of toilet paper as a target. Words like, "Ready, aim, fire!" can make it fun and therefore successful.

Dear Diana

Problems with Toilet Training

I recently received two letters with similar concerns, so I am addressing them together.

Dear Diana, I have a lovely, intelligent three-and-a-half-year-old grandson. He was very easy to potty train and seldom has accidents, but he will not poop in the pot. I am worried that his parents have now put too much emphasis on it because he will go into another room and poop in his pants. They have tried rewards, withholding things, and all manner of that, but he will say, "I will do it when I am older." My daughter is very frustrated and does not know what else to do. Concerned Grandmother

Dear Diana, I have a four-year-old son who is refusing to have a bowel movement on the potty. For several years, we have had problems with him holding his bowels. He takes Miralax and fiber gummies on a daily basis. He will hold a BM until he is put in a pull-up at night or go in his underwear during the day. I have asked him why he won't go on the potty, and he says, "I don't want to." Whenever we find that he is trying to go in his pants, we try to convince him to go sit on the potty. We have tried everything! We have given rewards for the few times he has gone on the potty, and when he goes in his pants, we take a favorite toy and put it in a time-out on top of our fridge for the day. Neither reward nor time-out is working. My mother keeps reassuring me that he will eventually do it, but my husband and I are really frustrated. My son's pediatrician says this is common for children to hold BMs during potty training, especially if they've had a painful bowel movement episode. We would appreciate any advice or help on this matter. Desperate Mom

Dear Grandma and Desperate Mom, Thank you both for writing on this topic, as I am certain that so many others share your concerns. Children have total control over three bodily functions: eating, sleeping, and toileting. We cannot force a child to ingest food, fall asleep, or produce results on the toilet. When a child is coaxed, bribed, or begged, he gains a sense of control. A child will usually continue with that behavior until he no longer receives the attention or loses his audience. In most cases, neither positives (bribery) nor negatives (punishments, yelling, or taking away) will change the behavior because nothing is as important as the power he holds with his body.

Serious medical effects can evolve if a child refuses to eat or drink, causing malnutrition or dehydration. Toileting empowerment can evolve into bowel withholding, a physical control often leading to constipation and sometimes requiring hospitalization for elimination. Bowel withholding can cause impacting or pressure on organs. Hiding in a corner to eliminate is fairly common. If humiliated while using a quiet corner, a child may begin to withhold. A thorough discussion with your pediatrician is critical to eliminate constipation as a factor. Many parents struggle with toilet training because so many variables can cause problems. With tremendous dedication and lots of love, you can learn to implement a very successful strategy that is individualized for your child.

Some children have a difficult time using a toilet because they feel a piece of them is being flushed away. When you begin to potty train, prompt your child to flush the contents of either his diaper or the potty chair pot into the toilet. This will help develop an understanding of where things go. A big toilet can be frightening because some children have a fear of falling in. Children do not necessarily view their bowels as we do. Some toddlers smear (or in their minds, paint) all over their cribs or walls. When they see the expression of horror, they do not understand. Older children may use fecal smearing as a cry for help or even as a weapon, threatening to smear if they do not get their way. The attention a child receives can determine how he will choose to eliminate. Minimize your attention, including discussions or changing an older child who is fully capable of changing himself. Eliminate threats and bribery. Teach your child to be comfortable with flushing, and encourage him to take ownership of his bodily functions.

Several years ago, I was a guest on a television program, presenting strategies to increase toileting success. The following is a very methodical, successful intervention. Toilet training implementation requires consistency, dedication, and an expression of your confidence through your voice and actions. There is no going back once you begin. If you are inconsistent or show frustration, your child may gain control and regress to soiling.

Help your child to become ready by providing a bathroom basket filled with wipes, liquid soap, hand sanitizer, washcloth, hand towel, clean underwear, a plastic bag for soiled underwear, clean socks, and clean pants. Show him the items, one by one, explaining their usage. Your tone of voice is very important. In a kind, teaching voice, say that he seems uncomfortable using the toilet and prefers to go in his pants. Do not use the word "accident." He is not having accidents, but rather, he is making a choice. Tell him that you are going to allow him to change himself from now on. Explain that, although you will always be there to help, you will not be changing him anymore. Avoid conversations such as, "What if I can't do it? What if I need your help?" A simple reply could be, "I have confidence in you, and I will help you whenever you need help."

Initially, he may test you by crying and say he cannot clean himself. If he cries, provide encouragement saying, "Sure you can. I showed you the other day. I will help you." Then lead him into the bathroom. If he has soiled himself behind the couch and continues to play, provide the facts. Kindly say that you can tell he soiled his pants and he will get a hurtful rash if he sits in it. Ask him if he would like your help in the bathroom. If he declines, do not show emotion, beg, or bribe. Instead, think of an incentive. For example, explain that lunch will be ready or he may play outside as soon as he is clean. Prompt him to let you know if he wants your help. Stick to it, and move on. When he does want or need something, tell him you can get it for him when he is clean, using the words "when" and "then." For example, say, "When you change into clean underwear, then you can go on the swings." Remember, your tone of voice as well as your emotional control will impact his success.

Once in the bathroom, minimize your physical help. Quietly provide one- to three-word verbal directions with hand-over-hand assistance, if necessary. When he is finished, praise him with one simple sentence of, "You must be so proud of yourself," using a gentle, loving touch. The next time he soils himself, help less, but always be near for support. Over time, your child will tire of cleaning and changing himself as long as he is not receiving any attention for it. This thoughtful, incremental behavioral training has been successful for the many families with whom I have worked. This process will require multiple attempts in a consistent environment.

With your help, he can learn the process, take responsibility, and become comfortable using the toilet. Minimized attention, your confidence in his ability, and your control over your emotions, intonation, and actions will be the scaffolding for his complete success.

10

Fears

Introduction: Building Emotional Security

Childhood fears are common throughout developing years as children observe, experience, and engage in new activities and events. Their experiences shape their level of success with attempts to try, do, or become part of new situations. It is typical for some children to feel uncomfortable or uncertain when presented with new information or events. They may be incapable of verbally identifying fears. They may act upon them and express their distress in a variety of ways. Their behavior may seem ridiculous, or maddening, as one mom put it, when they cry endlessly, whine, or cling relentlessly due to some fear that seems unfounded. When a child accelerates into a full-blown meltdown, a parent can do very little to help him de-escalate, except perhaps to hold him quietly. The most important action a parent can take is to understand that his child is uncomfortable. Thoughtfully accept it, and thoughtfully acknowledge it. When a child feels heard and understood, he may feel more secure, develop an increased trust in the situation, and learn to become more comfortable in that environment.

New situations can cause distress, anxiety, or fear. Slow introductions are helpful when small bits of information are provided in an upbeat but relaxed tone of voice. Too much information or information provided too far in advance can also provoke anxiety. Some typical fears might include being left with a sitter, going to bed in a dark room, attending large, loud family events, the start of a new school year, attending a new class, or being left in an unfamiliar environment. Children moving from one town or school to another can have anxious moments. Even teenagers entering high school can become anxious of the unknown. New situations and change are difficult for everyone. No matter what the age or anxiety, it is better addressed with empathy and understanding than impatience and anger.

Telling your child that there is no reason to be afraid or that he shouldn't be upset will not resolve his fear. Do not discount your child's fears. As stated above, it can be very helpful when you acknowledge a fear with a physical connection, a hug or a back rub, which provides nonverbal communication of unconditional love and understanding. Simply saying, "It seems you are thinking about meeting new friends at school," can sometimes start a simple conversation. Remember that the words you choose, the pace of your words, and the intonation of your voice are all signals. Your child is watching and listening for nonverbal clues. Most children respond exceptionally well to techniques designed to diminish anxiety. Provide the following strategies in a relaxing, fun environment outside of the time of the presenting fear:

- Provide a worry box and encourage your child to write or draw his worries, talk to you about it, drop it in the box, and let it go.

- Provide a daily worry time so your child can safely and consistently express his concerns, and communicate more regularly about things that are distressing for him.

- Teach him to run up and down the stairs to release endorphins, increase oxygen flow, and distract him from the presenting fear. Use his age as a guide for how many stair runs he completes, for example, five years old equals five times up.

- Post a feelings faces board in a prominent place where everyone in the family can place a magnet on a face to express his current feeling. This provides exposure and an awareness of the many emotions that everyone experiences.

- Ask him to think of his most favorite time, such as a vacation where he was digging in the sand, a party with all his cousins, the day you built a swing set, and so forth. Tell him you will send him off to that favorite time whenever he seems distressed. Let him know that you will help him "change the channel" and move into that fun time with a secret code. Develop your secret code together.

- Teach him how to reset himself with a relaxation technique. This is best taught during when he is completely relaxed, perhaps before going to bed. Refer to it as a "four, five, six, reset!" where he breathes in for four seconds, holds for five seconds, and breathes out for six seconds. Again, this stimulates oxygen flow and teaches him to transition his thoughts from a place of fear to a place of concentration.

- Teach body relaxation, which can be fun to practice while lying in bed after stories. Have him straighten his arms, tighten his fists, stiffen his legs, point his toes, grit his teeth, and, lastly, hold his breath. Now, one at a time, reverse. Breathe, ungrit teeth, unflex toes, relax legs, loosen fists, bend arms, and roll head around to loosen neck muscles. That is a great one for everyone!

Stranger Anxiety

As holidays approach and extended families gather, many relatives will see great-grandchildren, grandchildren, nieces, nephews, and cousins for the first time in a long time. It is a most wonderful and exciting time to gather. However, for a young child, it can be distressing or overwhelming. Loud noises, big crowds, overstimulating and unfamiliar environments, and a lack of routine can contribute to a child's distress. Consider your child's emotional regulation when planning events and family gatherings.

Stranger anxiety can be exhibited in a young child from as early as eight months, as children younger than that generally accept unfamiliar faces and allow others to hold and soothe them.[42] However, just a few months of maturity can make quite a difference for a child, and even family members may be viewed as strangers if they have not had consistent exposure. Stranger anxiety can continue into toddlerhood. It can ignite a higher level of anxiety or mistrust and manifest in different ways if it is dismissed or ignored. Some children may withdraw, either physically or emotionally, while others may become quiet observers. Some children may scream loudly, cling to, or hide behind a parent. Some may bite or hit in self-defense as their only way of communicating their distress. It may be helpful to explain to others that your child is experiencing stranger anxiety, and although he seems a bit shy, he may warm up if he is not pushed. Hold your child, providing security, while others approach. Invite others to gently touch your child, speaking softly while you are holding him.[43] If your child has a favorite soft toy or blanket, invite the friend or family

---

42 *Ages and Stages*, 25.
43 *Touchpoints: The Essential Reference*, 101.

member to offer it to your child. The scent of his special cuddle toy will provide comfort.

In advance of a family event, collect or request close-up photos of all family members, placing them into a small, durable, plastic-covered photo album for your child to carry and own. I put together just such a book for my first child, Benjamin, born twenty-nine years ago on Thanksgiving, and we referred to it as his family flip book. He held his own, personalized picture book, some family close-ups, and some photos of family members holding him. We flipped through those photos often, especially before he visited with them. I integrated his sense of smell by having a small cloth handkerchief doused with my mom's perfume and another with my dad's cologne. When he looked at his Grandma Bon Bon's picture, I handed him the handkerchief with her perfume so he could associate her scent with her picture. The book went everywhere with him, and he was able to associate the photos with those familiar family members in his book.

It can be distressing to friends or family when a child will not warm up to them. With understanding, patience, and a few behavioral strategies, you can minimize your child's anxiety and help him to accept love and affection from close friends and family.

The Circle of Life

Several weeks ago, I telephoned a friend, and although she answered my call, she said she would call back because she was at the checkout counter of the pet store, purchasing a goldfish for her daughter. When she called back, I asked why she was buying another goldfish since her daughter already had one. Well, apparently the fish had not been feeling well, and it was floating upside down in the fishbowl. My friend said she was ready to have her counter space back, but her husband thought it would be better to replace the fish while Katie was napping. So, again I asked, "Why?" That would have been a perfect opportunity to teach Katie about life cycles, beginnings and endings, loss and grieving. However, Katie's dad wanted to protect her joyous spirit and spare her from an emotional upset, for which he is admired.

Teaching children about death and dying is never easy. Children are so innocent and look at the world around them with interest, excitement, and amazement. Perhaps exposing a child to the concept of death is difficult because it is so very difficult for us. When relatives are very ill and pass on, we are often told it is better this way. They are out of pain. Nevertheless, their passing often leaves us with deep pain in our own hearts. Teaching a life cycle can be an educational experience for a young child, as you explore an ant nest, watching for the queen ant and her workers, or look for cocoons and caterpillars that evolve into butterflies. This exploration of nature is also a great opportunity to teach your child that all creatures, big and small, have homes and families. Those lessons may actually help your child learn to be kind to all those in the animal kingdom instead of attempting to step on ants and spiders.

If you are interested in teaching life cycles but not the outdoor nature type, purchase some inexpensive, colorful guppies, which are low maintenance and as hardy as goldfish. The bonus is that guppies birth live babies, which is fascinating. I recall sharing my dresser with a tank of guppies. I was responsible for changing the water, daily feedings, and saving my allowance for fresh plants to oxygenate the water. If a fish tank is too much, consider buying a single goldfish or a beautiful betta for your child to care for.

We had many family pets as my children were growing up, which helped them learn about responsibility and the cycle of life. We had a wonderful family dog, Sophie; a rescued greyhound; a black cat; multiple rabbits; saltwater and freshwater fish; hermit crabs; a guinea pig; hamsters; Shelly the turtle; a hedgehog; an iguana; and a flying gecko. Although I was not passionate about some, each pet found its way into our home and into our hearts. As each pet lived out its life, my children loved and cared for it. When life cycles ended, we all gathered together to hold a memorial, burying most of them in our wooded backyard. They learned that this was all part of the process. As difficult as any ending may be, it is helpful for a child to learn about life as it comes and goes. The poet Alfred Lord Tennyson said, "'Tis better to have loved and lost, than never to have loved at all."[44]

Katie is happy with her new goldfish, unknowing it was replaced. However, the next time her fish floats, both parents said they will be ready to help her learn about the circle of life.

Preschool Anxiety

Eventually, it will be time to prepare your child for a transition from home to school, a place filled with new and exciting experiences. Some children find it difficult to leave home, as they are completely comfortable with

---

44   www.brainyquote.com/quotes/quotes/a/alfredlord153702.htm

their surroundings, Mom or Dad, their own toys, and familiar playmates. Preparing your child with the understanding of possible separation anxiety will help him to be much more successful during those first days of school.

Separation anxiety is well known to all early childhood educators. They understand it can be just as difficult for some parents to separate and let go as it is for their child. Attitude and actions have a great deal of influence on a child's reactions and can determine the success of the separation experience.[45] It is a whole new world with new toys to explore, friends to make, games to play, foods to taste, books to read, and stories to share. This is the beginning of your child's school career, independence is gained, self-confidence is ignited, information is processed, and social skills are developed. It is where children learn to take turns, share, wait, listen, and explore. For some, it can be a sensory overload and somewhat overwhelming.

Crying and clinging are a typical display of anxiety or separation difficulty for a young child. Look at these first few days through the eyes of your child. Consider what it feels like for him to go somewhere new, meet new people, and follow new rules, alone. Be patient and tolerant of emotions. Ask "wh" questions, such as these: What did you like best? Who is your new friend? If your child does cry or cling, rely on the experience of his teacher to engage him in classroom activities.

You can prepare your child for separation by talking, showing, and going.

- **Talking.** Lots of conversation regarding school-based activities will help your child to prepare emotionally. Descriptions of glue and paint projects, as well as birthday or holiday celebration parties, will help him imagine the fun to come.

- **Showing.** Show your child new toys, games, and books that he might use in his new classroom. Head to the library or the educational section of your local toy store. The purpose of the outing is to explore, not purchase. Pique his interest by telling him you are going to look at things he may be able to play with every day in his new classroom.

- **Going.** An adventure trip to your child's new school will spark interest and excitement as well as provide comfort and minimize anxiety during the first few days. Walk around the school, find his

---

45 *Ages and Stages*, 26.

classroom, and share a snack on the bench of the playground. Stop by the main office to meet a friendly face who will help your child connect.

Things to Remember

- Always say good-bye and tell your child when you will be back. Some parents feel it is easier to sneak away because they do not want their child to cry or do not want to leave while he is crying. Sneaking away creates mistrust. Your child will learn to trust you when you come back each day. Most children stop crying minutes after their parent leaves. Teach your child that he can trust you, that you will come back right after lunch or at the end of every day.

- Do not give in or get angry when your child cries. Definitely do not take him out of school. Parents who remove their crying child will actually teach their child that he can go home with Mommy when he cries. It will also make going to school the next day much more difficult for both of you.

- Keep your expectations high for your child. Let him know he can be anyone and do anything. Spark his imagination, and let him know that everyone is there for him at school. It is where he will learn to become whatever he wants to be.

11

Siblings and Friends

Introduction: My Brother, My Sister, My Best Friend

Siblings can be the best of friends or not. Siblings can stand by each other through thick and thin, encourage each other, teach each other, and spend time with each other, bonding a true, lifelong friendship. Siblings are also known to fight like cats and dogs, tattle on each other, physically hurt each other, or leverage themselves by telling each other's secrets. The expectation and environment provided by their parents determine much of how siblings relate to each other. If teasing and tattling or pushing and fighting are tolerated, then that will be how those siblings interact. If they are taught how and expected to show acts of kindness toward each other, then they will display those skills. Some parents say they have tried and tried to get their children to be kind to each other, but they just won't listen or stop arguing. If a sibling bond is your focus, you can provide the skills they need for a successful relationship. Specific steps will encourage kind, thoughtful behavior, and there are very clear ways to nurture family unity.

If your children are already at odds with each other, gather them around the table with a piece of paper and a crayon for each. Have them trace and color their two joining handprints to symbolize friendship, unity, and a helping hand. Cut them out, and have your child tape it on your refrigerator. Next, have them trace just one hand next to a picture of a face, symbolizing a hand hitting a face. Have them draw an X through that picture to symbolize "no hitting." Include zero tolerance for yelling or saying hurtful words in your house rules. Have each child tell you about his picture and the new rule. This is called "teaching outside of the moment," and it is very effective. Yelling at children while they are fighting will not teach the new rule.

Unless it is easily determined that one child hit and the other did not retaliate, let your children know that, if you see them fighting, both will be disciplined because it takes two to fight. Discuss what their natural consequence will be if they forget or make the choice to fight. A natural consequence might be to have each child think of an act of kindness toward the other (clean his room, be his butler and get him things he wants for an hour, and so forth). Have your children think of acts of kindness that they would want to have done for them and write them down. When the fighting is over, the acts of kindness begin. Provide clear expectations for behavior to eliminate all gray areas, to eliminate arguing, fighting, and yelling.

To increase a sibling bond, introduce an act of kindness jar by adding a marble each time you see a child perform a random act of kindness toward anyone. Examples include holding a door for someone, offering to help outside with the yard chores, offering to take out the garbage, offering to help a sibling get dressed, reading or playing a game with a sibling, offering to help a sibling with homework, or whatever! Whenever an offer to help is made, that child may place a marble in the jar. When the jar is filled, the entire family celebrates with a trip to the zoo, a banana split party, a family bowling outing, and so forth. As you eat your ice cream or enjoy your outing, remind everyone about the wonderful acts of kindness that earned the reward. You will be reinforcing thoughtful acts while improving sibling relationships.

Read more in this chapter about how to increase sibling bonds throughout each day because siblings can be the best of friends.

Getting Rid of the Rivalry

When I was a teenager, I learned how powerful a strong sibling relationship could be. My closest friend and her sister were the best of friends. They trusted, protected, and constantly showed acts of kindness toward each other. I decided that, when I had children, I would make it my mission to help them become the best of friends.

Sibling rivalry has often been a topic of concern with families. Siblings compete for attention. They tease, argue, instigate, and blame. They hit and say hurtful things to keep each other in their place. Some allow it, feeling this is typical sibling behavior. I wanted more for my three children, and I found the following strategies to be very successful in promoting healthy, loving relationships.

- **Build a team.** When talking to a child about a sibling, refer to the other as "your brother" or "your sister" rather than using a name. Continually referencing with "your sister" or "your brother" sends a strong familial message. It helps siblings attach to each other, work together as a family unit, and learn to be team players rather than fight to be the star of the team. Some families refer lovingly to their child as "the baby" long into toddlerhood. Babies are babied and receive lots of attention, something every child wants. Identifying one child as "the baby" may build jealousy or a great deal of resentment between siblings. A child's perception is their reality.

- **Set the stage.** When my three children were young, I continually told each one how much the other sibling other missed him throughout the day. I would say, "Your brother is going to love to see your picture when he comes home from school." When picking one up from preschool, I would say, "Your sister missed you so much and cannot wait to show you her picture!" My mantra to all three was that friends come and go, but you will always have your siblings. I also set them up for successful playtimes so the time they spent together was positive. I encouraged sharing and cooperation with each activity and monitored them closely so I could intervene quickly before arguments started.

- **Promote acts of kindness.** When you inspire children to participate in acts of kindness, it increases their self-confidence, which reduces their need to display misbehaviors for negative attention. Children do not naturally hold a door for a stranger, pick up something that someone else has dropped, or help a sibling zip a jacket. However, a little parental encouragement can help a child to feel those successes. I worked closely with three children, ages six through nine years, who were in constant competition, arguing often and functioning as individuals rather than as a team. I suggested their parents describe various acts of kindness that could earn an incentive of five minutes. When thirty minutes were accumulated, they could cash them in for an activity with a parent. Activities included baking cookies, going for a walk or bike ride, and playing a board game. Spending time with a parent is the ultimate reward. The child who cashed in was able to choose the activity, either alone with a parent, or invite the sibling(s) to join. Including siblings can empower a child to feel very special as well as foster closer relationships. Some might feel that earning minutes for acts of kindness is an unnecessary form of bribery. However, babies are born as self-centered beings. Just ask any two-year-old to share! Children need to be taught. They learn how to share and be kind through their experiences. It is definitely worth the effort to nurture your children's relationships so they can become the best of friends. Everyone wins.

I worked with a mom who said her three-year-old daughter was always grumpy in the morning and her seven-year-old son seemed to enjoy causing trouble with his sister. We talked about the amount of sleep they were both getting, bedtime routines, sleeping through the night, and their morning routine. Deficiency in any one of those factors can affect a child's behavior and therefore change the dynamics of the morning routine for the entire family. Everything seemed to be in place.

When I asked about specific behaviors that caused concern, Mom said that when her daughter sat at the counter to eat her breakfast, her brother climbed on his stool to sit next to her. She whined and cried because she did not want him sitting there. Mom said she told her son to move, to eat at the kitchen table because his sister wanted to be left alone. She said he usually ate at the table for a while but then returned to the counter, bothering his sister, asking questions, and attempting to sit with her. His sister screamed for him to get away, and Mom said she ended up yelling at him for taunting her. In no time at all, everyone was in a bad mood first thing in the morning. She said it was a vicious cycle, and it had been going on for a long time. It had become a habit. I provided a favorite phrase, "Nothing changes if nothing changes." I explained that, if she looked closely at what was happening, she could see what she could do differently in order to change the dynamics. I also offered her the definition of insanity, which is doing the same thing over and over and expecting a different result.

I asked Mom why she was directing her son away from the counter to the table instead of serving them both at the counter for breakfast. She thought I was kidding because her daughter screamed, carried on, and caused chaos when her brother came near her. She said it was just easier to send him to the table because her daughter got so upset. She said the problem was that he just kept coming back to cause trouble. I wondered if she realized that she had been allowing and actually enabling her daughter to have a tantrum in the mornings. Initially, Mom referred to her son as the troublemaker when, in reality, it was her sweet little three-year-old daughter who needed to be removed and retrained. She was the one who needed to learn to calmly eat breakfast at the counter with her brother.

Very often, parents ask the well-behaved sibling to give in, give it up, or get out of the way simply because it is easier than confronting an out-of-control child. However, giving in to that out-of-control child will reinforce and empower the child, communicating it is an acceptable way to behave. In this case, the little girl manipulated who sat at the counter by her behavior. It also is important to note that Mom saw her son as the troublemaker when he was set up for failure from the beginning. It is not fair or reasonable to have one child constantly make concessions for another child's bad behavior. Although Mom had never viewed the situation from that perspective, I encouraged her to address the problem with a "say less, do more" strategy.

"Say less and do more" means not talking about what you are going to do. Just do it. Mom was prompted to invite her son to the counter for breakfast. When her daughter began screaming, she removed her from her stool and told her that she would be invited back for breakfast when she could join her brother quietly. I reminded Mom that her daughter's inappropriate behavior had been part of a family dynamics for quite a while, warning that retraining may require multiple trials before everyone sat together successfully. I urged her not to give in but rather be consistent in what she said and did every morning.

Within a few days, Mom successfully created a new environment. The family sat together at the counter for breakfast, and all enjoyed pancakes! If you're having a problem with your child, take a step back, pull it apart, develop a strategy, and determine a game plan where everyone wins.

Successful Playdates

Teaching a young child how to play nicely requires practice with other children of the same age. Formal programs and playgroups provide the scaffolding for learning social skills needed to develop lasting friendships. Some parents may invite another child to play at their home, assuming the two young children will know how to interact appropriately. An unstructured environment can lead to arguing, hitting, crying, and the end of a playdate with little ones who lack skills for sharing, compromise, and communication. Set your child up for success by following simple guidelines for safe, successful playdates with friends. Before a playdate, explain the rules:

- **Friends share.** "Your friend is a guest, so he chooses the first activity, and then you will be able to choose. Will that be hard to play with trucks first, even though you might want to play with your trains? Do you want to try? If you try but have a meltdown, I will choose the games to play. Can you tell me the rule about who gets to choose first?"

- **One toy at a time.** "You can only play together with one toy at a time, so there is not a big mess to clean up in the end. I will check on you to see if you need help cleaning up. We will tell your friend that the toys that come out must be put away.

- **If it's out, we share it.** "Are there special toys that you do not want to share with your friend? If so, we will put them away. Otherwise, anything that is out is to be shared."

- **Your friend is our guest.** "We want your friend to be comfortable and happy. You need to use your manners by sharing, speaking nicely, and keeping your hands to yourself. If you have a problem or become upset, come to me so I can help you. Do not push, hit, or yell at your friend. We want him to come back and play another day."

The Process

Invite one child to your home for a limited, two-hour time period, perhaps on a weekend when both parents are home. Plan the playdate as if you are a preschool teacher.[46] Ask your child which types of activities he might like to do with his friend. Offer some suggestions, allowing him to make choices so he can take ownership to the activities and be more successful with sharing.

- **Activity 1 (15–20 minutes):** Provide the children with an opportunity to prepare a snack (mixing brownies, slicing refrigerator roll cookies with a plastic knife, preparing instant pudding, mixing a fruit salad, and so forth). Let the snack sit as the friends go to unstructured play.

---

46 *Ages and Stages*, 144.

- **Activity 2 (20–30 minutes):** Take the children to the toys they may use for unstructured play. Explain the four rules. Allow them play without your direction for a limited time. With a close ear, check on them in ten minutes, remarking on how well they are playing and sharing together.

- **Activity 3 (10 minutes):** Break for the snack they prepared.

- **Activity 4 (20–30 minutes):** Move to the next activity, which your child may choose.

- **Activity 5 (5 minutes):** Cleanup time! Sing a song, play a CD, and accompany them as you designate responsibilities. "You put all the cars away in the bin while your friend puts the blocks in the tub. I will pick up all the train tracks. Ready? 1, 2, 3, go!"

- **Activity 6 (20–30 minutes):** Have a craft on hand (model airplanes or woodworking projects) that can be purchased inexpensively at a craft store for a few dollars. Keep the children engaged with an interesting craft while they talk together.

When children enjoy time together with structured activities, they learn the skills needed to be successful playmates. This process is also easily implemented for siblings to increase bonding and strengthen sibling relationships.

Dear Diana

Improving Sibling Relationships

Dear Diana, My daughter is two and a half, and my son just turned one. My daughter gets very frustrated with her brother. He always wants to be right next to her, playing with her toys, opening the door when she uses the bathroom, and so forth. She gets upset, yells, and pushes him down. I know that two-year-olds are very possessive ("Mine!"), but how can I help her learn to share? Is she not developmentally ready for the concept? What should I do when she pushes him down? How should I handle him when he pulls her hair? (He loves the reaction from her!) Mom of Two

Dear Mom of Two, It is wonderful that your son displays his love for his sister. His interactions and responses are very age appropriate. He is learning from her with everything she does. Pulling her hair and following her around are his way of engaging with her. You can change the outcome (her negative response of pushing, yelling, and screaming "mine!") by focusing on ways to increase her role as her brother's encouraging teacher, role model, or coach.

My three children attended a Montessori school, and when my son was five, he was given the opportunity to read simple stories to younger nonreaders. The younger children thought he was amazing, so his self-confidence soared, his attention-seeking behaviors decreased, and he developed leadership skills. Helping to tie shoes, offering to carry items, or holding a door for a younger one are simple examples of behaviors to be nurtured and encouraged. In your situation, your daughter needs to feel that she a very important, positive role model. Respect your daughter's concerns, and set boundaries for your son when she wants privacy. Respond in the exact same manner with consistency so both children will learn quickly. First, go to your daughter, saying, "There is no reason to scream. Just ask for my help." Next, remove your son, using the word "privacy." Remove him to another location each time he approaches her in the bathroom.

When your son pulls hair, go to him first. Remove him from the immediate area, saying, "You may not pull hair." Place him down within eyesight, and go quickly to your daughter. Soothe her, and give her plenty of attention. Children behave for a response or reaction. When your son does not get that fun screaming reaction from his sister, his hair pulling will decrease. When he is ready to reengage, carry him to her, place his hand on her hair, and say, "Sorry for pulling hair." Although he does not have those language skills, he will learn to apologize by doing. When your daughter becomes angry or pushes him down, repeat the same process, using the same intervention. Address her unacceptable behavior with a verbal correction, and provide plenty of attention to your son.

Sharing is difficult for many, many children. It is a concept that needs to be taught repeatedly, so put on your preschool teaching hat. Establish a house rule of, "If it's out, we share it." That means your daughter can play with special, higher-level items when her brother is napping or is fully engaged in another activity. Focus on facilitating activities they can do together each day, such as a wagon ride or stroller walk, where she pulls or pushes her brother. Interpret for your daughter, explaining what he is trying to do or say. Praise all levels of kindness, saying, "Look, your brother wants to share his cookie with you! He loves you so much." You can definitely improve their relationship by nurturing the goodness in them both.

Dear Diana

Older Siblings and a New Baby

Dear Diana, I have a four-and-a-half-year-old son, a two-and-a-half-year-old daughter, and a three-week-old baby boy. My older two children really seem to love their little baby brother. However, I find myself repeating, "Don't touch him. Please stop. You're going to hurt him." I want my older children to bond with their baby brother and enjoy being big brother and big sister. However, they can be so rough with him, and newborns are so fragile. I do use phrases like, "Please be gentle. Like this," and I will take their hand and demonstrate for them how to be kind and gentle. I will even stroke their arm and say, "Doesn't that feel good when Mommy is gentle?" I am also trying to really praise my older children when I "catch them" being good or helpful. I have a "Catch ya being good" jar we fill with pirate coins. Both kids really like that. So I am wondering if you can offer any further suggestions for helping to ease my family through the transition of welcoming a new baby. Sincerely, Mom of Three!

Dear Mom of Three, Congratulations on your growing family and your commitment to building a strong, healthy sibling bond. It is difficult to watch little ones try to bond when they have no concept of how very fragile an infant is. Although they may enjoy their new baby, it is very natural for them to feel jealousy as their family positions have changed.[47] Your daughter is no longer the baby, and your four-and-a-half-year-old now has two others to share you with!

When my second child was three months old and his big brother was twenty-three months, I found our small pumpkin, which had been purchased for our new baby, in the garbage. Although always physically gentle with his baby brother, after three months of living with a crying,

---

47 *Touchpoints: The Essential Reference*, 199.

needy new baby, my older son had clearly communicated his emotions. When my daughter was born and I became a mother of three, I was given a set of glass geese, a mother and her three goslings. I found the littlest baby gosling broken on the floor, fairly confident that her older brother, who was the baby of two but had become the middle child of three, had accidentally broken it. Every family has a story of how an older child adjusts to a new baby, but it is important to remember that babies always need our vigilant monitoring as we are their only protectors.

It sounds as though you are doing a wonderful job of reminding your two children to be careful while taking their hand to gently stroke their baby brother. Try using the words "soft and gentle" repeatedly as you stroke them throughout the day or take their hand to stroke their brother. Children associate soft with a favorite stuffed toy. They are familiar with the word "soft," so use it often and whisper it softly. Eliminate "please don't" or "don't touch," as they may do those behaviors to see your reaction. Always tell them what you do want. Tell them that babies are fragile and can break. That is a concrete message for them to understand, as I am sure they have broken one of their own toys and can associate a sad feeling with the break. When you see them approach their baby brother, ask them if they would like to hold him. Provide four simple holding rules. "You may hold your brother when Mommy or Daddy give you permission, Mommy or Daddy hands your brother to you, you are sitting right next to Mommy or Daddy, and you are sure that you can be soft and gentle."

After some time, they will lose interest in holding their new baby, finding other exciting things to play with. For right now, he is new, and your two older children can get your attention, push your buttons, and get you to elevate your voice simply by being just a bit rough. Welcome your two older children with supervision, and you will find their soft side. Ask them if they would like to help change his diaper or be a go-for person for simple items. Then you can give them a pirate chip for being so helpful and continue to promote all the positives!

12

Bullies

Introduction: Time for a Change

The following is what you need to know about bullying, bullies, and being victimized or targeted by a bully. It is what you need to know to protect your child, to be certain that your child neither falls victim to nor ever becomes a part of bullying.

Bullying may be physical with poking, pushing, hitting, kicking, spitting, or literally beating up a target. Bullying may be verbal with yelling, teasing, taunting, name-calling, lying, insulting, or threatening. Bullying may be done indirectly through intentional ignoring, full exclusion, spreading rumors, telling lies, or convincing others to bully someone. Bullying can be either physical or emotional abuse, or both. It has three defining characteristics. It is deliberate, as a bully's intention is to hurt or intimidate someone. It is repeated, as a bully often targets the same victim again and again. It is a power imbalance, as a bully will choose a target that he perceives as vulnerable. Bullying affects everyone: the victim, the bully, and bystanders. The effects can be lifelong. Bullying is not a predisposition. It is neither harmless nor inevitable. Bullying is a learned behavior. It's harmful, and it is controllable. Bullying spreads if no one stops it. Bullying can be effectively stopped and completely prevented when we take steps to prevent it.[48]

So what can you do? When you see someone being bullied, do something about it. Hesitation will enable a bully to continue. Approach

---

www.bullyfree.com/free-resources/facts-about-bullying

and help the target by physically removing him if necessary. Your actions may change or save lives.

Bullies have been around forever, altering and damaging the lives of others. At the lowest level of bullying, there is intimidation, which, over time, causes the target to become insecure and to think less of himself. Imagine someone having the power to strip your child's self-esteem. Imagine your child falling victim to a bully. Diminishing self-esteem and causing humiliation is the very least of the damage a bully can cause. Sarcasm, a noted form of bullying, makes fun of another person, while the "jokester" (the person who was "just kidding") gets a laugh at his target's expense. Develop zero tolerance for sarcasm in your home, so that when your children hear it, they will bring it to your attention as a mean or hurtful statement. Children learn what we teach them. They learn by what they are allowed to say and to do. As parents, we have tremendous influence over whom our children will grow up to be. We are powerful, and we can end bullying by teaching our children, reporting what we see, and requesting our schools be compliant with national policy, infused lesson plans, and the implementation of annual bullyproof programming.[49]

Read more in this chapter to learn what you can do to prevent bullying.

Zero Tolerance

Bullying is a serious issue. It intimidates, rips self-confidence, heightens anxiety, promotes fear, ignites violence, and causes death. As adults, parents, and educators, we need to do everything possible to teach zero tolerance regarding bullying.

Clinical psychologist Dr. Bobbi Beale of Child and Adolescent Behavioral Health in Canton, Ohio, reports that bullies are often those who have an inflated sense of self-worth and seek power. They do not know how to communicate, or they lash out in an attempt to be in control while keeping criticism or focus off themselves. It runs rampant among the eight- to eighteen-year-old crowd, although it certainly affects those who are both younger and older. Statistics show that bullying can occur as early as three or four years old. According to the American Medical Association, 3.7 million children have been involved in bullying.[50] Increased absenteeism is reported to be directly related to children's fears of being bullied in school. Twenty percent of students are afraid throughout much of the school day.

---

49 *How to Behave So Your Preschooler Will Too, 263–65.*
50 www.bullyfree.com/free-resources/facts-about-bullying.com

Every seven minutes, a child is bullied on an elementary playground. It is time to make some changes.[51]

What's in It for Me?

People do things because they get something out of it. Why do bullies bully? Bullies may seek power or popularity. They may be looking for attention, or they may be jealous of their target. Bullies usually find someone who stands out in some way, which is why so many children insist on wearing clothing to look just like their friends. They can't bear the thought of standing out in a crowd because they will draw attention, which can be dangerous.

In January 2010, Phoebe Prince committed suicide. She was a beautiful, fifteen-year-old, new student in a quiet Massachusetts town. She was bullied at school and over the Internet, all until she killed herself. Her bullies faced criminal charges. There have been many more bully suicide stories in the news since 2010, and each child, tween, teen, or young adult was bullied to death.

Perhaps bullying stems from our general acceptance or participation in teasing or sarcasm. ("I was just kidding! Can't you take a joke?") The definition of teasing is to pull apart the fibers of, to annoy, to torment. Some view sarcasm as the highest form of humor. The definition of sarcasm is "a bitter cutting jest; a severe taunting, derived from the Latin meaning of ripping flesh (someone else's)." When I learned the definition of sarcasm years ago, I developed zero tolerance for it in our home. My children learned to identify it easily when they heard a sarcastic remark. Their awareness was heightened.

Where Does It End?

We need to teach our children that all forms of bullying are unacceptable. We need to teach them how to identify it and report it. Making fun of someone is the simplest, most basic form of bullying. Standing by and watching it happen sends the message that it is acceptable. We need to teach our children to look out for their siblings, their peers, or even strangers in need, extending ourselves to others.

Many websites are dedicated to bullying. A specific child-friendly website for schools and families is http://www.stopbullying.gov/. It has

---

51   Ibid.

videos, fact sheets, activities, and topics for conversation. It also directs your specific concerns to a licensed clinician. It is up to all of us to teach children how to maintain self-esteem and handle everyday criticism. Take each opportunity to explore and validate your child's feelings while problem solving together.[52] The more you talk, the more they know. Children raised with love, empathy, and education can make a difference.

School Bullies

Bullies have been around forever, but now they are making international news headlines as their behavior results in the deaths of others. Technology has become a deadly weapon for bullies as they send video recordings or picture messaging to cell phones or over the Internet. The ramifications of cyberbullying are so far reaching that they leave some targets to feel they cannot ever recover from the humiliation or the hurt. Many have taken their own lives.

Bullies are slowly being held accountable for their actions, charged as criminals. Unfortunately, it has only been after many reported deaths that our society has said, "No more." We are finally coming together and forming a united front against bullying, which starts with young children as teasing or hurtful words. Dr. B. Beale of Child and Adolescent Behavioral Health in Canton, Ohio, told the story of how her thirteen-year-old son and his friends witnessed several bullying incidents at their school. They were able to intervene, challenge the bully, and protect the target, but only with the support and encouragement of both their parents and teachers. She said that, if bystanders can be mobilized to interrupt or simply report bullying, they feel empowered and proud, changing the emotional tone from fear and anxiety.

Government Action

The Ohio Statute on Bullying in the Schools, effective in March 2007, requires local boards of education to establish anti-bullying policies and procedures, including protection strategies and disciplinary procedures. Other states around the country have put similar policies into effect. School districts are encouraged to form bullying prevention task forces and provide training around these issues. Unfortunately, many school administrators feel overwhelmed and don't know where to start. Others

---

52 *Touchpoints: The Essential Reference*, 439.

are confused, reporting they already have behavioral standards and wonder why they need to create new policies or procedures. In truth, there is no easy answer and no simple solution. Bullying is pervasive and dangerous with long-term, negative effects for both the targets and the bullies. One Ohio school district set up a hotline for students and families to call if they wanted to discuss or report bullying, and adults asking how to deal with their own bullying situations filled the lines. Simply establishing rules and consequences in our schools will never be enough. Everyone needs to acknowledge the problem and do his part to change our culture.

Multifaceted strategies to reduce bullying in schools are more likely to succeed than single component programs. System-wide training, monitoring, and assessment; classroom focus on reinforcing rules and building social-emotional skills; and specific interventions beyond punishment for students who are targets or perpetrators of bullying are all needed simultaneously. Schools must have clear definitions and procedures in place with firm consequences that are consistently implemented. Regrettably, adults are only minimally aware of the bullying incidents that occur. Most students do not report being bullied for two simple reasons: the belief that nothing will be done to help or protect them and the fear that the bullying will escalate.

What Can I Do?

When it comes to controlling bullying, parents can help. Talk to your kids about bullying, not just once, but every week, and really listen to what they have to say. Ask probing questions about behaviors and feelings. It may take some repetition to help them understand that you really do want to know what concerns them. If they share that they have been targeted, offer support, and assure them that no one deserves to be bullied. Provide encouragement, and assist with reporting. While many bullying incidents happen without adult observation, most occur with other students nearby. A newer strategy being examined is to transform the bystanders into rescuers. A rescuer observes, steps in, and stands up to a bully, drawing attention to his actions and support for the target.

Week of Awareness

When I taught disabled high school students in New Jersey, we provided a one-week requirement each fall to integrate our lessons with specific information with the goal of increasing an awareness of bullying and nonviolence. The objective was to promote increased acts of kindness throughout the school. One week out of each school year was dedicated to eliminating a life-threatening behavior. I watched the effectiveness, year after year, as I had a part in the many success stories. Parents can initiate an act of kindness jar in their home, rewarding their child with a stone or marble in the jar each time their child is thoughtful or kind. Sharing, offering help, or providing a compliment rather than a sarcastic remark are all acts of kindness that improve overall behavior, eventually diminishing teasing and bully behavior. When the jar is full, a fun family event can be planned in appreciation of all those thoughtful gestures. Teaching children how to be kind and rewarding them for that behavior with consistent, simple recognition is the scaffolding for kind, thoughtful behavior.

Online Assistance

The following websites provide valuable information for parents, teachers, and children to learn more about and end bullying. We have many resources available to us. It's time to utilize them.

- **http://www.stopcyberbullying.org/why_do_kids_cyberbully_ each_other.html:** Cyberbullying and how to stop it
- **www.webmd.com/parenting:** How to discourage attacks
- **www.parentfurther.com:** Ways to empower your child against bullies
- **http://www.lifescript.com/quizzes/parenting/is_your_ child_a_bully.aspx:** How to determine if your child is a bully
- **http://www.parentsconnect.com/parenting-your-kids/ parenting-kids/bullying/bullying_kids_protection.html:** How to help your child deal with a bully
- **www.thebullyactionguide.com:** Important information for parents
- **http://kidshealth.org/kid/feeling/emotion/bullies.html:** A PBS place for kids to talk about their bully experiences
- **www.stopbullyingnow.hrsa.gov:** How to stop bullying at school and encourage better interactions among students.
- **www.peacebuilders.com:** How to increase positive interactions

- **http://www.c-span.org/Events/Department-of-Educations-Bullying-Prevention-Summit/10737418459/:** Department of Education strategies to end bullying

- **www.antibullying.net:** Strategies to eliminate bullying in school.

- **www.stompOutBullying.org:** How to end bullying

- **http://abcnews.go.com/2020/TheLaw/school-bullying-epidemic-turning-deadly/story?id=11880841#.T5xXC7Py_P4:** Information on "Bullied to Death" from 20/20, an ABC news show

Dear Diana

A Ballet Bully

Dear Diana, My four-year-old daughter attends a ballet class with other girls her age. One of her classmates is rude and intimidating and on the edge of being a bully. When the girls are told to line up, she runs and pushes all the others to get to the front of the line. When the girls are told to change shoes from ballet to tap, she tosses other girls' belongings to the side to find hers. We moms are in and out throughout the lessons, able to observe or provide help with changing. The mother of this girl has watched as her daughter has pushed others aside and done nothing. Other mothers have talked about what we should do because our girls don't want to be near her, for fear of being run over or having something mean said to them. I have never heard her say anything mean, but it is our girls' perception that she is intimidating since she seems to have no boundaries. My daughter has started to say that she doesn't want to go to ballet class anymore because of that one girl. What would you do? Thanks, Ballerina Mom

Dear Ballerina Mom, My heart actually goes out to the little girl who is pushing others because she has not been taught to wait patiently or walk carefully through a crowd. She has not been taught to think of others first or think of others at all. She is old enough to learn those skills and become aware of the impact she has on others. She will be the one to lose friends, as you have pointed out. She will be the one who is excluded from parties and playdates because neither the moms nor the other children want to be with her.

Children display behaviors they see at home, so perhaps older siblings or neighborhood friends are teaching her by pushing her out of the way with no one to stop or correct them or defend her. I can think of three reasons why her mom may not be stepping in. She may not know what to do about it when she sees it, she may not see it as problem behavior, or she truly may not see it when it happens. Neither blame nor judgment will help this little girl to learn, so the best thing to do is to come up with a positive game plan that will not offend the mom or intimidate the little girl. Otherwise, it will be a shame when this little girl will eventually become ostracized. She desperately needs to be taught manners and social skills, or she will, as you have said, be thought of as a bully or rude, and parents will not want their daughters to play with her. It could be a life-changing gift for you to gently help her learn some basics, which will help the other girls be more comfortable with her.

Approach the ballet teacher to make her aware of what is happening in her class. She will not want to see her ballerinas drop out, so I think she would be helpful in directing the girls to line up according to height, age, or alphabetically. She can also address personal space, which they should already be learning about as a basic ballet skill. When the girls are changing, perhaps you can sit in between her and your daughter to help them both learn to touch only what belongs to them. Verbally identify what you see as a method of teaching. Talk to both girls in a gentle voice with compliments of how careful they are not to toss around other people's belongings. Recognize and verbalize a new, positive behavior when you see her walk without pushing. Give her a wink and a touch when you are near her, and tell her it is great that she walks across the room or you have noticed she is finding her belongings with her eyes instead of her hands as she used to do when she tossed everyone's things.

This little ballerina bully may have absolutely no awareness that she has disrupted or frightened her classmates. Teaching outside of the event is effective, especially when you can praise any part of a new or desirable behavior. Tell her mom that you have noticed how careful her daughter is trying to be when they line up. Chances are that her mom has some awareness of how well liked her daughter is or isn't. Perhaps all of you could stop for ice cream after a class. When others feel included and connected, they often become more thoughtful.

13

Traditions

Introduction: Memories That Last a Lifetime

When we think of traditions, many of us immediately think of holidays. However, traditions can be initiated, created, and introduced into your home at any time of year. Traditions are simply the reoccurrence of a same behavior, an action, an event, or a celebration. Many families have birthday traditions, and most have seasonal traditions. You may develop a warm, comforting feeling as you reminisce over your own family's traditions that you enjoyed when you were young. Traditions bring a sense of security through sameness, especially for young children. Traditions unite a family. Traditions set one family apart from another since traditional activities are as different as each family. Traditions ignite uniqueness and help children to feel special with strong, loyal, familial bonds. Traditions can engage everyone and become the cement for your family.

Think of any traditions you have surrounding holidays on Fourth of July, Christmas, Chanukah, Valentine's Day, St. Patrick's Day, Memorial Day, Labor Day, and, of course, birthdays. Chances are you have more traditions in place than you realized. Take a minute to think of the memories you have already created for your children with those traditions. Now, think of new traditions you might initiate with your family, such as always serving a big pancake breakfast on the first day back to school after the long summer vacation, Friday night pizza with family game board night, starting each Sunday morning with cinnamon rolls, tucking your child in each night as you tell him all the reasons he is so special, going for a family walk with flashlights on the first night of summer, or heading outside with a cup of hot chocolate to catch snowflakes on your tongue at the first snowfall. It is so heartwarming to hear a child say, "Well, in my house, we have a birthday tradition where my mom ties balloons to the birthday person's bedpost and then hangs streamers all over the kitchen and makes a special birthday breakfast!" The excitement from such a simple action can produce wonderful family bonding with memories that will last a lifetime and may even be handed down to your children's family. Just before this publication, I was fortunate enough to receive a beautiful card from my twenty-three-year-old daughter, thanking me for creating so many special celebrations and magical moments that she holds in her memory. This chapter offers multiple articles on a variety of family traditions and the impact that those traditions continue to have throughout the years.

Birthdays and Holiday Birthdays

I am often asked my thoughts about the importance of birthdays, the need for elaborate parties, or how to best celebrate children who were born around a holiday. The tradition of birthday celebrations began hundreds of years ago in Europe, where it was thought that evil spirits were attracted to a person on his day of birth. To ensure his safety and good health, friends and family gathered to protect and celebrate the birthday person. Royalty sent announcements and invitations to fill their palace with guests, protecting themselves from harm. And it is thought that, as commoners carried forth the tradition in their small homes to be celebrated or protected on their birthdays, they began to wear crowns, just as the royalty did, giving us the tradition of the birthday crown.[53] Various cultures and religions celebrate birthdays in different ways, and some don't do anything at all. Many families have special birthday traditions, which each family member treasures. There are endless, wonderful family birthday traditions online to inspire a birthday celebration of any sort.

Our Traditions

I believe that a birthday is a once-a-year opportunity to pay special tribute to and provide extra recognition for all that person is and has done. As I was growing up, my dad hand-painted our birthday cards, which I still hold and treasure. While raising my children, on the eve of birthdays,

---

53 www.birthdaycelebrations.net/traditions.htm

after the birthday child went to bed, I blew up bunches of large balloons tied to colorful ribbons and quietly hung them to bedposts, dresser drawer knobs, lamps, and bedroom door handle. I worked my way downstairs, hanging balloons onto the chandelier, the breakfast "birthday chair," and the mailbox outside. The balloons alone made my birthday child feel special and celebrated with neighbors noticing the balloons outside and wishing him well on his way to school.

When I was a child, I received special hand-painted birthday cards from my father, and my grandmother wrote her own poems or rhymes each year, sealing every birthday card with a lipstick kiss. Those traditions carried on to my children with a hand-painted card from their grandfather and a poem sealed with a kiss from their great-grandmother. My children always knew when a card arrived from Great-grandmother GiGi. In our home, birthdays started with a special breakfast of waffles with whipped cream and ended with the birthday person's favorite dinner in the dining room.

Thanksgiving is a busy time of year for so many. It includes a gathering of loved ones, the thoughtful recognition of gratitude, the excitement of family traditions, and fabulous comfort food. And then begins the start of the holiday season! A child's birthday can easily become overlooked or minimized when it falls around a holiday.

My first child, Benjamin, was born on Thanksgiving morning twenty-nine years ago. I had so much to be thankful for that day. As he grew up, I built birthday parties around the season, inviting busy friends and family to celebrate his birthday, which fell on Thanksgiving or a day or two before or after. Although everyone was busy, a themed hayride through farm fields, an ice skating party with hot chocolate and doughnuts, and a gingerbread house building contest are among the parties we all remember with great fondness. They brought everyone together in laughter and love.

My mom's birthday is December 16, and although so many friends and family are thoroughly wrapped up with holiday preparations, parties, and shopping, we spend the day together, reminiscing and celebrating her amazing life. Sometimes, the importance of a birthday is lost when it is squeezed into a family holiday celebration. Therefore, some families choose to celebrate half-birthdays for just that reason. A December birthday celebrated in June can bring on a whole new dimension for a winter baby, providing great weather for an outdoor-themed party. Of course, every family celebrates in its own way, some big and some with discretion, but I have never met anyone who didn't appreciate a little extra attention or recognition, making him feel loved and appreciated on his special day. To my son Ben, my mom, and all those born around a celebrated holiday, happy birthday!

Thanksgiving Traditions

The holiday season is like no other, where families gather from around the country and some from around the world, to give thanks, to celebrate, to prepare meals, and to break bread together. It is the time of year when we go back to our roots, returning to the home where we grew up or reminiscing in our hearts as we return through our memories, gathering together with family. This is the season where leaves are piled high, the air is crisp, fireplaces crackle, and children begin to dream of snowflakes, sleigh rides, and twinkling, colored lights.

Including children in holiday preparations will help them to feel connected, increase their feeling of self-worth, and provide them with a wonderful foundation for your family's heritage and traditions. Inviting them to participate with special table decorations or meal preparation will help them become invested in the day, sparking their interest to learn and do more. We often get so busy and feel that little hands make for more work. However, including children with preparations can be easier than trying to keep them busy and out of trouble.

These simple projects can ignite new traditions with childhood memories to last a lifetime:

- Make colorful Thanksgiving place mats for each guest. Place your child's painted thumbprint all over a page of construction paper for a field of turkeys. Use his thumbprint as the turkey's body, adding two legs, colorful feather squiggles, and a triangle beak with a gobble. Cover each place mat with clear contact paper, and send them home with each guest after dinner.

- A scooped-out pumpkin can become a magnificent centerpiece. Use garden flowers, leaves, or berries, which your child can collect. Use toothpicks and wooden skewers to secure your foliage.

- Pilgrim ships made from halved walnut shells will provide a bit of history. They are easily made with the halved shells as the base for each boat, a toothpick stuck in some clay for the mast, and a small, triangular piece of paper for the sail.

- Make table place cards. Trace your child's hand, and have him color the fingers to become the feathers. Draw a simple beak and waddle added on the thumb, the turkey's head. Each guest will enjoy his handmade turkey place card.

I recall our holiday aprons were carefully unwrapped from tissue paper from storage. I was filled with delight, knowing I would have an opportunity to help bake pies and roll cinnamon in leftover pastry dough. My sister and I were also permitted to unwrap the small glass turkey salt and pepper shakers, as well as pilgrim candles, which we carefully placed on the table. Being included in the food preparation for these special meals meant we were given special time to learn how to roll out a pie crust or carefully slice apples for the pies with a butter knife, of course. My sister and I reveled in the delight of our special children's table, which was always as beautifully decorated as the main table, making us feel as important as our guests.

My mom always opened our home and invited others who didn't have a place to go. At the time, I wondered why we couldn't just have our own family for dinner, but each year, we learned about new cultures and traditions, and our family's circle of friends grew larger. I now realize what my mom was giving to others, and she taught us how to give.

This holiday season, provide each guest or family member with oversized index card to note and preserve his traditions, recipes, and family stories. Everyone's family is his treasure chest. Each guest can note old and new experiences, old and new war stories, remembrances of traditional roles no longer carried out, and favorite recipes no longer prepared throughout the day. Everyone can provide something from his memory to be preserved forever and given to your child. Talk about grandparents, great-grandparents, cousins, and extended family. Find out who was a war hero. Who made it to college back in the day of a one-room schoolhouse? Who worked on the railroad, helping to build America? These cards can be archived for a time when your child is more capable of learning and joining in, as new stories are told and old ones are retold.

The Gift of Tradition

Family traditions provide lifelong memories. Those who recall and share their family traditions often do so with a warm, loving smile. Everyone who participates in a tradition becomes a part of the memory. A family united in tradition is one that shares joy and communicates love through their custom. Although traditions occur throughout the year, it seems that, with the snap of the cold weather and the lighting of lights, many customs and practices flood into memory.

Store-bought gingerbread men cookies can be personalized and decorated with mittens and smiles to deliver to a nursing home. Candy canes transformed into reindeer with pipe cleaners for antlers, googly eyes glued on, and a red puffball for a nose can be offered to neighbors. Provide children with an opportunity to earn a few dollars so they can purchase inexpensive gifts. Thoughtfully choosing or making a special gift for family, neighbors, or friends will build self-pride and ignite good feelings from gift giving.

Making a gingerbread house is a fun tradition at any time during the winter season. The foundation of each house is a small, pint-sized milk carton, covered with white frosting as the glue and layered with graham crackers. Candies cover the house and can be glued on with white snowy frosting so your child can choose a treat from his gingerbread house to eat each day.

One of our many family Christmas traditions was that my grandmother, my mom, and I each bought my three my children a beautiful ornament, representing something each had a passion for, someplace we had visited, or something each had accomplished that year. Names and dates were always written on the ornament, and now each of my three children has twenty-plus years of ornaments for his own family tree. We open them up, year after year, with anticipation and time to reminisce.

Special collections of village houses and nutcrackers that are only brought out once a year can bring joy and excitement, as children learn to handle each with care and wonder. In our home, Christmas morning was not complete without a traditional brunch of Belgian waffles topped with whipped cream and strawberries, cinnamon rolls, eggs, fruit, and sparkling cider. It always completed our special Christmas breakfast, and it is a tradition we continue to enjoy. My neighbor said she remembers her mom hanging little silver bells all around the lower branches of their tree, so she could tell when the children were going near to sneak a peek at the gifts. Little silver bells still bring back wonderful childhood memories for her.

Growing up, my mom initiated some traditions that I recall with great fondness. Although we gave gifts of garden bouquets and baked goods to neighbors all year long, at Christmastime, we prepared pomander balls, pushing hundreds of cloves into an orange and then wrapping them in netting and ribbon to fill the house with a warm, wintery scent. In addition to leaving Santa some cookies and milk, we peeled carrots and strung bells on ribbons for Santa's reindeer. After Christmas, my mom kept us busy as we cut out pictures from holiday cards, punched holes, and tied ribbons to use for next year's gift tags. We were recycling before our time! And a very fond memory is of each New Year's Eve when my mom baked a round cake and designed it with the face of a clock at midnight. A basket of blowers and party hats helped us feel important, and although we were too young to stay up for the New Year, my mom included us in that special occasion.

Children learn so much by being a part of family traditions. They come to understand the beauty of sharing and giving. The sparkle in their eyes grows brighter each year from giving, not always from getting. Spending time as a family, making gifts to give, thinking of others, decorating, singing, and visiting those without family are the scaffolding that will help to build who they will become. During this beautiful season, think of giving everyone in your family the gift of a tradition.

Dear Diana

Santa Claus

Dear Diana, What should I say or do to handle my five-year-old who yelled at Santa? After he gave her a toy, she realized he had a fake beard and hair, and she demanded the real Santa! I feel like she's too young for me to tell her the truth. I want her to continue to believe in Santa, as she has an older, seven-year-old sister who still believes. Mom of Two Girls

Dear Mom of Two, Many parents question how to handle the magic of the season when a child starts to doubt Santa. In this case, while you are continuing to nurture the fantasy, you can tell your daughter that Santa has lots and lots of helpers who talk with all the children and then report back to Santa at the North Pole. The next issue to address with your daughter is that she may never be rude and she may not yell at others. Where do you think she learned that from? Someone in her life has modeled that behavior, making her feel comfortable enough to behave in that manner. Teach her to always be respectful, no matter what. She is learning from you, so model that for her.

Three Wise Things

To help remediate her behavior, your daughter needs to understand three things very clearly.

- She needs to understand and verbalize what she did (sit on Santa's lap, accept a gift, and then get angry and yell at Santa).

- She needs to understand and verbalize which part was unacceptable and what she could have done differently when she became upset.

- She needs to take responsibility in some way for her unacceptable behavior. You can take the toy away (which Santa's helper gave her) and allow to her to earn it back with polite behavior. Provide a time frame that is appropriate for her age. For instance, tell her that, if she displays polite manners for the next two days, she may earn it back.

Your daughter can also write a letter to Santa, apologizing to his helper for yelling at him. That action will help her understand what she did wrong. It will help her to take responsibility through her apology as well as further instill her belief in Santa, which is what you wanted.

Enjoy the Magic

This can be a controversial subject for many because, on one hand, parents provide their child with a wonderful, magical fantasy, while on the other, they provide information that is not truthful. Some children and families lose the meaning of the holiday, whether it is religious or not because they are focused more on the presents rather than the true gifts.

I recall being a young girl and going to the bakery at Easter. The baker said he was giving iced bunny cookies to all the children who believed in the Easter Bunny. When I said I believed, he laughed but then apologized for ruining my fairy tale. When we left the bakery without an iced cookie, I asked my mom if that meant there was not a tooth fairy, Santa, leprechauns, or other magical beings. She said we always carry the magic in our hearts and can find it at any time. She reminded me of the time our family drove to the North Pole (in upstate New York) to visit Santa's workshop with elves busily making toys and eight reindeer in the barn. The snow was deep, the air was snapping cold, and the magic was everywhere. She also reminded me of the many years my sister and I watched in awe as the Easter Bunny filled our baskets. Little did we know that our dad had painted a stuffed animal rabbit with florescent paint and tied wires to it from the chandelier with a pull string into the kitchen so it would hop from basket to basket in the dark dining room. My mom asked that I tell her about my memories, and as I did, the warmth, love, and celebration of each occasion came swelling back and did fill my heart, just as she said it would. Enjoy the magic of each season. Never overlook even the smallest opportunity to teach your child the values you want her to live by.

Disclaimer

Always contact your pediatrician with any medical, developmental, or behavioral concerns, as guidelines are available for typical development. For the best outcome, a mental health provider should see those children who display clinically recognized criteria for depression or oppositional behavior. However, in any situation, your approach to parenting will always have a direct impact on your child's success.

Special Thanks

With appreciation, I thank Jeff Gauger, executive editor of *The Repository*, owned by Gatehouse Media. He believed in me by believing that parents would benefit from a weekly column solely dedicated to their parenting concerns. With gratitude, I thank Gary Brown and Melissa Griffy, who thoughtfully edited my lengthy subject matter into newspaper-friendly information of seven hundred words or fewer. *Family Matters* is a syndicated column read from coast to coast, and a weekly blog can be found at www.yourperfectchild.com.

References

Books

Allen, K. Eileen, and Lynn R. Marotz, PhD, RN. *Developmental Profiles: Pre-Birth through Eight.* Canada: Delmar Publishers, 1999.

Borba, Michele, EdD. *The Big Book of Parenting Solutions.* San Francisco: Jossey Bass, 2009.

Brazelton, T. Berry, MD. *Touchpoints: The Essential Reference.* Reading, Mass.: Perseus Books, 1992.

Ferber, Richard, MD. *Solve Your Child's Sleep Problems.* New York: Simon and Schuster, 1985.

Fogel, Alan. *Infancy: Infant, Family, and Society.* St. Paul, Minn.: West Publishing Company, 1991.

Foxman, Paul, PhD. *The Worried Child.* Alameda, Calif.: Hunter House Publications, 2004.

Kurchinka, Mary Sheedy. *Raising Your Spirited Child.* New York: HarperCollins Publisher, 1991.

Miller, Karen. *Ages and Stages.* Telshare Publishing Company, 1985.

Severe, Sal, PhD. *How to Behave So Your Child Will Too!* New York: Penguin Books, 2003.

Shure, Myrna B., PhD. *Thinking Parent, Thinking Child.* New York: McGraw Hill, 2005.

Webster-Stratton, Carolyn, PhD. *The Incredible Years*. Washington: Incredible Years, 2005.

Zigler, Edward F., Matia Finn-Stevenson, and Nancy W. Hale. *The First Three Years and Beyond*. New Haven, Conn.: Yale University Press, 2002.

Correspondence

Thomas Jefferson's letter to Peter Carr, Paris, August 19, 1785.

Videos

Rob Reiner, director, *I am Your Child. The First Years Last Forever*. 1997.

Websites

www.babyzone.com/toddler/article/daylight-savings-time

http://www.birthdaycelebrations.net/traditions.htm

www.brainyquote.com/quotes/quotes/a/alfredlord153702.htm

www.bullyfree.com/free-resources/facts-about-bullying

http://bungelab.blogspot.com Post: Tues. Feb 2, 2010

www.murphys-laws.com/murphy/murphy-toddler.htm